◇ 国家社会科学基金教育学一般课题"社区学习共同体生命价值与成长机理研究"（BKA140033）

社区学习共同体

The Neighborhood-based Learning Community

汪国新　项秉健　著

ZHEJIANG UNIVERSITY PRESS
浙江大学出版社

序言 开创社区教育的新天地

一

在学术界，以文会友是常见的交际方式，我与杭州市成人教育研究室主任汪国新先生的相识，就是这种机缘促成的。我毕生从事教育工作，也时常发表一些教育文章，我的某些学术观点，十分荣幸地获得了国新的赞同。于是，他有心联系我，希望我为他和项秉健合作的新著《社区学习共同体》写篇序言。为此，他给我写了一封信，并附上山东省教育科学研究院徐明祥研究员所写的一封推荐信。今年8月23日，华中师范大学《高等继续教育学报》执行主编余惠先女士联系我，说明将转交汪国新先生给我的信。本来他可以直接邮寄给我，却请人专门递送，体现出他对长者对朋友的尊重。

这一天虽是处暑，但并没有走出酷暑，仍然炎热难耐。于是，我对余惠先女士说："由于天气太热，请将信件邮寄给我，你就不必亲自送来了。"但惠先说受人之托，当尽心尽责，而且也想趁此机会见见我。既然如此，我就没有再推却，我们如约于8月23日下午3时在寒舍见面。果然，进屋时，她满头大汗，待她喝过水并稍作休息后，我们就这部书稿进行了有益的交谈。

二

在汉语中,原本是没有"社区"这个词的,在早先出版的《辞源》和《辞海》中都没有这个词条,它是后来由拉丁语 community 引入的,原意为团体、共同,在中古代英语中,也含有公民的意思。根据国际卫生组织的界定,一个有代表性的社区是指人口在 10 万到 30 万之间、面积在 5000 到 50000 平方千米的区域。

同样的,在我国学术界,"社会学"这个词也是一个外来语。它的概念、理论、学科框架,也都是从国外引进的。关于"社会",当初有两个对应的英文单词,即 society 和 community,它们都被翻译为社会,似乎没有什么区别,人们也都习以为常。1933 年,美国芝加哥大学社会学家罗百特·帕克应邀到燕京大学讲学,他有一句名言,"Community is not society",这一下子引起了学生们的热烈讨论,启发大家要寻找一个新词来区分这两个英文单词。经过一番讨论,大三学生费孝通提出:"社会一词留给 society,而 community 另找词汇翻译。"在同学们的切磋中,费孝通突然想到,不妨把 community 翻译为"社区",这样更贴近其原意。对于费孝通的提议,大家都表示赞同。于是,后来凡是遇到 community 都翻译为社区,用的人多了,时间长了,也就约定俗成了。

然而,社区与共同体的英文都是 community,遇到了犹如汉译 society 和 community 一样的困难。费孝通解决了汉译的困难,而社区与共同体共用同一个英文单词 community 的困难,则留由英、美国家的学者来解决。

三

自近代以来,共同体一词在科学和教育学中运用得越来越频繁。康德(Immanuel Kant)是世界近代哲学第一人,也是回答"大学是什么"

的第一人。他说："大学是一个学术共同体（academic community），它的品格是追求真理和学术自由。"这个解释既形象又贴切，大学这个共同体是由教者与学者共同组成的，以学术为连接的纽带。它既说明了大学的组成，又阐明了大学的性质。学术既是大学的生命，也是大学永恒的主题。教育学与科学是孪生的兄弟，既然大学是学术共同体，那么科学也应当可以用共同体来解释。1942年，英国哲学家波拉尼（M. Polanyi）在《科学的自治》一书中，首次提出了科学共同体（scientific community）这一说法，即科学观念相同的科学家组成的集合体。1962年，美国哲学和科学史学家库恩（Thomas Kuhn）在《科学革命的结构》一书中，沿用了科学共同体这一概念，借以说明科学认识过程中社会心理因素的作用，表明科学共同体在实际上和逻辑上都接近范式。所谓的范式，就是指规范化的关系模式，这是对共同体很高的评价，表明它具有非常普遍的意义。

2007年，一个新的学科名称在中国诞生了，其创立者是杭州市成人教育研究室主任汪国新先生。本来，社区、学习、共同体这几个词语都是固有的，而他把三者组合在一起，却是一个创新。在创造技法学上，运用组合法而引起创新，是非常常见的。那么什么是社区学习共同体呢？汪国新给出的定义是："社区学习共同体，是生活在社区中的居民由本质意志主导，因共同学习而自然结成的能实现生命成长和建立守望相助关系的群体。"

四

按照创造学的理论，一切发明创造都源于灵感，那么汪国新创立这个新的学术术语的灵感来自哪里呢？灵感的迸发，既有偶然又有必然，但偶然寓于必然之中。据他说，他的灵感来自以下三个方面。

首先是浙江省教育厅鲍学军副厅长的期待，这位领导对他说："社区教育开展多年，但并不受老百姓的欢迎，你是否从微观的角度研究一下社区教育，如何建成让老百姓喜欢的社区教育？"其次是来自他的调查研究,在调查中他发现两种截然不同的现象,一方面,官方办学者花费了很大的力气,克服了重重困难,但老百姓不买账,因此他们一脸愁容;另一方面,民间自发组织的学习团队,其成员人人兴高采烈,个个容光焕发。这引起了汪国新的思考,最后他认为原因在于官方办的社区教育教非所需,学非所愿。原因找到了,但是如何破局呢? 很长一段时间,这些愁容与笑脸在他的脑海中不停地盘旋,最终引发了他的创造激情,激活了他的创新思维,催生了他的社区学习共同体的理念。最后是他在长期教育实践工作中发现,中小学生甚至大学生对学校教学活动和老师印象不深,但学校兴趣小组的活动,却给他们留下了美好而深刻的印象。以上三个方面信息于某一刻在他的思想上聚合融通,便产生了灵感。他大胆做出一个判断:基于"社区学习共同体"的学习才符合社区教育规律。

本书比较全面地诠释了社区学习共同体的理论体系,该理论的一项创新是揭示了社区学习共同体的四个核心要素:本质意志,亦即学习动机源于人的初心,而不是为了达成社会功利性目的;共同学习,即同自觉、共做主、互为师、自评价的学习,而不是课堂上学生的被学习;生命成长,即学习是为了实现人的潜知潜能,而不是为了获取名利,让"样子"更好看;守望相助,即成员相伴相助,共建精神家园,共享群体归属感。这四个核心要素既是独立的又是互相联系的,它们互为条件,共同构成社区学习共同体的架构,共同展现社区学习共同体的本质内涵和成长规律。社区学习共同体的理念强调自由、自觉、自主、自治,学习机理的核心是四个"自",即自觉(关于学习动机)、自主(关于学习的方式)—自给(关于学习资源)—自评(关于学习的评估)。

五

汪国新先生本是学习化学专业的,长期从事中学的教学和领导工作,先后在湖北省黄石市和浙江省杭州市工作24年,工作业绩有口皆碑。照理说,他完全可以在自己得心应手的基础教育领域一直工作到退休。可是,他没有故步自封,而是步入一个他并不熟悉的教育领域——成人教育。这里涉及选择的问题,我认为人生就是不断地选择,不断地迎接挑战,不断地超越自我。人们常说,性格决定命运,而汪国新就是这样一个具有鲜明性格的人,他不断挑战自我,超越自我。迄今为止,他已经实现了人生的三次跨越。第一次是2000年参加杭州市公开选聘省重点中学校长,他从近130名应试者中胜出,是从外省选聘的3人之一,被任命为浙江大学附属中学副校长,后任该校党总支副书记。第二次跨越是2007年,他选择离开工作了24年之久的基础教育领域,担任杭州市成人教育研究室主任和书记,这个跨度不可谓不小。第三次是从成人教育又转向并专注于社区学习共同体研究,从而开创了一个学术研究的新天地。

那么,他为什么做出如此看似违背常理的选择呢?汪国新认为:"许多人在开路搭桥,成效卓著,显而易见。我选择挖一口井,一口在边缘地带的方井,一点也不起眼,一点也不被人瞧得上。但我仍固执地、孜孜不倦地用整个生命来挖这口井。"

本书的另一位作者项秉健原是教育媒体的资深编辑,并是中国首套教育服务国家标准的主要起草人,在他行将退休之年、即将淡出教育编辑和教育研究领域之际,与汪国新及其社区学习共同体选题不期而遇,毅然决然地全身心投入这一重大而并不为人看好的课题研究。他们都意识到边缘是最容易诞生新理论的地方。这正如控制论创始人诺伯特·维纳(Norbert Wiener)所指出的:"在科学发现上,可以得到收获最大的领域,是各种已经建立起来的各部门之间被忽视的无人区。"维纳是一位天才和全才,他3岁就能够读写,14岁大学毕业,他的学术研究横跨哲学、数学、物理学、工程学和生物学,而控制论的创立,正是这些学科交叉和渗透的结晶。

六

在数学发展的历史上,曾经提出了许许多多的难题,或者叫猜想,这些难题影响了一代又一代的数学家,正是他们在求证这些难题的过程中,不断地推动着数学的发展。同样的,在教育与科学史上也有三大难题。李约瑟的难题是:为什么近代科学没有在中国诞生?钱学森是两弹一星功勋科学家,他于 2005 年 7 月提出了一个被称为"钱学森之问"的难题:"为什么我们的学校总是培养不出杰出人才?"史蒂夫·乔布斯是苹果公司的创始人,被认为是创新狂人,他在逝世前也提出了一个"乔布斯之问":"为什么计算机几乎颠覆了所有的行业,而唯独对教育的影响却小到忽略不计的程度?"无论是科学还是教育,都需要猜想,通过求解难题来推动科学教育的持续发展与社会的不断进步。

从心理学上说,冲动(或躁动)是创造的内驱力,正如英国著名哲学家伯兰特·罗素(Bertrand Russell)所说:"冲动分为两类:一是占有的冲动,一是创造的冲动,有意义的生活大多是建立在创造性的冲动上。"汪国新有一颗躁动不安的心,他时时刻刻都走在挑战和创新的路上。他 37 岁时,敢于参加杭州市重点中学校长的竞聘,从近 130 人中脱颖而出。44 岁时,他再次迎接挑战,从基础教育转向成人教育和社区教育领域。这些都充分说明,他具有创造性的素质,敢于迎接挑战,敢于步入被大众忽视的无人区,敢于超越自我,从而成为全国社区学习共同体理论的创始人和学术带头人。

七

奥古斯特·罗丹(Auguste Rodin)是法国著名的雕塑家,是 19 和 20 世纪现实主义雕塑艺术学派的代表人物。他曾经说过:"所谓大师,就是这样的人,他们用自己的眼睛去看别人见过的东西,在别人司空见惯的东西上能够发现出美来。"这里的"美"泛指一切之前未被发现的新事物、新现象、新真理。创新者与守旧者的区别,就在于创新者始终怀着一颗好奇的心,所以能够从司空见惯的事物中发现新的规律。

汪国新和项秉健的这本《社区学习共同体》中,首次提出了一个重要的发现，即"人生无'自己'，教育无'初心'，城市无'社区'"。本来，人生、教育和城市都是人们司空见惯的事情，似乎很少有人去思考它们之中究竟存在什么问题。但是，汪国新和项秉健却发现了其中的问题，而且是几个非常有针对性和挑战性的问题。它们构成了一个地地道道的中国式的问题，也是一个中国的世纪难题。

人生无自己，是指有些人并不认识自己。本来，每个人都是独特的个体，有不同的秉性和使命。每个人都要学其所爱，做其所想，成就最好的自己。然而，许多人对自己不甚了了，以至于懵懵懂懂地度过一生。所谓初心亦即本心、真心、仁心、善心等，教育的真谛是解放个性，启蒙智慧，但现阶段我国的教育完全被功利化所裹挟，从而使教育失去了真正的意义，这就是我们的学校不能产生天才、全才和大师级人物的根本原因，也是许多老百姓虽然物质生活已经得到改善却仍然感觉不到幸福的原因。社区是一个国际通用的词语，也是一个居民生活管理的基本单元组织，具有非常广泛和深刻的意义。可是，我国国民基本上没有社区的概念，往往以街道办事处和小区等代替社区组织。因此，开展社区学习共同体的研究，在居民区中普遍建立社区学习共同体，让这种"微共同体"分布至城乡的各个角落，对从根本上破解中国世纪难题具有十分重要的意义。

解决问题比发现问题更重要。汪国新等人执着地研究社区学习共同体的目的，不仅是为了发现和提出问题，更是力求破解这些难题。令人欣喜的是，汪国新和他的研究团队已经取得了理论的突破和实践的绩效。《社区学习共同体》中的不少思想都是他们原创的和首创的。如：第一，他们首次把人的价值区分为生命性价值与工具性价值，强调人的老年期是实现生命性价值最重要的时期；第二，他们首次提出，是学习创造了人，人的学习力就是人的生命力，共同学习是人的天性，要实现终身学习的目标必然要走共同学习之路；第三，他们首次提出社区学习共同体的普遍建立，是让城市更美好、人民更幸福、社会更和谐的有效路径，是在"国"与"家"之间建立起守望相助的人伦空间的必然选择，是城乡居民重拾共同体生活的现实载体；第四，他们首次提出真正的教育和学习可以发生在社区，唯有实现教育思维的根本变革,唯有实施自下而上的生长式的社区教育,才能克服长期以来社区教育参与度、知晓度、满意度不高的问题;等等。

能够回应大多数人的普遍关切并有效指导实践的理论才是好的理论,才具有更重大的实践意义。从生动的社会实践中所产生的社区学习共同体理论,已经在指导和引领杭州及其他地区的社区教育实践中发挥了重要作用,现在已有6500个社区学习共同体遍布杭州城乡,超过12万的学习者在其中健康、积极、优雅和有尊严地生活着。社区学习共同体在全国各地的发展已经呈现出勃勃生机。

然而,破解"三无"问题的艰难是非常之大的,这正如破解"钱学森之问"一样艰巨。但是,只要有攀登学术高峰的勇气和变革教育实践的定力,只要不畏艰难、锲而不舍地继续探索下去,我相信最终一定是会有收获的。

八

清末著名学者王国维先生在《人间词话》中写道:"古今之成大事业、大学问者,必经过三种之境界:'昨夜西风凋碧树。独上高楼,望断天涯路',此第一境界也。'衣带渐宽终不悔,为伊消得人憔悴',此第二境界也。'众里寻他千百度。蓦然回首,那人却在,灯火阑珊处',此第三境界也。"王国维的高明之处,是他从晏殊、柳永和辛弃疾的词中,撷取了三个佳句,遂创立了他的境界学说。唐朝诗人贾岛在《剑客》一诗中,有脍炙人口的诗句:"十年磨一剑,霜刃未曾试。"通常人们用"十年磨一剑"来表达下功夫之深、蓄势之久、厚积薄发的意思。古今中外一切成功的大学问家,无一例外地都必须经过这三种境界和十年磨一剑的修炼,绝无捷径可图,否则是不可能获得成功的。

汪国新先生在社区学习共同体的研究上,已经执着地探索了12年,他的宝剑锋刃也已经磨得像霜雪一样的明亮。我高兴地看到,汪国新在社区教育领域的耕耘,已经获得了丰硕的成果。2007年起,他先后主持并完成全国教育科学"十一五"规划教育部重点课题1项,省社科重点课题和省教育规划重点课题 5 项。2014 年他申报了国家社科基金项目"社区学习共同体生命价值与成长机理"。随着社区教育共同体研究的推进,他出版了多部专著,在《教育发展研究》等核心期刊上发表了研究论文 50 余篇,获得了浙江省政府表彰的教学成果一等奖等诸多的奖励。经过他连续十次举办全国社区学习共同体发展论坛或国际论坛,经过他纵横 11 个省市的奔走呼号,经过他无数次大小会议或培训班上的激情演讲,其社区学习共同体思想和他求真、求新、务实、坚守的学术风格已在国内和国外(特别是瑞典、丹麦、美国、日本、韩国等)终身教育界产生了重要而广泛的影响。他的"以一己之力推动一次平民教育运动、一场平民学习变革、一项平民幸福事业"的雄心壮志和持续践履,已经真真切切地让千千万万的城乡居民感受到学习的快乐和生命成长的幸福。

按照学科的划分,一门学科应当有明确的研究对象,有系统的知识构成框架,有准确的学科定义。依鄙人陋见,社区学像城市学一样,应当是一门科学,社区教育像职业教育一样是属于教育学的二级学科,而社区学习共同体学说则是社区教育学的一个分支,汪国新先生正是这个学说的创始人。我衷心地希望在他的率领下,能够组建起一支高水平的学术团队,知难而进,为促进社区学习共同体理论的发展、建设以社区为基础的小康社会做出卓越的贡献!

人与人的相识、相知、相近、相亲,完全是由他们相同或相近的性格和价值观所决定的。从年龄上来说,我与汪国新先生是两代人,但由于我们都有说真话的秉性,故相识恨晚。因为这篇序言,我有幸研读了本书的大纲和有关资料,先睹为快,故而写下以上的感言,谨向广大读者推荐。

兹忝为序。

刘道玉[1]
2018 年 9 月 30 日于珞珈山寒宬斋

---

[1] 刘道玉,1933 年 11 月 24 日出生,曾任教育部党组成员兼高等教育司司长、武汉大学校长。

目　　录

第一章　绪论：基于本质意志的共同学习

第二章　困境与发现

第三章　四大核心要素

第四章　共同学习机理

第五章　成熟度与发展阶段

第六章　养护与培育

第七章　走向共同学习

第八章　重拾共同体生活

第九章　生命性价值及实现

第十章　结语：共同学习实现人的生命性价值

第一章

绪论:基于本质意志的共同学习

　　本章提要:本书虽然是一本面向大众的学习之书,适合所有有缘打开本书的人,但它不是把学习作为工具的学习之书,而是由人的本质意志引导的以过程为目的的生命成长之书。社区学习共同体是"共同体"幽灵的活性存在,能够提升个人幸福感和城市幸福指数。社区学习共同体的普遍兴起,使大众在物质生活比较丰富的现代社会重拾人性中渴求的共同体生活。

一、学习的本真与教育的回归

是学习创造了人。人在劳动和使用劳动工具的时候，会不断地试错和改进。这个过程，就是学习的过程。为什么在知识增量和信息流动都极其缓慢的2000多年前，孔子能够提出终身学习的思想呢？那是因为他讲的学习的立足点是人，人是主动的、发展的、变化的；倒是现代一些终身学习论者把位置搞颠倒了，片面地强调适应学习客体（知识技能）的发展变化。我们处于一个教育价值取向高度同质化的竞争社会，教育的异化在于仅仅将教育视作公平竞争的工具。

使教育回归生命性价值的真谛是学有所教。学习是人的天性，或许人在天真烂漫的童年和与世无争的晚年最能够接近本真的学习。学有所教指向教育的回归，帮助学习者成为学习的主人。这不仅仅是学龄阶段教育改革和发展的指针，更是终身教育改革和发展的指针。

（一）学习的本真

1. 人是天生的学习者。

人是天生的学习者。每个人都带着各种潜能来到这个世界。这些潜能可能半途流产，也可能在一些有利或不利的生存条件下成熟起来。生存是一个无止境的完善过程和学习过程。可以说人与其他动物的不同点主要是他的未完成性，因为其他动物的生存潜能是在其生命早期就已经实现了的。人的未完成性创造了人的学习空间。人的生命长度是有限的，但其生命宽度和厚度却拥有难以想象的发展空间，它包含着生命质量的全部密码，通过学习，可以获得更多发现、更多体验、更多创造。

每一个人潜能的实现都离不开学习。事实上是学习创造了人，当然劳动在人的进化中起到了基础性的作用，但关键是人在劳动和使用劳动工具的时候，会不断地试错和改进。这个"试错—改进"的过程，就是学习的过程。不能设想不用学习，机械重复的劳动就可以完成人的进化。

滕尼斯认为，"任何有机体的饰变（生物学专有名词，意为：诱发、变异引起变化）作为活动力量的增加，都是由于活动本身而形成和生长的，即通过其机能形成和生长的（而任何减少、退化和死亡都是由于不用而引起的，也就是说，由于不生活和没有愿望、细胞质和肌肉组织不再有更新而引起的）。""通过'看'形

3

成了'眼睛'(这个器官)。"①滕尼斯这个观点是建立在普遍的重要的规律之上的。同理,婴儿的第一声啼哭就是他学习发声的开始,如要形成唱歌的嗓子、审美的眼睛和音乐的耳朵……则需要持续、专门的学习。我们按照滕尼斯的观点推论,学习就是生命成长,学习就是消灭死亡。也就是说,如果一个人不是忙着学习成长,那他就是在等着走向死亡。

公平的是,人是不可能把学到的东西通过基因遗传给后代的,因此每一个人的学习都需要从零开始。里查德·道金斯在其进化生物学名著《自私的基因》(The Selfish Gene)中写道:"基因确实间接地控制着人体的制造,其影响和作用全然是单向的,后天获得的特性是不能遗传的。不论你一生中获得的聪明才智有多少,绝不会有点滴经由遗传的途径传递给你的子女。新的一代的智慧都是从零开始的。"②这就注定没有一个人活在世上可以离开学习。

2.学为人。

孔子把"学为人"作为教育宗旨。显然,他是把学做人作为教育的第一目的。

美国著名职业生涯大师舒伯(Donald E. Super)拓宽和修改了他的终身职业生涯发展理论,加入了角色理论,并将生涯发展阶段与角色彼此间交互影响的状况,描绘出一个多种角色生涯发展的综合图形。根据舒伯的看法,一个人一生中扮演的许许多多角色就像彩虹同时具有许多色带。人在一生当中必须扮演儿童、学生、休闲者、公民、工作者、夫/妻、家长、父/母和退休者等九种主要角色。人的社会任务和职业生活不断变化,角色也随之变化。角色的转换、进入、胜任,均离不开学习。比如角色的转换,任何人生的角色都不可久恋,久恋孩子(儿童)的角色,就难以长大;久恋工作者的角色,就会产生退休的痛苦;久恋父母的角色,就会宠坏后代……唯有终身学习意义上的"学生"角色是不可转换的。比如角色的进入和胜任,有些研究已经找出并确定了许多人生角色的职责,如为人妻、为人夫的职责,为人母、为人父的职责等。围绕着每一种角色的职责,都有许多你必须学会完成的任务,你必须在有限的时间内做好准备履行职责。哈维格斯特将这一时间叫作"可教时间",这一时间出现在角色进入的头两年。怎样将"可教时间"与学习活动联系起来,这些至今还是没有得到探索的重要问题。

---

① 斐迪南·滕尼斯:《共同体与社会》,林荣远译,北京:北京大学出版社,2010年,第155页。
② 里查德·道金斯:《自私的基因》,卢允中等译,长春:吉林人民出版社,1998年,第26页。

学为人不仅仅是学为人处世，它包含生命的全部人文维度。人文维度的问题，包括如何对待社会，如何对待自然，如何对待强者，如何对待弱者，如何对待说谎，如何对待真实等。这些都是学为人的题中应有之义。

3.被绑架的学习。

学习活动起初是分散的、片断的，是与人的生活密切相关的。学有所教是教育的动机引擎和逻辑起点。那时候一个人想学的和要学的高度一致，教育的连续性是体现于人成长的连续性之中的。"在原始社会里，教育是复杂的和连续的。这时候教育的目的在于形成一个人的性格、才能、技巧和道德品质，一个人是通过共同生活的过程来教育自己的，而不是被别人教育的。家庭生活或氏族生活、工作或游戏、仪式或典礼等都是每天遇到的学习机会；从家里母亲的照管到狩猎父亲的教导，从观察一年四季的变化到照管家畜到聆听长者讲故事和氏族巫师唱赞美诗，到处都是学习的机会。"①沿用至今的学校教育制度肇端于工业社会，中国的官学和私塾制度则更为长远。教育工具化是教育制度化的起因，更是其结果。教育沦为博取名利的工具，于是"头悬梁、锥刺股""凿壁偷光"千古传诵，"华盛顿砍樱桃树"的故事也赫然出现于中国小学课本。教育不仅仅是为"稻粱谋"（那是无奈的结果），更是为"黄金屋"和"颜如玉"。以下是一幕在中国家庭一再上演的情景剧：

小学一年级，你告诉妈妈考了100分。妈妈很高兴，说："真是妈妈的好孩子。"下一次你告诉妈妈考了50分，妈妈说："我没有你这个孩子，长大了去要饭吧!"于是，学习开始与自我分离，原来学习不属于自己，属于父母、属于家庭、属于社会。一个人原始意义的学习与他所接受的教育，在这里开始渐行渐远。

美国麻省理工学院教授、管理学大师彼得·圣吉在《学习的真谛》中指出："人们在听到学习这个词的时候，脑子里首先想到的是什么？可能是学校。可是学校几乎与学习没有什么关系；学校是关于教的，而不是关于学的。"马克·吐温曾经说过："我从来不会让学校妨碍我的学习。"学习往往不是在学校里进行的，更多的是在行动、在生活当中进行，我们学走路、学骑自行车，都不是通过听关于走路和自行车的课去学习的，而且学习者都是学习那些他们打心底里想要学习的东西。

教育的目的不是让人变成机器，而是要去点燃人脑的独特价值，引导出学

---

① 联合国教科文组织国际教育发展委员会：《学会生存——教育世界的今天和明天》，上海师范大学外国教育研究室译，上海：上海译文出版社，1979年，第28页。

生想象、批判、创造的能力;被工具理性奴役的学生,满足于对知识的机械记忆、理解与应用而难以自拔,缺乏自觉自主的学习精神。按照布卢姆的教育目标分类法,记忆、理解和应用被作为低阶思维能力(lower order thinking skill),分析、评价和创造被作为高阶思维能力(higher order thinking shill)。中国教育重视记忆、理解和应用的文化传承和传统学校教育制度背离人的生命性价值的倾向,严重阻碍了学生的批判性思维和多元认知的发展。

(二)教育的回归

1.学与教博弈。

现代终身教育思想的先驱保罗·朗格让认为,数百年来,把个人的生活分成两半——前半生用来受教育,后半生用于工作。这是毫无科学根据的。教育应该是个人从生到死一生中继续着的过程,因此,要求有一体化的教育组织。保罗·朗格让在其代表作《终身教育导论》一书中指出:"对儿童和青少年的教育工作无论多么重要和必须,却仅仅是一种准备,一种真正的教育过程的不甚完备的预示活动。这种教育,只有在我们的同辈人,即成年人中实施时,才呈现其完整意义和全部余地。我们感到:教育的整个未来与这种承担培训和教育任务的新制度的建立和发挥作用是紧密联系在一起的。"①显然,建立新的终身教育制度在当时是一种美妙的理想,人们希望,今后的教育应当是在任何人的任何年龄阶段需要的时候,随时以最好的方式提供必要的知识和能力的延伸。

但是,多年以来,践行者似乎对终身教育存在着一种普遍的误解。许多人只把眼光盯在终身教育的纵向维度上,而忽略了它的横向维度,甚至以为终身教育就是终身学校教育,抑或是终身为学历奋斗的教育。美国人奥林格在一篇短文中用冷嘲热讽的口吻描写了一个戏剧化的社会现象:"一个孩子如今生在美国,他永远别想离开学校。从半岁上'婴儿学堂'起,直到他在'翁媪学习中心'伸腿咽气止,他发现自己一辈子都在为'社会的利益'而上学。……当他寿终正寝时,一位教育部长对着他的坟头大加颂扬……他指出,死者三生有幸能赶上某年出生,这年恰恰是'永久学校教育法'颁布生效之时……因此,他滔滔不绝地说,'我们向这幸运儿永诀时怀着这样坚定的信念:他的灵魂将升上天

① 保罗·朗格让:《终身教育导论》,滕星等译,北京:华夏出版社,1988年,第6—7页。

堂，并在那儿荣登"天使学校"——直到永远。'"①自行其是的教育覆盖了人的一生，但并未能真正满足人的学习欲望。

其实在建立终身教育制度的理想提出之初，朗格让就不无担忧地指出："成年人为什么只是为他人呼吁教育的机会，尤其是为他们养育的子女东奔西走呢？……为什么他们拒绝一种针对他们的情况所做出的教育努力呢？他们为什么对教育事业如此冷漠，甚至经常抱有敌意呢？显然，人们无法避免得出这样的结论：对他们中的大多数人来说，以往的教育体验并不是一个幸福的体验。"②无论传统学校教育的影响多么强大，学习者想要成为学习的主人的努力从未间断。半个多世纪以来，终身教育正在越出历史悠久的传统教育所规定的界限，它在内容和形式、时间和空间上的扩展突破了人们的常识。更为重要的是，教育供给的主体不再仅仅属于一个独立封闭的传统教育系统，行业、社区和各类社会组织开始介入教育。

终身学习的条件似乎已经具备，现今终身学习概念的使用频率已然超过了终身教育概念。于是兴奋的终身学习设计者推出了"学分银行"，旨在打破学校之间、学历教育与非学历教育之间的壁垒，让学习者按一定的规则在自己的"学分存折"上积分，以兑换成最终的学历。其促进终身学习的好意苍天可鉴。但让人颇感疑惑的是，教育学历至上的价值取向，似乎已从学校教育蔓延至终身学习。终身学习是为持续发展人性的力量，还是为把学习者嵌入一个学历的框架之中？终身学习是否意味着把学习者从学校教育"生产线"转接到继续教育"生产线"上去？看来终身学习与传统学校教育的博弈是漫长的道路。

2. 学有所教。

教育因学习的需求而产生和存在，教育的价值全在于为学习服务。中共十八大报告把教育列为最大的民生，提出学有所教。这才是教育的真谛，使得教育终于回归生命性价值。

有教育专家在印度的新德里做了一个实验，实验的名字叫作"墙上的洞"。在新德里的穷人街区墙上开了一个方洞，内置一台电脑，里面存放着许多好玩的游戏软件，可以自由触屏使用。但电脑界面文字全是英文，那些穷孩子不认得一个字母。他们挤在那台电脑前好奇地玩着电脑。两个月过去之后，奇迹出现了。不懂英文的孩子居然学会了操作电脑，并且玩遍里面的游戏。这是不是

---

① 达肯沃尔德、梅里安：《成人教育——实践的基础》，刘宪之等译，北京：教育科学出版社，1986年，第315—316页。

② 保罗·朗格让：《终身教育导论》，滕星等译，北京：华夏出版社，1988年，第15页。

教育？好像不是教育，因为没有传统意义的教师。这是不是学习？一定是学习。什么是学习？是由不懂变为懂得。什么是懂得？就是会应用。这个实验颠覆了传统的学习概念，学习并非接受教师传递的知识，而是学习者的主动行为，是学习者在一定的条件下自我建构知识。正如苏格拉底所言："我不会传授知识，但能帮助人产生知识。"最新的认识科学研究发现，事实性知识先于技能等其他知识的学习，才对认识发展更为有效。事实性知识更能触发人的学习动机。"墙上的洞"实验中隐性的教育因素只有两个，一个是对学习者学习兴趣的预判——他们一定喜欢玩电脑游戏；另一个是为学习者的学习创造条件——预置那台电脑和游戏软件。

事实上教育的专利并非只属于职业的教师和专门的教室。在美国芝加哥有一种奇特的学习形式叫智力交换所。学习者只要在第一次付上 25 美元的报名注册费以后，便可在那儿交换他们的智力了。你可以用钢琴演奏技艺交换小提琴演奏技艺，用管道修理技能交换汽车修理技能……学习小组的成员之间互为师生，他们通常在某个成员的家里开展学习活动，这比传统意义的教学要亲切随和得多，学习效果也明显得多。在这里，教育的因素，就是为你找到合适的学伴和教师。

教育的前提是分析学习者的需求、目的。与此相应，学习效果评价是教育质量的终极性评价，体现于学习者满意、学习者变化，以及这种变化对其生活带来的积极影响。如果学习的目标仅仅是掌握教师所教的东西，那么教师可以作为评价者测定结果。但如果学习的基本目的是使学习者自己掌握自己的学习，那么学习者本人就应当承担主要评价工作。

管理学大师彼得·圣吉在一次演讲时谈及一个已经在欧洲流行开来的、非常成功的 Team Academy 企业管理助学机构模式。Team Academy 可以说是一个没有教师的商学院——他们没有教授，没有讲师，也没有课堂。他们学习的方式是，一帮年轻人聚在一起，利用第一周的时间共同谋划成立一家公司，然后一起运营和管理这家公司，边做边学，在做中学。要是你问他们：如果你念的是寻常的商学院，跟大伙一样坐在教室里学管理，听教授讲课，记笔记，你觉得自己会变成什么样子？他们肯定会哈哈大笑：坐在教室里什么也不干，光听别人讲，怎么可能学会管理呢？Team Academy 的做法之所以能够奏效，缘于其早先在芬兰发展了 1000 多位资深管理者组成的导师团。这些导师的信息都被录入一个在线数据库。年轻人们策划的公司成立之后，他们在做商业计划书的时候，就可以到这个数据库里找到在商业计划方面有着丰富经验的导师，让他来加以指点。接下来的制造、市场营销等等环节，也是基于同样的导师辅导机制。它基于网络，同时又传承了自古以来工商业所沿袭的学徒制和师傅辅导徒弟的传统做法，而不是现行的以课堂为主体的主流教育模式。①

其实不仅是学管理，任何有效的学习都源于学习的主动性和针对性。学习收效梯度的模型的最高阶，就是在学中做、做中学。今人对孔子的"学而优则仕、仕而优则学"存在普遍的误解，常用来阐释"学习优秀者可做官，做官优秀者应学习"的道理。要知道"优"在古汉语中有多余的意思，"仕"在古汉语中通"事"。正确的解释是，学习如果有多余时间应该去做事（实践），做事（实践）有多余时间应该去学习。孔子当年虽然学富五车却不能仕，科举制是其后一千余年的事了。

实现学有所教，意味着摒弃一种不切实际的设想，即通过一个单向度的教育安排，可以使人能够适应在任何地方、组织中生活。无论这一教育规模有多么庞大，显然也是勉为其难。

有人相信入学率将创造奇迹，过去仅指普通学校教育的入学率，现在加上了执行成人教育任务的学校。而且这一新的追求在各地迅速传播，带来各类教育机构在数量上的惊人扩张。为了弥补教育资源的不足，依靠互联网的远程教育大显其能，不惜巨额投资，聘请优质师资，大量录制课程，建设各类教学资源库。我们想问的问题是，人的资质、智能和需求各不相同，任何共同的教育都不可能实现区别化教育，失去了学习者主动性和针对性的教育会成功吗？

网络传播模式迄今的三个发展阶段。第一个阶段是以网站为核心的"大众门户"传播模式。在这个阶段，网站作为信息的采集者与聚合者，以与传统的大众媒体相同的"点对面"传播模式，向需求各不相同的网民提供统一的"信息供给"。第二个阶段是以搜索引擎为基础的"定向索取"传播模式。它为网民迅速找到自己所需要的信息提供了工具。第三个阶段是以社会关系为传播渠道的"个人门户"传播模式。在这种模式里，网民会更多地利用相关应用，在网络中搭建起自己的"个人门户"，通过社会关系网络形成人们多向的信息传播通道。在这种模式中，每一个用户都是一个传播中心，经由个人的社会关系网络进行的信息传播，更好地实现了信息消费的个性化。②

以上网络传播模式走了十来年的路（三个阶段），教育也许会走数百年。现代学校教育制度建立后的很长一段时期，好比网络的"大众门户"阶段，教育供

---

① 摘自彼得·圣吉《可持续发展与组织变革》演讲稿，系作者在《必要的革命》中文版发行之时，应中信出版社之邀访华所作演讲。

② 彭兰：《从"大众门户"到"个人门户"——网络传播模式的关键变革》，《国际新闻界》2012年第10期。

给单向输出,以静制动。终身教育的崛起,将教育推向了一个新的阶段,好比网络的"定向索取"阶段,学习者可以在更长时段和更大范围"按需选读"。学有所教思想的提出,旨在实现学习的本真和教育的回归,好比网络的"个人门户"阶段,学习者成为自己学习的主人,与以往教育供给的解构与重构的思路不同,学有所教注重的是学习者群体与学习内容、学习服务的解构和重构。

学有所教的社会就是学习化的社会,它至少具备三个主要特征:一是学习者成为学习的主人;二是学习与教育融为一体;三是学习者常常互为师生。这三个特征与原始的人的最本真的学习、教育几乎不谋而合,证明了人类社会螺旋式上升的规律。

我们的起点是,今天仍处于一个教育价值取向高度同质化的竞争社会。教育的异化在于将教育视作公平竞争的工具。其实公平竞争相对不公平竞争是一种进步,但它对人人得各安其所、万物得各遂其生的和谐社会而言,则是一种反动。话说回来,人与人之间的公平竞争不可能存在,因为人与人不同,遂成大千世界。好的教育旨在造就一种淡化目标、培育个体自在发展的教育生态。学有所教就是为了实现每个人的自由和全面的发展。

二、学习的生命性价值

人的生命成长过程、潜能实现过程即学习的过程,本真的学习体现了学习的生命性价值。当今激烈的市场竞争,扭曲了学习的价值取向,强化了学习的工具理性。对于学习的激发和引导的努力,似乎只是在为竞争烈火烹油,并不能直接提高人的幸福指数。幸福不必一样,而是各得其所。让每个人都能学习发展并实现由个性、兴趣、特长和内心感受组成的"内目标"。尽管关于传统学校教育的回忆对于有的人来说是痛苦的,但是当他们中的许多人成年以后,却毫不犹豫地参加了社区学习共同体。社区学习共同体的真正魅力,就在于共同学习。实现"内目标"和获得"归属感"诠释了幸福的内涵。

在市场竞争作用下,学习也可能沦为商业组织实现利益的工具,或使个人陷于自身名缰利锁的奴役。实现人的生命性价值的学习,才是一种牵引着人的幸福内涵的学习,同时也必然是一种让学习者拥有归属感的共同学习。

(一)马斯洛"Z"理论的风险

马斯洛的需求层次理论广为人知。按照马斯洛的理论,人的需求是分层次的,马斯洛早期提出的五层次需求,分别为:生理、安全、爱与归属、受尊重、自我实现。马斯洛在他去世前发表了一篇重要的文章《Z理论》，他在文中反省他多年来发展出来的需求理论，并增加了第六个需求层次，即自我超越的需求。

管理学家麦格雷戈根据马斯洛早期的需求五层次理论，将管理理论区分为X理论和Y理论。X理论是专制主义的管理理论，这种理论假设人们工作是受生理和安全需求的驱使，工作只是满足低层次需求的手段，人在本性上是厌恶工作的，因此管理者对工人必须采取指导、控制、逼迫，甚至惩罚的方式。麦格雷戈反对X理论，提倡Y理论，作为Y理论基础的是马斯洛需求层次中的归属与爱的需求、受尊重的需求和自我实现的需求。

马斯洛一开始很赞赏麦格雷戈的理论，但随着超越自我实现的思想的形成，他就感到这种理论的不足，从而提出了Z理论。Z理论是在X理论和Y理论的基础上，强调超越性需求。基于这种需求的管理就要考虑到超个人的价值、存在价值或宇宙价值的激励作用，假设人具有为比自我更大的目标而献身的需求和自我牺牲的精神。

可惜的是，马斯洛自认为的超人本心理学的Z理论，已被管理学所绑架，成为企业管理的工具。著名的管理学大师彼得·圣吉在接受中国记者采访时表示："反观这些年里我所观察到的最有成就的管理者，他们都是把学习型组织的五项修炼融会贯通到工作环境当中。他们都非常认同打造学习型组织必须从自我超越起步。人们只有在深刻地领悟到在自己的生命当中什么是最重要的，也就是自己的愿景是什么之后，我们才可能在这个基础上去确立组织的共同愿景。当我们真正开始确立组织的共同愿景，人们就会对自己想要贡献些什么，自己做些什么事情能够让世界变得更加美好，产生一种明确的意识。人们为了这一共同愿景去创新和承担风险，如果成功了，组织的财务目标也就实现了，也就是说，财务目标只是一个副产品。人们都是希望能够做出自己的贡献的，为了做出贡献，企业需要能够赚钱赢利，赢利还是重要的，但是赢利本身不是目的。如果赢利成为目的，那么这个组织就没有战略和共同愿景可言。"①其实企业的目的只是企业掌控者的心理活动，是不可测的。在市场经济条件下，企业通过满足有购买力的人的需求来营利。这是一种行为结果，结果才是可测的。这个世界已有太多的历史事实证明，普通民众或员工在被激励的状态中自我超越成为商业组织或其他组织实现功利的工具，甚至成为美丽谎言的牺牲品。我

---

① 摘自彼得·圣吉《可持续发展与组织变革》演讲稿，系作者在《必要的革命》中文版发行之时，应中信出版社邀请访华所做的演讲。

们不无担忧地认为,对普通民众和员工而言,Z理论的积极影响和被利用的风险并存。

(二)生存、生活、生命

我们以为,马斯洛的需求层次学说是可借鉴的。但每一个人并非只能处于生存、生活、生命这三种状态之一种,生存状态即生理和安全得以满足或基本满足的状态;生活状态即有爱与归属感的、受尊重的状态;生命状态即实现自我潜能与生命性价值的状态。这三种状态是平面的三个圆,是可以重叠而又不需要以某种状态为前提的,否则我们就难以解释"举家食粥酒常赊"的《红楼梦》作者曹雪芹和生前到处流浪到处乞讨的《荷马史诗》作者荷马,在食不果腹或几无存身之地的情况下是如何实现其生命性价值的。

在这里,人的生命性价值和人的工具性价值不应混淆,人的生命性价值是基于人的本质意志①的,而人的工具性价值则是选择意志②的产物。社会的价值取向必定是多元的,因为不同的社会制度、意识形态客观存在,不同利益的阶级、阶层客观存在,不同利益的政治集团、经济集团客观存在。尽管人的生命性价值在一个有着多元立场和多元利益的社会存在形态的世界里,无不打上种种社会存在的烙印,但人的本质意志还是不容抹杀的。马克思说:"每个人的自由发展是一切人自由发展的条件。"③每个人的自由发展的结果是不一样的(人的个性使然),一切人的自由发展的前提则是一样的,即人与人之间的互为前提和相互包容;如同未经破坏的生态,拥有天然的生物链。万物得各遂其生,人人得各展其能。这就是基于人的植物性生命、动物性生命与人的心灵互动形成的人的本质意志的伸张,体现着最原始也是最高境界的人的生命性价值。

人的自我实现是一个潜能实现的过程,但凡体现人的生命性价值的自我实现,一定是基于人的本质意志的。长跑也许是最古老的运动,但在社会化程度如此之高的今天,参加马拉松赛的人数却与日俱增。2014年上海国际马拉松赛的参加者达到空前的3万余人,而伦敦、纽约的国际马拉松赛参加者早已超过了30万人。为什么有那么多的人会如此自觉地热衷于参加这样一种毫无功利

---

① 意志是一种愿望类型,在人的本质意志这种类型的愿望里,思维和行为的在成长中才学会了的形式和内容与由身体状况所制约的和从祖先继承下来的经历、思维和行为的方式,构成统一体。(滕尼斯)

② 选择意志是思维本身的产物,选择意志先于它所涉及的活动,而活动同它的关系则是作为它的实现。(滕尼斯)

③ 马克思、恩格斯:《马克思恩格斯选集》第1卷,北京:人民出版社,1995年,第294页。

目的（除个别可能获得名次的专业选手外）、简单到从 A 跑到 B 的比赛呢？因为这是一种实现人的潜能的运动，体现着基于人的本质意志的生命性价值。一位参加 2014 年上海国际马拉松赛的市民在回答记者提问时说："只有跑起来的人才能体验其中的快乐。"

人的潜能实现的过程就是学习的过程。每一个人都具有与众不同的潜能，问题是需要发现自我，在某种程度上，一个人发现自我比他的努力程度更重要。乔布斯说："你们的时间有限，所以不要浪费在重复他人的生活上。不要被教条所局限，盲从教条就是活在别人思考的结果里。不要让别人的意见淹没了你的心声。最重要的是你要有勇气听从你直觉和心灵的指示。""我没预期过学这些东西能在我生活中起些什么实际作用。""我跟着直觉和好奇心走，遇到很多东西，此后被证明是无价之宝。"①发现自我就是发现自己真正的个性、兴趣、特长，就是发现自己内在的潜能。我们不能像乔布斯那样改变世界，但每个人都能改变自己的现状，实现自身的生命性价值。

爱因斯坦说过，天才就是 99％的汗水加 1％的灵感。这句话被成功学利用，误导了不少人。什么是天才？是每个人都有的天生之才，天分（在这里使用"天分"是为了避免混淆于世俗意义的天才）人皆有之，天分只有向度和大小之分。但天分不会自然而然实现，必得通过学习来实现。所谓汗水就是学习的汗水，愈是实现大的天分付出的汗水愈多。在音乐界有人做过统计，凡获得柏林奖的小提琴演奏家练琴时间均在 1 万小时以上。这一记录远远超过了未获奖的小提琴手。看来一个人的学习努力程度是与其潜能大小相关的，合适的学习目标应是自身潜能的实现，在实现过程中人的内在潜能与学习行为是相互刺激相互拉动的。否则，便难以解释为什么柏林奖获得者的练琴时间会大大超过一般的小提琴手。话说回来，人的内在潜能与学习行为又相互制约，内在潜能不通过相应的努力学习无法实现，而努力学习的结果同样无法超越内在的潜能。马斯洛所指自我超越层次的高峰体验，即两者良性互动的冲顶阶段，依然可归为自我实现层次，是自我实现的峰值。回到关于天才的话题，我们认为：所谓天才，一半靠潜能，一半靠学习。

（三）内目标牵引幸福的内涵

"内目标"指的是每一个个体独特的内生涯目标，由个性、兴趣、特长、内心

---

① 乔布斯：《我的三个故事——在斯坦福大学的演讲稿》，《散文选刊》2011 年第 12 期。

感受等组成,相对于薪水、福利、工作环境、社会地位等外生涯目标而言。"内目标"无高低之分,合适就好。它是安顿身心之所在。"外目标"是共同的,也是单一的,人人都能描述出来;而"内目标"却是个性的,也是多样的,人与人各不相同。高度趋同的价值目标势必造成过度竞争,建成小康社会的目的,除了温饱是相同的之外,应能满足更多样化的个性发展。这就是"各得其所"。

小康之后,我们更有条件去做自己爱做的事情了。真说起来,倒不是小康本身让人幸福,而是小康能给我们自身实现"内目标"的自由,自由地发展自己的兴趣、特长,自由地做符合自己内心感受的事情。因为小康之后,物质条件对幸福的边际效益就迅速下降,温饱之后,幸福主要来自实现自我发展的学习和寻找心灵归属的诗意栖居,并不在于吃、穿的讲究和住、行的排场,因为那是选择意志导向的攀比式的幸福,是与别人比较、做给别人看的社会化的幸福。

我们往往忙于应付沿路的各种问题,却忘了为什么要走这条路。人们一直以来都认为发展经济是为给人类创造更多幸福,无奈事实却出现了与人们愿望完全相反的情况。这就是随着经济的发展而出现的"幸福递减率"。西方经济学中称之为"边际效益递减规律",即人们从获得物品中产生的满足感达到一定程度时,幸福感会随着所获得的物品增多而减少。墨西哥蒙特雷大学经济学家妮科尔·富恩特斯的调查发现,对于墨西哥一个四口之家来说年收入 4000 美元是一条线,超出部分并不能带来额外的幸福。[①]

据中新网 2013 年 12 月 20 日报道:"财经日报市场咨询公司 IPSOS 最近对 20 个国家进行的一项调查,71%的受访中国人表示,会根据自己拥有的财产值衡量个人成功。对这一问题的全球平均值是 34%。另一个问题:我对于成功和赚钱有很大压力。中国人认同者比例同样最高,占 68%,而全球平均值为 46%。"调查的重要在于,提醒我们能不能稍微放松一下来自选择意志的压力,给自己一些自由和从容。在这里,我想重温易卜生说过的一段话:"金钱可以是许多东西的外壳,却不是里面的果实。它能带来食物,却带不来胃口;能带来药品,却带不来健康;能带来相识,却带不来友谊;能带来仆人,却带不来他们的忠心;能带来享受,却带不来幸福和宁静。"因为幸福从来是非卖品。

教育改变命运,但倘若教育因此而沦为博取名利的工具,那就不只是学习的悲哀!一个社会,如果流行这样的理念,人的基本快乐和基本生活必须靠"出人头地"来保障,那其实是在摧残普通人的生活乐趣和生命意义,而且为这种剥

---

① 丹·比特纳:《去最幸福的四国找幸福》,韩亮译,北京:中信出版社,2016 年,第 164 页。

夺制造社会解释。国人高度认同"行行出状元",但现实往往是冷酷的,状元的桂冠只属于少数人。幸福不必一样,而是让柴米油盐酱醋茶和琴棋书画诗酒花各得其所。让每个人都能实现由个性、兴趣、特长和内心感受组成的"内目标",而不必去苦苦追求由薪资、福利、待遇和社会地位组成的"外目标"。唯有"内目标"才真正体现生命性价值,牵引着幸福的内涵,"内目标"足以使普通人获得怡然自乐的生活。

(四)学习改变生命状态

过去我们一直以为,好的学习是一种能够改变人的思维的学习。其实,这样的理解,失之于宽泛,也难以评价。好的学习是基于人的本质意志的学习,学习是根本、是过程、是目的、是生命性价值的实现,也就是进入一种内在的积极向上的生命状态。

学习为什么会沦为手段?因为我们已深陷功利主义的泥淖。有史书记载,宋徽宗赵佶曾游金山寺,见长江舟船如织,便问住持黄柏大师:"江上有多少只船?"大师答曰:"只有两只船,一是寻名的,一是逐利的。人生无他物,名利两只船。"其实也未必尽然,苏东坡有词:"长恨此身非我有,何时忘却营营。夜阑风静縠纹平。小舟从此逝,江海寄余生。"(《临江仙·夜饮东坡醒复醉》)苏东坡那只"寄余生"之船,就是一只回归自我之船。

当今激烈的市场竞争,大大激发人们对知识和技能的渴求。"一张文凭,几种证书"已经成为获取高薪职位的必要条件。在终身教育领域,成人教育培训的发展,职业资格证书制度的建立,使教育与职业世界的联系变得日益密切,进一步强化了教育的工具性价值观。然而,教育的这一切努力,似乎只是在为竞争烈火烹油,并未能在提高人的幸福指数上起到直接有效的作用。

值得思考的问题是,没有考试、没有证书的学习,是否意味着学习者会失去学习的原始动力?关于这个问题,古人早就做了回答。子曰:"知之者不如好之者,好之者不如乐之者。"(《论语·雍也》)人是天生的学习者,对学习充满原始的兴趣。你学习的目标和动力可能来源于一些简单的事情,比如在自己的工作和生活中遇见的事物,尤其是那些符合自己天赋、特长的所在,你能全身心地投入而乐此不疲的事物。这种状态就是美国心理学家奇克森特米哈伊所描述的"心流"。在这种状态下,你会觉得非常自由、享受、满足且充满活力,会觉得时间过得非常快。如果你能确定哪些活动能给你这样的感觉,而且可以使之成为你生活的重心,这就无疑变成了你的目标和动力。

学习能使你有审美的眼睛，更能拓展你的视野、丰富你的阅历。学习是一种不断有新的发现和收获的出行，风景永远在路上，过程就是目的。学习并不是为了让我们变得深奥，而恰恰是恢复人性的天真。学习仿佛是对一群孩童的引领，让我们永远保持好奇的童心。美国诗人艾米莉·狄金森写道："没有一艘战舰会像一本书，带领我们前往遥远的大陆。"学习就是进入更广大生活的护照，也即进入自由地带的护照。人的天然的对自由和空间的向往，就是天然的对学习的向往。对于人最大的惩罚，莫过于失去自由和空间。

学习是对蒙昧的放逐。启蒙不仅仅是人的童年的功课，人生的九个基本角色都需要角色启蒙。学习是为了摆脱事务主义的桎梏，让我们的心灵一生都有光。钱穆先生的"格心"概念非常重要。"格物"可致知，"格心"则可以使生命丰富、精彩。"格心"就是对心灵有高度的敏感，并去感悟心灵、创造心灵。不仅要去拥抱真、善、美，而且要去创造真、善、美，活出"真、善、美、能"的自我。遵循"内目标"的生活是真；保持和发扬"同理""利他"的人性是善；符合自然律动是美；学习以实现自我潜能是能。无真将失去自我，无善将失去情感，无美将失去艺术，无能将失去实现真、善、美的条件。

学习的根本目的是生命成长，热爱学习就是热爱生命。主动学习、热爱学习的人，越学习其内在精神状态越好，同时能让大脑保持机敏活跃。美国心理学家发现，脑细胞的旧神经根，在新的刺激下能够萌发出新的神经。专家用超声波测量不同人的大脑，发现勤于思考的人，脑血管经常处于舒展状态，脑神经从而得到良好保养，大脑不会早衰。据对上海 60 至 70 岁老人的调查，参加老年教育的老人，比不参加者患病就医率低 22.2%。可见学习使老人更健康、身心愉悦。[①]

如此描述学习是否过于理想化，而在现实世界中难以寻觅呢？真正的学习往往发生在非正规教育与学习活动中，请看事实吧。瑞典"学习圈"已有一百多年的历史，受到民众的普遍欢迎，知晓度和参与度都很高。瑞典总人口 900 多万，时至今日，平均每年有近 300 万人次参加学习圈和民众高中。在人口仅550 万的丹麦，全国共有 90 所民众学校，每年有 70 万丹麦人会去参加这些学校提供的非学历教育课程；在丹麦你随时都可以加入丰富多彩的各类俱乐部，有制作火车模型的、有冬泳的、有"兔子跳"的（是一种训练兔子跨栏跳跃的运动）。在日本，公民馆比中学还多，平均每万人就有一所。杭州等地社区学习共同体

---

① 课题组：《关于建立终身教育体制、提高市民素质调研及对策》，《上海成人教育》1996 年第 12 期。

的兴起，正是反映了民众基于本质意志的共同学习的需要。

（五）幸福从来不是一个人的事

什么是幸福？幸福是对人生的终极关怀，是人们接近或达到人生的生活意义和生命性价值时的心灵状态。幸福不等于宝马轿车和花园别墅。除非身处贫困线之下，否则更好的物质条件并不一定会让你变得更幸福。真正的幸福，不是自己努力便可以争取回来，它很多时候是从你以外的环境和关系中给予你的。在欧洲的一项研究中，实验对象被绑上一台掌上电脑，它会不时地震一下，让他们汇报此时的情绪。结果发现，实验对象在和家人在一起的时候心态最积极，和朋友在一起的时候次之，而自己一个人的时候心态最差。[①] 似乎是那种"家的感觉"，为人们带来了额外的那部分幸福。在一些幸福指数高的国家，"家庭"这个词的含义不仅包含了有血缘关系的亲人，也包含了朋友和邻居。这种独特的扩大化的互助体系让人们获得了更多的关怀、鼓舞，以及更持久的幸福感。

关于福祉和幸福决定因素的研究表明，幸福的生活 50％取决于个人成长和遗传的质量，40％取决于家人、朋友以及同事之间关系的密切度和质量，只有10％取决于收入和教育。2010 年在对加拿大最幸福人群的一项调查中，研究者发现影响幸福的最重要因素是归属感，即归属于当地团体的感觉。[②]

丹·比特纳在其畅销书《去最幸福的四国找幸福》总结性篇章中给出的关于幸福的建议是，挖掘一下自身的兴趣和特长，然后加入一个相关的学习团队或俱乐部。这个建议的重要之处在于，一旦你加入了某个俱乐部或学习团队，你就要定期参加活动——不管是基于俱乐部的章程也好，还是基于同伴的压力也好，反正你相当于有了一种承诺。根据一项调查，加入一个学习团队，即使一个月只参加一次活动，获得的幸福感也不亚于薪水翻倍。不少人觉得加入某个俱乐部或某个社会组织就是幸福，最起码在丹麦有 90％的人是这么想的。根据丹·比特纳调查发现，创建一个由一群志趣相投、彼此忠诚的朋友组成的小组——冲绳人管这种小组叫"摩埃"（冲绳人是世界上最长寿的人群，他们一生中都至少会有 5 个好友相伴），他们定期聚会，有福同享，有难同当。艾伯特利亚市（美国明尼苏达州南部一城市）的人口有 18000 人，像这样的"摩埃"就有 80

---

① 丹·比特纳：《去最幸福的四国找幸福》，韩亮译，北京：中信出版社，2016 年，第 165 页。

② 马克·安尼尔斯基：《建立福祉经济学》，《上海师范大学学报（哲学社会科学版）》2013 年第 1 期。

个,每组平均 6 个人,总共 480 个人。他们经常在晚间举行集会。每一组"摩埃"成员都有相近的爱好(或者是一群刚生了宝宝的妈妈,或者是一帮喜欢做志愿活动的人,或者是一些热爱运动的人),开始的时候,他们会约定每周出来一起走走、聊聊,这样过了 10 周之后,组内就会产生一种特殊的联系。一年之后,艾伯特利亚市一半以上的"摩埃"小组仍然稳定地存在着。[1] 根据丹·比特纳的描述,"摩埃"小组非常接近于中国杭州的社区学习共同体。据杭州市成人教育研究室 2015 年年底统计,该市目前已有文化与艺术、生活与休闲、健康与娱乐、公民与公益等类型的社区学习共同体 4500 个,每个月有 9.7 万人在学习共同体中学习。[2]

丹·比特纳在墨西哥一个叫作桑塔卡塔里娜的社区的一所房子前看到三个女人坐在水泥墩上,聊得正欢。他设法加入她们的聊天,从艾达丽亚口中得知,三个女人每天吃完午饭都会见一次面。她们的丈夫收入都很一般,大约每个月 500 美元(这个地区的大多数男人都是这样),却要养一个 7 到 12 个人的多口之家。就在他们说话的时候,艾达丽亚那 6 个还在上学年龄的孩子正在街上踢着一个半瘪的足球,兴高采烈地尖叫着。当丹·比特纳问这些女人是否感到幸福的时候,她们耸耸肩,然后互相看看。"是的,我们很幸福。"艾达丽亚打破了沉默,"我们也能多花点儿钱,但是我们已经拥有所需要的东西……""如果你有更多的钱,你会做什么?""很可能会买个大点儿的房子,"克里斯蒂娜说,"但是,另一方面,我们很可能不会像现在一样每个下午都能见面了。所以,可能不会去买房子了。"原来幸福如此简单,一段令人恋恋不舍的快乐时光(甚至比大房子还重要)所需要的一切东西就是三个水泥墩和一个瘪了的足球。

在英文里,社区(community)即是共同体。也有人提出,社区实际是一种人文生态。因此,社区建设的本职就是使人类这种本性的东西更好地发挥出来。对于社区的每一个成员来说,你从来就不是生活在一个现成的世界中,而是生活出一个世界。

如果说幸福不是一个人的事,关于幸福的评价,当事人才是真正的专家的话,那么学习也是如此。传统学校教育看似集体听课,但每个学生都是单独的个体,只为自己的学业负责,因成绩好坏,在经历了一场升学考后各奔东西。不同的是,社区学习共同体是由为其共同负责的成员组成的,他们之间会产生令人愉快的协作关系,更重要的是,真正的团队学习,不仅团队整体获

---

① 丹·比特纳:《去最幸福的四国找幸福》,韩亮译,北京:中信出版社,2016 年,第 246—247 页。
② 汪国新:《学习共同体中的生命成长》,《中国教育报》2015 年 12 月 31 日第 10 版。

得出色成绩,个人的进步速度也比其他学习方式为快。人们曾开展对妇女学习烹饪这一过程的研究。实验是这样进行的。教育有关营养的知识,使妇女不使用某些食物而使用另一些食物。第一种由教师在大组中进行教学,第二种是由小组指导讨论。学习同样的内容,用同样的时间,提供最优的教学。考试结果大致相同。几个月后再考,这次不考知识而是要求汇报实践中的变化。结果是小组妇女的成绩远远超过大组。因为"我们的小组"成员之间很快建立联系,她们觉得对他人有一种责任,对学过的东西应加以运用。[①]社区学习共同体的真正魅力,就在于共同学习。在这里,实现"内目标"和获得"归属感"共同诠释了幸福的内涵。

日本学者佐藤学从苏格拉底的对话思想出发,认为学习是相遇与对话,是与客观世界对话(文化性实践)、与他人对话(社会性实践)、与自我对话(反思性实践)。这样的对话是一种亲身的实践,而不是在虚拟的网络世界里进行的。彼得·圣吉说:"这一代年轻人非常善于彼此保持联系。他们熟稔社交网络科技,所以至少从潜力上来说,他们有更强的能力在组织里建立有效的社会网络,数字沟通是不是一种更好的方式,我们还不是太清楚。因为目前来看,数字沟通的内容大多数是信息交流,发表意见,而不是接受他人的观点。但是,对话的意义不仅仅在于信息交流和保持联络。从根本上看,对话的意义在于发动参与对话的人共同思考。要做到这一点,我们需要真正愿意去对自己的想法加以反思,保持开放的态度和心态,接受自己在他人影响下改变立场的可能性。面对面交流往往会激发一些思想和情感的火花,这是非常重要的东西。"[②]无论移动互联网如何如影随形,它是永远无法替代人与人之间的直接交流的。

三、共同体的重光

很长一段历史时期人在共同体中生活,然后才有社会。滕尼斯使用"共同体"(gemeinschaft)概念的用意在于强调人与人之间的紧密关系、共同的精神意识及对社群的归属感与认同感。人的选择意志和功利主义相结合,使得基于人的生命性价值的"真、善、美"被抛在脑后,朝着一切为了现世享乐的工具理性倾斜。社区学习共同体的共同学习是基于人的本质意志的学习,它的草根式生长表明,人类必将在一个新的阶段和新的高度返璞归真般地进入一个学习化的共

---

① 罗比·基德:《成人怎样学习》(内部资料),蔺延梓译,上海:上海第二教育学院编印,1985年,第141—142页。

② 摘自彼得·圣吉《可持续发展与组织变革》演讲稿。

同体时代。因为人是未完成的群居动物,实现自身潜能和寻找心灵的归属感,是人类本质意志决定的永无止境的追求。

(一)从共同体到社会

人是群居的动物。据科学考察,这个地球自产生人类以来,人很长一段时期在共同体中生活,然后才有社会。

"共同体"一词作为社会学概念,最早源于 1887 年德国现代社会学大师斐迪南·滕尼斯的经典之作《共同体与社会》,他把共同体看作是"一种原始的或者天然状态的人的意志的完善的统一体",其使用"共同体"概念的用意在于强调人与人之间的紧密关系、共同的精神意识及对社群的归属感与认同感。当代著名思想家齐格蒙特·鲍曼则认为"共同体"是一个温暖而舒适的场所,一个温馨的"家",在这个家中,成员间彼此信任、互相依赖。

共同体主要是建立在自然的基础之上的群体(家庭、宗族),也可能包括历史形成的小的联合体(村庄、城镇)和情感思想的联合体(朋友、师徒)。滕尼斯认为,共同体是建立在有关人员的本能中意、习惯适应和共同记忆之上的,是血缘、地缘和宗教有机地浑然生长在一起的整体。

与此相反,社会是一种目的的联合体,尽管从表面上看,社会也是一种人的群体,"他们像在共同体里一样,和平共处地生活和居住在一起,但基本上不是结合在一起,而是基本上分离的"[①]。社会人也能够共同行动,那是因为个人确信行动实现的某一特定目的于己有利。社会产生于众多个人的思想和行为的有计划的协调,是一种以利益交换为目的的机械聚合的人为产物。

从共同体时代向社会过渡,经历三个时期。它的整个发展方向是一步一步迈进社会的。共同体时代的第一个时期,是以共同体成员生活的村庄为载体的。共同耕作的土地(空间原则)和血缘承续关系(时间原则)并存,其中那个看不见的由共同祖先派生的血缘关系的纽带与看得见的土地的纽带同样重要。共同体时代的第二个时期,若干村庄发展为城市。在城市,人口的流动使得人们共同生活的空间原则逐步取代了传宗接代的时间原则。第三个时期即社会化时期,大城市出现了。在充满异质人口的大城市,空间原则成为最突出的原则。大城市纯粹由自由的个人组成,他们所拥有的共同的地方,只不过是作为偶然的和选择的居住场所。于是城市和仍然受约束的村庄陷入了尖锐的对立。

---

① 斐迪南·滕尼斯:《共同体与社会》,林荣远译,北京:北京大学出版社,2010 年,第 77 页。

"一切发达的、以商品交换为媒介的分工基础,都是城乡分离的。可以说,社会的全部经济史,都概括为这种对立的运动。"①

城市化运动已变得势不可挡,成为社会发展趋势。铲车和推土机摧毁了共同体传统的栖居方式。历史悠久的祠堂和老街区被夷为平地,代之以千篇一律的大广场和高楼群,熟人社会及其交流系统土崩瓦解。

现代化社会的一种危险倾向是彻底抛弃"时间原则"。我们的作为就好像是地球上的最后一代,对科技文明无休止的欲求,造成环境恶化和资源枯竭,我们正在毫无顾忌地透支子孙无法偿付的支票。

(二)两种意志的博弈

滕尼斯认为:"人的意志的概念应该从双重的意义上去理解。"他把人的意志区分为人的本质意志和人的选择意志。

本质意志是与人的生命统一的意志。它的存在方式和表现形式是个人的自我潜能与归属感的实现。其基础源于人对某些事物和活动本能性的中意的感觉;通过自觉的实际锻炼,形成人的习惯与经验;并从感觉和经验中获得记忆。本质意志是非功利的,是建立在过去的人性传承的基础上的。

选择意志是人的主观思维的产物,它的存在方式和表现形式是个人社会愿望的实现。其动机基于人对自身行为和目的的利害关系的深思熟虑;面对既定目的做出行为方式的取舍;在社会交往方面有约束的表现。选择意志是功利的,建立在追求主观利己的未来目的基础上的。

意志的两种如此不同的概念,有一点是共同的,即两种意志都被设想为行为的原因,以及在活动过程中对行为的支配力量。同样参加学习,基于本质意志的学习,是享受学习实现潜能的过程,学习过程就是目的。基于选择意志的学习,是学海无涯苦作舟式的过程,家长和学校强迫学生搞清楚,他的学历只是掌握在他手中的一件商品,而学习只不过是商品流通的一种手段;学习不是目的,彼岸(权位、名利等)才是目的。同样参加体育活动,当体育成了职业运动,参加者的目的就是锦标和奖金,与健身的目的也就基本无关了。有个著名的故事,晚清时,李鸿章在广东看见外国人在打网球,打球者来回奔跑气喘吁吁。见此,他回头问随从:"外国人在这里卖艺吗?"得到否定的回答后,他又困惑地问:"要不是卖艺,为什么这样卖力气?"在那时候中国人的文化中,体育本身附属于

---

①　马克思、恩格斯:《马克思恩格斯全集》(第23卷),北京:人民出版社,1972年,第390页。

劳动、战斗等名目之下,气力不是用来锻炼的,而是要用来卖的。这是选择意志的典型表现。

人的本质意志包含着发展为共同体的条件;人的选择意志是产生社会的前提;而社会的过度发展,则可能扼杀人的本质意志,放纵人的选择意志。滕尼斯认为:"动物的器官和功能可普遍划分为植物性的(内在的看不见的)生命器官和机能以及动物性的(外在的看得见的)生命器官和机能。""人的本质意志的生命是在植物性的生命里发现的,共同体意志的根子也蕴藏于植物性的生命里。因为物种和家庭的本质就是社会学意义上的植物性的生命,从根本上作为人的共同生活的实质的基础。社会意志的根子则是个人的选择意志的汇聚,个人的意志在交换的一点上相互交叉,这一点对于交换双方都是理智的或者正确的。"[1]

有人把"我们"这个词中的"我"代指心灵和动物性生命,"们"代指骨骼、血液、脏器等植物性生命。"'们'哪儿也没想去,没想当官,没想发财。'我'哪儿都想去,啥都想干……能弄多大事就弄多大事。曰顽强、曰成功、曰实现理想、曰人生价值。这些词也可以换成功利、贪婪、死皮赖脸。摊上一个'成功、顽强、贪婪'的'我','们'何其不幸。'们'出了问题,'我'常常用的方法有两个:一叫毅力,听凭'们'疼痛、疲劳、头悬梁锥刺股;第二个方法叫遗弃,把自己的身体扔给医院扔给药。"[2]

人的天性(本质意志)中包含着同理心和利他性,即非常普遍地称之为感情的东西。感情同时还表明感情作用的对象和方式方法:人们的行为如何使人心情愉快,如何使人习惯,归根结底是如何使人感到好。《自私的基因》,大概是最受误解的进化生物学名著。自1976年出版以来,购买、阅读、评论这本书的冲动,都围绕着书名中的"自私"一词。其实道金斯对于人性的看法,与古典经济学鼻祖亚当·斯密毫无二致,《自私的基因》想解答的问题,正是斯密的观察:"不论你可以认为人是多么的自私,然而在他的天性里都明显地有着某些天性,使他关心他人的命运,使他需要他人的幸福,尽管他从他人的幸福中得不到任何东西,除了看了感觉愉快之外。"[3]2012年9月20日,哈佛大学的研究团队发表的实验结果则证明:人的利他倾向似乎出自热情的直觉,而理性反思才让人变得冷静、算计因而小气。实验中,每个人都会赚到钱,但是研究人员请他们自

---

[1] 斐迪南·滕尼斯:《共同体与社会》,林荣远译,北京:北京大学出版社,2010年,第120、234页。

[2] 鲍尔吉·原野:《人生只有两个字》,《报刊文摘》2014年8月22日第3版。

[3] 亚当·斯密:《道德情感论》,谢祖钧译,西安:陕西人民出版社,2006年,第4页。

由乐捐公积金，最后由大家均分。结果，人的决定时间越短，就捐得越多：10秒内就得做出的决定，手笔比较大气；花更多时间思考，只会让人变得小气。值得注意的是，参与实验的人，有些直觉大气、深思小气；有些无论直觉、深思都很小气。但是没有一个人在深思后表现得比直觉反应还大方。[①] 直觉恰恰是人的本质意志的表现，深思则是社会化的结果。

在人类早期的共同体时代，人类具有婴儿般质朴的内心，中国《山海经》中的女娲、精卫、夸父、刑天等等人物都极单纯。他们天生不知功利、不知算计、不知功名利禄，只知探险、只知开天辟地、只知造福人类。精卫是一只小鸟，它嘴上所衔的树枝是那么细微，而沧海却那么深广浩瀚，这是何等巨大的反差，但是坚韧的生命不在乎这种反差，只知一往无前地进取。进取的过程是最重要的，价值全在生命实践、生命过程和生命延续。在人类社会草创之时，人的本质意志张扬，心灵尚未受到社会污染，唯有人的植物性生命和人的动物性生命及单纯心灵的互动。这个世界，时间原则与空间原则并存，神话英雄只在乎用他们的建设行为为后世造福。

社会和科技的发展，使得人的选择意志和功利主义相结合，基于人的植物性生命的基本价值"真、善、美"被抛在脑后，朝着一切为了现世享乐的工具理性倾斜。现代社会是一种疯狂膜拜现世享乐的宗教，正在铲除、毒害、摧毁地球上的一切生命系统。美国人保罗·霍肯、埃默里·洛文斯和亨特·洛文斯写的《自然资本论》表明，依照如今人类对地下矿物的开采速度，再过100年，什么都没有了。我们的作为就好像我们是地球上的最后一代。

（三）功利主义的围城

这个世界盛产高精尖的器物和同样高精尖的包装，人一方面成为器物的奴隶，另一方面也成为自身包装的奴隶。

当下的"人"，更不像"人"。他不是具有精神归属的灵明主体，而是模式化的客体，是3房2厅的"人质"、品牌服饰的"衣架"、安卓苹果的"奴隶"、心爱宠物的"随从"。你可以拥有宽敞的客厅，可以获得以车代步的便捷，可以使用手机随时获取信息，甚至让宠物陪伴你消磨时光，但你无法购买"关心"，购买情感上的"交流"，购买独立精神和自由思想，购买心灵生活的归属感。他们无论需要什么，都到商店里去买现成的；但商店里不卖情感、精神和思想，于是这就成

---

① 王道还：《人是唯利是图的动物吗》，《南方周末》2012年10月18日第30版。

了城里人最难办到的事。

社会文化致力于制造生产者和消费者。一个生活在社会里的成年人，做得最多的两件事，就是出售与交换。作为生产者，"出售"知识和技能"交换"工资；作为消费者，用时间和金钱"购买"享乐。白天是办公电脑的"附件"，晚上是酒吧娱乐的"皮囊"。人生成了一半是机器、一半是动物的存在。

美国教育学家查尔斯·汉迪(Charles Handy)指出，现代人一生在雇佣工作上只需花掉 5 万个小时。假如现代人的平均寿命为 70 岁，总时数超过 60 万个小时。如果我们睡掉 20 万个小时，还有 35 万个小时，我们干什么呢？在后消费时代的不断变化中，高速发展的科技、经济，既带给我们工作压力，又从未有过地给我们提供了更多的休闲时间，同时又从未有过地制造更多的诱惑使我们去浪费这些时间。劳动时间的减少在西方并没有明显地促进人们的心智活动。自 20 世纪下半叶起，兼职和娱乐在那些劳动时间得以减少的人当中大获流行，或许证明了现代人对金钱和享乐的贪婪；但是也说明现代人在手握大把时光的同时内心是多么恐惧。很显然，他会不惜一切地避免将这大把的时间握在手中，以致即使是碎片化的时间也心甘情愿地分配给智能手机。

物欲的泛滥，使人类忘记自身的深度与运用学习实现潜能的根本。人的植物性生命与本质意志被弃之不顾，功利性内心与动物性行为频繁互动的结果，使世界变得越来越肤浅，越来越浮躁。深陷功利主义围城的人们内心也不乐于接受这种生活方式，但被环境所逼，情感和精神世界日益萎缩，沦为物质生活的"人质"。

(四)共同体的重光

共同体这一名词，并未由于人类生活社会化而终止使用，相反，在现代社会生活中是我们耳熟能详的。其实滕尼斯所指的共同体，是指一种其成员间的直接相互肯定的关系，即建立在人的本质意志上的关系；而现代社会生活中使用的共同体，已经是被大大泛化或异化了。我们是否可以这样认定：凡是具有利益结盟关系的"共同体"，应打上引号，因为它是建立在人的选择意志之上的，是另有目的的。也可以这样表明：基于成员间直接相互肯定关系的共同体，是众成员享受这种关系和活动过程的共同体，关系和过程即最主要的目的。基于成员间利益结盟的"共同体"将彼此关系的建立视作手段，最主要的目的则是结盟者或者促成结盟者的某种社会利益。

在社会中生活的人的群体包括个人和各种形式的权力主体，表面上他们像在共同体里一样,和平共处,生活在一起(尽管这个世界局部战争不断),但是基本上不是结合在一起的,而是分离的。没有人或权力主体会为别人或别的权力主体做点儿什么,贡献点儿什么,没有人或权力主体给别人或别的权力主体援助什么,给予什么,除非是为了报偿或回馈。选择意志是人的社会思维的产物,社会愈发展、思维愈发达,选择意志愈盛行。但是,人的本质意志是不可能消失殆尽的,它基于人的植物性生命,在现代社会中,它是一种"肌肤古铜、背影沉重"的存在。共同体时代远去了,但人们寻找心灵生活归属和实现自身潜能的努力,却从未间断。

出现于现代都市的草根式生长的社区学习共同体,就是这种努力的集中表现。以杭州市江干区采荷街道为例,该街道有包括书画、摄影、剪纸、舞龙、风筝、篆刻、手工艺、葫芦丝、茶艺表演等项目的社区学习共同体100多个。原始的共同体是血缘共同体、地缘共同体和精神共同体的合一。现代都市使得血缘共同体与地缘共同体分离。社区学习共同体是由地缘共同体和精神共同体合成的,是基于人的本质意志的共同学习的载体。社区居民参加社区学习共同体的学习,是为了顺应人的发展需要,促成人生状态(生命成长)和环境状态(诗意栖居)发生转变,而非仅仅为了接受知识、技能,更不是为了追求名利。上述两种状态的转变是发生在人与人的交往之中的。因此,社区学习共同体是基于人的本质意志的共同学习。

博耶尔(Ernest L. Boyer)在1995年发表了题为《基础学校:学习共同体》的报告,报告中用到了"学习共同体"的概念,提出"学校是学习的共同体"。学校学习共同体的理论基础是建构主义。建构主义理论主张,知识建构具有社会性,是社会普遍存在的现象。知识建构是多元主体互动的过程,是群体智慧的共享和衍生。学校学习共同体思想,旨在将学习从传统的教育模式中解放出来,突出了知识建构的社会性、情境性、主体性与实践性。关注学生在面对各种问题情境时所进行的"对话"过程中的思想生成和持续改进的过程,让学生在主动发现知识过程中而不是在被动接受知识过程中学习。学校学习共同体的提出,旨在让学生有效地建构知识,以知识的获取为目的,是人的选择意志作用下的共同学习;而社区学习共同体的实践证明,成员学习的过程即自身状态和环境状态转变的过程,学习过程即生命成长过程,即学习目的,是人基于本质意志作用的共同学习。

埃蒂纳·温格(Etienne Wenger)等所著的《实践社团:学习型组织知识管理指南》被认为是提供给世界优秀企业的最佳的实务指南。作者剖析了企业实践社团产生的原因和实质：知识是当今市场的重要资源，但是系统地组织和利用知识仍然是一个挑战，许多领先的公司已经发现，培养实践社团是有效实施知识战略的重点。"在这样一个变化太多太快且个人无法掌握的时代，理解知识的集体本质尤为重要。""知识确实是通过共同参与的过程中形成，包括过程中所有的争辩。"①企业实践社团无疑是企业进行知识管理的新工具。企业建设实践社团的目的，是为了企业在商业世界无处不在且越来越快、越来越大的变化中生存和发展。这显然与以人的发展及其诗意地栖居为本的社区学习共同体大相径庭。

由此可见，社区学习共同体才是一种真正意义的微共同体，是一种促进人的成长和归属感的共同体。在一个学习被异化为工具，成功学大行其道的当今社会，它并不关注人的世俗意义上的"成功"，而只关注人的本质意义上的"发展"，只关注平民的幸福，只关注非功利的诗意地栖居，只关注每个人心灵生活的归属感。这些看似不起眼的微共同体，善待它、培育它，它就能成为这个社会中人性的阳光、雨露和氧气，滋润我们每一个人。

历史终将证明时代发展呈螺旋式上升的规律。人类社会形态的演变说到底是由工具的革命性变化引起的，是工具的革命性变化引起了生产力的飞跃发展并推动社会进步。石器、铁器、蒸汽机、电脑的发明与应用，都标志着工具的革命性变化。但自从人类发明了电脑之后，工具的发明似乎走到了极致，因为人工智能机器人 AlphaGo 已经战胜了世界围棋冠军李世石，而机器人"亚当"可以像科学家一样思考，像科学家一样做实验了。进入工业社会之后，人类就开始凭借先进的工具和技术，大规模地开发自然宝藏。他们跋山涉水，深入不毛之地，用短短数百年的时间，就开采了大量人类居住的地球上历经几十亿年演化积聚起来的宝贵资源。与此同时，人类社会的城市化进程不可阻挡，来自农村的城市新移民与旧城区的改造拆迁户一起，搬进了焕然一新、周围全是陌生人的小区，熟人社会及其交流系统被连根铲除。

当人类一面创造出高级的工具——电脑，拼命开发自然宝藏，一面肆意破坏人诗意地栖居的社区之时，却忽略了自身最丰富的宝藏——"脑矿"。脑科学研究表明，人类对其大脑的利用率仅为 3%，仍停留在幼稚阶段。由此可见，未来最大的开发空间也许就在小小的人类大脑之中。这是人类的最后一个"宝矿"，也是埋藏快乐和幸福的地方。

---

① 埃蒂纳·温格、理查德·麦克德马、威廉姆·M.施奈德：《实践社团：学习型组织知识管理指南》，边婧译，北京：机械工业出版社，2003 年，第 9 页。

　　机器人 AlphaGo 能延伸人的智能，却不能延伸人的智慧；机器人"亚当"能为人类创造财富，却不能为人类创造幸福。那个深藏快乐和幸福的地方就是人类自己的"脑矿"。人类必将在一个新的阶段和新的高度返璞归真般地进入一个学习化的共同体时代。因为人是未完成的群居动物，实现自身潜能和寻找心灵的归属感，是其一生本质意志决定的永无止境的追求。依此意义，我们在社区学习共同体这个微共同体身上，看到了共同体复兴的曙光。

第 二 章

困境与发现

本章提要：问题是研究的出发点。我们欣喜于社会经济的快速发展，但面对发展，我们也存在三大困境，即学习的工具化的偏向、人生价值感的缺失和城市社区的缺席。提出问题的目的是解决问题，经过十年的探索后笔者发现，广泛存在于城乡的人们司空见惯的社区学习共同体，能在某种程度上回应城乡居民普遍存在的三大困境。这一发现，既是基于实践的一项重大理论建构，更能为生活在 21 世纪、愿意接受我们观点的民众开启新的幸福之路。

"只有正视人类之恶,只有认识到自我之丑,只有描写人类不可克服的弱点和病态人格导致的悲惨命运,才可能具有'拷问灵魂'的深度和力度,才是真正的大悲悯。"①具有悲悯情怀的人,以人类共同幸福为宗旨,站在社会经济文化宏大历史背景下,在人性美好向善和人性存在无法克服的弱点之间,寻求个人更好地生存、群体更加和谐的路径。也就是说,我们不只是发现问题和提出问题,更要提出现实条件下解决困境的有效对策。

物质财富快速增长,我们在享受着物质丰富带来的快感同时,人类陷入了新的困境。为了聚焦到本书所进行的研究,我们与读者交流的是三大困境,即关于学习的困境、关于人生的困境、关于城市的困境。描述困境不是目的,只是希望与读者形成共识,并在此基础上,共同寻找突破困境的路径与对策。从2007年起,我们在关注到这些困境之后就开始了探究,我们欣喜地发现,要突破这三个方面的困境,有一条可行之路,那就是养护社区学习共同体。

一、困境:发展中的忧思

这是一个最好的时代,一个和平发展的时代。生产力的发展,国民经济持续增长,综合国力显著增强,国际地位明显提升,国际话语权明显增强。然而,交通的便捷使人们失去了旅游的快乐,通信的快捷使人们失去了收信的幸福,食物的过剩使人们失去了饮食的滋味,信息的丰富使人们失去了阅读的能力。这是一个最令人昂奋的时代,这也是一个最令人困惑的时代。人们的幸福感并没有随经济的快速增长而相应提升,其原因是多方面的,我们发现,至少存在三个困境。

(一)学习无"初心"

人类通过真正的学习才能成为人、成全人。反思今日学习现状,无论是未成年人世界,还是成人世界的学习,我们发现,都存在许多认识误区和实践上的缺失。

1. 只有"脑"的开发而无"心"的学习。

自从出现了人类社会,就有了学习,或者更明确地说,因为有了学习,才有了人类社会。学习是给人类带来真正福祉的路径。然而,今天"人—机—人"知识传授模式主导学习世界,学习的社会功利性突显,只有"脑"的开发而无"心"

---

① 莫言:《蛙》,上海:上海文艺出版社,2012年,第3页。

的学习,学习的本真丧失殆尽。对于学习,我们存在的误区太大,以致我们身在其中,觉察不出学习的问题。学习仅是脑的功能吗?我们掌握图书馆里的全部自然科学和社会科学知识,乃至通晓人类全部文明成果,成为学富五车的知识人,这是学习吗?当我们成为一个装满知识的箩筐,并运用这些知识去获取巨大的物质财富或荣誉,如果没有对生命意义的明见,如果没有把"心"生长在生命之根上,如果不是朝着"人生第一等事"①的方向攀登,如果不把心性的澄明和滋养作为目标,而把向外索取更多作为一切行动的动力,那么所有知识和技能的掌握就不是学习,即便有再多的知识和本领,人依然是苍白的贫穷者。因为,人的学习,是生命的学习,是心的学习,心存在于自己的生命之中,个体生命与宇宙大生命浑然一体,人的"本己本知"先天地存在于自己的生命之中,而整个世界都共同根植于生命系统之中。所以真正的学习,是在知行合一的社会实践中,认识自己、丰富自己、完善自己、强大自己,不被社会外界的力量所扭曲。殊不知,心性的澄明和心性的滋养,才是学习的第一要义。真正的学习有三个要素:第一,它是"独知"的,不是千篇一律的接受,不是别人能教给我们的;第二,它是道德的,不是满足私欲的;第三,是向内探求,求静求安,静心养性,不是向外求,追求急功近利、占有暴利。向内探求的最大的阻碍,是利己主义,是利己的愿望。关涉心性的学习,就是要从思想上和行动上去除利己愿望造成的对心性的遮蔽。"蔽于物欲而失其本心。""故夫为大人之学者,亦惟去其私欲之蔽,以自明其明德,复其天地万物一体之本然而已耳。"本真的学习要达到的目的有两种。一种是"有限的目的",即具有与外部世界期待相符的外在目的,我们称之为外目标和外成功的实现,体现的是人的选择意志。它所实现的是人的工具性价值,这一价值是由他人(社会)认定的。外目标是获得性的,如薪资、福利、待遇、职位等级;外成功是为人的即向他人炫耀的,如豪宅、名车、职衔、公众关注度。另一种是"无限的目的",即"超出人的自然存在直接需要的发展"之内在目的,它所指向的是人自己,是人的自我发展、自我提升、自我意义建构。我们称之为内目标和内成功的实现,体现的是人的本质意志。内目标是实现性的,如兴趣、性格、特长、内心感受。它所实现的是人的生命性价值,生命性价值是自己定的价值;内成功是为己的即属于生命性价值的,是潜能实现、心性澄明、个性发展、独特的贡献,所谓各美其美,过真正人的生活,尽人道,做真人,正如

---

① 耿宁:《人生第一等事》,北京:商务印书馆,2014年,第91页。(王阳明还在孩童时代时就曾问他的老师,人生第一重要的事是什么?老师说:"读书并获取最大的官职。"王阳明说:"我觉得,获取最大的官职并不是最重要的,读书成为圣人和贤者才是第一重要的事吧。")

陆九渊说的:"人生天地间,为人自当尽人道。学者所以为学,学为人而已,非有为也。"①

学习的第一种目的的实现,以脑的开发,知识和技能的提高为路径,这里的知识是程序性可编码的知识,是可以通过接受学校教育、接受培训、自学等方式实现的。在工具理性的指导下,这一目的的实现,几乎占用了全部的学习资源,得到了无以复加的重视。

学习的第二种目的的实现,是从善去恶,这里的知识是伦理知识和感悟性知识,它不是学校教育或学校式教育可以"教"的,是人在社会实践中对于心性的明见与滋养。从善去恶,是人自己的事,是实践善好的德行,它既不是伦理学知识的应用,也不是学校教育所能教育的。伦理学对于人,不是理论的应用,这里所涉的是实践而不是制作。物理学类型的理论可以应用和指导制作,例如,有了量子理论在先,才可能应用这一理论制造出原子弹或原子反应堆。伦理实践不是伦理学理论指导的,伦理学不能指导伦理生活,"道德哲学"并不能提高"道德水平",道德哲学家的道德水平未必就是高的。伦理实践或德行,不是从理论来的,但是,实践者可以从传统和榜样那里得到指示,可以向身边的典范学习。

人的内心生活需要向导,理论上讲,担负着向导的责任的是教育。这里说的是"向导"而不是"教导",广义的教育,或者说真正的教育,应关心人的整个存在,使人在把握物质世界的同时,又能探索人生存的意义与价值,建构起自己的意义世界,在体验生命的过程中不断丰富内心生活。当教育只关注第一种目的,而完全忽视学习的第二种目的时,我们的教育就不能成为"成人"的教育,而是非人道的教育。

然而,事实上,学校教育或学校式教育,是很难进行灵魂性和德性提升的,生命性的东西只能学,不可教。我们今天对教育的批判,包含着过高的不切实际的对教育的预期,正是这种错误的预期,导致我们低估了具有自觉自主意识的学习(心灵对话式的共同学习)可能发生的改变自身、改变世界的力量。不能苛责今天的学校教育,因为我们有一个错误的前提,正是我们人类社会自己,企图一劳永逸地将人的成长和发展交给学校教育,让学校教育垄断了教育专利权和学习专利权。

人类学习最主要的课程是"什么是人",而这门课程是机器回答不了的。教

① 陆九渊:《陆九渊集》,北京:中华书局,1980年,第470页。

育者和被教育者之间的密切关系、学习者之间的互动互助,对于这门课程至关重要。"但是如果我们想一想对话的性质,就会发现,对话的意义不仅仅在于信息交流和保持联络。从根本上看,对话的意义在于发动参与对话的人共同思考。要做到这一点,我们需要真正愿意去对自己的想法加以反思,保持开放的态度和心态,接受自己在他人影响下改变立场的可能性。数字沟通是不是一种更好的方式,我们还不是太清楚。因为目前来看,数字沟通的内容大多数是信息交流,发表意见,而不是接受他人的观点。面对面交流往往会激发一些思想和情感的火花,这是非常重要的东西。"①也就是说人类的学习的"人—人"模式是不能被"人—机—人"模式所替代的。

基于互联网的数字移动学习,已成为时下成人学习的主流,浩大的教育信息化工程正在全国各地实施,包括云服务在内的数字化学习平台正加紧建设。教育管理部门和政府教育培训机构,把教育惠民定位在建立数字化学习平台、建设大型的资源库、为学习者提供更多的学习资源上。把数字化学习等同于教育现代化,把教育现代化等同于高效率的知识技能学习。在这样的学习理论的指导下,"人—机—人"的学习模式自然大行其道,数字化信息化学习持续成为学习世界的热点,并将成为教育改革的动力源。这是把学习定位为"脑"的开发的注解。

人类学习的特点既不是自学,也不是单方面学习他人,而是共同学习、自主成长。教育工作者既不是当下世界,也不是自然事件,更不是技术和习俗的集合体,而是要和其他个体进行思想交流、发生人格影响。

没有"群体"互动就没有"对话",没有"对话"互动的学习是非人性的,这样的学习让美感流失,心的学习被搁置。人是群居性动物,没有人能够离开群体而作为一个单独的个体而存在,这是人的社会性属性的一种表现。学校学习和社区学习中,没有对"共同学习"给予必要的重视,是因为我们对学习的误解太深太重。

共同学习是切合人性的学习,"对本真的心的学习"②需要共同学习,"人—人"学习方式永远也不会过时。英国人类学家迈克尔·卡里瑟斯说:"我坚持认为,互相关联的个体和相互作用的社会生活特点,比我们所谓的文化更重要,也更真实。根据文化理论,人们出于其文化才去做事情;根据社会群居理论,人们

---

① 岳占仁:《彼得·圣吉:学习的真谛》,《IT经理世界》2009年第14期。
② 耿宁:《人生第一等事》,北京:商务印书馆,2014年,第14页。

是利用文化方法,去为了别人、和别人一起做事情。"①幸福的人会淡忘自己的利他行为,却能记住他人给予的滴水之恩,总会以恰当的方式与人分享成功的经验和快乐愉悦的心情。社区学习共同体的美妙之处,就在于身处其中的每一个人,都能在得到同伴帮助和赞许的同时,以阳光的心态和灿烂的笑容带给别人正能量。

2.学习的工具性价值无限膨胀,生命性价值严重缺失。

人为什么要学习?不同的人有不同的回答。许多人认为,学习,能让人进步,学习可以增长知识和技能,只有不断地学习才能适应知识大爆炸的时代的要求,只有学习才能在竞争激烈的时代立于不败之地,只有学习才能过上富足的生活。这些认识没有错,但是,如果学习的目的就是这些,那么,我们说,这不是学习的全部,或者说不是真正意义上的学习,当我们把学习定义在"取"上,即是为了更好地取得利益与财富上,那么离"有意义"的学习还相距甚远,因为,"世上唯一有价值的东西,就是一个人充满活力的灵魂"(爱默生语)。

好的教师是用自己的行动作为示范,成为学习者心灵的唤醒师,唤醒心性与智慧,用一个灵魂唤醒另一个灵魂,以一个生命点燃另一个生命。教育的所有意义与价值就在于唤醒人类心灵中的真、善、美,帮助人们到人类灵魂的最深处去感悟生命的神奇。如果教育只在于传授和灌输某种外在的、具体的知识与技能,而不能从心灵深处唤醒学习者的生命意识,不能促使人的生命感和创造力的觉醒,不能激发人的内在的心灵能量,不能帮助学习者进行心性的回归与人格的建构,不能促进人的生命成长,那么,再"现代化"的教育也是失败的。

中国的教育常常遭到国人的诟病。很多人以学生负担过重、学生缺乏创新能力为由批评教育。朱永新则说:"我们的教育有点'忘情负义',情感、价值观方面的关怀在我们的教育中缺位了。而'忘情负义'的结果,自然会导致教育的低效、无效,甚至负效和扭曲。"朱先生的批评不能说不深刻,但笔者认为,朱先生说的还是现象,而不是产生这一现象的原因。我们认为,造成这种现象的根本原因,是把"教育"与"人力资源开发"的关系搞反了,没有把握学习的真正含义。教育可以服务于人力资源的开发,但人力资源的开发绝对不是教育的唯一目的。教育的内涵功能价值远远大于人力资源的开发。可是,在许多人包括教育者的眼里,人力资源开发是最重要的,教育是因为能开发人力资源而具有意义从而备受重视。其实,人力资源开发仅是教育的部分功能。

---

① 费尔南多·萨瓦特尔:《教育的价值》,李丽、孙颖屏,译,北京:北京大学出版社,2012年,第10页。

　　学生的学习是"有用"的学习。其"有用"就在于"学以致用""活学活用",然而,众所周知,其"用"是在各级各类考试中取得好的排名,为若干年后找到收入高的就业岗位增加筹码。只有书本知识学习难以成"人"。当下教育中大量存在的技术主义倾向,个体通过学校教育获得了越来越多的知识,却越来越缺少心灵的智慧。大学教育的失败,不仅在于我们的学生没有科学精神和创新能力,缺少审美情趣和生活能力,更重要的是缺少人文素养,缺少灵魂的活力,即大学毕业了并不知道人生的意义和价值。当教育关注的仅仅是人得以生存的手段与技能,教育工作只停留在知识技能的掌握的层面上,体现的是学习的工具性价值。今日大行其道、为众人诟病而又无力改变的应试教育,是程序性知识的传授,离"成人"的学习还差一大步。爱因斯坦在1930年曾说:"在人生丰富多彩的表演中,真正可贵的不是政治上的国家,而是具有创造性的、有情感的个人,是人格。"不是教育家而是科学家的爱因斯坦说的这番话,道出了学习的本质。学习的本质指向的是个人,让自己成为具有创造性的、有情感的、有独立人格的个人。当然,有创造性的、有情感的、有独立人格的个人不要指望今天的学校能"教"出来,而是自己学出来的。教者何? 所以求言行之是。学者何? 所以求理道之真。理道是不能教的,只能去实现它,每个人实现的过程也不同。如今成人学习,也多为"有用"的学习。农民的学习停留在"成人文化技术学校"或称"成人技术学校"的学历提升和技能提高。在基本完成了扫盲任务之后,一些地区的教育主管部门,取消了学校的法人地位,削减了人员编制,在这些人看来,学校就是传授知识技能(提高学历)的,既然学历补偿教育的任务完成了,农村成人文化学校存在的必要性也就没有了。

　　其实,在古人心中,知识的学习是次要的,人格、理想、格局、境界、胸怀、智慧才是最重要的。道的东西没有了,自然科学知识再多,也是灵魂上的矮子,人格上的侏儒。古代思想家陆九渊说:"若某则不识一个字,亦须还我堂堂正正地做个人。"可以用"为学""明道""察理""立心""做人"五条十个字来概括他的学说,其立足点是"做人"。如果不能做好一个人,为学、明道、察理、立心都变得毫无意义。人有三个层次的生活,一是物质生活,二是精神生活,三是灵魂生活。知识和技能为物质生活提供条件,但并不能直接为人的精神生活和灵魂生活提供条件,所以,学习不可仅停留在知识与技能等"术"的层面,人与人的差别,不是体现在有限的物质生活的优劣上,更重要的是体现在无限的精神生活和灵魂生活的丰富与浅薄上。奥斯瓦尔德·斯宾格勒认为,无论个体生命还是民族生命,倘若只有技术——工艺层面,那只是具有宽度和长度,唯有赢得人文维度,才有生命的深度。当我们的学习只是为了获取生存的技能和专业技能，我们注定没有生命的质量和灵魂的质量。心灵的成长，从某种意义上说比事业的成功更重要。因为没有心灵的健康成长，即使事业成功了，人也并不幸福。以心灵成长助推事业成功，其生命将更加从容和阳光。要使心灵健康成长，就是要给人生抹上一层意义。柏拉图也有一句名言："教育非他，乃心灵的转向。"学习的意义，从根本上说，是发现并实现人的潜能和澄明人的心性，成为不被机器和商品所征服的人，成为在物质诱惑下仍然拥有美德、灵魂活力和人格尊严的人。学习的意义，不是获取更多而变得聪明，而是在物欲横流的社会能经受物质诱惑多舍少取并快乐的智慧。

真正的学习不是为了适应外界，而是为了自己内心的丰富。古希腊哲学家西塞罗有句名言："教育的目的是让学生摆脱现实的奴役，而非适应现实。"今天的情形恰好相反，教育正在全力做一件事，就是以适应现实为目标塑造学生。人在社会上生活，当然有适应现实的必要，但这不该是学习的主要目的。蒙田说："学习不是为了适应外界，而是为了丰富自己。"孔子也主张，学习是"为己"而非"为人"的事情。古往今来的哲人都强调，学习是为了发展个人内在的精神能力，从而获得灵魂的自由。马克思不仅仅强调人的自由发展，还强调自由自觉的活动。他说："一个物种的全部特性在于生命活动的性质，而人类的特性恰恰在于自由自觉的活动。"①可是我们的教育强调的不是自由自觉的活动，而是对社会的被动适应。

科学技术，是现代社会最明显的标志。生活在现代社会的人，会不自觉地把学习知识和技能，即学习"有用"的东西，视作学习的本原。现代科学的视野与哲学不同，它看到全是有用的"有"，或者说，它只能看到"有"；而哲学的视野与它不同，真正的哲学问题却必须面对"无"，所谓"无用"的学习，恰是能解决人生命性价值实现的问题，回答如何超越"现实存在物"的问题。海德格尔这位西方哲学家早就认识到，西方思想界的理性主义传统根深蒂固，在这一思想指导下迅速发展起来的现代科技，给地球生态造成了灾难性的破坏。现代性思维对传统价值观的颠覆，已经造成了人类精神生活的无根状态。身在其中的人们，"反认他乡为故乡"，以为学习必须致"用"，学习只是博取名利的纯粹工具，而把提升人的生命性价值的学习视为异端。

总体来说，中国人读书很少，读"无用"的书更少。我们既不读荷马、但丁、

---

①　马克思：《1844 年经济学哲学手稿》，中共中央马克思恩格斯列宁斯大林著作编译局译，北京：人民出版社，1985 年，第 96 页。

莎士比亚、歌德、陀思妥耶夫斯基,也不读卡夫卡、福克纳,也不知道达·芬奇、米开朗琪罗、莫奈、凡·高的艺术。改革开放前,物质匮乏,许多人买不起书,国人总体上不读书。改革开放以来,物质生活明显改善,许多人温饱问题都解决了,但是国人总体上不读书的现象没有改变。其实,"无用"之书的阅读,对个体的精神成长至关重要。人类的精神丰碑、伟大人物的智慧和思想,都在那些最伟大的著作里。人要达到或者超越那些精神高峰,阅读和思考是唯一的途径。只有通过阅读,通过与老子、孔子、孟子、苏格拉底等先贤的对话,通过和大师们交流,才能达到先哲的精神高度和思想境界。

（二）人生无"自己"

中国人近年来的物质生活有了巨大的改善,个人的自由度较之以前也有了大幅度的进步,但人们的幸福感却没有多大的提高。

1. 不能和原初的本真自我相逢,不知道自己是谁。

被称为"西方历史的先知"的奥斯瓦尔德·斯宾格勒出版于 1922 年的《西方的没落》一书,对"文明"和"文化"这两个概念进行定义,他所定义的文明,是物化了的文化,是终结了文化的物质形态,即以生产工具为标志的人为的最表面的工艺系统,也就是物的系统、器的系统、术的系统。而文化是未被物化的基于生命的精神系统,也就是心的系统、情的系统、道的系统。斯宾格勒说,大多数文化都经历了一个生命的周期,西方文化也不例外。西方已经走过了文化的创造阶段,正通过反省物质享受而迈向无可挽回的没落。人类的行程,是文明不断发展、物质世界不断壮大的过程,却不是心与情的世界不断丰富的过程。因为物质世界的工具系统是头脑的产物,是选择意志的产物;情世界的生命系统是心灵的产物,是本质意志的产物,所以,文明社会的根本冲突是心世界与脑世界的冲突,也就是人的生命性价值与工具性价值的冲突。文明是人类社会的长度与宽度,文化则是人类社会的深度。在物欲横流的社会,人们忘记自身的深度。德国现代哲学家海德格尔曾经断言,当今人类已不能与本身相逢,即已不能和原初的本真自我相逢。《红楼梦》作者曹雪芹早在二百多年前就意识到这一点:与本真的我,即使相遇也未能相识。贾宝玉与甄宝玉相见大失所望,正是相逢不相识的写照。甄宝玉是当今人类的象征和隐喻,他早已远离非功名非功利的本真的赤子的"我",已深深地陷入物质社会的习俗之中。我们在这一社会背景下生活久了,常常忘记"我"是谁,人生本真的我的意义是什么。

贫富与欲望,依然是当今世界的主要矛盾,是人类痛苦或者欢乐的根源。

人类的欲望是填不满的黑洞,穷人有穷人的欲望,富人有富人的欲望。《渔夫和金鱼》的故事中,渔夫的老婆起初的欲望只是想要一个新木盆;但得到了新木盆后,她马上就要木房子;有了木房子,她要当贵妇人;当了贵妇人,她又要当女皇;当上了女皇,她又要当海上的女霸王,让那条能满足她欲望的金鱼做她的奴仆。这就越过了界限,如同吹肥皂泡,吹得过大,必然爆破。凡事总有限度,一旦过度,必受惩罚。

据说印度人为捕捉猴子,制作一种木笼,笼中放着食物。猴子伸进手去,抓住食物,手就拿不出来。要想拿出手来,必须放下食物,但猴子绝对不肯放下食物。猴子没有"放下"的智慧。人有"放下"的智慧吗?有的人有,有的人没有。有的人有的时候有,有的人有的时候没有。贪婪是人的本性的一部分,或者说是人性的阴暗面。贪欲是万恶之源。

以身体为物质载体的自然生命,相对于宇宙大生命是脆弱而渺小的。然而,生命是柔弱而神圣的。活着就是幸福,活着无比神圣,活着就要顺应自己的个性,不虚伪、不压抑、不执着。当我们能如婴儿一样纯真,能袒露自己内心世界而不掩饰自己的真实面目;如赤子一样质朴,勇敢追寻个人的人生价值而不过度追求名利与财富,生命才能回归质朴与本真。返璞归真,生命才是最可爱的。没有目的的人生就是漂泊的人生,使命感的失去就是意义感的失去,幸福就无从获得。我们扪心自问,我们是不是早已不认识自己,完全被自己所制造的概念、物质和权力结构所遮蔽,离生命的本真、本原、本然已经很远了?

2. 在工具理性的支配下,不知道我自己要什么。

单纯天真是幸福之源。一旦单纯天真失去了,为了得到更多而陷于你死我活的竞争怪圈之中,原来的幸福也不可挽回地失去。神对亚当和夏娃无情地惩罚,告诫他们及后人,再多的劳苦也不足以挽回天堂里单纯天真所带来的宁静祥和、无牵无挂的幸福生活。坦塔罗斯的痛苦,同样传达这样的寓意,你可以无忧无虑地幸福生活下去,只要你保持那份单纯和天真。但若你不满足而去改变并竟然意图去控制它们,你将永远无法享有在单纯、天真状态下才可以享受的幸福。

随着工业文明的进步和科学技术的发展,人类征服自然和改造社会的能力不断增强,日新月异的科技发展把我们带入了前所未有的繁华之中。然而,丰硕的成果背后潜藏着巨大的危机,科学的进步在深入挖掘和开启了工具力量的同时,使得人们在操纵世界的过程中越来越工具化,只顾眼前,没有时间去展望如何过一种有价值的生活,人们离自身越来越远。人不同于其他动物,最重要的是其内心世界的发展。不幸的是,越来越多、越来越细的专业分工将人变成了社会机器的一颗螺丝钉,只是发展了人的部分功用价值,而作为整体的人被肢解,人的生命性价值难以实现。

知道自己想要什么,就不会无奈地按照别人的意愿去生活。这样的人,因为有主见,就不会让别人的观点淹没自己的心声。这样的人,也是能与自己对话的人,是内心强大的人。"知足常乐"的道理每个人都懂,但又常常做不到,那是因为,我们没有听从内心的呼唤而被虚名浮利所困。人们常常在很有意义的事情上花很少的时间和精力,而在无意义或少意义的事情上投入几乎全部精力,那是因为,我们没有学会"投资"幸福,不知道自己真正要的是什么。

我们往往忙于应付沿路的各种问题,却忘了为什么要走这条路。

物对人的异化,使人"没有自己"。非理性的消费,让我们生活在一个工业垃圾泛滥的年代。物质过度消费不仅是环保问题,更是我们的心灵问题。广告奴役与催化着我们的购买欲,购入并不需要的东西。我们的生活目标开始变得无比庞大,高档住宅、小汽车、名牌服装、高级手机、进口香水、数码相机、名表等等。在物质的层面上我们要的越来越多,而一旦回归到本质的层面,却常常一片茫然。

我们对于自己的生命意义一无所知,我们对美好事物的感知力日益减弱。这一切全因为人的异化。我们用生命和时间换取着并无意义的物品,而这些物品变成了人们的负担,因为要用更多的时间来收拾、使用、打理这些物品。当我们抱怨被生活的琐事埋没的时候,也许正是被自己一心追求的物品埋没了。人们一直以来都认为发展经济是为给人类创造更多幸福,事实却出现了与人们愿望完全相反的情况。

美国的格雷厄姆·希尔先生是 LifeEdited.com 和 TreeHugger.com 的创始人,在年轻时卖掉自己创立的互联网公司,挣了很多钱,买了一个房子和许多东西,甚至雇人做他的私人采购,后来却发现这些东西不但没为自己带来快乐,反而成了负担。在接下来的 15 年,各种经历让他领悟到了简单的生活的富足。格雷厄姆·希尔说:"我曾有一辈子花不完的钱,但现在我住在一间约为 40 平方米的公寓里。我睡在可折叠到墙上的床上。我有 6 件正装白衬衫。我有 10 只浅碗,用来装沙拉和主菜。当人们来共进晚餐时,我会拉出我的可伸缩餐桌。我连一张 CD 或 DVD 都没有。20 世纪 90 年代我卖了一家互联网初创企业,拿到了不少钱,我拥有一幢大房子,里面塞满了各种东西,从电子产品到汽车,再到电器和小玩意儿。不知何故,这些东西最终掌控了我的生活,或其大部分;我消费的这些东西最终消耗了我。我的情况有些特殊，并不是每个人都能在 30 岁前在互联网行业挣到一大笔钱，但我与物质财产的关系可并非特例。我们生活在一个物质极大丰富的世界里，这里充斥着大型购物中心和 24 小时在线购物的机会。来自每一种社会经济背景的成员都可以把自己淹没在商品之中，而人们的确也会这么去做。没有任何迹象显示，这些物品中的任何一个，能让任何人更快乐。事实上的情况或许恰好相反。我的成功及所买来的东西很快从新奇变成了寻常。很快，我对这一切就都麻木了。新款诺基亚手机无法令我兴奋或满足。我很快就开始感到疑惑，为何我在理论上有所升级的生活无法让我感觉更好一些，而且为何我会比以前感到更加焦虑。"这些永无休止的消费，是否导致了明显的幸福增长呢？格雷厄姆·希尔说："从直觉上，我们知道生活中最好的东西根本就不是某样东西，而人际关系、经历和有意义的工作才是幸福生活的主题。"

2015 年 2 月 12 日，一份由中国家庭金融调查与研究中心发布的报告显示，每小时工资为 20～30 元时幸福指数达到峰值，超过 30 元后幸福指数便开始回落。有趣的是，小时收入 30 元以上的"土豪"人群与小时收入在 7～12 元之间的"打工仔"人群幸福指数相当。居民教育水平的提高并未创造出更高的幸福感，博士的幸福感甚至不如文盲。

2013 年中国家庭金融调查总计 8000 余个样本中，受访者主观幸福感的询问具体问题为"总的来说，您现在觉得幸福吗？"可供选择的答案有五个：非常不幸福、不幸福、一般、幸福、非常幸福。学历程度更高的人更不幸福，幸福指数最高的是小学毕业生，达到 133.3，博士学历人群的幸福指数最低，仅为 121.0，甚至低于文盲的 130.2。从性别来看，数据一改民间语境中女博士的弱势地位，发现男博士比女博士更加不幸福。收入高≠更幸福，"土豪"与"打工仔"幸福感相当。在工作和收入方面，报告发现，每小时工资为 20～30 元时幸福指数达到峰值，超过 30 元后幸福指数便开始回落。同时，从每天的工作时间来看，工作时间越长越不幸福，每天工作 8 小时之内的人群幸福指数在 134 左右，而超过 11 小时的人群幸福指数则降至 126.8。因此，通过加班熬夜换来的血汗钱并不能增加幸福感。在地域方面，幸福指数最高的是山东省，为 147.5，而北京、上海这两大因房价高耸、生活压力大而常被国民抱怨的一线城市，幸福指数均为 135.0，并列第七位。

美国的消费活动自 20 世纪 50 年代以来持续上升，住房的面积在过去 60 年里如气球般膨胀。1950 年，在美国一所新住宅的平均尺寸约为 90 平方米；到了 2010 年,每所新住宅平均约是 230 平方米。而这些数据所展现的还不是全部情况。1950 年,在美国的每所住宅中平均居住 3.37 人;在 2011 年这一数字缩小到 2.6 人。这意味着,现在的个人平均住房面积是 60 年前的三倍多。然而,幸福指数却一直持平。

老子说:"宠辱若惊,贵大患若身。何谓宠辱若惊? 宠为下,得之若惊,失之若惊,是谓宠辱若惊。"①宠辱是外界对你的评价,应该置之度外,被人夸是意外,被人骂也是意外,但一般人不是这样,总是受宠若惊,受辱若惊,患得患失,想得宠,怕受辱,把身外之物看得太重,许多人甚至重视身外的宠辱远远超过自身的生命。对于功名利禄,对于普通人不可不需要,但是,如果你把它摆在比生命还要宝贵的位置上,那就大错特错了。

3. 我自己不知道往哪里去。

处于各个阶层和年龄段的人,都有可能不明了活着的意义和价值,因为人生的价值与意义,与外在的社会地位、财富、权力和年龄无关,而与人的内在的明心见性、灵性成长直接相关。

这是一个人人渴望成功以及人人都把成功当作人生终极目标的时代,而在现实环境当中,这个成功又有其特定的内涵,那就是两样东西——权和钱,这种极致的追求,让时代的每一个毛细血管都沾满了铜臭味和权臭味。在这样的时代,心灵的宁静是奢侈品,知世故而不世故才是成熟的人。苏轼有词《浣溪沙·元丰七年十二月二十四日从泗州刘倩叔游南山》:"细雨斜风作晓寒,淡烟疏柳媚晴滩。入淮清洛渐漫漫。雪沫乳花浮午盏,蓼茸蒿笋试春盘。人间有味是清欢。"清欢可以说是"清淡的欢愉",这种清淡的欢愉不是来自别处,正是来自对平静、疏淡、简朴的生活的一种热爱。当一个人可以品味山野菜的清香胜过了山珍海味,或者一个人在路边的石头里看出了比钻石更动人的滋味,或者一个人听林间鸟鸣的声音感受到比提笼遛鸟更真实的感动,或者甚至于认为静静品一壶乌龙茶比在喧闹的晚宴中更能清洗心灵,这些就是"清欢"。清欢之所以好,是因为它对物质生活的无过分要求,不看重物质的条件,而只讲究心灵的品位。在拥有愈来愈多的物质世界里,清淡的欢愉日渐失去了。现代人不能过清欢的生活,反而以浊为欢,当一个人以浊为欢的时候,就很难体会到生命清明的滋味,只会感觉到人间愈来愈无味了。

当人文精神严重缺乏、超越功利的审美追求严重缺乏,而实用务实的传统

---

① 《道德经》第十三章。

品格恰好传承下来时,整个民族也就会只有逐利一途。价值观的同质化与世俗化,必然使特立独行的自由人格成为最稀罕之物。在资本、贪欲、权势刺激下的病态发展,表现出对金钱的疯狂占有。更加可怕的是,心为物役的天然反感与潜在警惕性,已经被世俗社会发展的加速度,粗暴地、悄然地消解了,人类生活丧失了许多情趣而充满了危机。

(三)城市无"社区"

1.同一居民区中都是陌生人。

"社区"是我国社会学学者从外文翻译过来的一个名词。德国社会学家滕尼斯最早提出"社区"的概念,他在 1887 年出版的《共同体与社会》一书中首先提出了"社区"(即"共同体")的概念,即"gemeinschaft"(德文,一般译为共同体、团体、集体、社区等)。滕尼斯用这个词表示一种由具有共同价值观念的同质人口所组成的关系亲密、守望相助、存在一种富有人情味的社会关系的社会团体,人们加入这种团体,并不是根据自己意愿的选择,而是因为他们生长在这个团体内。其后,美国的查尔斯·罗密斯将这本书译成英文,书名为 *Community and Society*,将德文"gemeinschaft"英译为"community","community"一词有公社、团体、共同体等含义。罗密斯认为,社区是自生的,而社会是结合的;社区是同质的或异质的共生的,而社会是异质的;社区是相对封闭的、自给自足的,而社会则是相对开放的、相互依存的;社区往往是单一价值取向的,而社会则是多元价值取向的;社区是人们感情和身份的重要源泉。后来,美国社会学家 R. E. 帕克等人又赋予了它地域性的含义。帕克说:"Community is not society."(意即:"社区和社会在概念上是不同的。")1933 年帕克访华之前,我国学界把"community"和"society"都翻译成"社会",在帕克的影响下,费孝通等燕京大学青年学生,首次将英文"community"译成中文"社区"[①]。随着城市化进程的加快,全世界的城市人口已接近一半,中国的城市人口增长更快。今天的城市,是全球化、信息化、智能化的现代都市。大城市和超大城市占有相当大的比例。

为什么城市会越建越大? 我们知道,城市发展的一大困境就是土地有限,但是人口在无限地膨胀。政府用高楼来对付土地的限制。建筑物升高之后,人流、物流变得更密集,城市道路不够用,政府的办法是建地铁、造高架,用立体交通来对付道路的限制。道路变多之后,商流、车流更密集,拥堵现象不减反增。

---

① 　费孝通:《学术自述与反思》,北京:生活·读书·新知三联书店,1996 年,第 21 页。

其结果是人、车、楼更多，城市越来越大。

人类正在疯狂地向地球索取。我们把地球钻得千疮百孔，污染了河流。用钢筋和水泥筑起稀奇古怪的建筑，将这样的场所美其名曰城市。用技术的手段和工程的手段建成的现代化的城市，能让城市人的生活更美好吗？随着城市的现代化进程加快，人们的幸福感会随之提升吗？

"人类面临着的最大危险，就是日益先进的科技与日益膨胀的人类贪欲的结合。"①城市正是日益先进的科技与日益膨胀的人类贪欲结合得最好的地方。我们在城市里放纵着自己的欲望，制造着永难消解的垃圾。

空气污染、交通拥堵、安全隐患严重等城市病，是显而易见的。然而，城市让人类文化的多样性缺失，却少有人警惕。农业是生长性的，农村是一种自然生态，是与土地相连的自然物，而城市是人为的，是设计制造的，全世界的城市可以是一模一样的。随着国际化、城市化的发展和人们对世界的认识的发展，地区间神秘感逐渐消失，国家间差异性日益减弱，人类会面临一种危机，那就是若干年后，全世界的城市几乎是一样的(中国的城市千城一面的现象已现端倪)。人类的建筑和环境变得彼此相似，意味着人们失去了与不同事物接触所带来的发展的可能性，失去这种差异，人类的发展将受到威胁。因为，文化的多样性，是人类宇宙生命的最重要的特征。我们不能把文化看作是一个和谐的统一体，而应该把它看作是由显著差异所形成的混合体。不能充分认识到差异性存在的重要性，就不能打开理解、友谊和合作之门，而使文化入侵成为人类自身的灾难。

当我国进入现代世界经济体系的时候，一些有识之士曾经期许，我们千万不能重蹈西方人所犯下的错误，不步西方国家工业社会的后尘，不以牺牲自然资源和生态环境为代价来发展经济。40多年来，我们摘掉了贫穷的帽子，用40多年时间走过了一条西方国家用100多年走的工业发展道路。然而，经济的发展也带来了不少问题。除了资源和环境等物质方面出现的看得见的城市病外，由于灵魂跟不上脚步，我们精神的荒芜也日益严重。

我们追问和质疑，我们现在居住的地方能否称为社区？目前的社区只是一个行政区划，一个居委会的管辖范围或者是一个楼盘，里面居住着熟悉的陌生人，不同文化背景的人住到了一起，彼此几乎没有联系的纽带。最早的社区源于宗族血缘关系，随着社会变迁，社区人群血缘关系淡化，但文化的凝聚力依然

---

① 莫言在东亚文学论坛上的演讲。

在，包括有相同或相近的喜好和从事相同或相近的职业等。如今城市尤其是大城市的社区却完全没有这样的基础。社区应该成为每个人的心灵港湾，是"共同体"。但当前绝大多数城市里的新生社区，实际上只是居民的居住区，因为居民之间彼此少有联系，常常是孤立的个体，没有社区归属感。而缺乏归属感的居民区，不是社会学意义上的"社区"。这样的"社区"，仅仅是地理意义上的"小区"。在这样的小区里，人际关系冷漠化，是看不见的"城市病"。摩天大厦营造了一个个井底般的世界，公寓大楼让百姓的物理空间越来越近，但人们的心灵距离却越来越远。一个猫眼，保护了隐私，也隔断了邻里情。"小区"内居民间拥有着足够多的"隐私"，但生活在同一幢大楼里的城市人，却成了"最熟悉的陌生人"。在这样的小区里生活，人际关系出现冷漠化趋势。楼房越高，人越陌生；宠物越多，人越孤独；客厅越大，朋友越少；手机越多，沟通越难。这就是人际关系的困境。从心理学角度分析，异质人群杂处的城市，到处都是陌生人，哪怕住在同一幢公寓里，也是熟悉的陌生人，这种环境容易使人变得心理敏感、行为放肆。社区建设的一个非常重要的任务，就是要建设真正的"共同体"，让社区居民有认同感，有归属感，有共同的文化价值取向。

　　传统共同体的瓦解，导致城市没有社会学意义上的"社区"。没有社区的现代社会，自然导致人的生命意义的流失。在传统的社会里，"生命的意义在那时不是问题，这种意义自然而然地跟人们在一起，在他们的作坊里，在他们的田野里。每一个职业都创造出了它的思维方式，它的存在方式。一个医生和一个农民想的不一样，一个军人跟一个老师的举止不一样"①。在共同体里，人的整个生存状态，与他的劳作结合在一起，并通过劳作跟劳作共同体结合在一起，与土地在一起。传统共同体的瓦解，伴随着个人的原子化的过程，人的性情、德性与共同体及人在共同体中的"效用"隔离开来，现代劳动的分工越来越细，把各种任务分割成独立的环节以提高劳动生产率，每个环节上劳动者并不了解这个活计本身的意义。现代人的意义流失感，与这种生产方式相关。对现代人而言，"生活的意义"成为一件个人的主观的事情，而一旦意义成为主观的事情，就等于没有意义了。共同体中的人，可能缺衣少食，但不缺意义，相反，在现代，什么都不缺，却常常找不到生活的意义。

　　熟悉的领域不断扩大，意味着未知范围的扩展。对于现象和联系，我们知道得越多，就会有越多的东西不知道。城市中有许多熟悉的人，似乎这种熟悉

---

①　米兰·昆德拉：《身份》，邱瑞銮译，上海：上海译文出版社，2014年，第90页。

代替了人们的不安和恐惧,事实上,这种安全感是一种表面现象。

与城市无社区相对应的是,社区的自治自理能力弱。而政府目前还没有成功的经验在全国推广。社区实际是一种人文生态,社区建设的本质是使人类共生共长的本性更好地发挥出来。美国 50 个州有 50 种社区建设的方法,但其宗旨是一样的,即把社区建设成为一个有共同价值取向、友爱平等的社会关系和共同的心灵归属的社群。

2. 农村社区面临巨大挑战。

实际上,不仅城市"无社区",农村社区也面临重大挑战。今天的农村,与传统的农村有太多的不一样。因为有人外出打工,许多家庭不再"完整",留守人员中劳动力少,相互帮助是不可缺少的,但今天的帮助常常是用金钱来交换的,不再重视友情,更看重物质。传统的大"家"没有了,人们都在寻找"家",因为没有"共同体"的生活是任何一个农村人所厌倦的。在经济大潮的冲击下,不少地方农村传统文化也得不到传承,维系历史的祠堂已经基本消失。传统文化的断裂,使很多村民失去精神的寄托和依靠,生活空虚无望。今日农村不再是守望相助的"温馨的家","空心"村已普遍存在,已成为一种现象,有村无"乡",让身在城市的新市民难有乡愁和归根感,让农村的留守人员难有归属感和幸福感。重建农村共同体,是时代为我们提出的迫切而重大的命题。

二、发现:社区学习共同体

(一)社区学习共同体的提出

进入 21 世纪,随着生产力的快速发展,以工业化、全球化、信息化为标志的现代社会,得到了前所未有的发展。社会化的程度随着市场化的推进日益加剧,物质财富快速增长的同时,出现了诸多问题和困境,形成传统社会中的共同体的地域因素、血缘因素和精神因素,几乎难寻踪迹。而人们摆脱人生困境的希望并不曾破灭,追求"关系亲密、守望相助、存在富有人情味"的共同体的愿望越来越强烈。

对中国今日的教育现状和社会现实的许多弊端,不同的人有深浅不同的认识,但对此仅仅作怒目金刚式的抨击、斥责和鞭挞,是无济于事的。不如通过建设来进行批判,只有建设,才是真正深刻而富有颠覆性的批判。

我国社区教育已开展了近 30 年,所取得的成绩是显而易见的,为学习型城市建设和人的发展做出了贡献。但是,依然存在不少困难和问题,主要是群众的参与度不够高,社区教育还缺乏吸引力,社区教育机构开设的许多培训,老百姓不喜欢,有时发一些钱物给学习者,也没有太多的居民积极参与。在社区干部和社区学院教师座谈会上,与会代表在谈到组织居民培训时,都有一个共同的表情——愁容。他们纷纷表示,花了很多心思和力气,好不容易组织一次教育培训活动,结果来的人不多,来的人不是提前回去就是打瞌睡,觉得没有什么效果,吃力不讨好。"要改变这种局面,是不是应从微观层面研究成人学习,让居民愿意学习、乐于学习呢?"[①]基层调研时,我们欣喜地发现参与群众自发组织的团队活动的每一个成员都"春风满面",其快乐幸福溢于言表。个别交谈时,他们都说已多年参与这样的团队活动,定期参加,一次也不愿意落下。学得开心,很有收获。"愁容"和"笑脸"不断地在我的脑子里重现,"从微观层面研究成人学习"的嘱咐时时在耳边响起。社区教育的对象主要是成人,社区教育要目中有"人",适合的就是最好的,有趣的学习,居民一定会喜欢。自发自主的团队学习和被安排在教室里"培训"是完全不一样的学习方式,在团队中的学习是基于共同兴趣和需要的共同学习,我们判断,基于社区学习共同体的学习,这也许就是我们寻找的最佳的成人学习的方式。站在前人和伟人肩膀上,把"共同体"的思想应用在社区居民的学习上,并注入全新而独特的丰富内涵,是一件十分有意义的事。

(1)共同体。滕尼斯因《共同体与社会》一书确立了他在社会学领域的地位,他本人对"共同体"怀有深切的好感。滕尼斯出身乡村领主而不是官僚家庭,后随父母迁居小城,生于自治乡村、长于自治城市,少年时在宁静的乡村和小城的生活使他深深依恋自由与自治。滕尼斯笔下的"共同体"总是好的,"社会"是不好的,但在他的晚年,他从"社会"的产物——商业、科学、理性、契约、男性气质、个人自由中都看出了正面价值。与前期做出现代文明必然衰落的论断不同,滕尼斯晚年认为,文明在衰落,但会被一种崭新的文明所代替,至于这新文明是什么,他并未给出断言。他暗示社会中存在重建"共同体"的可能,一个最高、无限的"共同体",会使人类通过共同生活统一在一起。

"共同体"可以指导和改良社会。滕尼斯1887年给亦师亦友的倾诉对象Paulsen的信中抱怨日渐增长的专制时势和学术圈的伪善,表示自己跌入了对整个现代文明的失望之中。但实际上,他并没有像自己所说的那样不抱希望,在1898年的另一封信中,他写到,他正积极参与保护劳工的活动,在工会和合

---

① 引自浙江省教育厅鲍学军副厅长的谈话记录。

作社中去寻找能够养育"共同体播撒的种子"的土壤,使之不至于死去,在悄无声息中等待重新生长、改变世界的机会。他在理想与现实严重相悖的年代里对同流合污的拒斥,用他伟大的思想乃至生命启迪和教育了对人类共同美好生活心向往之的人们。

(2)社区学习共同体是"生活在社区的居民由本质意志主导的,因共同学习而结成的能实现人的生命成长和建立守望相助关系的群体"。社区学习共同体以实现自身生命性价值为根本目的,以享受共同学习过程为出发点,成员间相互肯定。其成员有着共同的兴趣和需求,他们共同学习、互为师生,分享各自学习资源,自我评价学习成果,通过共同学习活动形成守望相助的人际关系,其成员对这个群体具有很强的认同感和归属感。社区学习共同体是契合人性和人的终身学习规律的载体,具有天然性、内生性、有机性的生态性特征,需要遵循其生态规律,只能"养护",不可揠苗助长。

社区学习共同体因具有"本质意志、共同学习、生命成长、守望相助"等四大核心要素,正好能回应学习的困境、人生的困境和城市的困境。

(二)社区学习共同体的意义

社区学习共同体的重大意义和价值在于,让人回归为人,让草根老百姓认同自己的生命状态和人生价值,有尊严,有归属感,能自由、自信、快乐地生活和发展。

1.回应学习的困境,体现学习的本真。

今天教育界内和教育界外人士,对30年来中国教育的批判,包含着过高的不切实际的对教育的预期;正是这种错误的预期,导致我们低估了具有自觉自主意识的学习,具有改变教育世界和成人世界的力量。我们离本真的学习已经很远了,学习完全异化成单一的目的,即获取身外之物的能力,"知识就是力量",而力量成为征服自然的力量。人们陷入学习的误区之中,学习是当今社会人的一大困境。

社区学习共同体的学习,是不一样的学习,它是关涉心性澄明的学习。心性的澄明与心性的滋养,是学习的第一要义,社区学习共同体体现了这一要义。第一,它是"独知"的,不是千篇一律的接受,每个社区学习共同体所学习的内容是不同的,其中的成员的感悟能力也是各不相同的,其成长的程度都是个性化的;第二,它是道德的,不是满足私欲的学习,不以损害他人利益为代价,重在过程,重在分享;第三,是向内探求,向自身内心要力量,不向外求,不急功近利,不为证书、学分、荣誉而学。因而它是本真的学习。社区学习共同体客观上对学习者心性的滋养起到促进作用,这一作用,学习者有时未必能意识到。这一作用,对于不同的学习者,差别是巨大的。不同个体,是一个个觉悟程度不同的生命,其生命的底色是不同的,"善根"是不一样的,所以社区学习共同体对他们的心性澄明的促进作用不同。社区学习共同体不是神丹妙药,远没有强大到单靠社区学习共同体就能获得灵性成长的幸福体验,让每一位学习者成为心性澄明的圣人、君子。然而,社区学习共同体,犹如弱小的、散淡的村野小花,尽管一点不起眼,也不会被人重视,但它却实实在在地能让学习者过上良好的生活,一种与世俗社会"克(好胜)、伐(自大)、怨(怨恨)、欲(欲望)"保持距离的生活。

社区学习共同体展现的是草根之美和平民之乐。我们体认到的"平民"是未被世俗社会的习气所污染的平民,是静好的岁月环境中成长起来的平民,是持守平民的本原本质的平民。

社区学习共同体的学习是灵魂自由的学习。我们知道,唯有自由的人,才有感悟的闲暇,才有创造的快乐。"自由无他,就是指独立自由性,即自己在自己本身之中,自己依赖自己,自己是自己的决定者。"(黑格尔语)处在由灵魂自由的人所形成的群体内,才能更好地认识自己、创造未来、体悟生命的真谛。宽松和自由的环境,才是创造奇迹的地方。也正是因为这个原因,有人断定,伟大的金字塔,一定是一群自由人的杰作而不是奴隶的劳动成果。1560 年,瑞士钟表匠布克在游览金字塔时,做出这一石破天惊的推断。很长的时间,这个推论都被当作一个笑料。然而,400 年之后,也即 2003 年,埃及最高文物委员会宣布:通过对吉萨附近 600 处墓葬的发掘考证,金字塔是由当地具有自由身份的农民和手工业者建造的,而非希罗多德在《历史》中所记载——由 30 万奴隶所建造。历史在这里发生了一个拐点,穿过漫漫的历史烟尘,400 年前,那个叫布克的小小钟表匠,究竟凭什么否定了伟大的希罗多德?何以一眼就能洞穿金字塔是自由人建造的?埃及国家博物馆馆长多玛斯对布克产生了强烈兴趣,他一定要破解这个谜团。真相一步步被揭开:布克原是法国的一名天主教信徒,1536 年,因反对罗马教廷的刻板教规,锒铛入狱。由于他是一位钟表制作大师,囚禁期间,被安排制作钟表。在那个失去自由的地方,布克发现无论狱方采取什么高压手段,自己无论如何都不能制作出日误差低于 1/10 秒的钟表;而在入狱之前,在自家的作坊里,布克能轻松制造出日误差低于 1/100 秒的钟表。为什么会出现这种情况呢?布克苦苦思索。起先,布克以为是制造钟表的环境太差,后来布克越狱逃跑,又过上了自由的生活。在更糟糕的环境里,布克制造钟表的水准,竟然奇迹般地恢复了。此时,布克才发现真正影响钟表准确度的不是环境,而是制作钟表时的心情。在布克的资料中,多玛斯发现了这么两段话:"一个钟表匠在不满和愤懑中,要想圆满地完成制作钟表的1200道工序,是不可能的;在对抗和憎恨中,要精确地磨锉出一块钟表所需要的254个零件,更是比登天还难。"正因为如此,布克才能大胆推断:"金字塔这么浩大的工程,被建造得那么精细,各个环节被衔接得那么天衣无缝,建造者必定是一批怀有虔诚之心的自由人。难以想象,一群有懈怠行为和对抗思想的奴隶,能做到让金字塔的巨石之间连一片小小的刀片都插不进去。"

在过分严格监管的地方,别指望有奇迹发生,因为人的心智和能力,唯有在身心和谐的情况下,才能发挥到极致。本真的教育和学习,它不是以束缚、控制、压制、监管为本质,也不是以大负荷、高速度和快节奏为特征,而是有共同志趣的人们,敞开自己的心灵,充满好奇心的禀赋在没有恐惧和压抑的环境中得以发展。遗憾的是,当代教育最大的缺陷是以"训"代"教",以"管"代"导",学习者增长的只是现成的知识与技能技巧,而缺少灵魂的自由和人性的完满。

社区学习共同体的学习,是基于人的本质意志的共同学习,它契合人的天性,又符合成人的学习规律。它是为了人的自我发展的学习,是为了实现人的生命性价值的学习,也是一种满足并享受学习过程的学习。社区学习共同体的学习,是把享受学习过程作为出发点的学习。在这里,学习的成果,最重要和最主要的不是知识或技能的提升,而是促进了"心性"的澄明与滋养,是对人的尊严的尊重,是学习过程的精神愉悦和美的享受。因此,社区学习共同体的学习,体现了学习的本真。

2.回应人生的困境,实现人的生命成长。

每个人都渴望拥有一个快乐幸福的人生。但这主要取决于一个人的心灵成长的水平。成功是一种结果,心灵的成长是一个过程。心灵的成长是事业成功的基础,心灵成长的过程决定事业成功的高度。看起来,心灵的成长远没有成功那么诱人,但它对人生的完满和幸福却比事业成功更重要。当代社会的成功,有其特殊的内涵,就是人的外目标的达成。这样的成功,常常是一支精神兴奋剂,这种兴奋剂的作用不可能一直持续下去。成功在我们的生活中只有少数人才能获得,也只是少数时刻才能体验。在漫长的人生历程中,只有心灵的成长才是生命的主线。

因为,生命之为生命,根本在于生命中的灵魂,而不在于生命中的质料,而且灵魂不是封闭的实体,而是开放的、活动的。既然生命的本体是非物质的"灵魂"，人又是生命的存在，人的本质，自然就是"灵魂"而不是其他了。灵魂功能的卓越实现（德性）是人的本质，动物的欲望虽然也属人的本质，但在人的灵魂本质体系中，德性是最高的，欲望需要听从于价值理性。

然而，"价值理性"已被与生命的卓越和完善没有任何内在关联的"工具理性"所取代。人的本质不再是灵魂，不再是德性，而是赤裸裸的自我、赤裸裸的欲望。信仰缺失、精神迷失，让我们在物质财富快速增长的当下，不能成为"自己"和"最好的自己"。

在"工具理性"导向下，学习和阅读变成了苦差事。因为把学习和阅读完全工具化，不能体验到幸福与快乐。所以常常有人说"我坚持读书"。"坚持"一词道出了读书人的被动与无奈。当我们的学习或阅读不再是出于某些功利性的目的，而是随性而为时，这时，改变的是心境，体验的是幸福。

诚然，人生不可能完全没有功利心和功利性的目标，但是，如果人没有了"根"与"魂"，就找不到平静，也没有幸福可言，在"社会性"极高的社会里，"平静"才是真正的奢侈品。人生若只为"利、用"而活着，为世俗的统一的目标活着，为了社会（他人）的评价活着，那么人无异于动物。

我们在高度物质化、工具化的社会里走得太远了。在名利场、权力场追逐忙碌，身心疲惫，但并没有诗意地栖居于地球之上的美好感受。我们现在最需要做的是"返回"，返回自然状态，返回赤子状态，返回质朴状态。在返回生命本真的道路上，真正的障碍，是人为制造出来的东西。这些东西既有技术和技术派生出来的武器、器物，还有世俗的观念、"聪明"的心机和"高明"的权术。对于已经拥有了财富、权力、地位和名声的人来说，返回质朴的生活，是更加艰难的，而对于平民来说，返回质朴状态他们却具有优势（这一优势是物质世界里不被人看到的）。但是，无论任何人，只有返回质朴的内心，保持生命之初的婴儿般的天真，守持生命的本真，复归人的心性，才能到达"诗意地栖居"的幸福彼岸。

社区学习共同体的成员以实现自身的生命性价值为参与的根本目的，其价值取向是生命性价值理性，他们摒弃工具理性，把金钱、地位、名誉等外目标抛在脑外，通过基于本质意志的共同学习，认识自我，实现终身发展。它能让成员体验"平静"的美好，享受互动学习的乐趣，收获守望相助的群体归属感，取得内在生活质量和幸福感的提升，从而实现人自身的生命性价值。

社区学习共同体是开启通向幸福之路的新起点。人及其思想、情感、活动等，始终是他所属的人际环境和历史传统下的产物，也是他灵魂、意识的产物。今天走向"小康"的人们，一方面希望从他属的束缚下尽可能地解放出来，成为

"自由"的人;另一方面,人们对"原子化"的生活状态持有恐惧,也深知不可能退回到原始"共同体","置身于共同体中"。面对双重压力下的人们的困境,我们必须寻找一条路径,即在进一步发展个体的独特性的同时,又能找到"温馨的家",满足人的群体归属感需要。社区学习共同体,正是在这一背景下开启的人们通向幸福之路的起点,是夜色中找到的一束亮光,是炎热盛夏中寻到的清凉山洞。"亮光"和"山洞"不是每个人都有幸寻到的,只有那些不满足于人生的境界永远停留在动物本能(活着就行)境界和社会功利(名、利、权)境界而进入自助助人境界、情性大美境界和廓然大公宇宙境界的人才能找到。

3.回应城市的困境,让重拾共同体生活成为可能。

社区学习共同体,让许多市民有了"故乡"。2015年我国城镇化率已达56.1%,城镇常住人口达7.7亿。如前所述,城市的看不见的"病"是显而易见的。社区学习共同体是不一样的"共同体",它能使城市有了"温度与温暖",变居民"小区"为"社区(共同体)"。人是一个终身未完成的群体归属者,社区归属,属于人的本质意志。实现物质财富的均分是不可能的,但是,实现精神财富的共享不仅是可能的,也是必要的。共同学习是实现精神财富共享的有效方式。社区学习共同体是基于人们之间直接相互肯定的本真属性的共同体,而不是基于人们之间理性结盟的工具属性的共同体。社区学习共同体是符合人的本质意志的群体归属载体。社区学习共同体是现代城市中存在的"微共同体"(纯社会学意义),是优化了的城市"细胞"。对于一个地区或一个城市,其价值在于重构"温暖而舒适的场所,一个温馨的家"。

4.提高社会资本、健康资本和传承文化遗产。

社会资本是指对一个社会的基本的信心。在一个高社会资本的社会里,人们互相信任,他们相信政府和公共机构。这样的社会,社会治理的成本低,社会管理效率高。相反,低社会资本的国家,大量的时间和资源被浪费,社会腐败现象严重。调查显示,瑞典表现出高而稳定的社会资本水平,这与瑞典100多年来持续稳定地发展学习圈有直接关系。"瑞典为什么具有较高的社会资本水平?一个基本的原因是公民的健全的社会网络,他们知道并且能与不同的人在一个平等的、自愿的环境下一起工作、学习。自愿、平等与合作,这就是学习圈的精髓所在。在学习圈中,你会遇到一些你在其他场合永远不会遇见的人。可能是一些有其他社会背景的人,一些在国外出生的人,比你收入高很多或低很多的人,等等。在学习圈中社会地位显得不重要了……"①学习圈在瑞典,作为一种"平等、尊重、对话"的文化已融入瑞典人的集体记忆中。中国社区学习共同体与瑞典学习圈产生的背景不同,在一个国家范围内产生的影响也不同,但社区学习共同体与发展了100多年的瑞典学习圈,具有相同的核心要素,具有同样的价值与功能,它们都在学习者生命性价值得到实现的同时,产生一种副产品,就是社会资本水平的提高。

健康资本是一种重要的人力资本。由于人力资本与人的不可分割性,因此人的体能、精力及健康状况与生命长短将会直接影响一个人的人力资本投资效率和收益率,以及人力资本生产效率的发挥。人们主要是通过医疗、保健、营养、身体锻炼以及闲暇和休息等途径获得健康资本。健康资本是人力资本存在和效能发挥作用的前提。生命成长,是人的植物性生命和动物性生命发展的同时,精神性生命发生积极变化与心灵启蒙的过程。它们既统一协调又相互制约。健康是人们生活状态的重要组成部分,还关系到人的生活质量。健康不仅关系到医疗,还关系到人对自己可能性与能力的感受。杭州市的调查显示,有关健康、娱乐类的社区学习共同体占全部社区学习共同体数量近三分之一,参加人数大于三分之一。杭州市清凉峰太极拳俱乐部的核心成员胡新人因癌症动过大手术,他在参加了6年俱乐部的活动后,不仅各种指标完全正常,人比6年前还要显得年轻、有活力。② 这样的例子不胜枚举。参加社区学习共同体学习的人们,其生活状态和生命质量都在发生积极的变化。

文化遗产只陈列在博物馆中,这是现代文明与文化的重大风险。包括非物质文化遗产在内的文化遗产,只有有了传承人和文化活动,文化才是活的、动态的,才能得以传承与发展。"对大多数瑞典人来说,文化遗产是一种动态的传统。由于学习圈的存在,更多的人能够参与到保护与传承传统舞蹈、传统音乐、传统工艺品等中来。这使人们拥有更丰富的文化生活,也使人们在全球发展中更好地获得身份认同。"与瑞典的情况一样,文化艺术类和生活休闲类的社区学习共同体中有大量的以传统舞蹈、民族音乐、地方戏曲、工艺品制作、书法国画为内容的非遗项目的学习。在杭州市2010年至2015年评选出的示范社区学习共同体中,有8%属于非物质文化遗产类。在杭州市临安区,由太阳镇畲族居民组成的九凤朝阳民间戏剧团中,对民族戏曲有共同兴趣的农民,通过共同学习,既改变了个人精神状态和生活质量,又为几近失传的民族戏曲培养了传承

---

① 托瑞·波尔森在2013年杭州"全国社区学习共同体专题研讨会"上的演讲。
② 汪国新、余锦霞:《社区学习共同体的四大支柱》,杭州:浙江大学出版社,2016年,第47页。

人,为丰富农村文化生活发挥了重要作用。

　　直面困境的理论建构与实践探索才是最有价值的。我们不是无病呻吟,而是回应现实中的真正的问题,即学习的困境、人生的困境和城市的困境。发现和提出问题是远远不够的,找到解决问题的方法和路径才是关键。通过 12 年的研究发现,社区学习共同体,是全面小康社会建设背景下,同时满足人的全面自主发展及追求幸福生活的需求和社会和谐建设的需要的有效载体和可行路径。

第 三 章

四大核心要素

　　本章提要：社区学习共同体区别于其他学习组织的本质特征是四个核心要素——本质意志（动机）、共同学习（方式）、守望相助（关系）和生命成长（收效）。四大核心要素彼此独立又相互关联、互为条件，共同构成社区学习共同体的整体架构，共同展现社区学习共同体的本质内涵。

勃兴于 21 世纪初的我国社会环境下的社区学习共同体,是一种"微共同体",是人类早期共同体遗产的活性存在。社区学习共同体成员的共同学习,是基于人的本质意志的学习,即不为世俗功利羁绊的学习。视学习过程为目的还是手段,可以有效鉴别基于本质意志的学习和基于选择意志的学习。前者享受学习过程,而后者视学习过程为代价。在社区学习共同体,人是属于社区的生态式的互利共生的主体;不是社会化的知识组织、知识管理的工具,不是楚河汉界两边争胜的棋子。社区学习共同体成员真正的持续性的动机,是一种积极的情感上的分享体验、一种社区的归属感。

一、本质意志

(一)以心灵为起点

传统社会所设计的学习起点,囿于学龄阶段的起点,每一个同龄人的学习起点毫无二致。终身学习时代的社会,老幼皆学,年龄不复为条件。但学习的起点仍源于学习者接受知识、技能起点的考量,并未能专门提供满足社会成员以心灵为起点的学习设计。

每个人都有自己的意愿、心智和思考方式。学什么,怎样学,乃是非常个性化、多样化的问题。但学习的动机无非有两种,一是获取名利,二是滋养心灵。前者视学习为工具,后者视学习为人性。当学习动机为名利所劫持的时候,学习本身便不再是一件美好的事情。《儒林外史》中"王冕"似的学习被视为异类,"范进"们反倒前赴后继。

现代学校教育发展的结果是,可以批量生产高学历者,其诱因大抵是毕业后的高薪职位。"复旦投毒案"[①]被告林森浩接受了高等教育,他在法庭最后陈述中叹息,求学期间只注重学业,缺乏心灵的滋养。

基于本质意志、以滋养心灵为动机的学习,是摒弃功利心的学习。中国"文革"后恢复高考进入大学的前三届学生是当时显性功利的获得者,但或许他们曾经的学习恰恰是最无功利心的。他们的学习是对人的天然学习欲望的释放。"读书无用论"曾经深入地压抑人的心灵,所以在这三届毕业生身上表现出最多的人文关怀,至少在 20 世纪 80 年代是如此。

---

① 指 2013 年 4 月上海复旦大学附属医学院研究生黄洋遭他人投毒后死亡的案件。罪犯林森浩系受害人黄洋的室友。

社区学习共同体的学习,恰恰是基于人的本质意志的以心灵为起点的学习,即不为世俗功利羁绊的学习。相关调查数据显示,参加社区学习共同体的女性和中老年居民所占比例最大,其中女性居民占比达到 75.07%,50 岁以上居民占比达到 56.61%。[①] 正应了《红楼梦》中贾宝玉的那句话,"女人是水做的,男人是泥做的"。一般而言,男人们更倾向于追求世俗功名,而女人们更倾向于追求生活品质。也就是说,男人的选择意志更强,女人的本质意志更强。另外一个比较普遍的现象是,到了老年阶段,人渐渐淡出功名利禄的追求,开始回归其本质意志,所以老年人的学习才更接近生命的本真。

(二)天生的中意

"人的本质意志是有机体的意志,是由动物性的——心灵的意志界定的;它是动物性的意志,同时由有机体的意志和心灵的意志来表示;它是心灵的意志,本身受到有机体的——动物性意志的制约。"[②] 故而以心灵为起点的学习,实际上是受到人的有机体的制约,即受到植物性的(内在的)和动物性的(外在的)生命的器官和机能的制约的。从杭州市成人教育研究室的相关调查中获悉,社区学习共同体主要可分为文化与艺术、生活与休闲、健康与娱乐、公益与公民四大类。可见社区学习共同体的学习内容,直接与人的身体健康,与生活优化、美化有关,即与人的有机体现实生活状态有关。

自从人们可以离开种田而谋生的时候,生活和工作就开始分离了。于是如何处理生活与工作的关系问题,就有了不同的价值取向。如果工作收入可以维持温饱,那么薪俸高低与生活过得好坏就没有多大关系了。

遗憾的是,社会一经产生,便按照自身的逻辑,为人的选择意志盛行提供各种各样的条件。如果视财富、地位为高质量生活的前提,那么人在工作上及工作关系上,或倾其全力或挖空心思。但不如意事常八九,退而求其次者利用业余生活,"移师"股市、方城甚至游戏(常以虚拟货币为筹码)等等,旨在一个相对公平的环境里搏杀,常常弄得精疲力竭。相同的是,他们的生活成了"奋斗"的牺牲品,吃饭、睡觉只为接济精力。

其实,生活本身充满情趣和快乐,人的生活状态(包含生活与工作的张力)在本质上决定人的幸福程度。贾宝玉说"女人是水做的,男人是泥做的",就是

---

① 杭州市成人教育研究室:《杭州市社区学习共同体调研报告》(内部资料),2014 年。

② 斐迪南·滕尼斯:《共同体与社会》,林荣远译,北京:北京大学出版社,2010 年,第 121 页。

将生活的清新质感与功名利禄的污浊对比。这是两种不同的生命状态，由此决定两种不同的生活状态。

巧手女人家是杭州社区学习共同体性质的学习组织。这是一个学习内容非常丰富的组织，涉及面点、烘焙、私房菜、剪纸、编织、串珠、布艺等等，几乎涵盖了妇女日常家庭生活所需要的各种手工技艺；成员学习的方式是各擅所长、互为师生。

其实在现代社会，层出不穷的先进技术不断蚕食传统手工艺，社会分工的细化轻而易举地瓦解了烦琐的日常家务。例如由巧手女人家手工制作的鞋子、毛衣等等，其花费的经济成本不低，并需要付出更多的时间精力，可谓费事劳神还不省钱。那么她们到底图什么？就让她们自己来回答吧：

"自己动手的劳动成果，自己看着，就觉得特别开心。自己包的粽子，吃起来味道就是不一样。"（方女士）

"自己学会了，做出来了，就很开心，很有成就感的。欣赏自己的作品，受到别人的认可和表扬，哈哈，没有比这更让我开心的事情了。"（于女士）

"我来这里学会了很多东西，看到自己天天在进步。这里高手如云，天天跟高手过招，在学习中成长，和女人家一起进步，我的幸福指数很高的。"（陈女士）[1]

在这里，她们收获的不是等价的货币，她们收获的是学习劳动的过程，收获的是其创造成果的美的分享，收获的是超越自我（技艺天天在进步）的张力。

通过学习获取自我超越的技艺和提供创作成果的美的分享，是人的利他性的表现；同时它会让人感到快乐和获得幸福感。当这样一种付出，与人的发展和生活的美化相连接的时候，学习过程本身就是目的，不需要"颜如玉""黄金屋"的结果，不需要任何宏伟蓝图实现的结果。在以学习过程为目的的人的本质意志的共同学习中，"利他"和"利己"不是此消彼长的关系，而是此长彼长的关系。只有在社会条件下（交换替代分享），才有"舍己为人""克己奉公""无私奉献"等等的倡导。

（三）实现生命张力

人的生命力表现于生命的张力，基于人的本质意志的生命张力，无涉社会功利，却与人的身体、生活、生命潜能息息相关。

---

[1] 余锦霞：《巧手女人家》，《杭州市社区学习共同体案例集》（内部资料），杭州市成人教育研究室编印，2015 年。

学习力是实现生命张力的唯一手段,基于选择意志的学习力体现在人的功名利禄的获取,而基于本质意志的学习力体现在人的生命状态的转变。

基于人的本质意志的生命张力是与生俱来的,但也可能在内因和外因的作用下,或消解或饱满。所谓内因即学习力,所谓外因即有利或不利的学习条件。社区学习共同体则是实现这一生命张力的有效载体。

人的一生,身体无时不在发生变化,不是向好的方向变化,就是向坏的方向变化。学习锻炼身体,可以使人获得肌肉、力量、柔韧、灵敏、耐力、毅力、自信、美感等;可以促进人的发育、健康,甚至与自身的疾病、衰老较短长。从人的本质意志出发,实现生命的张力是一个过程,学习锻炼身体的目的就是人自身生理、心理的积极变化。倘若学习锻炼身体的目的与胜负、锦标、利益相关,那就会陷入选择意志,学习锻炼身体被视为手段和工具,就有可能为达到功利性目的而付出损害健康的代价,甚至成为恃强凌弱社会行为的成本。从这个意义上说,可以没有对手存在的田径、拳操运动更接近于人的本质意志,而必须有对手存在的球类、棋类运动更接近于人的选择意志。

临安清凉峰太极拳俱乐部是一个社区学习共同体性质的学习组织。它的发起人是原清凉峰成人文化技术学校的胡新人校长,经浙江第一医院查出患有绝症,开刀切除了肝上肿瘤,术后体弱无力、萎靡不振。有一天他在杂志上偶然看到一篇介绍太极拳的文章,说太极拳可以强身健体、延年益寿,还可以陶冶情操,给生活带来情趣和幸福。于是,胡校长成为清凉峰太极拳俱乐部的创始人。该俱乐部成员以中老年人为主,虽身份各异,有农民、工人、干部和退休教师,却目标一致,希望自身状态发生变化。一年以后,那个旧"我"和新"我"之间的变化,奇迹般地出现了。可以俱乐部成员的自述为证:

"一起练拳的效果非常明显。我脸色红润了,走路轻松了,上楼梯脚不酸了,手也不抖了(好多人感到奇怪,以为我吃了什么药)。现在我的精神状态很好,好像有使不完的劲,浙一医院给我动手术的医生都感到惊奇。"(胡新人)

"我已经74岁了,心脏病也有几年了,还有高血压。坚持练了一年的太极拳,感觉脚有力了。以前穿裤子时不能一只脚独立站的,现在想怎么站就怎么站,不怕摔倒了。"(童寿生)

"我觉得自己心态有所变化,我原是个急性子,特别是遇到一些不顺心的事,就十分烦躁。练了太极拳之后,心情好似放松了不少。以前老驼着

背赶路,现在腰直起来了,好像变得从容又精神了。"(王金法)[1]

清凉峰太极拳俱乐部的成员,参加学习锻炼的初衷,都想要改变自身的生命状态;但他们不是为别人改变自己,他们的参照坐标不是别人拥有的东西,更不是房子、车子等等外在的东西,他们只与自我真实的生命状态比较,俱乐部成员之间也从不分名次。因此,他们每一个人都收获了某种程度的满足,满足于自身生理、心理的积极变化。

（四）享受学习过程

视学习过程为目的还是手段,可以有效鉴别基于本质意志的学习和基于选择意志的学习。前者视学习过程为享受,过程愈长愈幸福;而后者视学习过程为代价,假设获取同样的学习结果,过程愈短则性价比愈高。这是两种截然相反的价值取向。

杭州某社区的"百姓乐坊"(社区学习共同体性质的唱歌学习组织)成员们,是这样享受学习过程的。她们来唱歌班像是过节,当访问者问道:"为什么要特意打扮一下啊?"马上有成员回应:"打扮漂亮一点,心情好一点。我们每次活动都要打扮一下,因为这是我们的'节日'啊!"她们来学习,就是来过节,当然过程才是最重要的。用她们的话说,"学习本身就是很快乐的"。[2]

居民参加社区学习共同体学习的深层动机,是为改变自身的生命状态。过去我们一直以为,好的学习是能够改变人的思维的学习;也有人从工具主义、实用主义出发,认为好的学习是能够改变人的行为的学习,学习不是目的,学以致用才是目的。其实接近生命本真的学习,是改变人的生命状态的学习。它不排斥并包容改变思维和行为,但它揭示了原始学习的真谛,即属于人的本质意志的学习的真谛。

据杭州市开展的关于社区学习共同体成员受益调查的结果,按百分比排序前三个"受益的原因"分别是"交到了新朋友""心情更愉快""身体更健康";末尾两个"受益的原因"是"学到新知识"和"学到新技能"。[3] 这样的调查结果表明,对于社区学习共同体成员来说,学习受益最重要的是改变生命状态,而并非学

① 孙艳雷:《清凉峰太极拳俱乐部访谈》,《杭州市社区学习共同体案例集》(内部资料),杭州市成人教育研究室,2015年。

② 余锦霞:《百姓乐坊》,《杭州市社区学习共同体案例集》(内部资料),杭州市成人教育研究室编印,2015年。

③ 杭州市成人教育研究室:《杭州市社区学习共同体调研报告》(内部资料),2014年。

得知识与技能。即使是学习知识与技能,也是为了增加生命的充盈感,而不是为了物质利益的回报。

(五)两种意志支配下的学习

社区学习共同体的学习与企业建设学习型组织的学习,是两种意志支配下的学习。前者受人的本质意志支配,后者受人的选择意志支配。

自20世纪末,全球企业界掀起了一股研究和建设学习型组织的热潮,很多优秀企业投身其间。美国汉诺瓦保险公司总经理欧白恩说:"我们的努力方向是建立一个更适合人性的组织模式。"他认为,"传统阶层式的组织设计,并没有提供员工自尊与自我实现这类较高层次的需求。而现代组织必须关照所有员工这些需求,否则管理效果不彰的现象仍会继续下去"[①]。彼得·圣吉将"通过激发个人愿景,凝聚成为组织愿景"作为学习型组织的五项修炼之一。我们认为,这只是一个浪漫的理想。当学习型组织倡导的学习与员工基于本质意志的以心灵为起点的学习相一致时,两者可以并行不悖甚至相辅相成;而当两者出现矛盾时,"皮之不存,毛将焉附"的道理不言自明。

南开大学企业管理博士邱昭良说:"当今商业世界,变化无处不在,而且越来越快、越来越大,在这种情况下,只有那些能根据环境变化,及时捕获新知识,掌握新技能,并且调整好自己行为的组织,才能更好地生存。这样的组织就是学习型组织。"[②]显然如何把员工个人掌握的知识转变为组织知识并成就组织未来,才是企业关注的首要问题。

滕尼斯认为,"本质意志是建立在过去(有机体)的基础之上的,而且必须从中解释,形成中的事物是如何从它而来的;选择意志只能通过与它自己相关的未来本身来理解。"[③]与学习型组织倡导的"修炼"相比较,社区学习共同体的学习活动是立足于当下的、滋养人的心灵的、为了人的身体健康与生活品质的,而不是为了获取一个未来的、间接的、外在于人的有机体和人的当下生活幸福的组织或个人利益。显然这是两种意志支配下的学习。

---

① 彼得·圣吉:《第五项修炼——学习型组织的艺术与实务》,郭进隆译,上海:上海三联书店,1994年,第168页。

② 埃蒂纳·温格、理查德·麦克德马、威廉姆·M.施奈德:《实践社团:学习型组织和知识管理指南》,边婧译,北京:机械工业出版社,2003年,推荐序。

③ 斐迪南·滕尼斯:《共同体与社会》,林荣远译,北京:北京大学出版社,2010年,第118页。

二、共同学习

(一)共同学习的引擎

长期以来,人们深受传统教育学的学习动机论影响,无不将好的学习动机归因于人的兴趣。确实兴趣能使作为个体的人将精力持续集中于某项学习内容上,但不能解释个体自觉自愿参加共同学习的动因,甚至也不能将共同学习的动因简单地理解为共同兴趣。

那么什么是共同学习的引擎?我们还得从学习本身出发来分析。学习是为了得到即所谓成事,区别在于基于本质意志的学习满足于得到学习过程,而基于选择意志的学习全在于获得学习结果。两种意志主导下的学习,虽然对于"成事"有不同的理解,但都追求学习的有效性。这种对于共同学习有效性的追求及其规律性的识见,正是共同学习的引擎。

学相同才能思相近(共识),思相近才能言相启(共鸣),言相启才能行相辅(共振),行相辅才能事相成(共享)。在共同学习的过程中,上述四个环节,每一个环节作用力的输出,是为下一个环节作用力的输入。其实共享就是学习成果的分享,它可以是学习过程中的一个节点,因为对于人而言学无止境;它也可以是学习的终极目标,因为对于事而言则大功告成。

人的社会实践活动证明,知识具有集体的本质。尤其在如今这样一个变化太多太快、个人无法掌握变化也无法通晓知识系统性的时代,当知识成为竞争性的重要的市场资源,盲人摸象显然徒劳无益。许多领先的公司已经发现,系统性地组织和利用知识仍然是一个挑战。于是培养企业实践社团,成为学习型组织有效实施知识战略的重点。"实践社团是非正式组织起来的一群人,他们有共同的关注点、同样的问题或者对同一个话题的热情,通过在不断发展的基础上互相影响,加深在这一领域的知识技术。"[①]

在企业界、体育界、艺术界,有不少惊人的实例显示,当团队真正在学习的时候,不仅团队整体获得出色成果,个别成员的学习进步速度也比其他学习方式为快。不同之处在于,如果以企业或体育团队、艺术团队的竞争胜负为目的,则人是知识技能的载体和工具;反之,如果以人的发展和幸福为目的,则知识技

---

① 埃蒂纳·温格、理查德·麦克德马、威廉姆·M. 施奈德:《实践社团:学习型组织和知识管理指南》,边婧译,北京:机械工业出版社,2003 年,第 4 页。

能是人的学习的载体和工具。社区学习共同体和学习型组织等的区别正在于此。

爱摄生活是杭州某社区一个具有社区学习共同体性质的学习组织。爱摄生活活动非常频繁,其成员每周都会花一天时间聚在一起学习摄影。通常上午在社区活动室学习新的内容,下午则外出,去公园或其他地方围绕上午学习的内容开展拍摄活动。这些都是成员们自己安排决定的。如要问他们,为什么一起学摄影? 一起学有什么好处? 他们会争先恐后地回答:

"好处多着呐! 大家聚在一起学,学习氛围很好,我们年纪大了,看书看得慢,有几个人一起学,学起来也开心!"

"是的,要是有什么不懂的地方,大家还可以相互交流,这比一个人抱着书本学要学得快。再说其他人比你学得好,自己也想达到他那个水平,学习动力也会足一些。"

"一起学,可以交流摄影技术。每次户外拍摄活动结束,我们都要拿出自己认为拍得最好的照片,然后大家一起点评。好在哪里,不好在哪里。这是一个分享成果与经验的过程。这样提高很快的!"

"我们都喜欢这样啦,每次搞学习活动,我们都会来的。大家的学习积极性很高的。在这里人开心,学得也快么!"①

对于社区学习共同体的任何成员来说,"人开心"是第一位的,分享交流是最高价值的直接期待,除此没有更高价值的目的;甚至没有附加值性质的间接目的。在这里,人是属于社区的生态式的互利共生的主体;不是社会化的知识组织、知识管理的工具,不是楚河汉界两边争胜的棋子。

(二)态度是怎样形成的

态度是个人对某一客体所持有的一种比较稳定的主观评价和行为倾向。态度的构成因素是认知、评价、情感和行为倾向。认知是通过感觉、知觉、观察和思维等认知活动实现的。评价是在认知基础上对态度客体进行分析、判断后的结论。情感是与评价相联系的对态度客体的情感体验。行为倾向是"一种心理和神经的准备状态,它对个人的反应具有指导性的动力性的影响"。"所有态度中共有的成分是——'反应的准备'。"(戈登·奥尔波特语)心理学研究表明,

---

① 李品:《爱摄生活》,《杭州市社区学习共同体案例集》(内部资料),杭州市成人教育研究室编印,2015年。

态度对个体的行为具有重要的影响。

那么社区学习共同体成员积极的学习态度是怎样形成的？维系和发展这一正向共同学习态度的深层原因是什么？

第一个因素是共同兴趣的空间。学习兴趣能否导致持续性的学习行为，最需要克服的是内心的障碍，往往产生于学习启动期的一个最大的心理障碍就是"缺乏认同""怕被笑话"。幸好社区学习共同体为人们追求共同的兴趣提供了一个公共空间。在这里每个人都可以找到学伴，相互激励，获得学习认同。"这是因为在（临安清凉峰）太极拳俱乐部的分享环节，人们在他人身上找到了自己的影子，感觉到自己的想法与信念不是孤独的、个人性的，而是有一群人具有共同的想法与信念。这就为学习者带来了学习归属的认同。"[1]

第二个因素是满足自我实现和互利共生的需求。积极的态度总是与需求的满足相联系的。社区学习共同体的学习不是一种此消彼长的相互竞争式的学习，而是一种自我比较的成果分享式的学习。它远离社会式的实现功利目的和等价利益交换的原则，却更接近于生态式的最大程度的自我实现和最普遍意义的互利共生原则。"我原先一首歌也不会唱，现在我是家里的'麦霸'。"[2]"我们这帮人一个比一个勤奋。别人每天都在进步，自己不进步，就等于是退步了啊！所以我真的很忙的（笑），我孙子说，'爷爷学习比我还认真'（笑容里露出骄傲与满足的神情）。"[3]"我第一次接触这个社区学习共同体时就发现，学习能手真的很多，有烘焙能手、编织能手、串珠能手、剪纸能手等。学习活动中，成员在自己擅长的领域是其他成员的老师，在自己不擅长的领域则是其他成员的学生。"[4]类似上述这些社区学习共同体，激发其成员的喜爱和肯定，从而形成成员共同学习的积极态度。

第三个因素是群体环境影响。人的态度的形成与其所处的群体环境密不可分。社区学习共同体的氛围是平等、鼓励、互为师生的。比如当访者问及姐妹编织社成员"她（徐社长）算不算是你们的老板呢？"时，她们的回答是"老板倒

---

[1] 孙艳雷：《清凉峰太极拳俱乐部访谈》，《杭州市社区学习共同体案例集》（内部资料），杭州市成人教育研究室编印，2015年。

[2] 余锦霞：《百姓乐坊》，《杭州市社区学习共同体案例集》（内部资料），杭州市成人教育研究室编印，2015年。

[3] 余锦霞：《打铁关桑榆书院》，《杭州市社区学习共同体案例集》（内部资料），杭州市成人教育研究室编印，2015年。

[4] 余锦霞：《巧手女人家》，《杭州市社区学习共同体案例集》（内部资料），杭州市成人教育研究室编印，2015年。

不是,老板要管人的,她不会管我们的,有什么事都跟我们一起商量,像姐妹一样的。"①还有对学习困难者鼓励,给他们增强了学习的勇气。比如清凉峰太极拳俱乐部的婉英,是个新成员,跟不上进度,她表示:如果没有老师耐心教,同伴热心指导,还有胡校长每次学习都要专门打电话通知她,这个"开头难"真要把她难住了。现在虽然动作不到位,竟也学会了。至于师生彼此分享学习成果,更是社区学习共同体最富有标志性的学习方式。当社区学习共同体成员对其所属群体具有认同感的时候,就会自觉地与群体的整体态度保持一致。

第四个因素是情绪性体验。人的情绪和情感是由作用对象引发的,但反映的并非作用对象本身,而是人对作用对象的一种体验与感受。它是主观真实的,与正确与否无关。它将直接影响人对该对象的态度。社区学习共同体内共同学习者的情绪体验,是成员们内心相通的体验。他们感到社区学习共同体是"一个温暖而舒适的场所",一个温馨的"家"。巧手女人家丁女士的话或许具有代表性,"自从我选择参加巧手女人家,并开始慢慢融入其中之后,我就有了家的感觉。就是感觉很开心,很温暖","到这里聚一聚,心情立马就不一样了","我对巧手女人家有一种很强的依赖感,或者说很依恋,这里就是我的另一个家"。②

第五个因素是主动介入的方式。科学实验证明,个体介入共同学习活动的方式,能决定他的态度。人们开展对妇女学习烹饪这一过程的研究。研究的直接目的,就是教学有关营养的知识。实验是这样进行的:教学内容按两种计划呈现。第一种计划是由精通业务的教师在大组中使用图表、电影和示范进行教学。第二种计划是由小组召集人指导,用讨论的方式学习同样的内容。两种情况下都注意用同样的时间提供最优教学。学习结束时,对妇女进行考试,以便弄清楚"学了什么样的知识"。考试结果大致相同。所有妇女都学到了不少东西。就知识而言,大组教学和小组教学没有什么明显区别。过了数月后,对她们再次进行考试。但这次考试的内容不是看她们学了多少知识,而是要求她们汇报生活实践中的变化,学习有没有给她们带来什么变化。考试的结果是,学习过同样内容的在小组中学习的妇女变化远远超过了在大组中学习的妇女。研究过这一结果的大多数专家都认为,最重要的因素在于态度。通过小组指导式的学习所形成的主动参与学习的形式,鼓励和培养的是一种责任承担和互助

---

① 李品:《姐妹编织社》,《杭州市社区学习共同体案例集》(内部资料),杭州市成人教育研究室编印,2015 年。

② 余锦霞:《巧手女人家》,《杭州市社区学习共同体案例集》(内部资料),杭州市成人教育研究室编印,2015 年。

义务的态度。对于大组妇女来说,仍旧是在受控制的学校式的班级中学习。对于小组妇女来说,小组不久变成了"我们的小组",小组成员间很快建立了学伴关系。她们觉得对自己、他人和小组召集人都有一种责任,对学过的东西似乎应该加以应用。[1] 显然,主动介入的共同学习的方式,使她们形成一种积极有效的学习态度。这样一种社区学习共同体所特有的介入学习活动的方式和学习态度,使得许多成人重燃学习的热情和希望,因为这与他们以往的学校控制式学习的失败经验毫无关系。

(三)内部的机制

社区学习共同体的内部机制,是指社区学习共同体内部成员之间的关系及其调节方式。

社区学习共同体的定语中的"社区"二字,道明了参加其学习的成员所具有的共同的地缘环境。而除非大城市或全新的社区,地缘环境又与人缘环境不无关联。经典亲子诵读读书会是杭州某社区一个社区学习共同体性质的学习组织。经典亲子诵读读书会的成员之间基本属于熟人关系,而且很多还是亲属关系。他们过去是同村人("拆村建居"前来自同一村庄,是儿时的伙伴或者同学),现在成员们的孩子在同一学校甚至同一班级念书。成员们基本上都是通过熟人介绍而参加经典亲子诵读读书会的。换言之,这些成员基本来自相同或相似的文化、地域、方言背景。这个背景中的某些符号或说是"文化标记"是一致的。[2]

环境可以细分为地理环境和行为环境等,地理环境是客观形成的物理环境,行为环境是主观形成的人文环境。在社区学习共同体,有着相同地缘环境和人缘环境的成员共同创造了一个新的人文环境,即社区学习共同体的行为环境。心理学家库尔特·考夫卡认为,行为产生于行为的环境,受行为环境的调节。那么,影响和调节社区学习共同体成员行为的行为环境是怎样的呢?

"家"是社区学习共同体成员的共同感受。据调查,社区学习共同体给予个人情绪、情感方面影响非常显著,77.97%的社区居民参加社区学习共同体之后

---

[1] 罗比·基德:《成人怎样学习》(内部资料),蔺延梓译,上海第二教育学院编印,1985年,第141—142页。

[2] 余锦霞:《经典亲子诵读读书会》,《杭州市社区学习共同体案例集》(内部资料),杭州市成人教育研究室编印,2015年。

心情更加愉快,64.93％的社区居民参加社区学习共同体之后态度更加乐观。[①]"家"就是影响和调节社区学习共同体成员的行为环境。"家"的温暖除了给成员带来快乐之外,更重要的影响成员的表现是能够呈现真"我",因为"家"是一个可以让"我"脱去外套的地方。社区居民参加社区学习共同体的深层动机并非名利(名利与竞争有关),而是找到一个使自己生活状态发生变化的环境。在宽松、自由的环境中做一个真我。每个人都做真我("家"中的我),才能获得归属感。

社区学习共同体成员在共同学习过程中,可以说永远进行着愉快的自我批评。为什么他们不会以暴露问题为耻?因为成员之间的互助义务代替了竞争。当你暴露了问题,在他人帮助下找到问题解决的办法并最终解决问题的时候,你心中会升起一种完满的学习感受。这就是社区学习共同体的共同学习行为。社区学习共同体的行为环境会促使其每一个受益者都想为之贡献些什么,而成员间多边互助的行为,又会进一步激发维护该行为环境的能量。

(四)共同体遗产的活性存在

滕尼斯发现并深刻阐明人类的群体生活中两种结合的类型:共同体与社会。他认为,较早的那个时代即共同体时代。共同体的类型主要是建立在自然的基础之上的群体(家庭、宗族)中实现的,此外,它也可能在小的、历史形成的联合体(村庄、城镇),以及在思想的联合体(友谊、师徒关系等)里实现。他认为,共同体是建立在有关人员的本能的中意或者习惯制约的适应于思想有关的共同记忆之上的。与此相反,社会产生于众多的个人思想和行为的有计划的协调,个人预计共同实现某一特定的目的会于己有利,因而聚合一起共同行动。社会是一种目的的联合体。因此,"共同体本身应该被理解为一种生机勃勃的有机体,而社会应该被理解为一种机械的聚合和人工制品"[②]。

出现于20世纪末21世纪初的社区学习共同体,是一种"微共同体",是人类早期共同体遗产的活性存在。社区学习共同体是地缘、人缘、精神共同体三者叠加的产物,是基于人的本质意志的(本能的中意)而非基于人的选择意志(利益结盟)的共同体。

人类学家格雷伯写了《债:第一个5000年》。格雷伯经过历史人类学考察,

---

① 杭州市成人教育研究室:《杭州市社区学习共同体调研报告》(内部资料),2014年。
② 斐迪南·滕尼斯:《共同体与社会》,林荣远译,北京:北京大学出版社,2010年,第45页。

68

发现历史上存在以物易物的历史阶段。格雷伯认为，人类早期互通有无的关系不是交易，而是分享。对于现代人，假如你向我借了一头牛，你就欠我一头牛；而对于早期人类，他们想的是你没有东西吃，我就给了你一头牛，你欠我的是情，而不是债。情可以分享，债要求两清。哈耶克也认为，在原始社会人们有一种彼此分享的概念。

从杭州市有关社区学习共同体调查人员采集到的案例获知，社区学习共同体成员使用频率最高的词之一就是"分享"。分享本质上是一种互利行为，社区学习共同体成员学习过程中的分享，包括了经验、教训、知识、技能、情感、思想的分享，分享是成员之间产生联系与交流的一种主要方式，来自心灵层面的分享，使分享者与被分享者都快乐无比。因为它抛弃了负债的不安，超越了竞争的纠缠。

社区学习共同体成员之间的分享，可以分为两个层面。一是知识技能层面的分享，二是思想情感层面的分享。前者是可测的、具象的，后者是无形的、精神的。有形而下和形而上之分。

杭州市打铁关桑榆书院（社区学习共同体性质的书法学习组织）的成员来到书院的第一件事情，就是拿出"作业"（比如临帖或古诗词草书练笔），用夹子夹在临时拉起来的晾衣绳上，成员们的作品像晾衣服一样围着馆内晾一圈，很是壮观。他们做的第二件事情，就是"求评论""求分享"，挂好"作业"后，你就会听到"老孙，你过来帮我看看""老朱，你来给我看看""杨老师，你来看下我的"之类的呼唤四起。其中有些书法水平比较高的成员特别"俏"（成员间专用词，表示受欢迎的意思），好多人会争相邀请他们点评"作业"，他们的"作业"面前也会聚集好多人，智能手机、平板电脑齐上阵，各种新式"武器"全在这些花白头发的老人手里使用出来。他们要把水平高的作品拍成照片，回去好好学习。这种场面确实令人印象深刻。①

社区学习共同体的学习，是成员间互补短长式的学习，是他们交流，习得知识、技能、体悟的学习，因此也是分享式的学习。但是，知识技能层面的分享，并非社区学习共同体成员间分享的全部内容，甚至不是主要的、起决定性作用的内容。

杭州某社区的姐妹编织社对其成员产生最大吸引力的地方，恐怕就是"姐妹"二字。实地访谈时，访者特意问了这个问题。

---

① 余锦霞：《打铁关桑榆书院》，《杭州市社区学习共同体案例集》（内部资料），杭州市成人教育研究室编印，2015 年。

"为什么叫作姐妹编织社呢?"

"我们一开始也想不好的,不知道叫个什么名字好。有蛮长一段时间我们这个编织社都没有名字的。后来我们每天聚到一起,学习编织,有说有笑,你对我像姐妹一样,我对你也像姐妹一样,我们想,干脆就叫姐妹编织社好了!"

"你们每天都待在这儿吗?"

"是啊,我每天把家务事做完,就过来了。一待就是一整天。中午、傍晚就回去吃个饭,有时候晚上也在这里。我老公说我都把这里当家了!"

"是的啊,我只要一进这个门,心情就毛好的。大家岁数差不多,也有得聊,又不耽误手头上的活儿。我就喜欢这种气氛,待在家里都没有待在这里高兴!"[①]

可以看出,无论是在姐妹编织社还是在百姓乐坊,处处展现的是温暖、和谐,成员们找到了家一般的感觉,所以将它当成了自己的家。社区学习共同体成员真正的持续性的动机,是一种积极的情感上的分享体验,一种社区的归属感。

三、守望相助

"守望相助",是生命成长的守望相助。"守望"是具有独立人格的"和而不同"的人们的心心相印、惺惺相惜;"相助"是和平相处、无私付出、及时帮助。守望相助,是人与人友爱关系的集中体现,是人性光辉的美好表达;也是每个人内心的呼唤,是人走向幸福的重要条件;更是一种由重建精神共同体走向重建地缘共同体过程中的守望相助,其内涵具有原始共同体所包含的守望相助不尽相同的独特性。守望相助,让我们回归生命之家。置身于社区学习共同体的成员,他们发现自己生命与他人生命的关联,并努力地将自己的生命成长与他人的生命建立内在的联系,把别人的生命成长看成是自己的生命成长。他们知道,通过共同学习,可以让彼此的生命成功地实现嫁接与融通,一起成为生命之树上绽放的花朵。《孟子·滕文公上》:"死徙无出乡,乡田同井。出入相友,守望相助,疾病相扶持,则百姓亲睦。"这句话反映了孟子的一种社会理想:老百姓无论埋葬或搬家都用不着背井离乡,在家乡同耕一块田地。大家都和睦、友好地相处,防守盗贼也互相帮助,一家有病人,大家共照顾。从这以后,"守望相

---

① 李品:《姐妹编织社》,《杭州市社区学习共同体案例集》(内部资料),杭州市成人教育研究室,2015年。

助"就成了一句成语,表示人们彼此关心、相互帮助。守望相助的邻里文化渊源久远,而且一直存在于中国社会当中。唐朝大诗人白居易有诗:"每因暂出犹思伴,岂能安居不择邻?"(《欲与元八卜邻,先是有赠》)

爱出爱返,福往福来,帮助别人,成就自己,或者说是拯救自己,在平凡的细小事情上付出,让自己的人性走向卓越。守望相助,让生命不再孤独。置身于社区学习共同体的成员,关注彼此遭遇的各种困境,分担生活中各种艰难与沉重,消除孤独感,克服无助感,在面对困境过程中分享生命成长的幸福与尊严。

"楼上楼下,电灯电话",这是父辈和我们自己年幼时的梦想。那时候,胡同中、大院里、村庄里,邻居们"抬头不见低头见",端着饭碗也串门……如今,现代化小区,一幢幢高楼,把祖辈们的梦想变成了现实。但在钢筋混凝土的都市中,大家径直走进自己的那楼、那单元和那个房间时,却似乎缺少了什么,多少年过去了,还常常遭遇不知家对门姓甚名谁的尴尬。现代人因为居住空间的扩展,获得了个体生活的自足和隐私的保护。与此同时,人们发现,"远亲不如近邻"这句民间谚语已不合时宜。邻里之间的亲密关系不见了,有的只是"熟悉的陌生人"。人们在辛勤忙碌之余、在温饱无忧之时,内心渴望守望相助的美丽。

美国心理学教授霍华德·弗里德曼和莱斯利·马丁经过 20 年的研究,发表新书《长寿工程》,该书列出了长寿的关键要素排行榜,然而让我们吃惊的是,书中列出的决定人类长寿 6 大因素中,"人际关系"竟然排在第一个。林语堂说:"生活艺术家的出发点就是:他如果想要享受人生,则第一个必要条件即是和性情相投的人交朋友,须尽力维持这友谊,如妻子要维持其丈夫的爱情一般,或如一个下棋名手宁愿跑一千里的长途去会见一个同志一般。"[1]

研究任何社会现象,一定不可以忽略人与人之间的关系。对于社区学习共同体成员而言,共同体意味着什么?我们可以用"守望相助"来宣示社区学习共同体中成员的关系。实际上,社区学习共同体最大的魅力就来自于成员之间那种和谐亲密、远离对立与不信任、相互扶持、彼此相依的守望相助的关系,以及这种守望相助之上所彰显的人性的力量。在社区学习共同体的特有环境和氛围中,成员们似乎都表现出人性最初的善良和追求完美的能力。走进每一个社区学习共同体,研究者总是自觉不自觉地被成员之间的相互关系所感动,被成员之间那种浓浓的温暖、舒适、温馨的感觉所吸引。

---

[1]　林语堂:《生活的艺术》,南京:江苏文艺出版社,2010 年,第 199 页。

(一)普遍的直接肯定

马克思的社会形态理论中,人与人的物质关系是形成他们一切关系的基础。当前的市场经济社会处于物的依赖性这种社会形态下,人与人之间表现出一种复杂的矛盾关系。物质利益支配人的全部社会生活,人与人之间的关系表现出"普遍的否定"。残酷的竞争中个人利益至上,每个人都追求自己私人利益的时候,好像能实现私人利益的总体提高和普遍利益的增强。"然而这种抽象的说法反而可以得出结论:每个人都妨碍别人利益的实现,这种一切人反对一切人的战争所造成的结果,不是普遍的肯定,而是普遍的否定。"①而在社区学习共同体中,一切人帮助支持一切人的态度和行为却是常态,呈现的是"普遍的直接肯定"。

首先,成员之间的关系在社区学习共同体有限的规模和范围里,突破了"物的依赖性",抛却了"物"的价值中介,直接建立在精神和心灵的层面上。物的依赖性下,人只能依靠自己拥有的经济物品或劳动去交换别人的经济物品、劳动与价值,每个人的眼中只有这些能带来货币价值与利益的经济物品或劳动,而没有完整的人的存在;物的依赖性下,物、货币等经济利益成为普遍的衡量标准,结果的利益最大化是基本的价值理念,并不注重过程。而精神与心灵的依恋下,成员个人不再依赖自身的"物"的价值,成员自己的知识、技能、经验、习惯、情感、体验等,都是社区学习共同体中"独一无二"的、受到所有人尊重与认可的存在,每个成员都是以一个完整的、有血有肉的人而成为共同体不可或缺的一部分;成员个性化的感受、精神的成长、心灵的丰满成为衡量标准。这样的标准没有统一的量的规定,容许个性化、多元化、差异性的存在,每个人的幸福快乐成为最基本的价值理念,成员们追求过程的享受而不注重结果的对比,欣赏别人的成功并因此而感到快乐。巧手女人家②里,女人们努力学习传统手工技艺,"在自己的亲手劳动中感受快乐"。方女士说:"自己动手的劳动成果,自己看着,就觉得特别开心。自己包的粽子,自己吃起来味道就是不一样的。这就是女人家里大家一起 DIY 的乐趣啊。"面点师陈女士说:"我指导大家一起学做面点,看到大家一个个都会做了,自己觉得很开心,欣赏别人做好的东西,就像欣赏艺术品一样,很开心。"在彩霞花友会的成员们身上,研究者看到的是在种花的劳动中对自己的内心的感受、体验的关注。无论是哪种比赛,比赛结果

---

① 马克思、恩格斯:《马克思恩格斯全集》第 46 卷上册,中共中央马克思恩格斯列宁斯大林著作编译局译,北京:人民出版社,1979 年,第 102—103 页。

② 汪国新、余锦霞:《社区学习共同体的四大支柱》,杭州:浙江大学出版社,2016 年,第 247 页。

都不是他们所在意的,而比赛过程中的乐趣和心情,以及成员间的互动与交流才是他们最看重的,怡情养性才是彩霞花友会成员们的最终追求。比赛的结果无论是名次、奖品或锦旗,是物质性的,而社区学习共同体里的心灵的相通,是纯意识性的,这里的守望相助是更高的境界。

其次,这里是一个允许和鼓励每个成员"自由而全面发展"的小空间,具备马克思的第三种社会形态的基本属性。在这种形态下,人与人之间没有物质利益的牵绊和计量,成员不会被"一己私利"所支配,不会被残酷的竞争和个人利益至上所左右,普遍地表现出为他人不计回报的无私奉献。正如姐妹编织社[①]"成员之间的关系并非像企业中员工之间的竞争关系和利益关系,她们合作、互助,彼此真诚地关心、关爱对方,真心对待其他成员,即使有利益冲突的时候,也会主动放弃,成全他人"。在爱摄生活[②]中,成员们最爱做的一件事情就是分享。

第三,每个成员对他人的定位与判断,不是"妨碍自己利益的实现"的对立面,而是与自己共赢共享、相互扶持的志同道合、亲密无间的"伙伴"和"家人"。人与人之间表现的不是"隔绝""对抗""冷漠",以及由此带来的不安全、怀疑、孤独、忧虑感,而是彼此信任、相互依赖以及由此带来的安全感与归属感,表现出"普遍的肯定"形态。正如巧手女人家里丁女士所说的:"俗话说,百家姓,百条心。而女人家里,可以说人与人之间能有这样的交往真的不容易。无论学什么,人家都是诚心诚意、毫无保留地教你;有什么不懂的,大家都会给你帮助;心里有什么疙疙瘩瘩,可以有人倾诉,大家也会来开导开导你。就像是我在社区里的家。"

(二)真实生活结成高聚合情感

人际情感联结的紧密程度,是辨识社区学习共同体的重要元素。霍桑实验提醒我们:人是社会高级动物,在发生交流的过程中,人与人之间必然发生相互之间的联系,会形成各种各样有形无形的群体,这其中会有它的特殊感情、规范和倾向,并且会左右群体里每一位成员的行为。

滕尼斯的《共同体与社会》一书中,"共同体"之上形成的"社区"这种理想的社会类型,是一种聚合程度高的、亲密的、相互依赖的人类共同生活的方式,以此区别于"社会"这种陌生人组合而成的聚合程度低的机械的人类联结形式。

---

① 汪国新、余锦霞:《社区学习共同体的四大支柱》,杭州:浙江大学出版社,2016 年版,第 103 页。
② 汪国新、余锦霞:《社区学习共同体的四大支柱》,杭州:浙江大学出版社,2016 年,第 181 页。

拥有高聚合的、亲密的情感联结,是社区学习共同体的本质属性。

情感是人内在状态的直接反应,并不需要过多的认知过程即可以让人深刻体验到它的真实存在。社区学习共同体中,成员彼此之间"不是亲人,胜似亲人"。这种亲密情感,是联结所有成员、将所有成员牢牢凝聚在一起的无形纽带。舞动人生舞蹈社①里"不是亲人,胜似亲人"的关系;清凉峰太极拳俱乐部里"亲密无间的伙伴"关系;姐妹编织社的女工们"同甘共苦过的,患难之交"的关系,甚至"也会主动放弃,成全他人";英语角里成员间在长期的互动中,自然缔结的热情、温暖、相互支持的关系;大关早起羽毛球俱乐部②"我们是个大家庭"的关系;闻涛越剧社成员之间真诚、互帮互助的关系;经典亲子诵读读书会③"在这里为别人做事情、为别人付出爱心是所有人都认可的,大家也都是这样做的";彩霞花友会④里成员"照应是应该的"等等。这样的关系,如同强力黏合剂,让成员们汇聚在家一般的学习共同体中,真正"不是亲人,胜似亲人"。

社区学习共同体的学习,是接近生命本真的学习,是改变人的生命状态的学习。它促进和包容思维和行为的改变,它揭示了学习的真谛,即属于人的本质意志学习。这种高聚合情感联结,将社区学习共同体区别于"身体不在场"的虚拟社群,因为虚拟社群的人际情感是一种陌生人为主的聚合程度较低的联结形式,呈现出较低的亲密度和较弱的凝聚性;区别于一般的学术研讨、会议交流,因为这里以意见、看法、观点、知识、信息交流为主,并不必然涉及情感交流,并不以情感作为联结每个参与者的纽带,没有达到一定频率的临时性活动,虽然也是真实的生活,但它不能产生情感联结。社区学习共同体里高聚合情感联结有其独特之处。

第一,发自内心的真挚情感,在长期的交流互动中形成。这种发自内心的真挚情感,有助于促进人与人之间的相互理解、信任、友爱和相互关心。这种情感,表现出强大的凝聚力,就如"强力黏合剂"一般,将人心紧紧地聚合在一起。

第二,成员为他人付出的情感不能也不需要偿还。回报不是成员付出情感的条件、动机或者目的,成员在付出情感的时候也是不计回报的。没有人去"称量"成员付出的情感,没有人计较谁付出多谁付出少。

第三,这里的情感是积极的、建设性的、充满正能量的、健康而纯粹的,而不

---

① 汪国新、余锦霞:《社区学习共同体的四大支柱》,杭州:浙江大学出版社,2016年,第130页。
② 汪国新、余锦霞:《社区学习共同体的四大支柱》,杭州:浙江大学出版社,2016年,第155页。
③ 汪国新、余锦霞:《社区学习共同体的四大支柱》,杭州:浙江大学出版社,2016年,第193页。
④ 汪国新、余锦霞:《社区学习共同体的四大支柱》,杭州:浙江大学出版社,2016年,第130页。

是披着情感的外衣,实际包裹着某种不可告人的目的,甚至是用情感的外衣去诱导其成员与人类社会的对立。

社区学习共同体的凝聚力,集中体现在成员之间的高聚合情感上。这样的高聚合情感下,社区学习共同体就是成员们共同的、温馨的"家",成员间彼此信任、彼此关注、相互认可、相互依赖,大家有一种"共同的情感"或"共享的思维"。有困难一起克服,有问题共同解决,这种互助与合作,构筑起情感黏合剂,也使成员感受到浓浓的"家"的氛围。因此,社区学习共同体总是处于浓郁的亲情和温馨的气氛之中。高聚合情感,带给成员的是与众不同的情感体验;高聚合情感,直接决定社区学习共同体的吸引力和持续发展动力;高聚合情感的发展程度,代表着社区学习共同体的成熟度。

真实与真诚互动,是形成情感联结的必要条件,社区学习共同体具有这样的条件。

人很难做到真实,但又渴望真实,不真实的自己有时自己也不能接受。所以常有人告诉笔者说:"都在伪装自己,也许到了一个人的时候,才感觉自己太累,自己有的时候真的找不到真实的自己,我想做自己,可是我做不到,因为我也一直在伪装自己,我恨自己,恨自己做人太假!"人在最平静的时候才知道自己最真实的状态。一切喧嚣都只是扰乱心境,沉溺其中只会越发空虚与虚伪。什么时候最平静?在没有压力的时候。职场上、校园里,无形的压力无时不有,人们处于"角色与角色"的对话空间。因为,处在具有明显层级结构的职场的人,相互之间,或多或少都有利益关系或竞争关系,很难做到真实的表达。然而,在社区学习共同体中,成员是平等的,没有上下级,也没有利害冲突,每个人都可以做真实的自己。宽居读书会的李艳丽说:"对我而言,读书会所提供的,不仅仅是一个容纳大家真实的公共空间,也是自我修行的修炼场。我逐渐发觉,这也是一个认识自我、丰富自我、提升自我的成长空间,心灵的栖息地、加油站。从最初琢磨怎样定时间,定场地,定主题,担心来客是多是少,表达是否真实,内容是否跑题,到现在不再为这些焦虑,学会耐心等待,坦然面对,明了核心,应变而变,尊重规律,顺势而为……我自己也收获了心性的成长。越来越感觉到,读书会的存在和成长,不专属某个人,在于大家都能在其中彼此尊重、表达真实、收获真实。"英裔美籍诗人奥登说:"他人让我们感到真实,是因为他人是我们生活的一部分,我们意识到彼此的想法会互相影响,互相改变。"

（三）安全型依恋关系

20 世纪 60 年代 Bowlby 创建的依恋理论,是理解人际互动过程中人与人之间关系的一个重要的理论框架。在发展心理学中,母婴依恋特指婴儿与其母亲之间所存在的特殊和强烈的情感关系,用来解释婴儿对母亲等照顾者的依恋行为和由分离产生的焦虑;并且,依恋理论认为婴儿可以把依恋对象作为一个进行探索活动的"安全基地"。社区学习共同体里成员之间结成的姐妹、朋友、伙伴等等关系,集中体现的是学习共同体内成员彼此之间相互信任、心灵相依,社区学习共同体成为成员的"安全基地"。

这是一个自由平等,没有竞争的环境。"每个成员积极顺利地发挥个人的智慧,相互影响,感受到尊重与承认,积极参与共同话题的讨论、协商与决策"[①],"如果有不同意见,或者不同意的话,大家就好好说,平心静气地谈,大家都互相理解、互相支持,所以也不会有大的冲突"[②]。

这里差异共存,彼此认可。正如百姓乐坊里,成员都意识到并认可自己和他人都是非完美的个体,有缺点也有优点,每个成员都有安全感,在活动中没有任何害怕犯错或者害怕被人嘲笑等心理。打铁关桑榆书院里文盲和教授共同学习大草书法,共同切磋技艺,一起参与讨论与点评。

这里共赢共享,享有共同归属感。爱摄生活里:"我们这个群啊,不像外面那种摄影培训班,不收费,而且大家都很无私,懂的人不藏着掖着,很乐于教其他不懂的人,尤其是老邓和老顾,特别耐心,只要是他们知道的,他们都是知无不言,言无不尽的。"

这样的人际关系,使得成员与成员之间结成了稳定的信任与情感支持体系,形成了社区学习共同体里特有的"依恋关系"。成员在共同体内的人际交往中,表现出健康的情绪状态、积极的应对方式、良好的心理复原力、对自我和他人积极的认知、利他行为以及健康的心理状态,成员相信他人的可获得性,从而形成成员之间高水平的信任。这种依恋关系在成员之间的交往中持续强化而变成社区学习共同体里一种习惯性的氛围,成为成员们公认的行为规范并内化为成员们的一种自觉行动,他们会自觉地选择相互帮助、相互支持、相互理解,自觉地做出相应的行为。

成员之间的依恋关系,共同构成了社区学习共同体充满安全感的空间,使得共同体成为成员自由释放自我、进行学习活动、追求自我实现的"安全基地"。成员们在共同体自由的氛围中完全放松自己,畅所欲言,不需要隐藏,充分表达自己的真实观点,并充分尊重他人的真实想法,共同体之于成员就是一个进行

---

① 汪国新、余锦霞:《社区学习共同体的四大支柱》,杭州:浙江大学出版社,2016 年,第 132 页。
② 汪国新、余锦霞:《社区学习共同体的四大支柱》,杭州:浙江大学出版社,2016 年,第 149 页。

探索活动和学习行为的安全港湾。鲍曼曾说，"共同体是一个'温馨'的地方，一个温暖而又舒适的场所……""其次，在共同体中，我们能够互相依靠对方。"社区学习共同体为身处其中的成员带来的不仅仅是情感上的满足感和温暖感，而且是心理上的安全感，形成安全型依恋，并产生"安全基地效应"。这些共同形成彼此间的守望相助的关系，继而有力地促进了成员们的学习行为和学习效果，并且深深地影响着成员们对社区学习共同体的认同和投入程度。开放与深度融合，是建立人际"安全基地"的必要条件，社区学习共同体具有这样的条件。

哈贝马斯提出要回到人们的生活世界，凸显交往的价值存在理念，他认为，既然不能回到上帝那里安顿精神，就回到人与人的交往，在交往中安顿心灵。工具理性下的交往是"社会交往"，它是契约关系或竞争关系，是相互利用的关系，它不可能关涉人的灵魂与意识。市场经济条件下的交往很难达到理想的境界，不可能让人在交往中安顿我们的心灵。"共同体交往"是生命性价值理性指导下的交往，是爱与行动相一致、是心相连到行相辅的协调的交往。其交往的基础是友爱、友情，而前提是敞开自我。在这里，每个人的心是开放的，而不是封闭的，共同关注生活中相似的问题，可以在核心价值观念深度融合的基础上，实现心灵共同成长，最终通往心灵的安顿。宽居读书会的李艳丽说："在我们的读书会上听到最多的是：我不再是一个人，在这里我能看到同类；这里感觉很轻松，我们尊重个体的差异，能包容真实的表达；身处都市生活，穿梭不同场合的我们，身兼多重角色，担负多重任务的我们，非常需要一个能容纳各自本真的空间，在这里稍作停留，可以彼此交流，消解一些压力和疑惑，从而更有力量和智慧去面对家庭事业的纷纷扰扰……"在只认"有用没用"而不认"你是谁"的现实社会，人们常常处于"角色与角色"的对话空间，而在这里（读书会），我们提供的是"人与人"的对话空间。

人生而为人，每个人都是在他人之中成为自己的。他人是你生命的边界。人需要的是与他人的融合。"我们都需要真正敞开自我，走进他人，把自己的生命敞开，从而进入他者的生命。"（刘铁芳语）可是，生活在今天社会中的人怎么办？如果想把个人融入他人的生命之中，只有在避免了狭隘的个人主义和规避了功利主义之后，才能真正做到。社区学习共同体，正是这样的独特而神奇的群体。

四、生命成长

社区学习共同体带给成员最深刻的感受与体验是幸福，学习者的最大收益是生活状态的积极变化,独具魅力的学习收效是生命成长。

所谓生命成长,是人作为人并能成为有独特个性的人的历程,是学习者个体的植物性生命和动物性生命正常发展的基础上,精神性生命朝着应然状态发生积极变化的过程。这一生生不息的过程伴随着生生不息"本原知识"的学习过程,这一过程实现人的生命性价值。生命成长通常有两个维度:一是心性的澄明,"本原知识"的实现,人的善根得以显现与实现,更少地被社会的恶习所遮蔽;二是天生的潜质得到较好开发,具有做事的本领,兴趣特长得到充分体现。生命成长不足,就是人没有能力做最好的自己,只是自我欲望的工具,与动物差别不大。生命成长的尺度是人的尺度,不是社会性功利尺度,生命成长是人的终极目的。人和动物的区别在于,动物只局限于个体生存与种族繁衍等生活问题,仅此而已,就此止步。而人类突破此限,求真之心、爱美之心和好善之心,是人类生命的自然显露,这些精神性生命并不是谋生的手段。人与人之间的动物性生命和植物性生命的差距有限,而精神性生命的差距无限。生命成长的无限空间,不在于植物性生命和动物性生命,而在于精神性生命(更多的是灵魂性的)。生命是否成长,由人自己体悟和评价。共同学习即生命成长,社区学习共同体的学习是真正的共同学习,社区学习共同体是能够引起成员产生积极的生命状态转变的学习群体,成员在共同享受共同体生活的过程中,实现完满自我,提升生命质量。由此,我们说,社区学习共同体正是能实现学习者生命成长的田园。

(一)学习过程即生命成长的"此在"过程

目的和手段一致,是共同体的本质特征。社区学习共同体中的学习生活,正是目的与手段一致的。

把学习作为获取物质资料和名、权、利的手段和工具,尽管不是兴趣所在、潜能所在,只要能获取社会性功利,吃再大的苦,也在所不辞。这一现实生活中最普遍的现象,几乎成为今天中国人的集体无意识。以至于,我们许多人对于目的与手段一致的学习,不能理解,也不愿意参与。实际上,广泛存在于城乡的社区学习共同体的学习,就是目的与手段一致的,学习过程即目的,正是这样的共同学习,才促进了学习者的生命成长。因为,在目的和手段一致的学习中,人们把过程当目的,过程就是目的,这一过程,让学习者自然而然不执着于名利,自然而然地超然于其上,自然而然地达到忘我状态,精神专注其中,努力勤奋其中,有时可能劳苦但不觉得劳苦,享受彼此和衷共济、和谐共处的过程。

社区学习共同体中的学习者关注自己作为人存在。这一存在是海德格尔哲学命题中的"此在","此在"关注作为在者的存在本身。人作为特殊的"在者","此在"关注作为存在的人本身及人的存在方式,而不是关注人的身外之物欲的满足。所以,社区学习共同体的共同学习过程,即人的生命成长的"此在"过程。

第一,社区学习共同体是时间性的存在,这一存在即"此在",是"显现—生成"。这一"生成""不是其固有本质的自我展现,而是指向未来的、向可能性开放的生成"①。换句话说,"此在"在时间上的规定性是指向"能在"的,即可能性的存在,这也正是"此在"存在的本性,所以"此在"自己塑造自己。社区学习共同体,突出指向成员"完满自我"的实现,显现内在的、精神世界的成长,在社区学习共同体里,"此在"绽放的是成员的生命成长之美。参加社区学习共同体之后,成员们能够切实体会到并用自己的语言描述出共同体带给他们生活状态的改变、内心世界的修炼、生命性价值的提升,而这恰恰是成员在社区学习共同体里最大的收益。因社区学习共同体而获得健康的清凉峰太极拳俱乐部里的老王参加共同体之后,"身体好了,更重要的是精神好了";因共同体而美丽的老来俏时装队的祝女士,"参加时装队,样子变化很大的,变漂亮了,变得有气质了,尤其是上台时感觉很好的,很自信,感觉自己很年轻,自我感觉很好";因共同体而自信的百姓乐坊里成员"一个个从一开始不敢唱、很害羞、不会唱,到现在的随便什么场合,张口就来,还自己会改编歌词的";因共同体而幸福的大关早起羽毛球俱乐部的凡凡,从迷上了麻将并因此经常发生家庭争吵到最后成为圈子中家庭幸福生活的典范;因共同体而实现内心世界的修炼的金石篆刻工坊的成员们,精神矍铄,充满活力,在共同体中感受到自我内心简单的平静与满足;因共同体有了新的人生目标、新的追求、新的作为与成就的城市白领读书会的小徐,从丈夫有外遇、家暴、离婚的灰暗生活中走出,历经蜕变和心灵的成长,现受聘于一家年产值 2 亿元以上的汽车配件制造公司,担任最考验一个人综合管理能力的总裁办公室主任职务,共同体切实地改变着她的生命轨迹。②确实,社区学习共同体区别于其他组织的一个重要特点,就是每个成员个体的生命成长是社区学习共同体的终极追求,组织或者群体本身的发展只是这个终极追求过程

---

① 李孟国:《此在的在场与海德格尔的存在概念》,《重庆师范大学学报(哲学社会科学版)》2005 年第 5 期。

② 孙艳雷:《城市白领读书会》,《杭州市社区学习共同体案例集》(内部资料),杭州市成人教育研究室编印,2015 年。

中的附属物和副产品。因此,社区学习共同体作为"群体组织"自身的发展是让位于每个个体自我的生命成长的,让位于每个成员"此在"的绽放的。

第二,社区学习共同体的存在是空间性的存在,重视在场性的探讨,注重在生存或者存在当中的人的在场和实际生存状态。社区学习共同体尤其关注每个成员"此在"的生存状态及内在体验。因此,社区学习共同体最核心的特质之一是尽力给每个成员创造积极的情感体验,通过学习活动改善他们的存在方式,让成员们快乐学习、享受学习、幸福学习。并且,社区学习共同体努力营造的环境氛围是开放、自由、平等、轻松、和谐,就是为了让每个成员在充满安全感、完全放松的环境或者说是"此在"的空间里,充分释放自我,绽放个性,共同创设实现每个成员"完满自我"的理想空间。

第三,社区学习共同体的存在是过程性的存在。在海德格尔看来,过程是时间也是空间。"此在"只能处在包括"此在"发生的过程世界之中,才有在世界之中的生存域。在社区学习共同体的生活中,学习的过程,就是生活的过程,过程重于结果。因此,才会有打铁关桑榆书院教授与文盲共同探讨交流大草书法,并且乐在其中;也才会有彩霞花友会的黄大姐描述自己参加共同体最大的感受:"其实,养花看起来是一种劳动,需要你给花浇水、施肥、拔草,但它其实是一个内在的怡情养性的过程。"也因此,爱摄生活的成员彼此之间教授技能都是倾心相授,从不担心别人会超过自己,反而觉得"这样才有味道"。

(二)共刻生命成长的"印记"

亚里士多德的哲学以及儿童精神哲学方面的研究都指出,人拥有植物性生命(或称生理层面的生命)、动物性生命和人所特有的精神性生命(或称理性生命)。这三重生命是分层有序地整合在人的生命之中的。人的生命成长体现在这三重生命朝着应然状态发生积极变化的过程中。植物性生命成长,主要表现为肉身,包括各种器官和神经系统的发育与生长;动物性生命成长,主要表现为动物性特点的成长内容,即本能与无意识的释放;精神性生命成长,以植物性生命和动物性生命的成长为基础,主要是靠人的意识层面的文化创造所启动的。在社区学习共同体这一富有生命力的学习空间里,成员收获的是三重生命协调成长,发生着生命状态的本质改变。

第一,成员以三重生命的整体参与和投入共同体,收获整体式的生命"印记"。区别于传统学校教育以及很多学习组织,共同体中的成员活动,从来不是孤立的、某一层面的参与,受到共同体关注,或者作为评价指标的也从来不是某一方面的成长与收获。成员的植物性生命如身体的、生理的,动物性生命如行为的、认知的、物质的,精神性生命如心理的、精神的、信仰的,等等,这些生命成长的历程,融于社区学习共同体的共同活动之中,而从来不是可以或者需要单独抽象出来、隔离出来、筛选出来的"特殊活动"。这是成员们共同的"印记",也是成员们共同的"财富"。例如,老来俏时装队的成员,因共同体而收获健康、收获美丽,因共同体而收获舞蹈与时装表演的技能与才干,也因共同体而收获自信、愉悦、情感、成就,体验生命的完满幸福,当这一切成为所有成员共同的"特征"时,就成为这个社区学习共同体的"标签","印"在了共同体成员生命成长的历程里。65 岁的朗琴合唱队成员翟彩琴说:"五年来,我充分感受到了从没有过的愉悦、开心、满足。自打有了这个自己喜欢的团队,有了一拨和自己志趣相投的姐妹,有了属于自己乐于奉献的群体,我觉得虽然离开了故土,远离了亲友,告别了施展才华的岗位,但我却找到了另一片天地。在这里大家有着共同的爱好、共同的愿望、共同的追求,在这里大家找到了自我,找到了自信,找到了幸福!共同学习使我们来自四面八方互不相识的人走到了一起;共同学习使我们增进沟通,成为知心朋友;共同学习使我们寻找到了快乐;共同学习使我们提升了艺术造诣;共同学习使我们老年朋友焕发出了青春的活力!更使我没有想到的是,离开了工作岗位,离开了原来的学习环境,在暮年时期的我竟然还走在继续学习的道路上,且一发不可收拾!个中的喜悦、开心、慰藉令我心旷神怡。这不仅是我个人的体会,也是我们学习共同体中的每一位队员的共同感受!"而就在五年前,她说那时"离开工作岗位之初,来到陌生的地方,没有了亲朋好友,没有了倾诉的对象,更没有了适合自己做的事情。从内心来说,失落、孤独、寂寞时时困扰着我,让我这个多年来被同事朋友称之为女强人的人感到无所适从,无聊,无助,人生对我来说没有意义"。

第二,共同的信念、价值取向,激发了生命本身的创造力,促进了成员的生命成长。18 个社区学习共同体案例①里,不难发现,有很多共同的"印记",例如,彼此信任、无私奉献、相互扶持,尽可能顾及每个成员的需求,促进他人的成长,抛弃"物质"与"利益",在共同学习、彼此交流中共建一个纯粹、美丽的充满归属感、安全感的共同体空间,等等。共同的信念、共同的价值观、共同的归属感,使得社区学习共同体焕发出生命性,进而激发了成员的生命潜能,促进了成员的生命成长。很多平时并不起眼的"平凡人",在社区学习共同体中表现出来

---

① 汪国新、余锦霞:《社区学习共同体的四大支持》,杭州:浙江大学出版社,2016 年。

超凡的才艺,这样的现象还并不少见:一群普普通通的农民结成的富阳农民拔河队屡获各级运动会拔河比赛奖项;临安市清凉峰镇的普通工人,甚至创造了一项省级专利;打铁关桑榆书院的"文盲"可以从认识并学写一、二、三开始而成为圈子里小有名气的"书法家";经典亲子诵读读书会中的普通村民,会和百度名人的文化界"大咖"结成朋友;等等。一群普通人,在这些共同"印记"里,不断地创造自身、创造新的东西,实现着自己的生命性价值。

生命是复杂的、动态的、整体的,是个性的、多元的。学习与教育活动,从来应该着眼于人的"生命性"本身,着眼于三重生命的整体与协调成长。忽略成员的生命性的学习和教育是失败的,也是不人性的。因此,在社区学习共同体中,成员从来不是脱离自己生活背景的可编码的知识的容器而是一个充满生命性的鲜活个体。三重生命的成长,需要阳光、空气、土壤和水,需要自由释放和绽放自我,需要安全和归属,需要精神的不断完满,而社区学习共同体,是富有生命性的学习空间,真正让成员感受到学习的快乐和情感的愉悦,真正为成员的生命成长提供了所需的条件和支撑,真正让成员体验和享受到生命成长之美。这正是社区学习共同体的独特魅力所在。

(三)"自得"与"自评",实现生命成长

真正的学习,是生活的学习,是生命的成长的学习,它让生活更可爱,让人性更丰富,让生命更精彩,让人寻找到自己,具有生活的智慧,过上清静而自明、安静而温暖的生活。真正的学习,是目的与学习过程一致的学习,不是适应社会的处世之道的学习,不是获取名、权、利的成功学的学习;是向内回归的心的学习,不是对外逐求的术的学习。真正的学习正是自得和自评的,是德性、德知、德行一致的学习。

真正的学习,是心性的自明与自得,而非外力的推动。《大学》的第一句就说:"大学之道,在明明德。"真正的学习,在于使光明的德性得以明显。王阳明认为"心即理也",心就是天的秩序原则,所有的秩序原则在我们自己的心中,如果心没有被利益私欲所蒙蔽,心就是天的秩序原则。人可以从自身出发,使德性(本原知识)得以明显,即只要我们在行为中摆脱遮蔽着善根的利己愿望,就能实现这个德性。"日之体本无不明也,故谓之大明。有时而不明者,入于地,则不明也矣。心之德本无不明也,故谓之明德。有时而不明者,蔽于私也。去其私,无不明矣。日之出地,日自出也,天无与焉。君子之明明德,自明之也,人

无与焉。自昭也者,自去私欲之蔽而已。"①社区学习共同体的学习,是基于本质意志的自觉学习,成员在共同体中收获到的生活状态的改变、内心世界的丰富强大、生命性价值的提升过程,是作为人的自明自得的过程。

这一过程,是伴随着自我肯定、自我评价进行的。这一评价具有内蕴性、主观性、个性化的特点。这三个特点结合,构成了社区学习共同体所独有的个性。其他场域的学习收效,特别是学校教育的评价,都是外部的居高临下的评价,独立于学习者之外,依据某种统一的"标准",对照某些既定的学习计划和目标,对学习者的学习成果进行效果或价值判断。其"神圣"的选拔功能,让许多人体会学习的"苦",而一旦取得了毕业证书或资格证书,就不再"学习"了。

在社区学习共同体里,成员收获到的不仅仅是学习者通过学习活动所了解的知识、掌握的能力,更多的是与潜能实现、自我完满、幸福生活、生命成长相关。这里的对学习收效的评价,不再是一个高高在上的权威,这里的学习评价,也不再具有筛选、择优等功能,不再具有刺激竞争的作用,而是学习者自己的学习体验和成长感受。

第一,是内在评价。首先,这种内在的评价是在没有任何外部指令、外力干预的情况下,社区学习共同体内部自然形成的评价,没有优胜劣汰的竞争机制,没有剔除失败者的功能标杆;对成员们没有任何心理压力和负担,相反成员们感受到的是由此带来的畅所欲言和轻松愉悦。其次,共同体没有也不需要来自共同体外部的评价,尤其不以这种评价影响或者干扰成员的发展。并且,这种内在评价指向每个成员的内在感受、体验,内部精神与心灵世界。

第二,是主观体验。这里的评价实际可以被看作是成员对其在社区学习共同体中的整个学习经历的主观反映、理解、感受、体验和评价。这里,不需要某种科学的、特定的手段加以测量和证明某种学习成就或者学业达标,而是充满了个体差异的、来自每个成员的主观感受;标准是非常多元的,个体在任何方面的心理感受、理解体验都可以成为自己评价自己成功的标准;并且这里是非竞争性的,每个人的成功不能、也不需要进行对比。

第三,具有个性与多元性。评价主体是每个成员自己。评价内容上,成员们关注的并非只是学习本身,更重要的是成员们在知识、经验、能力、思想、情感、精神、健康等生活中几乎所有方面的发展变化,是多元的。评价的对象和评价的方式上,成员们享有充分的自主选择权,体现的是一种完完全全的个性化

---

① 王守仁:《王阳明全集》,上海:上海古籍出版社,1992年,第980页。

选择。评价标准上,不可能也没必要事先设置一个明确具体或者相对统一的评价标准,评价的标准在评价过程中因人而生,是个性化生成的;除了学习内容本身所具有的相对客观的衡量标准之外,成员们自己个性化的学习体验、经验、观点、见解就是评价的标准。这种个性化的主观性学习成功,社区学习共同体里所有成员都认可和尊重。社区学习共同体里推崇主观性学习成功,主观性即超越物质性,心领神会,情意相通。在这种成功之下,没有竞争,没有淘汰,没有失败者。社区学习共同体的自评,是富有生命性、体现鲜明的生命化特点的评价:这里,我们随时随刻都可以发现"人"的存在,真实的、有生命的、有感情、有个性化体验的人,而并不是将人隐藏在评价背后(学校的评价,试卷上不需要名字,有学号即可;工厂的评价,有流水线上的工号即可)。正如经典亲子诵读读书会这一社区学习共同体,人们将对"物"的评价转化为对"人"、对"己"的评价,体现着鲜明的生命化特点。这里,所有人的感受都会得到尊重与认可,允许、鼓励,并积极促进每个成员个性充分绽放,一切评价围绕着一个个活生生的、有自己独特个性风格的、不断成长发展的"人"而展开,关注人的需要、人的变化、人的感受、人的故事;这里的评价,帮助学习者幸福生活、完满自我。社区学习共同体能实现人的生命成长,生命成长全由成员"自得"与"自评"。

第四章

共同学习机理

　　本章提要：社区学习共同体的学习机理是"同自觉、共做主、互为师、自评价"，也可以用"自觉、自主、自给、自评"来表达。这一机理体现了社区学习共同体的学习区别于其他群体学习之处，其独特性昭示出学习的无穷魅力：生命性价值主导下的学习起点是人本身；学习是人的精神世界的自我发现；重塑教学资源观，人是最大的学习资源，分享与共享让学习资源取之不尽用之不竭；学习能让每个人都成长，学习可以没有失败者。

　　"自觉(同自觉)—自主(共做主)—自给(互为师)—自评(自评价)"是社区学习共同体健康成长的四个相互作用的关键环节的标志。社区学习共同体的学习过程以"自觉"为学习的切入点,以成员自觉的学习需求为动力;以"自主"为学习行为的发生;以"自给"为学习资源的供给和采用的方式;以"自评"为学习效果的测评和调整下一步学习行为的依据。这四个环节中的每一个环节的学习行为,均需要上一个环节的学习行为提供动因依据和传输动力;每一个环节学习状态的满足度均源于上一环节学习状态的满足度。"自觉—自主—自给—自评"四个关键环节依次递进,循环上升,形成一个环环相扣、相互促进的循环闭路系统。

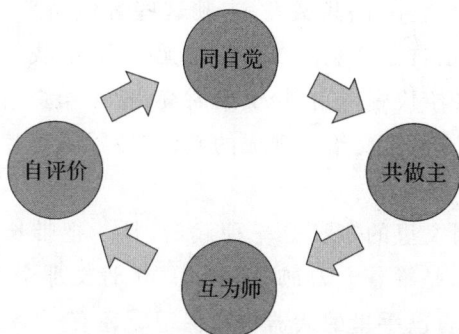

一、同自觉

　　有了真我,才有了基于本质意志的自觉学习。在工具理性主导下,学习是一种手段,是为了得到学习以外的功利。而生命性价值主导下的学习,学习的过程是实现自身潜能和获取生命归属感的过程,学习过程本身就是目的。自觉学习是生命性价值主导下的学习起点,它贯穿于社区学习共同体成员的学习过程,是一种源源不断的学习动力。如果学习获得的功利到人生某个阶段便能实现,那么学习在那个阶段之后就变得毫无意义了。而人是"未完成的动物",终其一生都无法实现与生俱来的全部潜能。因此自觉学习并不仅仅是学习的一种初始状态,而是学习的一种持续状态。

　　(一)自觉学习的起点

　　1. 源自"真我"。

　　社区学习共同体是"生活在社区中的居民由本质意志主导的,因共同学习而自然结成的能实现生命成长和建立守望相助关系的群体"。2008 年,杭州开始在社区引导、推动、创建"社区学习共同体"这一中国特色的社区"学习圈"。社区学习共同体是一个又一个"自我"组成的,学习的过程:"自觉—自主—自给—自评",都有一个"自"字,源自我、归宿于我。社区学习共同体不是一般意义的社会组织,不需要成员为一个未来的目标牺牲当下,也不需要成员为一个崇高的名义舍弃利益。它就是当下的具体的"我"创造的,为了每一个当下的具体的"我"。

重要的是"我是什么",而不是"我拥有什么"。前者的我是个性的我,后者的我才是自私的我。在今天人们差不多已将前者忘掉了。新近出现的当代痛苦就是"自我疏离"。我们甚至连对自己都不慈悲,也不懂得欣赏自己的个性。所以我们必须拥有登喜路、路易威登、古驰这些奢侈品来帮助我们欣赏自己。在这个世界上,要活出自己真难。现代科技无孔不入,我们的生活也日益被格式化。我们把吃饭交给快餐,把打扮交给时尚,把工作交给电脑或者别的什么"傻瓜"工具,连朋友交流也交给了现成的微信"段子",碎片时间都交给了智能手机。

"我"是谁?甲骨文里的"我"是一种武器,是一把带长柄的战斧。专家解释,"我"的造字本义,是举着大刀、呐喊示威。甲骨文那个年代,"我"是很张扬的,同时"我"需要靠自己手里的武器自我保卫。还有一个重要的启示,在甲骨文年代,"我"不是单数,是部族的称谓,是复数。社区学习共同体的诞生,就是"我"的那柄战斧、那个复数的复活。它来自民间,来自草根,是人们发自内心的对本真意义的生命性价值和幸福的呼唤。

美国哥伦比亚大学终身教授霍华德·金森关于幸福的实证研究具有广泛的影响力。早在1988年4月,24岁的霍华德·金森已取得了美国哥伦比亚大学的哲学系博士学位。他毕业论文的课题是《人的幸福感取决于什么》。为了完成这一课题,他向市民随机派发出了一万份问卷。卷中,有详细的个人资料登记,还有五个选项:

  A. 非常幸福

  B. 幸福

  C. 一般

  D. 痛苦

  E. 非常痛苦

历时两个多月,他最终收回了五千二百余份有效问卷。经过统计,仅仅只有121人认为自己非常幸福。接下来,霍华德·金森对这121人做了详细的调查分析。他发现,这121人当中有50人是这座城市的成功人士,他们的幸福感主要来源于事业的成功。而另外的71人,有的是普通的家庭主妇,有的是卖菜的农民,有的是公司里的小职员,还有的甚至是领取救济金的流浪汉。这些职业平凡生涯黯淡的人,为什么也会拥有如此高的幸福感呢? 通过与这些人的多次接触交流,霍华德·金森发现,这些人虽然职业多样、性格迥然,但是有一点他们是相同的,那就是他们都对物质没有太多的要求。他们平淡自守,安贫乐道,很能享受柴米油盐的寻常生活。这样的调查结果让霍华德·金森很受启发。于是,他得出了这样的论文总结:这个世界上有两种人最幸福,一种是淡泊宁静的平凡人,一种是功成名就的杰出者。

20多年过去了。如今,留校任教的霍华德·金森也由当年的意气青年成长为一位美国知名终身教授。2009年6月,一个偶然的机会,他又翻出了当年的那篇毕业论文。他很好奇,当年那121名认为自己"非常幸福"的人现在怎么样呢? 他们的幸福感还像当年那么强烈吗? 他把那121人的联系方式又找了出来,花费了三个月的时间,对他们又进行了一次问卷调查。调查结果反馈回来了。当年那71名平凡者,除了两人去世以外,共收回69份调查表。这些年来,这69人的生活虽然发生了许多变化,但是他们的选项都没变,仍然觉得自己"非常幸福"。而那50名成功者的选项却发生了巨大的变化。仅有9人事业一帆风顺,仍然坚持当年的选择——非常幸福;23人选择了"一般";有16人因为事业受挫,或破产或降职,选择了"痛苦";另有2人选择了"非常痛苦"。

同年霍华德·金森在以"幸福的密码"为题的论文中,详细叙述了这两次问卷调查的过程与结果。论文结尾,他总结说:所有靠物质支撑的幸福感,都不能持久,都会随着物质的离去而离去。只有自守心灵的淡定宁静,继而产生的身心愉悦,才是幸福的真正源泉。

活着很重要,可是赤裸裸地活着更重要,这就需要自守那个本质的"我"。源自草根的社区学习共同体,为千万个本质的"我"敞开了大门。人必须有存在感才觉得快乐,觉得自己活着不孤单。当我们到社区学习共同体中去的时候,会觉得自己跟周围的人是在一个真实的地面上的,不像在职场、官场上,大家都是高高低低的。在社区学习共同体之中,你可能跟一个家庭主妇、一个退休老人、一个出身不一样的人,同在一个屋檐下,一起学习。你觉得你们同属于一个"共同体",不是攀附关系,更不是竞争关系,心里自然就会平静,有一种切切实实的存在感和归属感。

有了真我,才有了基于生命成长意义的自觉学习,也就是自觉学习的"源"。

2.体现生命性价值。

自觉学习有两种,一是体现生命性价值的自觉学习,二是体现工具理性的自愿学习。社区学习共同体成员的自觉学习提升生命性价值。

在工具理性主导下,学习是一种手段,是为了得到学习以外的我们真正想要的东西。这个东西也可能是属于形而上的,比如外部世界所给予的虚荣感;更主要的是属于形而下的,比如就业、职位、收入等等。学习可能痛苦,获得功名利禄是快乐。而生命性价值主导下的学习,学习的过程是实现自身潜能和获取生命归属感的过程,学习的收获主要来自精神层面,来自生命成长的需求。学习过程是获取成长快乐和情感体验的过程,学习本身就是目的。

现而今,工具理性主导的学习风靡一时,生命性价值主导的学习却处处受阻,这是人类的大不幸。因为只有体现生命性价值的学习得以普及的前提下,我们每个人的潜能才能得以充分发挥,每个人的人生才能出彩。一个人的自我可以分为现实的自我和理想的自我,我们总是希望成为理想的自我。这两个自我之间的矛盾及其形成的张力,就是通常的学习动力。如果那个理想的自我是一个主要能满足物欲的自我,那么学习就会沦为工具;如果那个理想的自我是一个主要能满足精神层面发展的自我,那么学习就体现了人的生命性价值。

但是,在工具理性主导的自愿学习与生命性价值主导的自觉学习之间,并非不可逾越或一成不变的。由杭州市成人教育研究室提供的姐妹编织社的案例就可以证明这一点。姐妹编织社是一个非典型的社区学习共同体,因为姐妹编织社既是一个学习共同体也是一个商社,其成员既在这里学习编织也在这里挣钱。有趣的是,现在姐妹编织社对她们的主要吸引力是精神层面的学习和交流,挣钱变得越来越无足轻重。该案例中如此描述成员对姐妹编织社的态度:这是我们另一个"家"。其中记载的某个成员的一番话颇具代表性:

> "以前嘛到这里来,还想着多干点活,多赚点钱补贴补贴家用。现在生活条件好了,也不缺这点钱了,来这里学做这些东西纯粹是种兴趣爱好,有时候生活上有什么问题还可以问问她们,帮我出出主意,有一种家的感觉。"①

如果我们将自觉学习的社区学习共同体成员称为志同道合者,那么社区学习共同体就是志同道合者与邻里关系的重叠。

① 李品:《姐妹编织社》,《杭州市社区学习共同体案例集》(内部资料),杭州市成人教育研究室编印,2015年。

（二）自觉学习的过程

1."未完成的学习"。

自觉学习是社区学习共同体生命力之源。这是由社区学习共同体的内生性特点决定的。生长于合适的人文生态环境的社区学习共同体,不同于生长于商品经济环境的企业组织,甚至也不同于传统学校。它并不具有竞争性的特点。因此,组织规模、组织成绩、资源丰富性和成员年轻化等,这些一般意义的组织生命力的表征,不能套用来衡量社区学习共同体。社区学习共同体的生命力基于其成员生命性价值取向的自觉学习。真正的自觉学习必须是,你的内心不再被竞争的恐惧和被淘汰的恐惧所占领,不再被物欲满足和虚荣满足的理想,以及充斥商品价值的符号所裹挟。你必须敞开你的全部心灵和所有毛孔,与一个草长莺飞、繁花似锦的精神世界肌肤接触。

"我是什么"比"我拥有什么"更重要。自觉学习就是自觉转变我的人生状态,是我人生整体的积极状态,不是某个局部的积极状态。在社区学习共同体,我们独立赋予自觉学习的生命意义,选择我们自以为有价值的生命萌动的质感。这个时候,我们的潜能在苏醒,灵感在飞扬,微笑和如家般的温情都在潜滋暗长。无论我们出身多么卑微,学历如何低下,却绝不动摇我们学习的自信。因为我们的学习已经摆脱了物质桎梏下的模仿欲望,也不是"人争一口气"的反作用使然,而是在心灵完全自由状态下的生命力的自然释放。

如果将社区学习共同体和传统意义的学校相比较。我们可以发现,社区学习共同体成员的自觉学习是主动的学习,传统学校学生的学习是被动的学习。主动的"学"比之被动的接受"教"更为有效。因此《论语》中有 56 个"学"字,《学记》中有 48 个"学"字,远远超过"教"字出现的频率。自觉学习,只有在心灵完全自由状态下才会发生。孔子喜欢自觉学习,有"学而时习之,不亦乐乎"等自觉学习的愉悦感受;孟子生恐教育可能妨害自觉学习,还有"人之患,在好为人师"等谆谆告诫。

自觉学习是社区学习共同体成员的一种学习状态,更是社区学习共同体的一种源源不断的活力之源。如果学习是达到功利性成果的工具,而这一功利到人生的某个阶段便能实现,那么学习在那个阶段之后就变得毫无意义了。而人是"未完成的动物",终其一生都无法实现与生俱来的全部潜能。因此在生命性价值主导下的自觉学习也永远是"未完成的学习"。

自从传统学校教育将学历证书设置成为学习的目的之后,教育和学习就被认为是达成目的的一种手段。这种态度也被"移植"到职业教育、继续教育领域。职业资格证书或其他任何证书如同小学、中学、大学的学历证书一般,通常设置为初、中、高级,需要分阶段攻读。现在有关行政部门正在努力,试图通过比照不同证书的市场价值,使之如同人民币和外币一样可以相互兑换。这无疑强化了工具性学习观。社区学习共同体能拥有"学子"的忠诚度,在那里学习本身就是目的,它无须发放任何有形的证书。即便会有一张无形的证书,也无须拿到市场上去衡量价值,这是生命性价值,而生命性价值是无价的。

2. 自觉与自愿。

人们通常将自觉自愿连在一起用,那是因为自觉与自愿都代表一种心理状态。其实,细细分辨,这两个词却可以有天壤之别。自觉是受到启发的直觉,指一种觉悟,属于人的本质意志范畴。自愿是经深思熟虑后的选择,指心甘情愿,属于人的选择意志范畴。自觉是内因主导,自愿是外因主导。自觉出于心,自愿出于脑。

自愿参加任何组织,这个自愿的动机都是可以自己定义的,比如参加后能以此抬高身价、用以炫耀、获取利益等等,如基于此的自愿,当"革命革到自己头上来"的时候,自愿也可能变得不自愿了。而自觉参加社区学习共同体的成员,是基于人性的作用,是快乐的学习和归属感的需求,通常是下意识的。正因为如此,社区学习共同体的成员往往自视不高。当杭州市成人教育研究室的研究人员来到一个社区学习共同体性质的学习组织爱摄生活调查的时候,其核心成员顾大伯连连摆手,在他看来,他们只是一个自学自乐的"玩家"。他们安排学习活动很松散,并不会像小学生上课一样,有固定时间、固定地点,通常是大家商量着确定一个彼此空闲的时间和合适的地点来学习交流,只不过都会自觉地做到每周至少一次。"像我们这种游击队,没啥好研究的,我们只是玩玩的!"①在顾大伯眼中的"松散""玩玩",恰恰体现了社区学习共同体自由、灵活,寓学习于生活快乐和生命意义之中的特点。这也是社区学习共同体能吸引居民自觉参加的魅力所在。

社区学习共同体的草根性,正源自成员的自觉性。社区学习共同体的内生性,源自成员的人性。组织是弱小的,人是伟大的。时时关注每一个人当下的快乐,就是时时在创造组织的远大未来。

---

① 李品:《爱摄生活》,《杭州市社区学习共同体案例集》(内部资料),杭州市成人教育研究室编印,2015年。

当下定律告诉我们,人不能控制过去,也不能控制将来,人能控制的只是此时此刻的心念、语言和行为。过去和未来都不可及,只有当下此刻是真实的。正确的心态应该是从对过去和未来的恐惧中走出来,无论命运好也罢坏也罢,应只管专注于调整好当下的状态,而学习就是社区学习共同体成员调整当下状态的共同专注点。

我们找到了社区学习共同体案例百姓乐坊中的一段有趣的文字:

> 小学文化识字不多的吴女士骄傲地向我宣称"我不认识的字,我就用白字标一下"。我观察到,成员们在学唱《兰花草》这首歌时,我周围坐着的6名成员之中,有5个成员用"平""苹"或"pin"等字来标注歌词中的"频"字。访谈中,有多名学员都提到这种用自己认识的简单的字去标注不认识的字的做法和体验。特别奇怪的事情是,他们每个人提到这种做法时,并不以自己不识字而感到有什么不足或者缺陷,而是无一例外的觉得骄傲,有的是骄傲自己"发明"这种做法,有的人骄傲的也许是,这个团队对造成自己识字不多的以往经历的包容和接纳。在这里,对自己的过去可以不必刻意掩饰,缺点也可以毫无顾忌地呈现出来。[1]

由于杭州市成人教育研究室对社区学习共同体采用了质性调研的方法,故而研究人员采写案例中的某些细节特别值得玩味,读者诸君不妨细读以下一段摘自打铁关桑榆书院案例中的文字:

> 谈及精神寄托,我问陈阿姨:"看起来您现在精神很好,过得也很开心,为什么把书法当成精神寄托呢?"

> "我身体很不好的,身上很多器官都切除了,身上长了很多瘤子,动手术开了8次刀(此时我明白,这有可能是为什么我感觉陈阿姨肤色比较白的原因了,但是她给人的感觉绝对不是病快快的感觉)。现在还有很多瘤子在身上,怕影响下一代,所以我住到敬老院里的(陈阿姨轻描淡写的这句话,口气格外平淡)。但是只要一写字,我就什么都忘记了。我学书法,是从学写一、二、三、四开始的……我学习很认真的。一次活动我都不肯漏掉的。就是觉得时间很宝贵,背古诗、写字,心情特好,就是时间不够用。我一有空就写字的。"

> "您住在敬老院里,离这里远吗?"我选择了一种比较委婉的问法。

---

[1]　余锦霞:《百姓乐坊》,《杭州市社区学习共同体案例集》(内部资料),杭州市成人教育研究室编印,2015年。

"还好,公交车半个小时。"

"您家里人会常去看您吗?"

"会的。就是他们都很忙、忙的,忙的话就、就不来。他们过年不、不忙的话,有时候会、会来的(口齿一直伶俐的陈阿姨出现了结巴,也正因为如此,我停止了对这个话题的追问)。"

似乎很矛盾的一句话,让我感觉陈阿姨有家人陪伴的时间应该并不是很多。也正是这个时候,我理解了陈阿姨"书法是我的精神寄托"的含义。[①]

是的,在打铁关桑榆书院的学习,某种程度上甚至成为陈阿姨亲情的替代,是她精神的慰藉和内心的寄托。

当我们把社区学习共同体成员的每一个"当下"连接起来的时候,就不难发现,自觉学习并不仅仅是他们学习的一种初始状态,而是学习的一种持续状态。

(三)持续增强的自觉学习

1. 学习主体的作用。

自觉学习是社区学习共同体准成员在自身因素和外部条件作用下,对某个虚拟或具体的社区学习共同体进行识别,确认能够满足或基本满足内心的学习需求与带来归属感的情感体验,以确定参加社区学习共同体学习的一种内心活动和付诸行动的过程。在这里,自觉学习是自主学习的前提,为自主学习输出能量。

人们通常以知识的无法穷尽和知识的迅速折旧,论证持续学习的必要性。有所谓"学海无涯""学然后知不足"之说。这是学习客体决定论,是指工具理性学习观指导下的知识学习。其实,就社区学习共同体成员的学习心理而言,学习以实现生命潜能,学习以获得心灵归属,归根结底学习以体验生命成长的幸福感更重要,即学习主体比学习客体更重要。持续增强的自觉学习根本动因只能来自学习主体。

美国早年对参加成人教育的原因调查结果是,被成人视为重要的学习原因居然各种各样。一般愿参加学习的人从所列项目表中选择了 5 种他们认为非常重要的学习原因。而最为引人注目的是,在该表所列的 9 类 20 个选项中,中

---

① 余锦霞:《打铁关桑榆书院》,《杭州市社区学习共同体案例集》(内部资料),杭州市成人教育研究室编印,2015 年。

选率最高的选项是"为了成为更快乐的人"。①显然这是一个属于人的本质意志的、未被充分社会化的学习原因,与如今大洋彼岸的中国社区学习共同体成员的学习原因一脉相通。

美国学者罗伯特·查容克研究表明,当人从事简单任务的时候,高动机水平具有促进作用。当人从事复杂任务的时候,高动机水平却具有阻抑作用。我们以为,如果以工具理性学习观考量,这个结论无可置疑。在我们有限的普通学校教育经历中,有可能刻记此种经验。当我们面对复杂学习任务时,最好忘却分数、功利,全神贯注破解难题,此时高功利动机的作用,可能会适得其反。但这一经验,并不适用于社区学习共同体成员的学习,在生命性价值取向的作用下,他们拥有自觉学习的动机,却不会持高功利动机,因为学习即目的,学习的过程可以足够长,却难以危及自觉学习的动机。

其实,我们不能仅仅局限于知识和技能的学习,社区学习共同体的学习活动,更注重学习全过程的情感体验。积极或消极的情感是人内在状态的直接反映,并不需要过多的认知过程即可以让人深刻体验到它的真实存在。社区学习共同体成员真正的学习动机正是一种积极的情感体验。在清凉峰太极拳俱乐部案例中有一段"白描",语不惊人却可以管中窥豹:

> 这些在一起练太极的拳友都成了老朋友,不仅在一起学拳练拳,而且彼此也非常关心。每次活动打三套拳,中间休息的时候,比打拳还忙,大家总要凑在一起聊聊天,心情特别舒畅,要是哪天有谁没来,总要打个电话过去,问问是不是家里有啥事了。②

这种日积月累的情感体验,才是社区学习共同体重要凝聚力之所在。学什么也许会变得不重要,怎样学会却会变得越来越重要。

2.文化的作用。

在人类文化及其历史上,我们可以观察到这些很容易理解的可以相互并存的名称:亲属、邻里、友谊。而今在中国农村和某些个城市的郊区,依旧保存着人们这种具体而微的联系现象。有着这样关系的人们,更容易自觉地在一起共同学习。杭州市江干区彭埠社区的经典亲子诵读读书会(社区学习共同体)所

---

① 达肯沃尔德、梅里安:《成人教育——实践的基础》,刘宪之等译,北京:教育科学出版社,1986年,第176—177页。

② 孙艳雷:《清凉峰太极拳俱乐部》,《杭州市社区学习共同体案例集》(内部资料),杭州市成人教育研究室编印,2015年。

处的环境(包括地理的、人文的环境)就是明证。用其成员的话说：

> "我们这里就是一个温暖的大家庭。其实确实也是,这里很多人都是亲戚,还有是亲戚的亲戚,估计总有三分之一吧。还有很多是小时候的同学啊、玩伴啊之类的。"①

彭埠地处杭州近郊,是一个当地居民拆迁后又回迁的社区,故而未受到城市扩容的根本影响。但在大城市中心的新型住宅群落,并不存在这样一种人与人之间的社区性纽带。这也恰恰证明了社区学习共同体建设的重要意义。于是我们有必要在这里提出,有一种隐性的自觉,是建立在邻里之间相互信赖的密切的关系上的。这在某些地方存在,而在另一些地方(比如大城市中心的新型住宅群落)并不存在。后者建立社区学习共同体的难度和意义都更大。社区学习共同体总是与人的天生的中意、习惯的文化、记忆中的家园相联系的,因为它是基于人的本质意志的共同学习,反之,基于人的本质意志的共同学习也可以对这种"中意""习惯"和"记忆"起到持续强化的作用,甚至建构作用。即李泽厚所说的"经验变先验"的作用。

就社区学习共同体而言,"自觉—自主—自给—自评"的学习过程是一个生命系统的运行过程。自觉学习是最根本的基础,它为自主学习输出信息;自主学习应针对自觉学习动因形成学习交流内容,以满足自觉学习,同时为自给学习输出信息;自给学习应针对自主学习交流内容的需要整合学习资源,以满足自主学习,并同时为自评学习输出信息;自评学习应针对自给学习结果进行积极自我评价,以满足自给学习,进而更进一步维护并增强自觉学习动因。如此良性循环,构成社区学习共同体的学习机理。

二、共做主

社区学习共同体最深刻的革命在于,让学习者成为学习的主人。自主学习是精神世界的一次自我去蔽。他们是一群自主的成人学习者,如果学习失去了与他们现实生活的相关性或由经验判断得出的相关性,他们不大可能留下来学习,或者留住人却难留住心。在这里自主性是因,相关性则为果。如同世上最美的摇篮曲只属于母亲的歌喉一样,最温暖的社区归属感只属于邻里间的行为。社区学习共同体的学习就是一种邻里间的协作学习,一种带着特定的情绪

---

① 余锦霞:《经典亲子诵读读书会》,《杭州市社区学习共同体案例集》(内部资料),杭州市成人教育研究室编印,2015年。

和感情温度的共同学习。社区学习共同体保证了其成员在群体中的每一时刻、每一行为都处于自主和自愿的状态之下,因为他随时可以零成本离开。"自主和自愿正是善和道德的前提。"(康德语)

（一）自主学什么

如果说自觉学习是一种学习动机、一种内隐的心理状态的话,那么自主学习则表现为一种学习选择行为、一种学习权利的公开表达。

从成人教育学习者选择学习内容的角度观察,表现出一些有趣的共同倾向。罗比·基德确定了成人选择学习内容的两种需要,一种需要是学习者感到自己缺乏别人认为自己应当具备的或大多数社会成员所享有的知识或技能;另一种需要是学习者感到有必要消除紧张和不平衡,例如机体缺乏食物、成人感到缺乏爱或缺乏生活的哲学。他所列出的成人学习课程内容顺序是:(1)健康;(2)家庭关系和友好关系;(3)社会公民关系;(4)生活的消费面;(5)职业;(6)娱乐;(7)宗教和哲学。[①]显然,罗比·基德所确定的两种需要,第一种属于人的选择意志,服从于社会的"外评价";第二种属于人的本质意志,服从自我的"内评价"。而从他所列的学习内容看,除了"职业"外,均源于学习者生活的直接需求,即学习本身就是目的。

事实上,罗比·基德所列上述"菜单"是指反映了成人学习需求的课程内容。而来自中国杭州市成人教育研究室 2014 年的调查表明,社区学习共同体的学习内容有:(1)文化与艺术;(2)生活与休闲;(3)健康与娱乐;(4)公益与公民。尽管两者所据年代与"出处"迥异,却表现出诸多有趣的相似之处。如果说前者指的是成人教育提供的课程,是"一匹马并不知道自己渴了,待牵到水边,它才发现自己想喝水";那么后者指的是成人自主选择的学习内容,是"那匹马自己找到的水"。

（二）不能被要求

参加社区学习共同体的学习是学习者的自主选择。自小到大我们参加的学习大多数是有组织的学习,从学校教育的学习到工作场所组织的培训,甚至于到远程教育提供的网络课程学习,无不是类型化的、刻板的。今日世界"慕

---

① 罗比·基德:《成人怎样学习》(内部资料),蔺延梓译,上海第二教育学院编印,1985 年,第 342—343 页。

课"风靡全球,所有人都学习相同的据说是优质的课程。这是统一标准的"最好",不是不同个性的"最合适"。随着信息技术的发达,课程内容、教学手段等等变得更相似,学习者的个性都去哪儿了?

挽救的办法就是"逃"。于是,许多人在"逃"出学校、"逃"出工作场所后,"逃"进了可以诗意栖居的社区,"逃"进了社区学习共同体。其实他们是"逃"向自己。看重精神生活的人,其最高境界就是有自由,要实现自己最本真的爱好。

社区学习共同体最深刻的革命在于,让学习者成为自己的主人。以往的文明一方面也许在普及文明的载体上做出了努力,而另一方面也许仍在维护一个由少数精神贵族或国家教育机器把持着的学校教育制度。如果每一个学习者能够自主决定学什么、怎样学,如果每一个学习者都既是学习内容的组织者,也是学习内容的受益者,那么传统的学校教育就日薄西山了。

自主学习是精神世界的一次自我去蔽。文明的进步说到底不过是精神世界的一次次去蔽,从口语到文字,从甲骨、竹简上刻字到纸和笔的普及,从毛笔、钢笔到电脑,从师徒、私塾到学校,无不是一次次精神世界从禁锢到自由、从特权到共享的解放。但是,只有待到社区学习共同体的出现,才真正使得每一个学习者都能表达和实现自己。文明不是少数文人的"明",而是每一个普通人都有权利去自由参与的文明。

幸福是生活的最高目的。正如亚里士多德所认为,"幸福是终极的和自足的,它是行为的目的"。亚历哈诺·穆林说:"我们越觉得自由,就越会说自己是幸福的。"他是墨西哥技术研究所的一名政治科学家。"从数据上来说,个人能够自由选择的感觉,是最能够影响幸福的一个变量。"[1]

(三)内生活

我们正在进入一个基于个人主义之上的无边的消费主义、精致的物质主义、价值的虚无主义的小时代。"在过去35年中,美国人的人均收入增加了70%,人均居住面积也翻番了,但是人均幸福程度并没有丝毫增长。"[2]关于幸福的逆向界定告诉我们,幸福不是大房子、不是宝马车。

在一个被闪烁荧屏包围的世界、一个被不健康的美食和奢侈品诱惑的世界,我们仍在不断寻求刺激、追求高峰体验。研究表明,一想到幸福,我们的记

---

① 丹·比特纳:《去最幸福的四国找幸福》,韩亮译,北京:中信出版社,2016年,第185页。
② 丹·比特纳:《去最幸福的四国找幸福》,韩亮译,北京:中信出版社,2016年,第228页。

忆就会出现盲点,通常只回忆起一生中的高峰体验,比如说得奖或是买到了某样漂亮东西时的兴奋。专家称其为"外在的快乐"。关于幸福的逆向界定告诉我们,幸福不是"外在的快乐"、不是巴胺与内啡肽的混合物。

一项世界范围的研究显示,那些获得持久幸福感的人拥有的钱大多只够基本消费。近20年来,商品经济大面积地释放了中国社会的世俗诉求,对物质的贪欲被无节制地放纵。在很多人眼里拜物教才是俗世的真正宗教,我们却从中发现了社区学习共同体这块"绿洲"。它的顽强存在说明了什么?

人需要有自己的内生活,这是人的本质意志使然,内生活的幸福才是人真正的幸福所在。它偏偏惠顾那些相对弱势的人,恰可证明"上帝的公平"。广告总是向我们推销年轻的形象有多好,成功者的形象有多潇洒,却刻意忽略了一个事实,即随着年龄增长,智慧和自由也在增长,就像幸福一样,幸福程度达到最高峰往往是在退出职场之后,它属于那些诗意栖居的人。内生活是一种精神生活。陶渊明不习惯"心为形役",所以不愿"为五斗米折腰"。内生活的第一条件就是自主,可见自主性是社区学习共同体成员学习不可或缺的要义。

(四)相关性原则

成人教育工作者经常为下列问题而苦恼:课程应当满足成人自认为的需求呢,还是应当满足成人应当有的需求?课程应当由教师选择、组织和评价呢,还是应当由成人学习者选择、组织和评价?这些问题在社区学习共同体中却不存在,因为这是一群自主的成人学习者,如果学习失去了与他们现实生活的相关性或由经验判断得出的相关性,他们不大可能留下来学习,或者留住人却难留住心。在这里自主性是因,相关性则为果。

一种观点认为,"人像一块海绵,浸满了知识和技能……""但是我们都知道,学习并不是对经验的消极接收,也不是对知识的消极接受。人是主动的动物,他伸展四肢,到处寻觅。他选择经验并把经验与自己联系起来,结合在自我之中。"罗比·基德指出,"人不是浸满了经验的海绵,而是一架精密的经验选择机。选择的原则之一是相关性。儿童必须学习,不管他是否能看出学习中的意义。而成人如果看不清学习的相关性,他就不大可能去学习"[1]。

杭州市拱墅区化纤社区的学习共同体巧手女人家,其前身是由几个喜欢手工编织的妇女自发组建的编织社,随着各种有其他特长的妇女的加入,编织社

---

[1] 罗比·基德:《成人怎样学习》(内部资料),蔺延梓译,上海第二教育学院编印,1985年,第146页。

的学习内容不断拓展,涉及面点、烘焙、私房菜、剪纸、编织、串珠、布艺等等;但万变不离其宗,均为妇女日常家庭生活所需要的各种手工技艺。因此编织社更名为巧手女人家。①这一社区学习共同体诞生及更名的过程,充分说明了相关性原则在学习吸引力上的作用。

成人不但希望学什么与他们相关,而且希望怎样学也与他们的经验相联系,比如学习的进度、方法也能由他们自主决定。高淑婷博士在比较瑞典学习圈(相当于社区学习共同体)与传统学校班级的区别时指出:学习圈的参与者一起来制定学习计划——接受,拒绝,或者修改之。成员们对此拥有绝对的权利。传统学校班级的学习计划一般由课程设计和教学大纲早就规定好了,学生必须接受。教师比学生有更大的权利。

杭州市下城区东新园小区的爱摄生活是社区学习共同体性质的学习组织,由一群年龄超过55岁的老年人组成。他们是如何学习摄影的呢?研究人员在学习场所发现一本高级版的摄影书,问成员王大伯:"这本书看起来挺难的,你们能看懂吗?""看得懂的,慢慢学就懂了……我们学这个,并不完全按书上顺序来学的,按照书上一章一章地学,太枯燥。我们自己摸索了一个很好的方法。在拍照的时候遇到什么问题,就一起到书上去找解决办法。举个例子,我们一起去小区公园拍池塘里的金鱼,鱼是游动的,大家拍出来的鱼都是模模糊糊的。我们回去就聚在一起翻书,一起学习。有不懂的地方一起琢磨,相互交流,学完了,再去拍,效果就好多了。"研究人员注意到王老伯的得意神情。②由此可见,对于社区学习共同体的学习者而言,不仅他们希望学习的东西与他们有关,而且相关性还在决定着他们学习的计划和方法。

(五)平等互爱

在社区学习共同体,学习者自主选择的不仅仅是与学习直接相关的东西,或许更重要的一种选择是选择学习伙伴,是选择一种平等互爱的人际关系。

"人生而平等"只是一种宣誓,恰恰说明社会之于人存在太多不平等。我们从小就知道,家族有长幼之分。以后入了学、进了职场,等级就多了去,甚至权与钱成了社会地位尊卑的标志。有人甚至认为,每一副麻将起点都公平,所以

---

① 余锦霞:《巧手女人家》,《杭州市社区学习共同体案例集》(内部资料),杭州市成人教育研究室编印,2015年。

② 李品:《爱摄生活》,《杭州市社区学习共同体案例集》(内部资料),杭州市成人教育研究室编印,2015年。

热衷"战方城"。这些都不是一个社会的正能量。我们在社区学习共同体中找到了一种人际关系的正能量,那就是平等互爱。

在社区学习共同体学习的成员之间不存在高低尊卑之分,他们都是平等交流的学习伙伴,尽管学习者之间年龄、性别不同,收入、身份各异,但是他们一旦基于共同的兴趣爱好、情感归属和价值取向,自觉自主地走进同一个学习共同体,他们就是平等互爱、共同学习的成员。那个起着核心作用的成员,可能就是巧手女人家的叶女士、爱摄生活的王老伯。他们在共同体中多承担义务,更具古道热肠。

社区学习共同体不仅仅是一个学习知识技能的地方,它更是一个"温暖而舒适的场所,一个温馨的家"(齐格蒙特·鲍曼语)。它并非基于工具价值理性,而是基于人的生命性价值理性。它是我们社会的一个细胞,一个滋养心灵的"生态位"。它具有一般生态的共同特征,即最大限度的自我实现,最普遍意义的互利共生。因此,平等互爱的人际关系是社区学习共同体的应然状态,也是人出于本质意志的自主选择。

(六)"网"不住的归属感

其实社区学习共同体的最独特的魅力是人与人之间的交流。当前成人教育三级办学网络和四级办学点已然遍布城乡,社区居民找一个成人学校学习并非难事;当移动互联网变得四通八达,在智能手机上建一个"群"聊天实在轻而易举——为什么会有那么多社区学习共同体如雨后春笋般出现?因为在这里不仅可以学习、聊天,还可以找到归属感。

2010年,在对加拿大最幸福人群的一项调查中,研究者发现影响幸福的最重要的要素是归属感,即归属于当地团体的感觉。[1]桑德尔提出三种意义上的共同体观念,即工具型、感情型和构成型的共同体,认为较之前两种类型的共同体观念,构成型的共同体"不只描述一种感情,还描述一种自我理解的方式,这种方式成为主体身份的组成部分"。在这种共同体中,个人的自我目的不可能独自实现,而必须在与他人追求共同的理想中实现。[2] 社区学习共同体既非利益结盟式的工具型共同体,同时又超越了单纯感情型的共同体,因为它有人的共同追求,通过成员的共同学习来实现的自我发展的追求。

---

① 马克·安尼尔斯基:《建立福祉经济学》,《上海师范大学学报(哲学社会科学版)》2013年第1期。
② 王露璐:《共同体:从传统到现代的转变及其伦理意蕴》,《伦理学研究》2014年第6期。

社区学习共同体是社区居民在社区找到的一个不似"家"又可能胜似"家"的地方,一个心灵成长的暖房。它可能是坊间的茶馆、四合院中的庭院、石库门中的天井,也可能是乡村里的祠堂、生产队里的"社间"(人民公社期间),甚或只是一小块农民晒谷物的晒场、一棵大树下浓荫覆盖的地方。人与人之间需要一种在共同成长生活中的思想情感交流,当上述这一切在日益加快的城市化进程中几乎难觅踪迹的时候,社区学习共同体出现了。

这里真正产生吸引力的地方,或许不是学习的内容、不是聊天的话题,而是人,是互为依存的人,是面对着面、手把着手、眼睛望着眼睛、声音应和着声音的人,是在共同学习的场所,那种无法用语言表达的人气形成的气场和人的体香形成的磁场。所有这些能在网上找到吗?不可能。因为网上只能满足可编码的供需,永远"网"不住人的归属感。

不可误解的是,从根本上说,社区学习共同体不是一个等待居民去归属的地方,而是一个由居民自主地去创造的地方。我们相信,这是由深植人心的具有古老情节的共同记忆使然,如同世上最美的摇篮曲只属于母亲的歌喉一样,最温暖的社区归属感只属于邻里间的行为。社区学习共同体的学习就是一种邻里间的协作学习,一种带着特定的情绪和感情温度的共同学习。"许多人谈到学习时总认为学习似乎完全只是与头脑有关的事。他们断定学习只是一种理智过程。根据这种观点,学习并非是一件难以理解的事情。只需以理智的方式选择和组织学科的内容,提供给学生即可(如同我们的开放大学通常所做的那样)。然而,不幸的是人不仅仅具有头脑和理智。我们大多数人日益认识到,人是具有情绪和感情的动物,情绪和感情对学习有重大影响。"[①]

(七)不一样的学习效率

德国心理学家勒温曾做过一个实验:美国人不喜欢以动物的内脏做菜。勒温以此为题进行实验,将被试者分为控制组和实验组。对控制组采取演讲的方式,亲自讲解猪、牛等内脏的营养价值、烹调方法、口味等,并且赠送每人一份烹调内脏的食谱;对实验组则要求她们开展讨论,共同议论杂碎做菜的营养价值、烹调方法和口味等,并且分析使用杂碎做菜可能遇到的困难,如丈夫不喜欢吃的问题、清洁的问题等,最后由营养学家指导每个人亲自试验烹调。结果控制组有3%的人采用杂碎做菜,实验组有32%的人采用杂碎做菜。

---

① 罗比·基德:《成人怎样学习》(内部资料),蔺延梓译,上海第二教育学院编印,1985年,第9页。

在这里,对控制组采用传统的教学方法,教师是至高无上的,教学计划早就由教师安排好了,学生自始至终都是被动的。同学之间的关系非常表面化,彼此缺乏深入交流,即使有人学习很努力,那也只是为个人成绩而努力。实验组的学习景象恰恰相反,参与者在共同讨论中学习,而不只是面对教师,她们通过各自提出的问题,相互补充式地将学习引向深处,并逐渐了解彼此,她们在共同努力,为着同一个目标。通过勒温实验,我们不难发现,学习自主性的增强,能够有效提高学习效率。

显然,勒温实验印证了成人教育的规律。"成人学习者与儿童不大相同,在考虑学习什么东西的问题上,成人可能希望积极地提出自己的建议。"即使在学习方向已经确定的情况下,"采用的例子和理论的应用方面也会有各种各样的选择机会"。罗比·基德指出,"凡学习者参与了课程的计划,学习活动就会在质量上有较大变化"[1]。

人们通常认为,主动学习只是一种学习的态度。其实不仅如此,主动学习还能形成一种机制。弗莱雷在对"问题提出"教育法的解释中印证了这一机制。"问题提出是这样一个对话过程,以致任何人都不可能在对话开始时仍然袖手旁观。任何人都不可能向别人提出一个问题而自己却仍然仅仅是此过程的旁观者。即使从方法论上讲,他喜欢提出问题后保持沉默,但当其他受教育者在捕捉、分析、理解这个问题时,他也必然将被牵连进去。"[2]

(八)脚的权利

什么是真正的自主? 真正的自主表现恰恰不是留下而是离开,所谓用脚选择的权利,即属于脚的权利。马克思说过:"个人在他的行动中,不受任何先在的社会角色的限制,他与其他人和社群的真正人际关系是不以任何社会角色为中介的。"[3]在这里马克思强调的是,个体首先能够摆脱先在的社会关系的限制,他需要绝对拥有脚的权利即自由选择的权利,成为一个自主的人,然后再与其他自主的人形成社群。也就是说,他进入社群的前提就是可以自由地离开。于是,马克思进而认为,"只有在社群中(引者注:马克思在这里指的是由自主和自

---

① 罗比·基德:《成人怎样学习》(内部资料),蔺延梓译,上海第二教育学院编印,1985 年,第341—342 页。

② 达肯沃尔德、梅里安:《成人教育——实践的基础》,刘宪之等译,北京:教育科学出版社,1986年,第87 页。

③ 肉唐僧:《用脚投票的权利》,《东方早报》2013 年 10 月 13 日第 11 版。

由的人组成的社群),个人才能获得全面发展其才能的手段,也就是说,只有在社群中才可能有个人自由"[1]。

社区学习共同体成员的自主性特征与马克思所描述的社群特征可以说毫无二致。社区学习共同体成员先在的社会角色各异,尤其是在大城市的社区居住的人群充满异质性,但他们进入社区学习共同体不需要以任何先在的社会角色为中介,他们是自主和自愿的参加者。更重要的是,社区学习共同体保证了其成员在群体中的每一时刻、每一行为都处于自主和自愿的状态之下,因为他随时可以零成本离开,即零成本地使用脚的权利。一如康德所说,自主和自愿正是善和道德的前提。

以社区学习共同体性质的临安清凉峰太极拳俱乐部为例,最初俱乐部成员有五十多人,现在还留下近一半。这种情况普遍存在于其他社区学习共同体,正是因为可以零成本离开,才使得学习者乐此不疲,一个人同时参加若干学习共同体学习的社区居民并不鲜见,而自主和自愿恰是所有社区学习共同体学习者的共同特征。

三、互为师

传统的教学资源观,将教师视为学习服务的提供者,即教学资源提供者,学习者被动接受资源,随着学习者及其学习需求的增长,意味着需要提供更多教学资源,供需矛盾就会抑制学习需求。社区学习共同体成员通过互学互教、互相提供学习服务,实现教学资源的自我供给。它颠覆了这种形而上学的教学资源观。在社区学习共同体内,成员间的师生关系是不断转换的,他们在相互承担教学任务的同时,也相互做出学习的榜样。社区学习共同体中多对多的互教互学,使得内生的成人教育教学资源具有难以想象的丰富性和难以遏制的传播力,并为成人教育乃至终身教育的持续发展带来无限生机。

(一)重塑教学资源观

新旧教学资源观区别何在?此前单向的师生关系被逆转为双向或多向的互学关系。社区学习共同体成员通过互学互教、互相提供学习服务,实现教学资源的自我供给。这一成人教育领域新的教学实践确立起新的成人教育教学资源观。由此教学资源在多向互动中迅速增长、生生不息。

---

① 肉唐僧:《用脚投票的权利》,《东方早报》2013年10月13日第11版。

　　传统的教学资源观,将教师视为学习服务的提供者,即教学资源提供者,学习者被动接受资源,随着学习者及学习需求的增长,意味着需要提供更多教学资源,供需矛盾就会抑制学习需求。这是一种孤立、静止、片面的教学资源观。学习服务资源不是物质产品,是精神产品;不是此消彼长的关系,是此长彼长的关系。A有一个苹果,给了B,苹果只是转移。A有一点知识,给了B,知识就会多出一点。这个简单的游戏,在传统学校里玩不转。因为在一段孤立的学龄阶段内、在一种固化的教学关系中,学生似乎只能消耗资源。成人教育这个教育阵营中的反叛少年,却颠覆了这种形而上学的资源观,还原了教育和学习资源可再生的本质。

　　伊里奇早就提出组建包含着有利于真正学习的所有必要资源的网络系统,如"技能交流站"——它们允许人们登记下自己的技能和他们愿意当指导者的条件;"同水平交际站"——是一种交际网络系统,允许人们说明他们愿意参加学习的活动,并且找伙伴共同讨论问题。[①]达肯沃尔德等进一步说明,"知识交流站"是一种途径,使那些想教和想学知识的人相互接触。大概(美国)伊利诺伊州艾凡斯顿市的"知识交流站"规模最大,它拥有约两万成人,所学科目约有三千种。[②]在中国,进入新世纪以来一些地区的社区学习共同体似星火燎原,与"知识交流站"不同的是社区学习共同体具有古老情节的集体记忆,给人带来温暖的归属感;相同的是学习资源的自给性和共享性。

　　新教学资源观的最大特征是成员即资源。"任何时代的任何学生都会将自己的经验带进课堂或讨论会。但是成人的经验可能非常广泛而有极大的差异。它们可能是达到学习目标的资源,也可能是检验课程中出现的假说是否对头的源泉。如果能充分利用这种资源,学习者可能积极地参加学习。"[③]杭州市拱墅区化纤社区的学习共同体巧手女人家,其成员在未加入学共体之前就认识,一起活动之后,意外发现几乎个个都身怀"绝技",成为相互学习的资源。凡新成员加入又会带来新的学习内容,"擅长面点、烘焙的陈女士加入了,我们就开始学习她的面点制作;擅长串珠的张女士加入了,串珠成了新的学习内容;随着擅

　　① 达肯沃尔德、梅里安:《成人教育——实践的基础》,刘宪之等译,北京:教育科学出版社,1986年,第86页。

　　② 达肯沃尔德、梅里安:《成人教育——实践的基础》,刘宪之等译,北京:教育科学出版社,1986年,第209页。

　　③ 罗比·基德:《成人怎样学习》(内部资料),蔺延梓译,上海第二教育学院编印,1985年,第341—342页。

长剪纸的沈女士的加入,剪纸又融进了学习活动里"①。巧手女人家的学习品种很多,几乎一个成员就是一个学习内容。

就社区学习共同体成员的相互关系而言,成员即资源并不仅仅局限于共同指向的学习资源,而且还包括成员之间的交际资源。他们通过社区学习共同体的活动,扩大了自己的交际网络或活动空间,加强了社区认同感和成员信任感,获得了超越于学习互助范畴的更广泛的生活领域的互惠和共享。

(二)学习即生活

美国哲学家、教育家杜威提出了教育即生活,生活即发展的理论。杜威认为"教育是生活的过程,而不是将来生活的准备",他把教育与生活、生长与发展视为同一意义的概念。

教育的目的就在于保证生长的各种力量继续进行,所以个体即便离开了学校,教育也不能停止。正如他所言:"只是不是为了炫耀而是为了解决问题。"杜威的观点包含着深刻的终身教育思想,对于改造传统学校教育的指导意义至今犹在。遗憾的是杜威未能区分儿童教育和成人教育,也未能区分教育与学习,以致失之粗疏,大大削弱了其理论对教育实践的实际作用力。

显然,对于儿童来说,教育更主要的目的是为其将来独立生活做准备。事实上儿童并不具备独立生活的责任能力。是否具备独立生活的责任能力,是区分儿童与成人的一条更本质的标准。如果说,没有脱离主体的生活,那么儿童与成人作为不同类型的主体,他们的生活是不一样的。而按照杜威的意见:"学校必须呈现现实的生活——即对于儿童来说是真实而生气勃勃的生活。"所以学校应当把现实的社会生活简化,缩小到一种雏形的状态,学校生活成为简化的社会生活。② 这在实际上是做不到的。不过用杜威的这一思想指导成人教育和成人学习,则可以说是千真万确。

成人教育实践尤其是小组学习的实践,颠覆了学校与社会生活的隔绝状态。在美国"成人有时通过小组相互学习,不花任何代价"。"现在大多数社区可以看到类似的俱乐部和小组。有些人专心于书籍、诗歌或其他形式的文学讨论,有些人关心政治问题或宗教问题,还有些人关心的是业余兴趣如天文学、园艺或本地历史。这种形式的一个有趣变种是'网状组织',其中有同样兴趣和问

---

① 余锦霞:《巧手女人家》,《杭州市社区学习共同体案例集》(内部资料),杭州市成人教育研究室编印,2015年。

② 约翰·杜威:《学校与社会·明日之学校》,赵祥麟等译,北京:人民教育出版社,1994年。

题的人,如女行政官,聚集在一起,相互学习,相互支持,'网状组织'的成员相互把对方当作获得知识、建议和心理上支持的资源。"①令达肯沃尔德等感到十分惊奇的现象是,据1975年美国教育统计中心的调查,有将近五分之二的成人教学活动是在没有教师的情况下展开的,即以小组形式进行的学习。

开始人们只是认为,至少在美国和加拿大,成人教育运动的领导人在成人教育形成的初期强调非正规学习在个人发展和社会改良中的重要性。当时人们就更推崇不很正规的"成人定向"的学习过程,特别是小组讨论方式。"本领域的领导人这种对小组讨论方式的推崇甚至延续到本世纪(作者注:指20世纪)50年代,这一事实可以从1951年成人教育协会为其实用的刊物取名而进行的研究中看出。……他们决定征求未来读者的意见,以便民主地决定刊物的名称。被调查的人从包括有《小组与向导》(*Groups and Leaders*)、《小组向导》(*Group Leadership*)、《共同》(*Together*)、《民主向导》(*Democratic Leadership*)等名称的单子上"进行选择。② 罗比·基德甚至不无夸张地指出,"将来的历史学家很可能最终不把20世纪的第二个四分之一世纪说成是萧条和战争,而是说成'小组'。"③

但是,有识之士并不认为"小组学习"定格在现代意义的成人教育形成初期,而是反映了成人教育的发展规律,代表着成人教育的未来方向,预示着成人教育的光明前景。卡尔·罗杰斯1969年曾著文谈起小组活动的范围和影响:

> 在认真的小组活动这一片原始而又崭新的织锦上,人们一时还找不到有价值的或熟悉的设计花样……倘若我们对小组活动很快就看清了它的一切,那倒是件令人吃惊的事,甚至不是一件好事,因为它还是一件过于新鲜的事物。它是一种有潜力的文化新发展,一件激动人心的社会发明,一种真正扎根于个人、组织和社会肥沃土壤中的基层群众运动。几年以前,它还没有受到任何主要大学的重视,没有得到支持基金,没有得到政府的关注,然而它却成长起来,渗透到国家的每一个角落,渗透到几乎每一个组织。④

---

① 达肯沃尔德、梅里安:《成人教育——实践的基础》,刘宪之等译,北京:教育科学出版社,1986年,第204页。

② 达肯沃尔德、梅里安:《成人教育——实践的基础》,刘宪之等译,北京:教育科学出版社,1986年,第15页。

③ 罗比·基德:《成人怎样学习》(内部资料),蔺延梓译,上海第二教育学院编印,1985年,第264页。

④ Carl Rogers:"Inter-personal Relations U. S. A. 2000"in *Convergence*,第11卷第3期。

现今中国成人教育社区学习共同体的实践已经充分证明了卡尔·罗杰斯的预言。在这里需要强调的是,颠覆学校与社会生活的隔绝状态是从颠覆传统的师生关系开始的。即社区学习共同体首先是一个自给性的互学互教的共同体。

(三)可教时间

也许我们在潜意识中认为,学习是儿童和青少年的任务,"好好学习,天天向上"是专门对孩子讲的,成人是否能够学习无足轻重。即使提及成人学习,那主要也是强调对一个"当班人"来说,学习可以对经济社会建设起直接有效的作用。那是工具理性价值观。如果从生命性价值理性出发,更重要的是,成人学习对成人本人是不可缺少的。因为把人的一生分为两半,前半生用来学习积累,后半生用来消耗使用,显然是荒谬的。人的发展将终其一生。这是人与其他动物的主要区别。成人教育家哈格维斯特说:"成人年代并非是在平静的大海上一帆风顺的航程,人们并非是依靠童年或者青年时期的巨大力量平稳地进入成年,然后安然无恙地到达老年。成人年代与人生的早年一样,同样有许多新问题要解决,新情况要掌握。成年有自己的过渡点,有自己的危机。它是一个发展的时期,和童年与青少年的发展时期具有同样的意义。"[1]

美国职业生涯学家舒伯认为,人在一生当中必须扮演九种主要的角色,依序是:儿童、学生、休闲者、公民、工作者、夫/妻、持家者、父/母和退休者。这些角色之间是互相作用的,某个角色的成功能够带动其他角色的成功,反之,一个角色的失败,也可能导致另一个角色的失败。而为了某一个角色的成功付出太大代价,也可能导致其他角色的失败。随着人的社会任务或职业生活不断变化,角色也随之变化,但是,从一个角色进入另外一个角色,都需要付出努力或度过适应期。值得注意的是,人生的某些阶段尤其是成人阶段需要扮演多重角色。

以学龄为依据的学制安排,期间的学业考试其实均为人生的小考,包括中考和高考。匪夷所思的是,为了一次次小考,我们的学生可以废寝忘食、夜以继日,我们的老师可以倾其所有、使出浑身解数;但当学生面临真正的人生大考,当他将他的背影留给学校的时候,他会显得如此茫然、木讷、不知所从。人生角色之间的转换是真正的人生大考,最有可能发生人生的危机。

---

[1] 罗比·基德:《成人怎样学习》(内部资料),蔺延梓译,上海第二教育学院编印,1985年,第6页。

事实上,未来的新的人生角色的难题,都不在原有的人生角色所取得的分数或业绩里面。一个具有讽刺意味的关于成人教育的笑话,颇能发人深省。意大利有个小伙子说:"我所受的教育使我各方面都有资格做一位罗马皇帝(作者注:他正在学政治、哲学、历史),可是,天啊,我就要成为一名父亲了。"显然他对即将担任的新的人生角色毫无准备。难怪一些成人教育工作者至今仍然觉得,在与普通教育相关的补救性的或第二次机会的学历课程中,不可能找到成人教育的真正本质。

"有些研究已经找出并确定了许多社会职责,如父母的职责,配偶的职责等。围绕着每一种职责,都有许多人们必须学会完成的任务。在一个人发展的某些时刻,他必须在有限的时间内迅速做好准备履行他的职责。哈维格斯特将这一时刻叫作'可教时间'……这一时间出现在做父母的头几个月或头几年。"[1]

基于大工业社会背景的传统学校教育制度,并未对人一生的学习需求做出有计划的安排。于是社区学习共同体在某个空间,填补了这样一个空白。

例如杭州市江干区的社区学习共同体经典亲子诵读读书会,其主要成员是35 岁以下的母亲和父亲,活动以父母带领宝宝诵读中国传统文化经典为主,还定期或不定期为父母亲们举办交流会,分享帮助孩子成长的经验等。事实上,杭州市成人教育研究室的调查人员了解,其成员对诵读经典活动后的分享时间是最感兴趣的。大家会围成一圈,有什么高兴事分享一下,有什么生活经验分享一下,比如育儿经什么的,小孩发烧了、拉肚子了怎么处理等。在他们之间的互教互学中,生活和学习的间隔已经不复存在。

林德曼指出,在非强制性的、非正式学习中的协作,其主要目的是发现经验的意义;一种对头脑的探索,挖掘到那些形成我们行为的观念的根底。草根式的社区学习共同体为我们提供的启示是,成人学习不仅仅是从应当学什么的问题开始的,处于同样"可教时间"的成人,为了学习,是从想要与什么样的人物和事情接触开始的。这样一种成人学习的方式,使教育与生活联系起来,从而将生活本身提高到大胆试验的水准。事实上,参加经典亲子诵读读书会的父母亲们已经在学习中改变了生活。

（四）从学生到成员

成人教育教学的中心是学习者。成人最希望他人承认自己是独立的人,这

---

[1]　罗比·基德:《成人怎样学习》(内部资料),蔺延梓译,上海第二教育学院编印,1985 年,第47 页。

就是成人心理。我们都曾经历童年和少年时期,那时我们依赖成人世界为自己做出决定,到家庭,到学校,到操场,到任何其他公共场所,都由成人决定。我们也曾利用某些时机,开始体会自己做出决定的快乐。当变化出现的时候,我们会产生心理上的一种强烈要求,希望自己和他人都确认自己是成人,即意味着真正独立的开始。不幸的是,传统学校教育常常将针对儿童与少年设计教学的习惯移植于成人。

社区学习共同体使成人学习者彻底摆脱了上述扭曲的感觉。首先是从学生到成员的变化。这是一种关系上的变化。在传统学校教育的考试制度面前,学生之间的关系其实是一种个体间的竞争关系,学校只有个人成绩,没有集体胜负,学生只需单打独斗,因升学考试分数差异,同学各奔前程。学生的特点是依赖性和竞争性,而成员的特点却是具有共同的目的性。"当成员参加了任何规模的小组以便达到某种目的时,这种成员职责也就出现了。目的有可能完全是成员们内部的事……目的也可能是外部的……因为人们对于目的有着一致的意见,所以协作的关系就会产生。另外,协作关系之所以能够发生,还与协作本身令人满意有关。"(托马斯语)

成员相互视为共同学习的合作者。这样,学习便成了一种可以大胆试验的探索,即使试验可能失败。如果同学间是竞争关系,彼此存有敌意,那么学习者便不会去冒险,他首先想到的是保护自己。杭州市滨江区长河街道的闻涛越剧社由一群热爱越剧艺术的中老年戏迷组成,越剧社的最大亮点是以原创为主,自编自导自演,并能结合当代生活中的热点进行创作和表演。"由于闻涛越剧社的目标是所有成员通过沟通协商上升为所有成员共同认可的,所以每一个成员都把这种目标看成是为自己制定的,从而使得这个越剧社真正成为成员间互学互助、合作进行创作实验的学习共同体。"[①]

接着发生的就是师生关系的变化。成员间互为师生,扫除了可能存在的学习上的障碍。"为什么一个教师必须是一个学习者,为什么必须具备学习的强烈动机和积极态度。(因为)只有这种态度,而不是口头的许诺,才能使他努力地去工作。学生们对教师本人对学习的态度是十分重视的。如果教师自己认为学习无关紧要,自己从来不想下功夫学习,那么,他即使不断重复学习对学生

---

① 李品:《闻涛越剧社》,《杭州市社区学习共同体案例集》(内部资料),杭州市成人教育研究室编印,2015年。

如何重要,实际上他还是为学生设置了巨大的学习上的障碍。"[1]在这里,罗比·基德实际上还是未摆脱固定的师生关系来阐述问题,而在社区学习共同体内,成员间的师生关系是不断转换的,他们在相互承担教学任务的同时,也相互做出学习的榜样。于是学习上的那种障碍便荡然无存了。与此同时,他们的教学态度和方式会发生变化,会变得更像一个向导、助学者和咨询提供者。一不小心,社区学习共同体的教学为传统学校教育的改革做出了示范。

最后还需要提及一个资源,那就是教学场所和教学环境。"接受教育的成人多少年来不但要学习为儿童设计的课程,听取只有教儿童经验的教师讲课,而且还要被迫坐在专为儿童制作的课桌后面。"其实学习场所、学习环境的重要性常容易为我们所忽视,"我们常常把一个在讲座或在谈话的人,看成是学习这一戏剧中的主要角色,但是经验告诉我们,在帮助学习中起关键作用的倒可能是一位注意保持空气新鲜因而使人们不致瞌睡的看门人"[2]。是的,在社区学习共同体中"自给"的含义并不限于师资的自给,其每一个成员都是学习环境的组成部分。社区学习共同体的成员还会将学习场所安排到他们常去的地方,比如,公园、社区中心、工会活动室甚至某个成员家的客厅。这样的学习场所和学习环境与传统教室迥然不同,教学变得轻松愉快。对于学习共同体成员来说,学习是当下自给的幸福,而不需要等待未来别人赐予。

（五）多向互动

社区学习共同体学习资源的自给,意味着学习资源的动态平衡,即学习共同体需要孕育一种机制,一种学习资源流动性和生成性的机制。这恰恰是社区学习共同体的特性。戴维·温伯格说:"当知识变得网络化之后,房间里最聪明的那个,已经不是站在房子前头给我们上课的那个,也不是房间里所有人的集体智慧。房间里最聪明的人,是房间本身。"[3]

社区学习共同体的资源具有网络般的多向互动性,社区学习共同体的非功利性甚至公益性,决定了其学习资源的生成和流动是不需要以货币为中介的。所以我们可以说,拥有最多学习资源的,不是社区学习共同体中的任何一个成员或所有成员,而是社区学习共同体本身。

---

[1]　罗比·基德:《成人怎样学习》(内部资料),蔺延梓译,上海第二教育学院编印,1985年,第373—374页。

[2]　罗比·基德:《成人怎样学习》(内部资料),蔺延梓译,上海第二教育学院编印,1985年,第369页。

[3]　戴维·温伯格:《知识的边界》,胡泳等译,太原:山西人民出版社,2014年,第11页。

在社区学习共同体中,成员作为社区学习共同体的主要资源,其自身的流动性决定了社区学习共同体所具有的资源也是流动的。活跃在杭州新华坊社区的银发医疗队是一支由 16 名社区楼道支部党员和居民群众所组成的服务队。在成立的九年多时间里,医疗队的成员们凭借着一技之长,利用长庆街道新华坊社区为医疗队专门辟出的"社区诊所",在每月的第一个和第三个周四上午定点、定时开展量血压、做理疗、打针灸、按摩、保健咨询、上门服务等医疗服务,服务对象既有本社区的居民,还有来自十五家园、金衙庄的居民。志愿者们通过学习—实践—再学习—再实践的方式,迅速地掌握了为居民群众服务的本领,为居民群众提供了优良的服务。银发医疗队通过实实在在的活动,不仅为社区居民提供了医疗服务,而且还培养了一批具有一定专业素养的志愿者队伍。这支队伍就成为社区的重要资源,而且随着银发医疗队成员的新进和流出,这一重要的医疗资源,也是学习资源,会在不同的社区间流动,并产生更大的影响。[①]

社区学习共同体的成人教育教学实践,重塑了成人教育教学资源观。其成员间的教学,不再是一对多的单向教学,而是多对多的互教互学。这使得内生的成人教育教学资源具有难以想象的丰富性和难以遏制的传播力,并为成人教育乃至终身教育的持续发展带来无限生机。

四、自评价

社区学习共同体是在我国当前社会环境下出现的一种"微共同体"。选择自我评价是社区学习共同体学习机理作用的结果。自我评价与外部评价的本质区分在于,外部评价总是倾向于评价对象学习后发生的外显的、可见的变化,而总是易忽略评价对象学习后发生的内隐的、深层的变化。对于社区学习共同体成员来说,主要的评价并非外在的绩效性的评价,即不是仅仅基于其知识、技能和行为方式变化的评价,而是基于其内心深层的渴望、期待等是否得以满足的评价。

(一)为什么选择学习的"自我评价"

子曰:"古之学者为己,今之学者为人。"(《论语·宪问》)可以这样理解,古时候的人学习是为了提高自身修养,是为了实现本真的自我;现在的人学习是

---

① 汪国新、孙艳雷:《成员即资源:社区学习共同体内生发展规律探析》,《职教论坛》2013 年第 24 期。

为了获取个人在社会上的名利,是为了向别人炫耀,总之不是为了真实的自己。有一句话,"发展自我,融入社会"。似乎想要解决好个人和社会的关系。矛盾的是融入社会后就难以发展自我,融入社会后就要以社会的标准发展我,那不是自我而是社会我,是表现给别人看的我。倒是"发展自我,贡献社会"更近人性,也更自然。每一个人都是独一无二的个体,人的生命性价值主要体现在个性上,各展其能、各尽所能,社会才因此而繁荣。

滕尼斯深刻地分析了共同体时代和社会时代的区别。他说:"共同体的任何关系在结构上或者按其本质的核心是一种更高的更普遍的自我……与此相反,任何社会的关系都表现着一个被置于它之前的、人为的(非自然人的)个人的开端和可能性……因此按照普遍的看法,共同体是结合的本质意志的主体,社会是结合的选择意志的主体。"①马克思认为,在国家等等虚假的共同体中,个人自由无法获得,个人无法成为有个性的个人。因而真正的共同体是"有个性个人"的联合体。"在这个集体中个人是作为个人参加。它是个人的这样一种联合……"②

人是天生的学习者,"个人的本质意志的根子是在植物性的生命里发现的,而个人的选择意志的根子则是它的作为两种相同和对立的快意价值的思想联合的普遍可能性。因此,共同体的意志的根子也蕴藏于植物性的生命里。因为物种和家庭的本质就是社会学意义上的植物性的生命,从根本上作为人的共同生活的实质的基础。社会意志的根子则是个人的选择意志的汇聚,个人的选择意志在交换的一点上相互交叉,这一点对于交换双方都是理智的或者正确的"③。植物性生命在自然的生态里的表现是"善"的(天然的互利共生),而人在社会环境中却为功利而进行交换。人的生命是人的植物性生命、动物性生命和人的灵魂的结合,人的植物性生命不仅意味着与"家"(养育体)的联系,还意味着与社区环境(生态)的必然联系。在社区学习共同体的人的学习是为"己"的,即体现人的本质意志的。社区学习共同体使得共同体本质和思想重新得到了滋养。学习既然为"己",就要由"己"来评价。这就是社区学习共同体学习者自评学习的根源所在。

社区学习共同体是在我国当前社会环境下出现的一种"微共同体"。选择自我评价即内评价又是社区学习共同体学习机理作用的结果。社区学习共同

① 斐迪南·滕尼斯:《共同体与社会》,林荣远译,北京:北京大学出版社,2010年,第200页。
② 马克思、恩格斯:《马克思恩格斯选集》第1卷,北京:人民出版社,1995年,第83页。
③ 斐迪南·滕尼斯:《共同体与社会》,林荣远译,北京:北京大学出版社,2010年,第234页。

体的学习是自觉、自主、自给的学习，因此也是自我导向性的学习。如果学习的基本目的是使学习者自己掌握自己的学习，那么这里的学习者就应当自己来承担主要的评价工作。对学习者而言自评是责无旁贷的。传统学校教育下的学生，尽管也有一些选修课可供学生选择，但教学计划、大纲、课程、教材和任课教师，一切的一切早已无法变更。学生的学习目标既然仅仅是掌握教师所教的东西，那么由教师来测评学习结果也就变得天经地义。可见自我评价还是外部评价，也是两种不同的机理使然。

社区学习共同体学习者的自我评价是全过程的评价。评价学习结果的前提是评价学习过程，而学习过程的开端是自觉，是自觉的学习需求，学习者将会以"我的自觉的学习需求"为准则，检验其在学习过程中的每一个环节是否准确导入了"我的自觉的学习需求"信息。如果学习内容和方式偏离了自主，如果学习资源偏离了自给，如果学习结果偏离了自评，最终都会影响"我的自觉的学习需求"的满足度。自觉的学习需求是一种自我导向，如果以满足自觉学习需求为学习结果，其间引发的过程包括：自主选择合适的学习内容和方式，自给匹配学习资源（互学互助），自评学习结果。社区学习共同体的学习过程是一个圆，是一个有始有终、依次递进、闭合循环的过程，要害就是："不忘初心，方得始终。"

社区学习共同体学习者的自我评价是全面性的评价。自我评价与外部评价的本质区分在于，外部评价总是倾向于评价对象学习后发生的外显的、可见的变化，如评价学习者习得的知识、技能，而总是易忽略评价对象学习后发生的内隐的、深层的变化，如评价学习者思想、观念、感情的变化。按照维琴尼亚·萨提亚（Virginia Satir，美国最具影响力的心理师）的冰山隐喻理论，她用了一个非常形象的比喻：一个人的成长变化模式就像一座漂浮在水面上的巨大冰山，能够被外界看到的是他的行为表现或应对方式，这只是露在水面上很小的一部分，大约只有八分之一露出水面，另外的八分之七藏在水底。而暗藏在水面之下更大的山体，则是长期被我们忽略的"内在"。揭开冰山的秘密，我们会看到生命中的渴望、期待、观点和感受，看到真正的自我。萨提亚的冰山隐喻理论主要包括七个层次，从上到下依次是行为、应对方式、感受、观点、期待、渴望和自己。其中行为、应对方式（态度）的变化是看得见的、易被外人评价的；而感受（喜悦、兴奋、着迷、愤怒、被伤害、恐惧、忧伤、悲痛等）、观点（信念、假设、主观现实、想法、价值观等）、期待（对自己的、对他人的、来自他人的等）、渴望（爱、接纳、归属、创意、自由等）、自己（生命力、精神、灵性、本质意志等），则难以看见，不易被外人准确评价。

　　人们为什么要自觉参加社区学习共同体的学习？他们不是为了名利，也不仅仅是为了学习知识、技能。他们自觉学习的需求，一言以蔽之，是为了人生状态的积极转变，是生命成长和获得归属感。社区学习共同体能给予他们的，也是他们通过自觉、自主、自给创造的。他们不是生活在社区学习共同体的世界里，而是生活出了一个社区学习共同体。其间每一个成员经历的成长变化，大部分是其内心的难以触摸的成长变化。他们自始至终是社区学习共同体的主人，不是客体，除却自评别无选择。

（二）两种学习评价的效果比较

　　西方有一个家喻户晓的寓言。有一位英勇的拓荒者在山路上偶遇一头大灰熊，他是虔诚的天主教教徒，于是慌忙向万能的上帝祈祷："此时我并不需要特别的援助，但是，请千万不要援助那头熊！"困难对于学习来说也许有益，而评价则可能有害学习。学习就是去战胜困难，你只有在与困难的拼搏中才能得到锻炼，才能成长起来。而除了自我评价以外，任何其他的评价都可能有害学习。这在传统学校教育的学习评价中已弊端百出，如果对成人学习评价依样画葫芦，那更是雪上加霜了。卡尔·罗杰斯根据自己的经验做出结论：

　　　　我们整天忙于书本为基础的评价工作，但如果我们将此与学生自由地自我评价活动对比一下的话，我们就会得出一种对有些人来说确实是激进的结论。这就是，外部的评价妨碍和损害了个性的成长。不管外部评价是受到欢迎还是不受欢迎，它似乎不能使较成熟的、负责任的或社会性的自我（作者注：成人的全部特征）得以发展，而只能带来相反的结果。①

　　传统学校教育的学习评价采用分数制度，在班级或年级范围，对学生的分数横向比较纵向排名。这是否能够使学生感到自己身上发生的真实变化，是一个令人怀疑的问题。评分的标准是以班级的平均水平为基础的。按照班级的平均速度前进的学生不能提高成绩，而进步较慢的学生虽然有进步，却只能看到自己的成绩在下降。假如你这次测验的分数比上次提高了 5 分。这 5 分对于你很重要，实现了某种突破，但全班的平均分提高了 10 分，你的排名仍在下降，你还是备受打击。

---

① 　Carl R. Rogers：*Client-Centered Therapy*，Boston：Houghton Mifflin Company，1951。

外部评价需要检查和观察,但任何的检查和观察都会对客体产生某种程度损害或引起客体不适,这在医学上已经被证明,在学习上也同样如此。"有一些同学参加了一个月时间的学习班。在学习开头,他们不知道是否要给予正式的学分。在前两个星期,他们自己选择课题和问题,进行认真的学习和研究,不管是个人学习还是集体讨论,大家都很努力。但就在这一阶段末,教育系宣布要给学分,这时本来只是从教师那儿得到一些帮助,专心研究他们感到重要而又关系很大的问题的同学,开始询问教师认为重要的是什么东西,只学习教师教的东西。指导这个学习班的教授说,在第二个阶段,学生的紧张感增加了,满意性减少了,深入的应用讨论也减少了。"[①]

遵从外部评价就是生活在别人思考的结果里。如采用外部评价,势必会破坏社区学习共同体的成长机理。会偏离自觉,让别人的意见左右了你的本质意志;会偏离自主,让统一的要求取代了你的心灵指示;会偏离自给,让互学互助关系淹没在竞争关系的冰水里面。

在传统的学校教育里,只有个人成绩,没有集体胜负,在考试面前,同学间的关系实质上是个体间的竞争关系,只需单打独斗,因升学考试分数差异同学们各奔前程。社区学习共同体却从来不存在超越共同体的个人成败,而是在共同营造的行为环境中获得肯定感、满足感和归属感。

教育的本意是助学,是帮助人全面而自由地实现自我的潜能。今天教育的效果却是帮助人实现功利。美国哈佛大学哲学家玛莎·努斯鲍姆在《告别功利:人文教育忧思录》中用大量实例告诉我们,一场全球性的教育危机正在发生:各国教育正选择追求短期效益,"培养完全适用于赢利的有用技能"。外部评价所产生的表扬批评会伴以奖励惩罚机制,这些外部的诱惑要挟只会干扰社区学习共同体成员的学习。

心理学家做过好多实验。比如减肥的实验,奖励组成员若体重下降每周能两次获得5美元,另一组没有奖励。起初奖励组效果突出,但是五个月后奖励组成员体重反弹,反而是非奖励组成员越来越苗条。戒烟实验效果近似,非奖励组的最终效果好于奖励组,且后者中撒谎的比例比前者高出一倍。[②] 原因是什么? 针对一次性的行为,奖励有杠杆的作用。改变一个人的生命状态,则靠自我启悟产生的内力,外部的评价和奖励,只会诱导你偏离原始的目标。

---

① 罗比·基德:《成人怎样学习》(内部资料),蔺延梓译,上海第二教育学院编印,1985年,第363—364页。

② 郑也夫:《警惕大人对"小人"的贿赂》,《南方周末》2009年10月15日。

有人主张通过外部评价影响社区学习共同体,用奖惩加以规范。社区学习共同体成员的学习是基于人的本质意志的学习,本质意志是与自身荣誉相关的、善的。"因为荣誉被感觉到和被设想为现实,原因是它本身就是本质意志,只要本质意志参与一个共同体里所信仰和赞许的善事,因此本质意志就是善的,以及由于其存在也会显得是善的。因此,谁若做有害的事,他将自食其果。这是道德的原始理念,直至后来才把人想象为个人和作为他的选择意志的唯一主体。这种天然的原因也可以这样说明:没有任何人喜欢站在臭气熏天的环境里,让他本人因此变成为令人厌恶和一个更坏的人。"①在这里,滕尼斯深刻揭示了人的天然的向善心和羞耻心。所以什么是"见不得人"?什么是"平生不解藏人善"?人人不言自明。因此,基于本质意志的学习自有人性的光辉,它不需要以功利为诱导的外部评价(两者势如水火),"到处逢人说项斯"②可也。

美国人多恩有一篇特别有名的布道文,海明威的小说《丧钟为谁而鸣》书名就是来自那篇布道文,"没有谁是一个独立的岛屿;每个人都是大陆的一片土,整体的一部分。每个人的死都是我的损失,因为我是包括在人类中的。因此不必派人去打听丧钟为谁而敲。它是为你敲的"。多恩认为泥土可能是每一个人,每一片泥土都与大陆密不可分,某一天有一片泥土被海水淹没了,那就是一个人的死。无论他是谁,无论是熟人或陌生人,他都是你的一部分,是你的一部分死了。在这个社会里,人与人之间需要重建共同体的观念。这种相互关联的意识和情感是共同体的力量所在。

社区学习共同体成员之间的关系是守望相助的关系。因此,不要以为社区学习共同体成员的自评是自私自利的表现,其每一个成员的自评本身就包括对其他成员的肯定。社区学习共同体的内评价究竟是成员个人的自评还是社区学习共同体的自评?其实两者不宜截然分割,如对互学互助的评价,对归属感的评价,既是个人自评,也是社区学习共同体自评。

(三)学习的"自我评价"是怎样进行的

马尔科姆·诺尔斯在《非正规成人教育》一书中说,"对于大多数成人教育来说,'测试''测验'和'考试'这些词使人想起那么多不愉快的往事,结果在自

---

① 斐迪南·滕尼斯:《共同体与社会》,林荣远译,北京:北京大学出版社,2010年,第179页。
② 不吝称颂之意。唐代诗人杨敬之《赠项斯》:"几度见诗诗总好,及观标格胜于诗。平生不解藏人善,到处逢人说项斯。"

发组织的成人小组中几乎很难使用。"①社区学习共同体成员的学习是以学习过程为目标的学习,学习本身就是目标。如果将学习过程比作一场旅游的话,这是一场不设终点的旅程,风景永远在路上,对风景的评价也永远在路上。

像所有社区学习共同体一样,在杭州打铁关桑榆书院,评价就是分享。

> 每周二(学习日)一早,成员们来到陈列馆(学习场所)的第一件事情,就是拿出上次活动布置的"作业"(比如临帖或者某篇古诗词的草书练笔等,成员们自己称之为"作业"),用夹子夹在纪念馆里临时拉起来的晾衣绳上,几乎每个成员都会把自己的"作业"带来,最后成员们的作品像晾衣服一样围着纪念馆内晾一圈,很壮观。成员们的第二件事情,就是"求评论"。挂好"作业"后,你就会听到到处是"老孙,你过来帮我看看""老朱,你来给我看看""杨老师,你来看下我的"等等这样的声音。其中有些书法水平比较高的成员则特别"俏"(成员们用的词,表示很受欢迎的意思),很多成员都争着邀请他们来点评自己的"作业"。②

在这里,评价不是学习之外的选拔和竞争,而是成员们在学习过程中的分享和交流。是在没有任何外部指令、外力干预的情况下,社区学习共同体内部自然形成的评价,对成员们没有任何心理压力和精神负担,相反成员们感受到的是,由彼此坦诚交流带来的酣畅与轻松、共同分享带来的顿悟与喜悦。对于学习成绩的评价,成为成员间互助互学的一个环节,贯穿于整个学习过程之中。

许多证据都说明,在学习过程中,理解和运用是交织在一起的,而不是各自独立的阶段。成人比儿童更能自觉地推动这种理解和运用的相互促进。成人似乎更关心他们的学习在把自己引向何方。因为他们参加的社区学习共同体的活动是由他们自己选择的,而不是服从硬性规定的结果,所以他们的自觉学习的动机要依靠他们相信学习的效果而得以坚持。对于这一切来说,自我评价尤其是长期性、过程性的自我评价是极为重要的。

社区学习共同体成员对学习效果的自我评价,分为长期和短期两方面:短期方面,是对自己在学习活动中习得知识、技能、行为方式的评价;长期方面,是对自己生活质量提升和生命状态发生积极的转变做出的评价。

成功的学习旅程设计内蕴着一个所谓"70/20/10"的学习理念。即学习者

---

① Malcolm Knowles: *Informal Adult Education*, New York: Association Press, 1954。

② 余锦霞:《打铁关桑榆书院》,《杭州市社区学习共同体案例集》(内部资料),杭州市成人教育研究室编印,2015年。

只有10％的学习来自正式的学习经历；有20％的学习来自他人（同学、邻居、亲友）的反馈；还有70％的学习发生在生活的实践中。社区学习共同体的学习活动是草根的、发生在社区生活实践中的学习，恰恰最符合上述的学习旅程，其学习效果已经被学习实践证明。

以下是对杭州市临安清凉峰太极拳俱乐部成员的访谈摘录：

童汉奇："太极拳确实是健身的法宝，我有很多的慢性疾病，如高血压、骨刺、下肢发麻、脑动脉硬化、腰酸背胀，现在很明显的好转是下肢发麻、背胀，一场拳练下来感到一身热汗，全身舒适、轻松，而不是疲劳，我坚信练拳的好处，我要认真刻苦地学习，要学好。"

童寿生："我已经74岁了，家里农活又不得不做，心脏病也有几年了，还有高血压，一直在吃药。坚持练了近一年的太极，感觉脚有力了，腰能挺直了。连走路看起来都有精神多了。以前，穿裤子时不能一只脚独立站的，现在想怎么站就怎么站了，不怕摔倒了。还有晚上睡觉也好多了，很少失眠了。"

王水莲："我也有74岁了。一直以来都很勤劳，农活又多。如今年纪大了，身体自然也有这或那个疾病了。有高血压和糖尿病等慢性病，经常服药，使体质变得更差了。但是练了太极之后，身体变得比以前好多了。老伴也说：'你练了太极以来显年轻了。我们的农活没少，可你岁数增大了，倒还是能挺住的。'我说：'现在我有的是精神，对生活充满信心。'我几乎每天都打太极，再忙也打，因为打了太极后全身就是舒服。"

婉英："奇怪的是，自从打了太极后，我已感觉到我身体真的有变化了。现在睡觉香，全身经脉通畅，整天干活有精神，颈椎也不怎么酸了。老公也说我现在脸色也好看多了。有这样的效果，真是感谢太极给我带来了福音。"

李雪滨："经过几个月的学习练习，两脚总算不会像踩到地雷一样发抖了，而且锻炼过后冲一个热水澡，一天神清气爽，不说精神抖擞，也不会看上去一点神气也没有，总之每天都有一个好心情。"

王金法："首先我觉得自己的精神、心态有所变化，我原是个急性子的人，遇事急得很，特别是碰到一些不顺心的事情，就显得十分烦躁，近段时间以来，心情上好似有轻快一些的感觉。其次是自己的身体现状，熟悉我的人都说我的脸色容颜比以前好。走路以前腰老是挺不起来，都是驼着背在走，现在也精神了，腿膝盖关节也似松了点。上半年多走一点路，膝关节就受不了,近段时间,上山干活比较多,包括打山核桃,都承受了下来,虽然腿脚不是那么灵活,但总好似轻快了些。由于自身得了高血压病,劳累一点头就晕,睡眠差,近段时间以来,不怎么明显了。那次我原工作单位组织我们退休人员作了一次体检,医生说我的血压控制得比较好,我想和打太极拳是有关联的。"①

在社区学习共同体成员的学习旅程中,更具有决定性作用的是学习效果的长期评价,是融入学习过程与生活过程的评价。与成功的学习旅程设计理念相一致,自我评价也需要得到他人评价的印证;反而是对正式的短期的学习活动(传授知识技能)的评价倒是显得不那么重要了。

学习究竟是愉快的还是痛苦的? 这是两种相互矛盾的观点。罗比·基德指出,这两种观点的荒谬程度不相上下。

> 第一种观点认为,除非学习是激动人心的,令人振奋的,否则学习过程就根本不会发生。除非学习所学东西极为容易,使人感到愉快,否则就谈不上学习。但是我们大多数人根据自己的经验都懂得,学习是困难的、乏味的、反反复复的,是一种最艰苦的工作。我们所以要接受这一工作,只是因为学习对我们实现目标非常重要,可以使我们得到满足。但是那些"闹玩和游戏"学习法的倡导者却告诉我们,学习中可以除去辛苦和努力,丰富的和高级的学习可以没有痛苦。我相信那些被这种观点所吸引而投身学习的人很快便会大失所望。
>
> 另有一些人断言(第二种观点),学习必须伴随有严格的令人不快的措施,否则就谈不上学习。这与上述那种观点同样错误,其结果甚至更加有害……你有时会听到某一个人说:"只要学生对学习非常反感痛恨就行,至于他学习什么东西就无关紧要了。"人们常常断言,学习的价值在于通过严厉的、令人生厌的和痛苦的纪律传递人类的品性。这种违背人性的清教徒信条居然广为流传泛滥成灾。不幸的是,其结果是许多正常的人对学习都畏而却步。②

基于本质意志的学习和基于选择意志的学习的区别,不在于学习是痛苦的还是愉快的,而在于学习效果是自我评价的还是外部评价的。选择意志主导的

---

① 孙艳雷:《清凉峰太极俱乐部》,《杭州市社区学习共同体案例集》(内部资料),杭州市成人教育研究室编印,2015年。

② 罗比·基德:《成人怎样学习》(内部资料),蔺延梓译,上海第二教育学院编印,1985年。

学习者认为,学习是付出的,学习成功的标志是由社会评价的,是获取社会功利的代价。本质意志主导的学习者认为,学习是得到,是自我发展的必须,是自我评价的。两者的区别在于,前者的学习是为了社会功利,是获得学习以外的东西;后者的学习是为了生命的成长,是可以通过学习直接实现的。但是,学习一定需要克服困难与障碍,需要耗费精力与心血,需要毅力与恒心。

人们常说"心里有杆秤",为什么是用"心"而不是用"脑"评价。这里强调的是:(1)自评是每个人的自由;(2)真正的自评是非社会功利的,即用良心来评价。

社区学习共同体对于其成员来说,不仅仅是一个可以共同学习的地方,更重要的是,它是"温暖而舒适的场所,一个温馨的家"①。因此,对于成员来说,主要的评价并非外在的绩效性的评价,即不是仅仅基于其知识、技能和行为方式变化的评价,而是基于其内心深层的渴望、期待等是否得以满足的评价。

我们曾说成员的自我评价与其对社区学习共同体的评价是不能截然分割的,是因为成员自身就是社区学习共同体行为环境的组成部分。每个成员都承认这个"温馨的家",并为之营造温暖而舒适的环境,表现为一种"群体共同善"。他们都愿意为"群体共同善"做出贡献和牺牲,尤其是核心成员。社区学习共同体的评价理论是关于义务的,而非权利的。加入社区学习共同体,并为之做出贡献,是自己的责任和义务,是没有前提的。但是成员们都保留着一个权利,那就是离开的权利。如前所引,康德说过,自主和自愿正是善与道德的前提。

"没有爱情的婚姻是不道德的婚姻。"(恩格斯语)如果用婚姻来比方,社区学习共同体成员关系是不需要用"婚约"和社会的利害关系来加以约束的,关系的存续即意味着共同的感情。但是,就此发生的自评,并非只有存续和离开两种选择这么简单,自评是过程性的,成员间的相互适应与改造无时不在发生。

婚姻如斯。社区学习共同体在这一点上亦相似,所有的成员都是建设者。守望相助也罢,心性相契也罢,成员间的关系一定经历相互适应与改造,即需要不断调适,而调适源于自评。

社区学习共同体成员的自评,其实就是坚持对"自我发展"和"温馨的家"的个人定义权。因为这是两个概念,与个人经验、感受至为密切,是因人而生的,是个性化生成的,并无一个统一的标准或者超验性的定义。关于什么是"自我发展",什么是"温馨的家",我们要有自己的决定权。如果你找到这样一个地

---

① 齐格蒙特·鲍曼:《共同体》,欧阳景根译,南京:江苏人民出版社,2007年,第2页。

方,即某个适合于你的社区学习共同体,你的缺点将被包容或改造,你的学习、成长将不会由外来因素而受压迫。只要你站在那里,你就是一个胜利者。这就是一个内生性的、草根性的、具有顽强生命力的社区学习共同体,这就是一个"野火烧不尽,春风吹又生"的社区学习共同体。反之,任何一个仅仅学习知识技能和行为方式的学习社群,一个由外部社会功利促成的学习社群,一个只强调成员权利并以此为唯一吸引力的学习社群,都是缺乏内在生命力的,也可能红极一时,但"风流总被雨打风吹去"。

"自觉—自主—自给—自评"是社区学习共同体健康成长的四个相互作用的关键环节的标志。社区学习共同体的学习过程以"自觉"为学习的切入点,以成员自觉的学习需求为动力;以"自主"为学习行为的发生;以"自给"为学习资源的供给和采用的方式;以"自评"为学习效果的测评和调整下一步学习行为的依据。这四个环节中的每一个环节的学习行为,均需要上一个环节的学习行为提供动因依据和传输动力。每一个环节学习状态的满足度均源于上一环节学习状态的满足度。"自觉—自主—自给—自评"四个关键环节依次递进,循环上升,形成一个环环相扣、相互促进的循环闭路系统。

第 五 章

成熟度与发展阶段

　　本章提要：衡量社区学习共同体成熟度的三个维度是中意度、参与度和友情度，从三个维度分析不同成长阶段的目的，是为了把握每个阶段的特点、压力点、增长点。社区学习共同体作为一种生命体有四个发展阶段：启动期——潜在学习动机的发现；形成期——相吸走向共同学习；成熟期——中意度、友情度与参与度的高度协调；转化期——终结与新生。

社区学习共同体是由人组成的生命体,我们可以从三个维度来衡量社区学习共同体的成熟度。社区学习共同体作为一种生命体有四个发展阶段,从中意度、友情度与参与度三个维度分析每个阶段的特点,其目的是为了把握每个阶段的特点、压力点、增长点,从而使社区学习共同体朝着正确的方向发展。

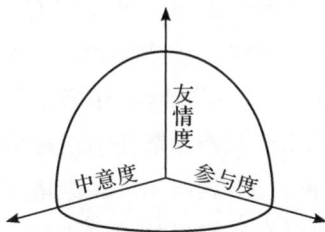

一、衡量社区学习共同体成熟度的三个维度

社区学习共同体是由具有独立人格的社区居民自愿形成的群体,这个群体不同于一般的民间社会群体,它是以实现生命性价值为根本目的的,成员的行为体现的是人的本质意志。由心性相契所形成的社区学习共同体,是一个生命体,因而是一个有机统一体,具有区别于其他学习组织的四大特征(体现本质意志的学习动机、共同学习的学习方式、守望相助的人际关系、生命成长的价值判断),作为一个生命体,像人本身一样,有一个发育、成长、成熟的过程,存在着不同的发展阶段,不同的发展阶段所遭遇到的问题各不相同,从初创到成熟到衰退乃至消亡,不同时期的成熟度不一样。衡量成熟程度有三个指标,即中意度、友情度和参与度。这三个维度,从不同的侧面反映社区学习共同体的状态,而三个维度之间又是彼此相连的,是一个有机的整体。没有中意,不可能有参与。没有参与,也不存在真正友情的形成。

(一)中意度

中意①,是学习者基于本质意志,由"心性"导引下产生的对某些事物和某些活动所表现出的乐趣、喜爱等心理倾向和情绪状态。最令人惊奇的是,人们能够做的和认识到的东西与人们喜欢的和有兴趣的东西是相一致的。人们能够

---

① 中意,在滕尼斯的学说里是本质意志的一种形式,指在人的意志里天生的对某些事物和某些活动的乐趣,是一切只能通过一种随着胚胎素质就有的心理结构的发育和正常的生长才能解释的东西,社会学上解释为无意识的判断。中意与个体的本性的原始特性是完全一致的,它只能通过整个有机体的生长,在有利的环境下,才得以形成。

做的就容易做，因此也喜欢去做，乐此不疲。良知是心的美德，聪明是脑的美德；犹如"快"是腿的美德，"敏锐"是视觉和听觉的美德一样。仅由选择意志导引的人生，只会用脑去算计，有良知的人用心去判断、去行动。

中意，不同于一般意义上的喜欢，对金钱、美食等的喜欢，不是我们所说的中意。中意是与生俱来的，是天生的，包括先天具有的人的相同的良知与初心、相近的好恶性向和不同的性情取向。良知、性情、好恶是本质意志的底线，与此三者相符，即为天生的中意。如同《华严经》中所说的"不忘初心，方得始终"里的初心。1912年春天，哈佛大学教授桑塔亚纳正站在讲台上给学生上课，突然，一只知更鸟飞落在教室的窗台上，欢叫不停。桑塔亚纳被这只小鸟所吸引，静静地端详它，一个少年时就藏在心底里的愿望油然而生。他转过身来，轻轻地对学生们说："对不起，同学们，我与春天有一个约会，现在得去践约了。"说完便走出教室。那一年，49岁的桑塔亚纳回到了他远在欧洲的故乡，徜徉在美丽的自然风景中，埋头于古老大陆的文化研究之中。数年之后，《英伦独语》诞生了，桑塔亚纳完成了他的关于自然、人性、人与自然关系的匠心力作，为人类奉献了重要的文化遗产。

中意度，在这里是指某个社区学习共同体的成员们对某些事物或某些活动感兴趣和喜爱的强烈程度和相似程度。

（二）友情度

友情[①]，一般指朋友间深厚的感情、亲密的关系。友情是人们在交往活动中产生的一种特殊情感，它与交往活动中所产生的一般好感是有本质区别的。友情是一种来自双向（或交互）关系的情感，即双方共同凝结的情感，是人与人之间的一种信任，人与人之间的相互关爱、相互帮助。任何单方面的示好，不能称为友情。友情是平等友爱之情，具有广泛性和非排他性。好的友情都是自然而然形成的，人与人之间最深刻的区分不在职业、地位和权势，而在心灵。而因利益结盟的人际关系，他们灵魂之间的鸿沟是无法逾越的，不会有真正的友情。

友情度，是指社区学习共同体成员作为独立的个体参与共同的学习活动，

---

① 斐迪南·滕尼斯：《共同体与社会》，林荣远译，北京：北京大学出版社，2010年，第217页。"所有共同体的3个不同的基础：血缘的基础、农业地区的基础和精神的基础——或者：亲戚，邻里，友谊——那么在家庭里，所有这些基础都是建设性的，但是，第一个基础是家庭的本质。最完美的共同体的'结盟'可以说是友谊：精神的共同体是建立在共同的事业或者职业之上的，因此是建立在共同的信仰之上的。"

在相同的性向和共同的志趣①基础上建立的纯真感情的程度。我们这里所说的友情度,一方面指成员间个体与个体之间的友爱程度,另一方面是指社区学习共同体所有成员对所在的集体的关爱和信任程度。社区学习共同体发展的不同阶段,其友情度是各不相同的。中意度和参与度都高的时候,一般友情度也高。高的友情度,是社区学习共同体形成"守望相助"的人际关系的基础和前提。

(三)参与度

参与度,就是社区学习共同体成员投入共同学习活动中的频度和用心的程度。

参与和参加有联系,也有很大的区别。参与,强调成员在集体活动中的作用,但是参加了活动并不表明在活动中有什么作用。参加了某次会议,也许他只是一个旁观者或听众。参与了某次活动,他一定会在活动中受到影响或影响了其他人。

社区学习共同体的学习,有别于课堂学习或听报告,其区别在于,它通常是基于共同的话题或问题的一种参与式、互助式的学习,成员互为师生,平等参与。社区学习共同体发展的不同阶段,其成员参与的频次和用心的程度是不一样的。有的学习群体,一年半载才活动一次,这样的学习群体,不可能是真正的学习共同体。没有适当的参与度,就不可能形成好的友情度,其中意度也是不高的。

■ 框架与链接

巧手女人家的学习共同体生活②

巧手女人家的前身是编织社,是居民叶女士和几个喜欢编织的邻居自发成立的,主要是交流手工编织的技艺。随着编织社的发展,新的成员加入,不仅为编织社注入了新鲜血液,更是进一步拓宽了编织社的学习内容。另外,有的成员偶然从某种途径了解到某种技艺而又对这种技艺感兴趣的时候,就自己自费

---

① 志趣是外显的或同一的,性向是内在的或互补的。
② 汪国新、余锦霞:《社区学习共同体的四大支柱》,杭州:浙江大学出版社,2016年,第244—246页。

到外面去学习,学成回到编织社,就教给其他成员。

　　周四下午1点多钟,成员们陆陆续续地来到了化纤新村的社区活动室。2点钟左右的时候,成员们基本都到了。有的成员拿着面粉,有的拿着碗和筷子,有的拿着鞋子和针线,有的拿着肉和菜,有的拿着擀面杖,有的拿着盆,有的拿着电饭煲(谁准备什么材料或者工具在上次活动中已经基本商量好了,而一些上次活动没有想到的,但是本次活动用得上的工具和材料,有成员已经想到并且自己带来了),等等,大家都乐呵呵,到了之后,就开始做各种准备工作。清理桌子、擦洗砧板、洗菜、切肉、和面,一边聊着家常。(本次活动就这样开始了,并没有谁站出来说:我们现在开始吧。但是成员们似乎很默契的,大家似乎都知道,本次学习活动——包饺子——就正式开始了)

　　进入第一道工序,和面。陈女士开始提出一个问题,"大家喜欢软一点还是硬一点的饺子皮?"成员们开始回应,有的说喜欢软一点,有的说喜欢硬一点,有的说不能太软,也不能太硬,有的说无所谓,软一点和硬一点都可以接受。我[①]注意到大多数人都发表了自己的意见。之后有的人开始解释软一点的好处,有的开始说硬一点的好处,最后说着说着,似乎大家都觉得不软不硬比较合适。但是这个如何把握?这让大家犯了难。最后,有人提议,让正在和面的陈女士和杨女士看着办,差不多就行。这个意见立刻得到大家的支持。于是,这个软硬的问题就解决了。陈女士、杨女士、沈女士等几个人,开始交流水和面的比例,以及什么样的比例会适合做什么样的面点。不懂的成员们开始请教。懂的成员们开始讲解。有的成员懂其中的一部分,有的成员懂另一个环节,于是,相互教授,相互指点。一段时间之后,陈女士说:"面和得差不多了。大家可以用手来感受一下。""我来看看。""我也来。"于是,成员们开始走上前去,纷纷用手轻拍面团,有的还弄一点放在嘴巴里尝尝,于是大家又开始就自己的手感等发表看法,交流意见。与此同时进行的是,豆腐、肉和青菜的搭配比例,调料使用等。而这些,都是在成员们你一言、我一语的过程中商定的。

　　饺子下锅煮去了,丁女士、王女士、沈女士,还有我等等,几个人在等待饺子熟的过程中,开始做上次未完成的保暖拖鞋了。其他成员也各自找另一个位置休息。新的话题似乎又开始了,一位成员说:"今年过年真晚啊,明年过完元宵,好像很快就是三八节了。"成员们的讨论就开始了:"对啊,我们三八节做点什么啊?""要不我们做创意面点吧,我还没有学会,上次我自己家里做,做不好。""我

---

　　① 指个案研究者余锦霞。

也想。""对了,上次我有个同事跟我说,她特别想学习做面点,说我们下次做面点时,她也想跟我来参加。""行啊,我也同意,我们三八节就做面点吧,自己犒劳自己一下。""三八节当天不知道社区里要不要搞什么活动,他们搞活动的话,我们场地没有的。""不要紧,到时我们看情况,可以放在节前一天或者节后一天,都没有关系啊。""嗯,可以可以,我看可以。"在这种和和乐乐的交流中,明年三八节的活动似乎就定下来了。同样的,我注意到,基本所有成员都有发言。

紧接着,苏女士的一句话,就开启了另一个话题:"我以前认识一个人,他很会做灯笼,获过很多奖的。"话还没有说完,被另一位成员兴奋地打断了:"那要不下次我们请他来给我们指导指导,教教我们。""我看好啊,但是你(指苏女士)还有他的联系方式吗?""我有的。""不过,我觉得还是请小金(成员之一,也是社区文教干部)去请比较合适,她可以代表社区,这样比较好说一点。"小金回应:"可以可以,没有问题。""可是,做灯笼,我家里没有地方挂啊。""那我们可以学做小点的灯笼啊。""对,对,可以挂在阳台上的那种。""我要是学会了,肯定有很多朋友会向我要的,我有得忙的,要送点给他们。""刚巧快过年了,我看学做灯笼挺好。""是的,是的。""那对了,做灯笼的材料呢,怎么办?""要不你(指苏女士)先联系一下,问问他要准备什么材料?""我想,可能不用我们准备材料的,他应该会带材料来给我们做的。我上次听他们说有人教做灯笼,他自己会带材料来的。""费用怎么样,买材料要钱的,那怎么算啊?""我觉得可以叫小金先问一下他,请他带材料比较好,我们自己买材料,也不知道怎么买的,然后我们算费用给他,问下他要多少钱不就可以了。""对的,对的,我也觉得这样比较好。""好的,好的。""我举双手赞成。"然后很多成员开始畅想,学会了做灯笼之后的事情了。下一次活动的内容就这样定下来了。

第一锅饺子煮好了,热气腾腾中,大家一边品尝,一边讨论总结得失。由于一锅饺子数量有限,成员们都互相谦让着,这时张女士无意中说起:"今天的饺子很好吃,我就喜欢吃豆腐馅的。我喜欢吃豆腐,我烧的麻婆豆腐,我老公是很认可的,我老公说我只有这道菜做得最好。我气死了,我问他,我其他的菜烧得不好吃是吧。""我烧的红烧鱼,我小孩子特别喜欢。""我会做海鲜。""我荤菜烧得可以,蔬菜烧得一般,因为家里人都爱吃荤。""我喜欢看生活大参考节目,我按照里面的方法学会了几个菜,有机会给你们展示展示。""对啊,要不我们什么时候学烧菜吧。"立刻得到大家的响应。"好啊,好啊。""我也同意。""我觉得烧菜好,大家互相拿手的拿出来晒晒。""这个有意思的。""可是,我擅长炖的,要炖好久的。""那时间太久,来不及的。""我觉得这样比较好,大家一个人准备一个拿手菜,然后在家里准备好材料,拿到这里来烧。""而且都是家常小炒比较好,炖和煲时间太长,不好弄。""好,我看可以。""我不太会烧菜,我向你们好好学习一下。"……

饺子吃饱了,家常聊了聊,下次活动,和下下次活动,也在这样的互动、对话、交流、协商中确立。已经四点多了。"我要回家烧饭了,我先走了。""嗯,时间差不多了,我也要回去了。"成员们陆陆续续地走了,活动结束了。

二、社区学习共同体的发展阶段

社区学习共同体是一个生命体。和其他有生命的事物一样,社区学习共同体并不是一生下来就是成熟的和完美的状态(真正成熟和完美的学习共同体也许并不存在)。它也会经历一个出生、成长和消亡的过程。有些社区学习共同体,后来变成了与当初完全不一样的状态,这是一个很正常的现象。因为就像人的发展一样,社区学习共同体的发展也会遇到许多困境和挫折。许多来自社区学习共同体内部或外部的原因,都有可能让社区学习共同体的发展不如人意,甚至中途自动消亡。

社区学习共同体从出生到消亡,是一个连续不断的发展过程,但是,我们可以将其划分为四个发展阶段。划分阶段的目的,是想找到每一个时期的生长点或问题点,社区学习共同体的促进者和社区学习共同体自身,可以判断不同的发展阶段,抓住关键点,找到着力点,并有效地解决面临的问题,以便朝着健康的方向发展,从一个阶段走向新的发展阶段。

每一个社区学习共同体经历发展阶段的方式不尽相同,会有许多变化。每个社区学习共同体在不同的发展阶段所花的时间也不相同。尽管如此,我们对不同阶段的压力点有所认识,就能克服我们能预见的可能遇到的问题。以下试图从三个维度把握每一个阶段的特征,同时找到克服每一个阶段的压力点的措施。

（一）启动期——潜在学习动机的发现

启动期是社区学习共同体形成的第一个阶段,从发起人发出组建社区学习共同体信息到学习活动正式开展为启动期。发起人基于强烈的学习动机和深厚的人文情怀,在志同道合者的鼓励和帮助下,提出组建社区学习共同体的初步设想,选择合适的方式在一定范围内宣传组建社区学习共同体的宗旨、学习内容、学习方式、学习地点以及与发起人的联系方式。不同类型的社区学习共同体的启动期的长短各不相同。可以是一个人发起，也可以多个人一起发起。发起人一般会成为社区学习共同体的核心成员。这一时期的特征可以从以下三方面看出。

中意度：核心成员的学习动机强烈而其他人的学习动机还是潜在的、有待发现的。核心成员以自己的生活经历和对生活意义的理解，发现自身对某些事物或活动很有兴趣，并希望分享自己的经验与生活感悟。同时确信，有相同的学习动机的人就在身边。这个阶段面临的关键问题是，身边认识的人中，哪些人具有与自己相同的潜在的学习动机。

参与度：因为还没有形成社区学习共同体，所以参与度是弱的。要帮助学习者共同形成社区学习共同体。

友情度：这一时期，友情度弱，因为许多学习者之间虽然彼此认识，但由于没有基于共同体兴趣或问题的参与式活动，他们的关系还只停留在表层。

这一时期存在的压力点和发起人需要解决的主要问题是以下三点。

1. 发现潜在学习动机和学习人群。

社区学习共同体有多种"出生"方式。有的诞生于社区学校的培训班，有的产生于一些公益活动，有的得益于草根性的自发的民间社团，也有的根本就是"无中生有"。不管它是如何出生，最初都会有几个有心人（一般都是后来的核心成员），在观察身边人的思想动向和学习需求，在看似平常的议论话题背后潜藏着怎样的人生困惑和学习潜质。一般而言，那些生活阅历比较丰富、具有人文情怀、比较有热情和担当的人，他在更多地观察今天的生活周遭与人的本性相关的需求之后，从而发现社区学习共同体的潜在人群。上海市普陀区的一位外地来沪定居的朱先生，和其他许多老同志一样，参加社区学校组织的图书馆志愿者服务活动，活动开展了一段时间之后，朱先生听到了志愿者的不少议论。他发现，在这一批志愿者队伍中，有一些人有强烈的学习愿望，他们想到了作为图书馆的志愿者，自己首先应该是学习者，只有自己学好了，才能更好地开展图书馆里的志愿者服务活动，于是，朱先生便计划着成立一个老年人读书会。

2. 制订社区学习共同体发展规划，启动社区学习共同体。

在发现了潜在学习动机和学习人群后，发起人（核心成员）需要制订学习共同体的启动计划和发展规划。在会见潜在成员之前的计划是很粗简的，可以在会见潜在成员后，根据他们的想法修改启动计划。会见潜在成员有多种方式，可以是一对一的会见，也可以召开小型的座谈会，通过会见，发起人（核心成员）已经掌握了潜在成员的动机强度和具体学习需求，接下来可以通过不同方式组建社区学习共同体。启动新的社区学习共同体有多种方式。

(1)无中生有式。核心成员发现了自己周边人群里有一些人有学习潜质，与自己的兴趣爱好及生活中所遇到的问题相似，于是，通过个别联系或发布告示，与志同道合者一拍即合，发布告示后一呼百应，一个新的社区学习共同体就成立了。例如杭州市临安清凉峰太极拳俱乐部、上海市普陀区不老松读书会等等。还有一类情况是常见的，就是在老干部大学、社区学院或社区学校参加培训班的同学，在培训班结束后，觉得学习内容很好，还没有学到透，于是在一个培训班的同学中成立起不同的社区学习共同体。

(2)分蘖式。作为一个成熟的社区学习共同体中的一员，觉得参加现在的社区学习共同体很好，但是离家太远，不方便，或学习内容最好有新的变化，但所在的社区学习共同体短期内还不会有改变，于是，这位成员（可能是几位）重新发起一个新的社区学习共同体。例如，杭州市宽居读书会里的汤先生，本属于这个以心理学方面内容为主的读书会的积极分子和受益者，后来，自己又发起了另一个以艺术生活类内容为主的读书会。

(3)变形式。原本是一个社交网络，偶尔有一些聚会或开展一些活动，不规律，无主题，后来因有人提议成立一个社区学习共同体，其中的部分人员变成了社区学习共同体的成员。因此，一个社交群体完成了向社区学习共同体的变形。

▦ 框架与链接

农村太极拳俱乐部启动了[①]

胡新人，清凉峰成人文化技术学校的老校长，今年已经五十多岁了，从事成教工作十多年，可以说对清凉峰成人教育的发展做出了重要的贡献，也备受当地农民的尊重。前两年一场大病让一向不停忙碌没有多少闲暇时间的他空了下来。病后恢复是一个漫长而又艰苦的过程，为了能让自己早日康复，他开始学习太极拳。刚开始的时候就是在网上学，看一些视频，在家里自己练习。这样学习太极拳效果并不明显，他就开始想能不能把周围的人组织起来一起学，这样大家有个伴可以相互交流，共同促进。一次在与镇里王一平（公务员，男，40岁，他的夫人陈老师是个太极拳爱好者）聊天的时候，偶然提起此事，两个人

---

① 汪国新、余锦霞:《社区学习共同体的四大支柱》,杭州:浙江大学出版社,2016年,第38页。

可以说一拍即合,组建清凉峰太极拳俱乐部的计划诞生了。王一平夫妻二人对胡新人的提议都非常赞同,练太极拳不仅可以强身健体,而且在城市里学习太极拳的人很多,就是现在农村还没有普及,农民找不到教太极拳的老师,也找不到太极拳的活动社团。而且在农村普及太极拳还有一个非常重要的好处,那就是能够帮助农民强身健体,这对于医疗条件落后、体育设施不足的农村地区来说具有重要的意义。组建太极拳俱乐部应该能够受到农民的欢迎。可是太极拳老师怎么办呢?王一平就动员自己的夫人来给太极拳俱乐部做太极拳老师,给俱乐部上课。夫人见丈夫这么热心,觉得这也是为当地百姓做一件好事,便欣然答应了。组建太极拳俱乐部还得到了很多人的支持,74岁高龄的童寿生就是其中之一。他平时看电视最喜欢看有关养生的节目。他说:"看电视,城市里那些退休的人去公园里练太极,一个个精神很好,很开心的。我们农村里,想学都没地方学。得知我家附近也有人要组织大家学习太极拳,我就非常高兴,一定要报名参加。"

3.社区学习共同体的关键角色:核心成员。

核心成员也是社区学习共同体的成员。但是,他不是普通的成员,他的表现,直接影响一个社区学习共同体的成功与失败。核心成员在社区学习共同体中的功能一般有:

——发现潜在动机,发起成立社区学习共同体;

——计划和推动社区学习共同体的成立和活动的正常开展;

——联系社区学习共同体成员;

——学习资源的整合与活化,包括物的资源和人的资源;

——帮助社区学习共同体正常开展活动;

——管理社区学习共同体与外界联系的边界,利用资源但又保持相对的独立性;

——评估社区学习共同体的成熟度和成员的满意度,评价社区学习共同体发展规模和发展进程(发展进程带有自然而然性,规模要适当,小一点为好,如果是读书会,宜5~8人)。

核心成员会遇到以下一些挑战,如果基本能力不足以应对这些挑战,对学习共同体的成长极为不利。通常遇到的挑战是:

(1)如何创造一个良好的学习环境?怎样使得好奇心与创造力得以发展?

(2)团结参与者,使社区学习共同体成为一个有机体而非单个个体的机械组合。如何能够使得参与者们跟上社区学习共同体进程?

（3）如何让遇到困难的成员保持学习的积极性？

（4）如何解决有的参与者不关心怎样从他人那里学到知识，只在乎在探讨辩论中表达自己的问题？

（5）如何处理有的参与者在会谈中几乎不发言，而有的人占据了所有的时间只顾自己演讲的问题？

（6）如何适时改进活动节奏和内容，让成员都学有所得？

诚然，核心成员的影响力，是在活动过程中自然形成的，不是培训出来的。但系统的培训对提升核心成员自如应对社区学习共同体运作过程中的挑战是大有裨益的。

社区学习共同体的发展对核心成员素质的要求是很高的。他可以不是学识最渊博的，可以不是技能最强的，可以不是最强有力的组织者，但是，他一定是富有人格魅力的，富有牺牲精神的，也是富有工作激情的，而且也是富有人文情怀和生活情趣的。

■ 框架与链接

胡新人是一位优秀核心成员[①]

每次集中训练，胡新人为让俱乐部成员们能顺利开展活动，总是忙前忙后做很多事，联系场地，邀请老师，一个个给俱乐部成员打电话通知活动时间和地点，有时候还用自己家的车接送学员。俱乐部成员童汉奇说："胡新人本人热爱太极拳活动，他练了太极拳后感觉自己身体健康多了，就着手组建一个组织，带动更多的人从中受益。自从组织成立开始到现在，他都不怕工作有多累有多烦，无怨无悔！他的不怕烦恼、不计个人得失、以身作则的态度，博得了我们每一个成员的爱戴。我们都很崇拜他，仰慕他！他是一个很有责任心、有决心的人，不光是对现在的太极拳活动，就是以前的教育事业上也是这样的，只要他想去做的事情，他都会努力去做，而且也都会做成功的。没有胡新人这么坚持组织活动，我们进步没这么快的，恐怕也没能走到今天这一步。"成员章跃莲说："胡新人平易近人，助人为乐，愿意把自己的快乐与大家分享。他没有一点架子，俯下身子为学员排忧解难。有些年纪大的退休老师，不会用电脑，他就主动

---

① 汪国新、余锦霞：《社区学习共同体的四大支柱》，杭州：浙江大学出版社，2016年，第42—43页。

教他们,教会他们如何对照视频练习。因为集中学习完了不一定就都学会了,自己在家空的时候就可以对着电脑的视频练习,这样学员进步就会快一些。还帮他们买播放器、太极光盘等等,不厌其烦地教他们如何使用。点点滴滴,数不胜数。其实我们健身是我们自己得利呀,胡新人有什么好处可得呢? 他为我们付出那么多,给我们带来方便,他真的很伟大! 从他身上我也学到了很多精神:办事有始有终,与人相处注重生活中的细节:亲切的问候、节日的祝福、及时的安慰等等,看似举手之劳的小事,可是胡新人都认真去做了。胡新人就是个为人正直,从不计个人得失的人。"学习骨干王一平说:"胡新人热心太极拳事业,组建队伍勤学苦练修拳道,不厌其烦教学员。请老师上课、请专家做讲座、带学员出去表演。无一不是为学员着想,给学员们搭建平台、创造条件,有利于学员进步。"俱乐部的发起人在所有成员心目中的形象无疑是高度正面的,这种正面的形象既是太极拳俱乐部凝聚在一起的感召力,也是发起人的行为选择的结果。为了能让更多人参加到俱乐部中来,只有营造这种积极的氛围才能让俱乐部更加具有吸引力。

社区学习共同体完全不同于一般的学习型组织,核心成员更不同于单位的领导或团队的领导,但由于很多人对社区学习共同体的性质把握不清,对核心成员的角色定位出现偏差,常常认为核心成员就是领导或者是负责人。

一个优秀的核心成员会协调各方,能把社区学习共同体带入正常轨道,良性发展,相反,不成熟的核心成员,会让社区学习共同体走向消亡。不成熟的核心成员常犯错误主要表现是:

(1)强势并包揽一切。认为自己是负责人,是领导者,是指挥员,事无巨细,全部包揽在身,以命令的口气,发号施令。

(2)服务精神欠缺。在社区学习共同体并没有进入成熟期以前,就放任自流,没有相当的精力和时间的付出。

(3)影响力不够。原子核能吸引周围的电子,是由它的本质决定的。核心成员的影响力是在学习活动中自然体现的,道德人品、学习能力、协调能力都是影响力的重要方面。不断提高这些能力,其影响力足以让成员感动,使社区学习共同体成为学习者的精神家园。

(4)用心沟通不够。核心成员一方面要把注意力放在学习活动的协调组织上,同时,在公共场合外,还需要与学习者保持密切的沟通,因为许多问题仅仅在活动现场是发现不了的。社区学习共同体是一个生命体,情况是不断发生变化的,所以走访成员或个别联系成员也是需要的。

(5)鼓励与节奏调节能力不强。许多时候参与者们会表现得胆怯或害羞,他们无法完全地投入其中,他们常常对所知所想有所保留。恰如其分地鼓励那些胆怯或害羞的成员融入其中,又不伤害他们的自尊心,需要核心成员有很好的鼓励和调节能力。

社区学习共同体的成长发展过程中,一定会遭遇不少的困难和挫折,核心成员犯一些错误,是十分正常的事,就像人的一生中,会不断地犯错一样,总是在犯错、纠错的过程中成长进步。我们要允许社区学习共同体包括其核心成员在实践中不断地反思和纠正缺点错误。当然,当我们认识到核心成员常会犯的错误,就可能避免错误的发生。

以下是一个瑞典学习圈的案例,我们从中可以看到核心成员(瑞典称为圈长)是成员之一,并且很低调。

P. Hartman,一位瑞典研究者,1996 年对乡村社区当地民俗社团组织的学习圈进行了描述。某晚,他在当地图书馆与学习圈会面:"当晚,包括小组学习圈带领者共有 8 名参与者。他们都在彼壅维克生活了很长时间,其年龄从中年到老年不等。在过去几年中,一直都是这些成员。其组织结构开放而非正式,参与者拥有主动自创性,主动提议起到重要作用。自 1988 年,他们就一直在写日记,这次聚会由朗读上次聚会的内容开始。我们理解在近几年他们一直关注这本日记。首先,一位女性参与者开始展示最新一期报纸上关于为失业人员创办的工程项目的文章。该工程项目与一条铁路相关。20 世纪初,为了从彼壅维克向海边运输木材修建了该铁路。其目的是避免木材遭受幼虫侵蚀。如今,旧铁路只有部分路基还在。在非正式谈话中——这是学习圈运作的典型方式——他们讨论了利用路基剩余部分供游客参观。他们画了一条从彼壅维克开始或结束的自行车路线草图,将游客引向彼壅维克。另外一个自发的点子来自一位参与者在其农场的发现。这是 20 世纪 30 年代当地电话簿中的一页纸。几张图片,呈现了两次战争期间的部分景象。另一位参与者说他家里有上一次战争时期的电话簿,他答应休息时回家取,因为他要将参加体育活动的儿子送回家。最后,圈子回到了当地乳制品问题上。通过图书馆的词典,他们发现了乳制品概念的起源,以及该词如何进入瑞典语。中间有咖啡时间,咖啡是参与者自带的。最后,讨论了关于古代教堂审问的当地戏剧。该剧是今年夏天年度'回归者之日'安排的一部分,在这一天,原来的居民回到自己的老社区相聚。参与者之间的彼此了解是学习圈活动的主要内容。这意味着,参与者了解彼此的特殊兴趣、特殊知识。问题经常由'专家'来回答,就是因为其他人都向他或她求助。学习圈领导保持低调,不高谈阔论。圈子项目的非正式特点显而易见。9点半,学习圈该解散了。"①

▄ 框架与链接

社区学习共同体的基本类型

数以万计的社区学习共同体,可以按学习内容作以下区分,分为五大类。

(1)文化与艺术类:文化遗产、书画、舞蹈、音乐、文学、语言、历史;

(2)生活与休闲类:阅读、手工、工艺、修身养性、园艺、编织、摄影;

(3)健康与娱乐类:太极拳、骑行、球类、媒体;

(4)公益与公民类:环保知识与行动、森林养护、公民素养、法律、公益服务;

(5)科学与技术类:电脑、社会科学、行为科学、心理、农技、渔业。

(二)形成期——相吸走向共同学习

形成期的社区学习共同体还很脆弱。成员因兴趣和与核心成员的良好关系吸引到一起,也已经开始展开了学习活动,这个时期,核心成员的工作是最艰巨的。他在公共空间和个人私人空间的活动同时进行,通过各种行之有效的互动式的活动,为成员间的相互认识、彼此了解提供可行的方式,尽快帮助他们建立彼此交流、分享的情境和人际关系,为增强价值认同感和群体中意度打下良好的基础。

中意度:有共同的兴趣和问题,让学习者走到了一起,并参与其中的学习活动,但是由于每个人对自己的生命状态认知和对于本学习共同体的价值的认同是有很大差异的,这一时期压力点是价值认同者的靠近与价值认同不高的人的分化。关键点是如何做到成员间的信任关系特别是与核心成员的信任关系与社区学习共同体存在的生命性价值之间的平衡。

友情度:部分成员间的友情度提高很快,部分人因价值认同不够而离开,有时促进了成员间的友情度的提高。这一时期的关键在于,增进价值认同。

---

① 托瑞·波尔森、高淑婷:《瑞典的学习圈化——一种有效的学习方法和社会变革方式》,《终身教育》2011年第1期。

参与度：有规律的学习活动的展开，一些人参加活动，一些人参与活动，整体参与水平还不高。

这一时期存在的压力点和要解决的主要问题是以下三点。

1. 增强价值认同。

社区学习共同体启动时，人们都有高涨的兴趣与旺盛的活力，这时人气是最旺盛的时候。一方面，他们想拥有更多的人际交往的渠道渴望得到了满足，另一方面又能更好地学习新的知识或技能，自己的潜能能够得到发挥。新鲜的人与事，让许多人投入极大的热情参与其中。但是随着学习活动的开展，人们在学习中会遇到各种困难，有的来自于学习本身，有的来自于家庭或工学矛盾，这种情况下，是留下还是选择离开，是每个人都要面对的事。因为社区学习共同体的价值的显现是需要有一个过程的。作为核心成员，有必要体谅学习者来自内部和外部的压力，通过个别化的沟通，增强信任，增进友情。核心成员的工作，要集中在潜在的有积极性的成员身上，不要在凑热闹的人身上花费过多的时间。毕竟社区学习共同体的学习，是由内而外的自主学习，靠外力推动的学习，是不长久的。

2. 展开有规律的学习活动。

不管哪一种类型的社区学习共同体，有规律的学习活动都是必要的，重要的是活动应有一定的频率，犹如人的心跳，必须是动的并且是有规律的。相对固定的时间、地点、场所，相对稳定的活动内容安排，而所有这一切，都不是某个人的意志，而是全体成员协商的结果。有的人很习惯用制度管理人，通过严格的规章制度来约束成员，使活动有序开展。于是就像许多群团组织一样，忙于制定章程和考勤制度，参加规定活动少于多少次就取消其参加学习的资格和机会。这样做的好处是显而易见的，因为许多企业事业单位都是这样做的。可是，社区学习共同体是有别于一切组织化的学习机构，它与其他组织一个最大不同点，是没有章程即契约，它的魅力就在于"随时来，随时离开"，时间、地点和内容是相对固定的，然而，参加者是随时可以进出的。章程和制度可以管人的行为，可是管不住人的心。当然，学习期间的规矩也是要有的，例如，不抽烟、不喧哗等基本的公共场所的行为规范。

框架与链接

情感有时重于兴趣[①]

"不拿证书,不得金钱!"清凉峰太极拳俱乐部成员都没有想太多参加太极拳俱乐部能获得什么外在的利益。他们凑在一起学习太极拳并一直坚持下来,并不是出于对物质利益的考量,他们从中不能谋取到任何经济利益。当然并不是意味着参加太极拳俱乐部后他们一无所获。人们参加这一社区学习共同体的学习,是不是仅仅基于兴趣?观察可以发现,兴趣确实具有一定作用,然而,能够让这些人凝聚在一起,并持续参加集体活动的主要原因,却并非因为兴趣。其实,很多人并非因为对太极拳感兴趣才加入俱乐部,有的人是因为家人与朋友的劝说,让他走出家门参加一点集体的活动。兴趣能够诱发一个人暂时的行为,也可能让人围绕某一个兴趣点持续地学习和活动,但是,兴趣更多的能够解释个体将精力长期集中在某一件事上的原因,而不能解释个体参加集体活动的原因。既非利益,也非兴趣,通过对太极拳俱乐部的观察,一个隐没在社区学习共同体背后的深刻因素是——情感。情感是人内在状态的直接反映,并不需要过多的认知过程即可以让人深刻体验到它的真实存在。每个人每时每刻都有丰富的情感体验,太极拳俱乐部所组织的每一次活动是否都是愉悦的?作为核心成员的胡新人一直在竭尽全力地让每一个参加太极拳俱乐部的人都有积极的情感体验。这种价值观来源于他迫切希望得到成员的支持,因为,俱乐部成员并没有受到严格的规则或契约限制,他们来去自由,倘若在俱乐部中不能愉快地学习,恐怕很多人都会选择离开。

3. 在骨干成员间建立联系。

在启动期常要花费许多精力用于吸引更多的外围人员参与其中,但是进入形成期,活动已经正常开展起来,这时核心成员的注意力,更多的是在与骨干成员之间建立有效的联系,联系的目的,一方面是增进互信,另一方面是及时修正活动的计划,以便让每一位骨干成员在每一次学习活动中都能参与其中,而不是做局外人。知道每一个骨干成员的专长,是践行社区学习共同体的核心理念之一"成员即资源"的必要基础。通过核心成员的走访或者通过搭建平台,就可

[①] 汪国新、余锦霞:《社区学习共同体的四大支柱》,杭州:浙江大学出版社,2016年,第46—47页。

以了解到骨干成员的需求和他们身上所蕴藏的学习资源。

建立骨干成员之间的联系的方式有很多。其中,利用现代网络通信技术也是其中的一种。现代信息技术的使用,能发挥较好的联络功能,对于招募新人,对于密切骨干成员间的联系,都能发挥很好的作用,即所谓线下与线上的有机结合。

网上的朋友圈是不是社区学习共同体?网上有各式各样的朋友圈,不少的人认为,这些朋友圈就是社区学习共同体。因为它也是基于社区,许多朋友圈也有学习内容,有的人数还很多。对基于互联网的朋友圈,要作具体分析。如果它主要是由现实生活中的社区学习共同体的成员建立起来的朋友圈,它与现实生活中的社区学习共同体的目标、宗旨和学习内容是一致的,是现实社区学习共同体成员的新的交流空间,与现实社区学习共同体融为一体,那它就是社区学习共同体。如果仅有线上联系,而没有线下的有规律的学习活动,即使偶尔有线下的交流或学习活动,那么,这样的朋友圈,也算不上真正的社区学习共同体。一个真正意义上的社区学习共同体,它是中意度、友情度和参与度协调发展的生命体。

形成期犹如人的青年时期。处于青年时期的人,男女恋爱是重要的一课,而相同的价值观是恋爱成功的重要条件。所谓的门当户对,其实,是因为这样的情况下,更容易有相同的人生目标和价值取向。因此,形成期的社区学习共同体,最重要的就是成员对同一事物或活动的价值取向是相同的。

人的青年时期,是生命成长中一个旺盛的时期。形成期也是社区学习共同体变化最快的时期,这一时期,充满着许多未知数和变数,社区学习共同体从形成期得以顺利地步入成熟期,需要全体成员的共同努力,排除来自内部和外部的各种干扰。

每一个社区学习共同体的形成期的长短不尽相同,当一个社区学习共同体的骨干成员人数稳定,学习活动正常开展,即参与度处于稳定状态,中意度和友情度处在稳中有进的状态,我们说,这个社区学习共同体即将步入成熟期。

(三)成熟期——中意度、友情度与参与度的高度协调

经过形成期的社区学习共同体,不仅生存了下来,而且已经站起来了,也跑起来了,进入了具有相对稳定性的成熟期。成熟期的社区学习共同体,其中意度、友情度与参与度是在较高层面上协调互进的。

成熟期的社区学习共同体仍然处在一个发展变化的过程中。就像人一样,进入中年以后,同样要面临许多困境和问题,当然这个时期的问题和之前一个

阶段的问题不尽相同,但作为一个活跃的生命体,发展变化是不变的主题。成熟期面临着许多新的问题,但总体上,其压力点是如何在保持稳定与保持活力之间找到平衡点。

中意度:成员自己、成员之间、成员与社区学习共同体之间均有相当高的中意度。成员从内心深处喜欢这样的学习方式和学习内容,认为自己的潜质能得到最大的发挥,个人的生命性价值得到最大限度的实现,而且学习的过程很愉快、很享受,作为人的尊严得到了最大限度的尊重。

友情度:学习知识和技能本身已经变得并不重要,重要的是因为在这里的学习,改变了个人的生命状态,社区学习共同体就是一个温馨的家,成员在这里有在其他场域无法得到的群体归属感。大家彼此付出,不求回报,真挚的友谊是建立在心性释放和滋养上,与权势无关,与利益无关,只有人性的美好。

参与度:克服各种各样的困难参与到学习活动之中,因为有重要的事情而耽误了,心中有很多愧疚。只要是参加了,必会全身心地投入其中,自觉自愿地分担学习过程中的事务,能为社区学习共同体做出更多的贡献被视作是最大的光荣。

这一时期存在的压力点和要解决的主要问题是以下五点。

1. 保持活力。

(1)新的成员带来新的兴趣。成熟的社区学习共同体的成员也不会是完全不变的,有的骨干成员因为各种各样的主客观原因会退出社区学习共同体,而一些了解了社区学习共同体的潜在成员,会积极地参与进来。新的成员带来了新的兴趣,同时给社区学习共同体的整体节奏带来很多新的问题。这些问题是发展过程中的问题,一方面,新进成员有畏惧感,需要尽快消除;另一方面,会消耗目前成员的很多时间,改变目前社区学习共同体的活动节奏。成熟的社区学习共同体,有新进成员的基本要求和进入程序,更重要的是要帮助新进成员了解社区学习共同体的价值、历史、活动内容和基本规矩等背景。

(2)开展交流活动。通过行之有效的方法展示学习成果,与同类型的社区学习共同体联谊互动,开阔眼界,交流经验。在社区学习共同体内的交流是日常性的,大家是平等的、自由的、放松的、坦率的、开放的,当然有时也会有争论。为成员提供舒适的环境和温馨的氛围,这是社区学习共同体的主要形式或者说是基本状态。但是,仅有平静是不够的,有时,我们还可以有波澜或新的刺激。比如,与其他社区学习共同体的交流,特别是同类型的社区学习共同体间的交流。还可以用请进来的方式,请其他社区学习共同体的核心成员来参与讨论;请专家学者搞一次讲座等,都是保持社区学习共同体活力的方式;举办实体式的学习成果展览或网上展览，也不失为一种办法。

（3）在服务他人中激发活力。成熟的社区学习共同体可以根据自身的特点和优势，开展力所能及的社会服务项目，在服务中，检验学习成果，体现自身价值。不少歌舞类的社区学习共同体，把节目送到农村社区居民的家门口；有的书画类社区学习共同体，春节前在农民的家门口写春联；心理学方面内容的读书会的成员，定期为社区居民举办家庭生活咨询；等等。

（4）培养核心成员的继任者或建立核心成员轮流制度。核心成员的作用是不容置疑的。但核心成员也会有变化。有的会因为工作或家庭原因退出，不能继续充当这个角色。有的擅长在社区学习共同体早期发动工作或有好的人脉关系，但并不具备促进成熟期的社区学习共同体的发展，缺少保持社区学习共同体活力的办法。与此同时，有的骨干成员，虽然不是社区学习共同体的发起人，但在社区学习共同体的发展过程中有更重要的贡献和更好的影响力，在社区学习共同体进入成熟阶段后，可以适时地培养和确定新的核心成员。有的社区学习共同体甚至建立了核心成员轮流做的制度，新的核心成员有可能为社区学习共同体的进一步发展带来新的活力。

■ 框架与链接

学习引领人[1]

人们从社会学的角度对大雁高空列队远飞进行研究，然后发现，大雁有很强的团体意识，它们飞行中的这些规律，人们称之为"大雁法则"，其中另一个领头雁的领导规律就是：大雁的领导工作，是由群体共同分担的，虽然有一只比较大胆的大雁会出来整队，但是这只带头雁疲倦时，它便会自动后退到队伍之中，然后几乎是在难以察觉的情况下，另一只大雁马上替补领导的位置。大雁可以轮流当头雁，大雁们交替承担着全队的迁徙重任，直至全部到达目的地。[2] 在人类社会中，一个人永远处于带头地位是很难的。实际上，任何强壮的大雁，其体力总是有限的。同样，任何人的智力、知识，也是有限的。领头雁的这种交替引领，无疑是一种生存智慧。而英语角的学习引领人，正如大雁飞行中的领头雁一样，遵循着一种交替引领的大雁法则。需要指出的是，在这里，我把在讨论中

---

[1] 汪国新、余锦霞：《社区学习共同体的四大支柱》，杭州：浙江大学出版社，2016年，第20—21页。
[2] 张万久：《大雁的法则》，《财富智慧》2004年第10期。

主导话题并承担主持人角色的人物定义为学习引领人。

英语角的几张大小不一的长桌子，通常组合成四个小组，成员围绕小组就座展开学习。每个小组讨论的话题是不一样的，而在每个小组里，不同时间的学习引领人也是不一样的。例如，在一次活动中，原本大家在聊如何更好地训练听力，这时候，新来了一位成员小杨，他自带了一份资料，是美剧中出现频率最高的50个经典词语，有复印件10份，分发给大家。于是，小杨就成了这一个内容下的学习引领人，他提出游戏规则，让每个人用其中5个词语造一个句子，这样循环一圈。活动开始，对于不认识的词语和造句子时说不上来的英文，小杨都会积极给出提示和帮助，还有的时候也会出现某种干扰，没有轮到的人会突然插话，小杨便担负起"维持秩序"的责任，同时也会适时提醒已经轮到的成员发言。当这个游戏进行了大约30分钟的时候，成员们似乎有点倦怠了，于是，其中另一位成员小邓提出一个话题，"If you have a baby, what qualities do you want to cultivate him?"得到了大家的响应，于是，小邓接替成为学习引领人，他提议轮流的秩序，提出发表意见的要求（他要求大家要有条理、清晰地表达自己的观点），维持发言的秩序，并且还对每位发言人的观点进行评判和回应，鼓励遇到障碍和略显害羞的成员积极发言，表扬发言流畅的成员，等等。随着话题的不断变化，学习引领人交替担任，而且学习引领人并不是由大家推荐或者由某些人认定，而是在学习活动的过程中自然产生，在大家自觉不自觉的状态下，由想要担负这个角色的人交替担任。

2. 边界开放与稳定。

无论社区学习共同体的"出生"、背景、学习内容如何，它都不能孤立地存在着，都会也需要与外界发生联系，得到有关公共服务机构或社会力量的支持。在得到有关方面的支持的时候，常常会有一些附加的条件，此时，社区学习共同体把握怎样的一个分寸至关重要。社区学习共同体需要得到政府组织或社会力量的支持，但绝不是依附关系、从属关系，它是独立于任何组织之外的群众自主学习群体，具有独立性。它既不同于企业里的"实践社团"，也不同于校园里的学生社团。即使社区学习共同体是由政府组织培育出来的，但仍然具有独立性，这是由社区学习共同体的特性决定的。但是，社区学习共同体的独立性，并不表示它必须孤立地存在，不需要得到社会力量的支持与帮助，也不是不可以为社区学习共同体之外的民众提供服务。成熟的社区学习共同体既要保持自己的独立性和完整性，也要处理好与外界的关系，以开放的姿态应对外界的环境，又保持独立自主的本质特征。没有处理好这种关系的例子很多，那是因为，它还不是

143

真正成熟的社区学习共同体。成熟的标志之一，正是它的独立性和非功利性。

与企业中的"实践社团"不同的是，草根性的民间社区学习共同体，进入成熟期后，可以利用自身特点服务社会、服务民众，但它是公益性的，它和"实践社团"不同，它不需要谋求在组织中的合法的重要的地位[①]。有的社区学习共同体定位不清，追求"高大上"，觉得人数越多越好，装备越高档越好，并且把传承和弘扬某种传统艺术、技艺作为唯一的奋斗目标（这样做的后果，是见物不见人，要么成为某个行业性或专业性社会组织的附属品，要么因为经费过高支撑不了而自动解散）。

3．调适学习活动的强度与节奏。

社区学习共同体是生命体，任何生命体都有一个生长节律问题。一年有四季，一天有昼夜，这是大自然的节奏。上班工作，下班休息和睡觉，还有节假日的休闲，这是人的节奏。成熟的社区学习共同体也有符合自身特点的节奏。人的心跳是强有力和有节奏的，人就充满生命活力，同样，一个社区学习共同体有适当的活动强度和节奏，它也是充满活力和吸引力的。

没有一种节奏适合所有的社区学习共同体，而且随着社区学习共同体的演变，它的节奏也会发生新的变化，但是找到每一个社区学习共同体的最适宜的节奏，对社区学习共同体的成长发展是至关重要的。这里所说的节奏，是指开展学习活动的频次。每周活动的次数多了不行，就像心跳太快，一种喘不过气来的感觉，但是如果太少，就像心跳太慢，也不行，给人无精打采的感觉。民间的学会或协会，有的人认为它也是社区学习共同体，我们认为不是，除了别的更重要的原因外，单从活动的频度说，每年一次年会，其他时间不再联系。杭州市临安清凉峰太极拳俱乐部每周集中活动两次，上海市普陀区不老松读书会是每周集中活动一次，也有一个月两次集中学习的社区学习共同体，只要是适合自身特点的，都可以。

---

① 温格等：《实践社团：学习型组织知识管理指南》，边婧译，北京：机械工业出版社，2003 年，第 86 页。"实践社团在成熟期，通常在组织中担任更重要的角色。……社团很关心它的工作与组织的情况是否适应，每次会议开始时都请一位领导层的代表讲一下当前的事务，所以能够得到高级管理层的认可，保持其合法地位。……它们通过承担重要的事情，以获取合法的地位。某个化学工程师社团是 17 位成员组成的小组，处于组织的核心业务的外围。不过几年之后的情况发生了变化，社团开始承担一些对组织很重要的事情。其中一项是购买化学药品，以前这是由组织的各个单元独立完成的。这个社团开发出管理供应商和竞价招标的程序，这一程序使公司的购买化学药品的费用降低到同地区其他公司的1/3。通过承担这件重要的任务，为组织做出实实在在的贡献，化学工程社团在组织内赢得了相当高的地位。"

◢ 框架与链接

用心陪伴比学习内容本身更重要[①]

知识只在"心"上才会发挥作用,社区学习共同体独特的文化,让成员在关系中去感受和成长。"记得在分享《爱就是彼此珍惜》这本书的时候,有位伙伴正处在夫妻关系的转折点上,对以后的生活很困惑,很迷茫。而这本书的主题正契合这位伙伴的需求。在分享的过程中,书中的一些观点,以及其他参与者的表达打动了这位伙伴的内心,虽是初次参与,但他能感受到整个氛围的安全与宽容,就坦然陈述了自己的问题与困惑,得到了大家的回应和理解,并在随后的交流中得到了一些启示。可以释放情绪,可以真实表达,但也提醒自己要言责自负、言行自律、尊重边界、尊重差异。就是这样一个容纳真实的空间,刚柔并济的规则,以及润物无声的影响,逐渐改变了他的心态和生活——从一个被情绪紧紧包裹,说几句就流泪的状态,到放声笑出声来,也就是来参加十来次读书会的事。我问过他,是什么让他转变的,他说:是大家的陪伴、倾听、关心以及各自分享的故事,而书上的内容大概只占10%。是的,这个时代,我们所需要的,并不只是知识与道理,更需要有温度、有包容的陪伴和分享。"

4. 避免出现变形或变味。

最容易出现两种情况,必须防止其发生。一是变成小班课堂,核心成员成为教师,一般成员只是被动听课的学生。核心成员的必要的演讲不可少,但是研讨和质询的时间是必须保证充足的。核心成员需要关注每一个成员及其意见,鼓励和支持对自己的观点发表不同意见和新的见解,并以此作为提高学习品质的突破口。

二是变成了茶室,无主题地漫谈。在社区学习共同体座谈的过程中,对事先确立的主题没有展开探讨,而是漫无边际地闲聊。当然,在轻松的环境中讨论新闻事件、业余兴趣、孩子或感情等话题,对于建立成员间强烈的信任感以及维持持续的学习过程都是必要的。但是,对这些话题的讨论不能替代学习共同体所关注的中心议题。中间休息时间可以用来讨论与主题无关的话题。反之,也可能出现个别成员独霸时间的现象,整个单位时间中某个成员都在分享个人

---

① 汪国新、余锦霞:《社区学习共同体的四大支柱》,杭州:浙江大学出版社,2016年,第63—64页。

经验、观点、疑惑,或者他们自身的心理或社会问题。这种局面如果经常出现,会让社区学习共同体变味,让更多的成员失去主动学习激情,成为被动接受的容器,这是与社区学习共同体的特性格格不入的。

5. 形成独特的社区学习共同体文化。

成熟的社区学习共同体,必然有自己的独特的文化。一谈到文化,常会有人想到是企业文化或事业单位的文化,而且常常把文化等同于由领导提出来的贴在墙上的口号、校训、规章制度等。其实,文化是一种基因,是一个群体长期形成的内化到所有人的言行之中的集体记忆。很多企事业单位,尽管有许多标语、口号及制度,却并没有集体记忆,并没有形成自己的文化。充其量,只有共同的目标,而这些目标,常常是可以量化的物的目标。实际上,文化是共同理想和信念的精神产品,在严重的物的异化和人的异化背景下的组织,是很难有真正意义上的单位文化的。社区学习共同体,它以实现人的生命性价值为所有成员的根本目的,以享受当下的学习过程为出发点,由本质意志引导行为,很自然地形成自己的文化。有些社区学习共同体有它的特有的语境和符号系统,有的并没有,但成熟的社区学习共同体都应有个性化的社区学习共同体文化。

"对于一个共同体而言,相互接触和交往的人愈少受到约束,他们相互之间就愈是作为他们的愿望和能力的自由的主体。"[①]社区学习共同体没有通常意义上的严明的制度,其成员可以无门槛进入,也可以零成本地离开。

如果说社区学习共同体有一定的约束力,那么,这个约束力是成员对于共同体特性理解基础上的思想信念的默认一致。"相似相溶"原理是化学里的一个重要原理,其实人与人的关系同样遵循这一原理。"结构和经验的相似性越大,或者本性、性格、思想越具有相同的性质或相互协调,默认一致的概率就越高。"[②]社区学习共同体成员的生活相互嵌入,同甘共苦,尊重悦纳,在相互理解认同的基础上建立起默认一致关系。

杭州的某无名英语角已经存在发展了近十年,它没有一条规章制度,核心成员有时一两个月不在场,社区学习共同体却照常运转。作为完全没有被管理的社区学习共同体,其所以生存发展多年,就是独特的文化所发生的重要作用,体现了默认一致的社区学习共同体的文化特性。

---

① 斐迪南·滕尼斯:《共同体与社会》,林荣远译,北京:北京大学出版社,2011年,第58页。
② 斐迪南·滕尼斯:《共同体与社会》,林荣远译,北京:北京大学出版社,2010年,第59页。

▋▋ 框架与链接

没有规矩也能成方圆[①]

　　城西英语角,在杭州市已经存在近十年了,历经三次"搬迁"(发起人 David 用这个词来指变更学习活动场地),是杭州市城西一带赫赫有名的、以英语学习为主题内容的社区学习共同体。有意思的是,这个英语角没有名字,也没有人提出要为这个英语角取一个正式的名字。而成员们在需要用到一个称呼指代这个英语角时,这个英语角就有了不同的名字。有的成员称之为"英语角",有的成员称之为"城西英语角",有的成员称之为"书吧英语角"(英语角现在的活动场所是教工路 1013 书吧),有的称之为"1013",等等。为了叙述的方便,将这个社区学习共同体简单称为英语角。每周五晚上 7 点半到 10 点半是英语角的固定活动时间。目前,英语角相对稳定的成员大约有 50 个,其中元老级成员(指从一开始就参与英语角活动并坚持至今的成员)10 多个。成员年龄主要在 30 岁左右,有 1 个成员超过 40 岁,有 1 个成员低于 20 岁。成员来自各行各业,有出租车司机,有从事外贸和进出口业务的,有从事金融行业和投资理财行业的,有从事软件程序相关行业的,有从事水电行业的,有教师和培训师,有个体"小老板",有大学刚毕业还在准备就业的,还有少量的来自美国、俄罗斯、乌克兰等国家的人,等等。

　　在这里,没有规矩也能成方圆。首先,英语角没有任何成文或者不成文的规矩,至少没有任何的方式告知一个新成员他必须遵守什么样的规则,一切的言行举止都由每个成员自觉和自由选择;其次,英语角对核心成员的依赖度似乎并不高,核心成员是否参与活动,对这个社区学习共同体的学习活动似乎没有什么影响,据 David(英语角的发起人和召集人,在我眼里,我认为他是这个社区学习共同体的负责人,是核心成员)讲,他是否来参加活动对英语角的活动开展没有任何影响,他最长的一次是连续 4 周没有在英语角露面。

　　没有约定俗成的规矩,没有对核心成员的依赖,可是这个社区学习共同体生存发展了近十年;它能"挤占"年轻人有限的闲暇时间,吸引这么多的成员持续参与学习活动。这正是这个社区学习共同体文化的独特所在。

[①]　汪国新、余锦霞:《社区学习共同体的四大支柱》,杭州:浙江大学出版社,2016 年,第 15—17 页。

（四）转化期——终结与新生

当成熟的社区学习共同体的中意度、参与度和友情度开始减弱时，它已经步入了转化期。

一个生命体，有生长、发展，也会有终结和消亡。社区学习共同体作为一个生命体，也会随着情况的变化，从成熟期进入转化期。在来自内部或外部的不可控的因素的作用下，发生渐变或突变，是一种正常的现象。但是不管是哪一种变故，其成员都会表现出强烈的情感反应，留恋、遗憾、惋惜的情绪都会表现出来，因此，即使社区学习共同体作为一个整体消亡了，原来正常的一些活动不再有规律地开展，但是成员个体之间还会保持较密切的联系。社区学习共同体终结的原因是多种多样的，一般有以下几种：

（1）有些社区学习共同体的学习内容具有阶段性，当这些学习内容全部结束了，又没有找到大家认可的新的学习内容，社区学习共同体会自然解散。

（2）有的社区学习共同体发展太快，人数不断增加，活动的困难增大，特别是人多了之后，共同的价值取向会发生变化，原来骨干成员的心理平衡易被打破，强烈的归属感被稀释了，这时，社区学习共同体有两种变化方式，一是解散，二是分成若干个更小一些的社区学习共同体。第二种解决办法是可行的。

（3）有些社区学习共同体对核心成员的依赖性较强，当核心成员有变故时，没有新的人能接上来，这时社区学习共同体会自然停顿下来或终结。

（4）有些社区学习共同体在成熟阶段，没有在吸纳新的成员与保持活力之间找到结合点和平衡点，成员对学习内容调整的意见没有被及时采纳，社区学习共同体失去原有的活力，就会渐渐衰退。

（5）有的社区学习共同体因为骨干成员的家庭住址搬迁，到别的地方生活，失去了集中学习的机会。如果一个社区学习共同体中这样的人多了，社区学习共同体也难以存续。

（6）有的社区学习共同体发展得很快，不仅人数大增，还有许多经济收入，有较大的社会影响力，这时，学习的内容和形式与之前会有不同，接近于或者干脆转化为一个正式的民间社会组织，实施层级式的管理，或被某些组织所收编。

当成员看到同类社区学习共同体由兴旺到消亡的事实，他们也能真切地认识到自己所在的社区学习共同体不可能永远存在下去，这对增强社区学习共同体的凝聚力反而有推动作用。成员会更加珍惜社区学习共同体存在的每一天，成员会更加投入其中，因为他们知道，社区学习共同体之所以存在，是因为成员们有共同的价值取向与愿景，有共同的人生困境需要彼此温暖，正是因为成员们的共同参与，才会有社区学习共同体的生机与活力。

　　一个社区学习共同体结束了，它的部分成员可能成为新的社区学习共同体的发起人，开启一个崭新的社区学习共同体。这些人尝到参与社区学习共同体的甜头，同时又了解社区学习共同体的一般过程，还会有一些关于协调好一个社区学习共同体的自己的想法。一个终结了的社区学习共同体中如果有几个这样的人，他们都有可能发起一个新的社区学习共同体，岂不是社区学习共同体的新生了吗？

　　就如人生有若干个发展阶段一样，社区学习共同体也有发生、发展、变化的四个阶段。其所以会发生，是因为人的本质意志在适宜的条件下会发生作用，只要是正常人，都会有这样的需求和愿望，只是许多人还处在潜意识之中，另一些人，由于自身条件的局限，没有发起或参与基于社区学习共同体的学习。成熟的社区学习共同体，就像成熟的人一样，意味着对生活有更丰富、更深刻的体会与感悟。成员对自己和对社区学习共同体的期望也会有更高的要求，他们不会将就，不会停歇，会朝着心性指引的方向前进。我们很好理解社区学习共同体所发生的变化，那是因为，在社区学习共同体中，我们是完全独立的个体，有自己的思想和追求，有自己的价值取向，有自己对生命意义的理解，成员参加或退出，社区学习共同体成长或消亡，正好说明了社区学习共同体是一个基于本质意志的生命现象。

　　当然，今天的世界，一方面，因为有很多人眼里只有物质，物质享受成为唯一的追求，心性被厚厚的虚名浮利所遮蔽，还没有意识到生命性价值在于精神世界的丰富；另一方面，很多人就正是因为对人的异化或教育的异化看得很清楚，在努力地找寻一种新的生活方式和思维方式，于是自觉地走进了社区学习共同体，这既是心性的使然，又是社会生活的反逼。

　　稳定性让成员有更强烈的归属感，活力让社区学习共同体充满着生机。追求稳定性与增强活力这一对矛盾始终存在于社区学习共同体中，当核心成员和骨干成员乃至社区工作者，能正确认识和深刻把握好这一对矛盾的主要方面，随时进行调适，社区学习共同体就会朝着正确方向发展。社区学习共同体的终结或消亡，不仅不可怕，反而预示着更多的社区学习共同体的新生。因为，人，追求幸福和美好的本性是不变的。

第六章

养护与培育

　　本章提要：社区学习共同体是一个生命体，培育社区学习共同体需要遵循的基本原则是支持而不包办、扶持而不控制、助推而不实行目标管理、养护而不拔苗助长。政府在社区学习共同体的成长发展中不是无所作为的，可以在社区学习共同体的成长生态环境建设上发挥作用。应正视社区学习共同体培育中存在的突出问题，避免错误的做法。

雨后山中蔓草荣，沿溪漫谷可怜生。

寻常岂藉栽培力，自得天机自长成。

这是一首清代无名氏的"名诗"，南怀瑾在《论语别裁》中引该诗说明教育的真义。下雨以后，山里的草，很快就青青翠翠遍地长起来了，沿着小溪，漫着山谷，绿成一片。这么多普通的小草，都是自己等待时机，靠自己成长起来的。

在探讨了社区学习共同体本质特征和内生规律之后，我们把视角转移到社区学习共同体的成长环境的营造，即在支持服务体系的建立中，政府及其有关部门该遵循什么样的原则营建社区学习共同体的成长生态。如果说前几章是基于实践的理论研究，那么本章就是理论（学说）指导下的实践探索。如果说前几章把握的是社区学习共同体的内在规定性，是内因分析，那么本章就是促进社区学习共同体发展的条件，是外因分析。做什么很重要，比做什么更重要的是"不做什么"，因此，我们在研究养护社区学习共同体原则的同时，列出推进社区学习共同体发展的负面清单，因为成功的经验各不相同，失败的教训则不断被复制。负面清单列出的是社会工作者的行为（白），背后隐藏着的是对社区学习共同体思想的误解（黑），所以，我们除了列出负面清单外，还要分析这些行为的原因。

为什么更多强调养护而不是培育？社区学习共同体既然与别的学习组织有着根本性的区别，那么，对于这样一个特殊的具有草根性的生命体，用培育一词似乎不能表达社区学习共同体的独特内涵。我们认为，"养护"至少比在植物学和社会学中广泛使用的"培育"一词会贴切一些。培育的基本解释是"培养幼小的生物，使它发育成长"。培育的近义词有培养、扶持、发展、引导、塑造、繁育、培植、栽培等，包含有之前未必存在，可以通过人工的方法无中生有的意思；而养护的基本解释是养育护持，其近义词有滋养、保养、看护、守护、维护等，把"培育"的意思也包含进去，但比培育更适合于社区学习共同体。社区学习共同体不是人工"养殖"或"栽种"的，是天然地存在于城乡社区之中，存在于老百姓的生活中的。我们所做的事，是保护、呵护、维护，如同天然的草原，我们不让牛羊过分啃吃，不让其沙漠化。

《道德经》云："万物作而弗始，生而弗有，为而弗恃，功成而弗居。夫唯弗居，是以不去。""是以圣人居无为之事，行不言之教。"这就像天地一样，让万物按照自然发展而生长，它滋养了万物却不横加干涉，抚育了万物而不自夸自傲，万物靠它生长但它并不据为己有，它为世间万物立下显著功勋却不自居其功。正因为它不居功自傲，所以它的功绩就不会失去。万物的变化，是万物自己变，圣人做的都是无为之事,说的都是不言之教。万物生长不已,圣人听其自然,不居其功,反而有大功。听其自然,自然而然。社区学习共同体的养护正是需要遵循顺其自然、适度养护的原则。社区学习共同体的养护,基本要素包括"养"——提供必要的公共空间、设施、师资等支持,"护"——适度的关注、引导、指导、激励等。既不放任自流,也不拔苗助长。本章,我们将讨论两个方面的问题,为什么是养护和如何养护。

一、社区学习共同体是长出来的

(一)生命与生态

生命的本性是通而不是隔的。生物机体与其赖以生长的环境是一体的,生物一定要不断地吸收同化其外界环境各种因素,一旦与外界相隔就会死亡。

生命是活的。任何生命都有新陈代谢的自我更新过程。一切生物总在生生不息地有所吸取于外、消化于内,又排泄于外,从而有所生殖、有所生长。新陈代谢既是个体的特性,也是由个体组成的群体的特性。没有生态环境,生命不复存在。

好的生态的特征,一是最大限度地自我发展;二是普遍意义上的互利共生。你的生长在促进我的生长,而我生长得好,也一定能让你也成长得好。日月星辰,世间万物,各安其位,各得其所,和谐相处,构建起共同生活的大家庭。人类作为自然的一部分,是宇宙大生命体系中的一个子系统,不可与自然为敌。爱因斯坦在1938年写过一封信,这封信的题目叫:给5000年后子孙的信。在这封信中,爱因斯坦一方面用一种赞美的语言,描述了科学的进步给人类带来的幸福和快乐;另一方面,他又用一种悲哀的语言,表达了自己的忧虑。那就是,由于商品的生产和财富的分配不均,也给人们带来了一种更大的灾难和不幸。让我们无比震惊的是,原以为要5000年后才出现的状况,今天就已经成为现实,这让人充满着一种深深的忧虑和恐惧。环顾全球,自然灾害频发,濒危生物急剧增加,物种大量灭绝,地球资源枯竭。自然灾害愈演愈烈,其频度和广度有增无减,其后果不堪承受。能源危机,资源危机,生态危机,人类已面临着生存危机。这一切,其实是人类"破坏性活动"叠加的结果。东方"天人合一"的哲学思想,将大自然看成是有生命的机体,认为一切人事均应顺应自然,遵循规律,达到人与自然的和谐。"人法地,地法天,天法道,道法自然。"表明人与自然的一致与相通。"天人合一"思想是农耕文明的成果,接近于生态文明。然而,生产力发展后出现的达尔文主义思潮,其哲学观是"斗争、竞争、掠夺",并不适合人类社会生活的"丛林法则"(物竞天择,适者生存)主导了近代世界历史发展的方向。资本主义、帝国主义奴役他人,掠夺和吞噬社会财富,鼓励人们以物质消费来拉动生产,而"生产"几乎就是"毁坏"的代名词。人类任意破坏自然的行动有增无减,挖空她的躯体,毁坏她的面目,阻断她的血脉,采吸她的血液……人类的活动必将造成地球灾难性的变化,最后酿成全人类的悲惨结局。

遗憾的是,人们并没有认识到土地开发、地下矿产开发、森林开发等造成自然破坏的严重性,许多人认为只要做好植树造林工作,就能解决水土流失、山体滑坡等灾害。其实,植树造林所形成的人工"绿色"与自然形成的山体森林的天然"绿色"是有本质区别的。为了开发旅游资源,在山体上修筑公路和桥梁,十多米宽的盘山公路,对山体生态的破坏是致命的,因为,山体是自然生态,是一个生命体,一个有机体,它是有自己的经络与血脉的。当我们切断了经络与血脉,这对有机体的破坏是不言而喻的。森林中的一草一木,都是自由生长的,是由内而外生发出来的,而植树造林,无论做得有多好,也还原不了自然生态的和谐。

没有生态理念,好心常常办坏事。据央视国际 2007 年 5 月 3 日报道(新闻联播):从水泥硬化城市河道到采用生态模式治河,北京市在十年间走过曲折的治河路,最终选择让河流自由地呼吸。清河一期于七年前动工,北京 20 世纪 90 年代改造的标准河道,河底铺的是坚硬的水泥,两边河岸也是水泥砌成,直上直下。像这样"三面光"的硬化河道看上去有模有样,可岸边的居民意见却很大。河流附近市民反映:两边都不能待人,臭气熏天。水务局接到居民不断打来的投诉电话。政府纠正了这样的低级错误,否定三面光的治河办法,改为培育湿地,到 2002 年湿地的效果出来了。芦苇、蒲草长得好,它们吸收了水体中大量的氮、磷等营养物质,对水体的净化起到非常好的作用。经过检测,流经湿地的水从超五类变成了三类,水清了。实验证明,是动植物及微生物之间的生态循环降解了水里的有害物质,原来的硬化河道恰恰是由于割断了这种生物链,才导致河流丧失了吐故纳新、自由呼吸的能力。北京彻底抛弃以往硬化河道的做法,建设有自我净化能力的生态河道,一个水与生活环境相和谐的水系正在恢复之中。

曾几何时,用水泥硬化河道、河岸的做法风行全国。实践证明,给河流"穿"上"水泥外衣"不仅不利于水质的改善,反而把有生命的河流变成了窒息的死河。生态河道建设以保护和创造生物良好的生存环境和自然景观为前提,在具有一定安全性和耐久性的同时,充分考虑了生态效果,把受人类严重干扰和破坏的河道修复成为水体与土体、水体与生物相互涵养,适合生物生长的近自然状态的河道。

其实,自然的水系是一个生命的有机体,是一个生态系统,它是需要一个自然的生态环境方能维持健康的。

如今工业制造的观念已深入现代社会的各个角落,而农业生产的生态观念却被人们弃如敝屣。当工业制造成为人的思维方式后,人类与自然的关系只会越来越对立,对生命体的敬畏感荡然无存。北京用"三面光"方法治理河道的案例正是生态观缺失的一个重要例证。

其实,中国五千年的农业文明,就是天人合一的生态文明。中国是一个历史悠久的农业古国和农业大国,在长期的生产实践中,勤劳的中国人民积累了丰富的生产经验,也创造了灿烂的农业生态文化。"稻鱼共生"就是发生在浙江的生态文明的例证。青田稻田养鱼距今已有 1200 多年的历史,鱼儿在稻田里自然生长,鱼儿为水稻翻土,水稻为鱼儿供食,经过长期共存适应,形成了稻鱼共生生态系统。

传统农业是生态农业,它不人为地缩短农作物生长周期,改变农作物生长的自然季节,甚至改变农作物基因以追求生产效率以及批量化生产等。不催生,不催产,不批量化生产,不用化学制剂去草、除虫。这主要是由于:第一,"万物生长有其时",庄稼生长有季节性,在庄稼弱小时,要打好基础,让其根系充分生长,为将来作物的壮大做准备,不能拔苗助长;第二,农夫会根据不同作物的生长特性以及作物生长所依靠的不同土质特性和所处地域的不同气候特征等,精耕细作,否则很可能会低产甚至颗粒无收;第三,对土地和自然环境的挚爱,在传统农业中,农夫生活唯一的依靠往往只有自己所耕种的庄稼,庄稼是农夫自己包括家人生存的保障,农夫往往对庄稼充满爱护之心,想尽一切办法来呵护;第四,农夫对待作物的方式是"柔软"的,"春风化雨","润物细无声"。

教育同样不能拔苗助长,农业是教育的隐喻,教育即农业。教育宜为生态农业的"生产"而不是工业制造。可是,工业化以来,人类广泛地以工业模式进行"教育生产"的实践,教育的工业化操作在当前我国教育实践中体现得更明显。这种教育最大的问题就是不尊重儿童成长的自然节律。"过难教育"与"超前教育"之风盛行。教育者对儿童的成长难有耐心,想方设法让他们提前成熟,为此使用了各种"催生"方式。"超前教育"几乎成为惯例,名目繁多的文化技能补习班长盛不衰,有增无减,繁荣异常。通过"工业"的方法,人为缩短儿童的成长周期,是不同形式的"催生剂",是对儿童成长规律的违背。工业化教育伤害了儿童的心灵,难以培养全面发展的、身心健康的人。

所以真正的教育是自我教育。我们无法改变他人,除非他内心想改变,我们只能提供适度的帮助,然后耐心地等待。鸡蛋,从外面打破是食物,从里面打破是生命。人亦如此,从外打破是压力,从内打破是成长,如果能从内心突破,这种成长相当于一次重生。由外力推动的发展不可持续,由内而外的生长,有时虽然缓慢,却有着顽强的生命力。我们常常高估了"宣传式""运动式"的教育的作用,我们也常常习惯地进行"拔苗助长"式的"培养",其实,我们是怀着善意做了违背人的天性和教育规律的事。

(二)"长"出来的社区学习共同体

正如古诗"雨后山中蔓草荣,沿溪漫谷可怜生。寻常岂藉栽培力,自得天机自长成",一阵大雨过后,你到山中一看,沿着山谷流水,蔓草已经长出来了,这些草也不靠人浇肥料,无人帮忙,是靠它自己的生命力,满山满谷在生长,那是自得天机,自然得到天地生命的力量,自我站起来的。

种子要发芽,是什么力量也阻挡不了的。路边的小草,谁去种它?谁给它肥料?都没有。都是自己等待时机靠自己成长起来的。学习,是人的天性。人类对于学习有一种深切的动力。学习,对于人来说,不仅是为了适应变化了的世界或者说是日新月异的变化着的世界,而是人的天性,是人之所以为人的根本所在。个人的生活最终是他自己的责任。"每个人都只能自己'活',不能由别人'活';每个人从出生到死亡的全部历程都得自己走,不能由别人代走。"①人要走好自己的路,除了学习,别无他法。这里的学习,一定是出自学习者的内心,学习是人的内在需要,凡是自己愿意学习的,总是学得好的,效率也是高的,相反,被学习,总是低效而痛苦的。学校里的课堂,是很难把学生从"配角"变成"主角"的,如果把学生当成通过训练就可以获得某种能力的"巴甫洛夫的狗"或"斯金纳的鸽子",学生的好奇心与求知欲自然得不到满足。同样,拥有不同的性别、成长经历、生活环境以及智力和心理发展的水平的成年人,也具有他们的好奇心与求知欲,而且,他们的需求更显现出多样化、个性化和品质化的特点。只有尊重他们的个别差异,彻底变"工厂标准化生产"模式为个性化的学习,才能激发学习者的学习动机。

---

① 赫克明编:《面向21世纪我的教育观》,广州:广东教育出版社,1999年,第333页。

好的教育其实是成全人格的过程。不仅仅是成全了学生,也成全了教师。课堂本该是有生命的,当老师在课堂上与学生分享时,事实上学生也在成全老师,它不是单向的,而是双向、多向的。"相互成全"是教育的精髓,真正的教育可以让每一个人在教育当中得到一个确定的、安全的、健康的价值。它不能是由金钱、地位、知识来衡量,而只能是无形的、不能用物质尺度衡量的价值。可惜,在工具理性大行其道的今天,学校教育成为单向的供给,不是成全人格的教育场。

社区学习共同体是自己"长出来"的。"没有花香,没有树高"的路边小草,其生命力无疑是旺盛的,因为它有自己的根,是自己长出来的。而人工草坪,虽然有工人养护,却常常难逃死亡的厄运,因为它是"被生长"的。社区学习共同体,就是"小草",是城市社区和乡村社区里自己"长"出来的,它已经遍布在城乡各个角落,不管你看没看见,承不承认,它都实实在在地存在着,只是,有的地方多一些,有的地方少一些,有些是真正意义上的社区学习共同体,有些是"准社区学习共同体"。据不完全统计,2014 年,仅杭州市就有各种类型的社区学习共同体 4500 余个[1],到 2016 年底已有 6000 个。不管是真正意义上的社区学习共同体,还是"准社区学习共同体",都包含社区学习共同体的特征,这些特征是社区学习共同体所特有的,是与目前任何其他学习组织有着本质区别的。有人会问,你们为什么对社区学习共同体在中国发展的前景有如此坚定的信念和充足的信心?我们的回答是:因为它既是契合人性的,又是符合成人学习规律的;既是老百姓的内在需求,更是建设幸福中国的客观需要。

社区学习共同体突破了学校教育的两大局限性,即封闭性、终极性(文凭即能力、地位、好的工作)。社区学习共同体具有对象的普遍性,关注城乡的任何一个人;具有内容的丰富性,学习内容涉及人生不同阶段必须面对的多种多样的困境;具有学习资源的生成性,每一个学习者都是学习资源;具有学习方式的自主性,每个学习者是平等的、有尊严的,在掌握一定的知识技能的同时更重要的是收获了归属感与幸福感,社区学习共同体是一片沃土,其成员可以毫无恐惧、快乐而完整地生长于其间。

社区学习共同体突破现行社区教育的局限性,即面对少数人的文化教育或技能培训,同学校教育一样是自上而下的单向供给,因而教育形式与学校教育雷同,也多为灌输式、填鸭式。由于不能真正把握社区教育的本质属性,许多人

---

① 汪国新:《2015:职教大事有我——10 位职教人的 10 件职教事》,《中国教育报》2015 年 12 月 31 日。

致力于社区教育的正规化(课堂、课程、讲师)和信息化(数字化的课程资源),但终究只有少数人受益而形成"老面孔"的怪圈。"菜单式教学"被许多人认为是社区教育中最为先进的做法,其实,不管这一教学方法做得如何到位,仍然是计划经济思维和单向供给行为。这种思维和做法,永远不可能办好居民满意的社区教育。实际上,社区教育不是居高临下的教育,而应该是自下往上生长的。社区学习共同体正是"草根"的,由地上长出来的。

社区学习共同体还突破了"实践社团"的局限性,即实践社团的宗旨是组织的发展,促进组织内部交流和知识共享,"把员工个人掌握的知识转变为组织知识",让企业(组织)成为学习型的企业。与此相反的,社区学习共同体关注的是学习者个体的发展,关切的是学习者个人当下的幸福和个体生命状态的优化。

社区学习共同体突破了一般社团的局限性。严格意义上的社团是组织化程度很高的正式的群众性的团体,不仅有自己的章程制度,而且有着严密的层级结构,参与其中的成员,通常有功利性的目的。学习型社团,这个词是偏正结构,用"学习型"来定义"社团"。同时还表明两个概念之间存在先后关系,即先有社团,然后贴上了学习型的标签。亦即两者是可拆分的,不具有必然联系。比如从学习型家庭到学习型城市,都有这样一种前者定义后者的关系,一种先后关系。社区学习共同体与学习型社团的区别在于,这里的"学习共同体"是正正结构,学习与共同体互为前提,互相定义。即通过学习定义共同体(因共同学习而结成的能实现生命成长和建立守望相助关系的群体),通过共同体定义学习("同自觉、共做主、互为师、自评价"的共同学习)。在这里,没有学习就没有共同体,没有共同体也就没有学习,两者之间互相依存,互为因果,具有不可分割的、必然的联系。所以,社区学习共同体与学习型社团也是完全不同的两个概念,有着本质上的区别。社区学习共同体的成员把功利目的甩在脑后,学习目的与过程融为一体,成为完整的人是目的,发展个体潜质是目的,发展潜质的过程也是目的。"学习型社团"或"学习型团队"及学习型组织,都是先有了组织或团队,这些组织或团队有其自身的功能和目标,当它们成为"学习型"时,可以更好地实现组织功能与目标,而组织或团队中的"人"并不是目的。

(三)没有固定模式可以应用

社区学习共同体是一种学说,而不是一种理论。社区学习共同体学说是生命学说的一部分,它不是物理学类型的一种科学理论。科学理论(知识)与我们的实际生活不是没有关系,但其关系是应用关系。如应用基因知识来改变植物种子,应用生物和医学知识制造能治疗某种疾病的药物等。物理学类型的科学理论可以应用于制造制作,蓝图在先,然后依靠蓝图施工制作。有了量子理论在先,才能造出原子弹或原子反应堆。"实际上,直到伽利略—牛顿的科学革命盛期,物理学仍然是为真知本身而求知。科学理论大规模应用于制作,是近两个世纪才发生的。"①科学理论可以应用,却不是人们能够践行的,它以其研究客体为基础,与人的直接经验相分离。愈是发达先进的科学理论,离开我们对于事物的直接经验愈远。生命学、伦理学不同于物理学型理论,它是基于真实生活的实践知识。我国传统文化中的"知行合一"中的"知",不是物理学、数学等自然科学的理论"知识",而是德性之知和实践之知。没有践行,德性之知和实践之知断然是不可能学习的。传统社会的青年人都是在做事情的过程中学习成长或在习礼的过程中成熟。最好的教育是老师或师傅的身教和示范,是他们把事情做到极致,以生命影响另一个生命,而不是讲道理;学生或学徒最好的学习是演练,老师或师傅在学生或学徒有困难时给予点拨,即我们所说的学有所教。真正的学习,不该是课堂上完成的,课堂上的授课学习,只能获取"见闻之知",而德性之知,是需要在真实的生活中通过实践学习的。研究儒学者,不一定是儒家,"道德哲学"不等于"道德水平"。当然,明理,对于实践品质的提高具有促进作用。"惟明理才能更明慧地实践。"②

模式一词,学界盛行多年。在教育研究领域更为普遍。似乎只有新模式才能显示出教育教学改革的成果,归纳不出几个新模式就不好意思说在教育教学改革上有成绩。其实,模式是指科学研究中以图形或程式的方式阐释对象事物的一种方法,模型是事物的标准样式。工业时代的机械化加工,人们按照统一的标准,用模具、模型复制和批量生产所需产品,极大提高了生产效率。自然科学和社会科学领域的实验研究或实证研究,也可以建立相应的模式以示其科学性。然而,生命学、伦理学研究更重要更具个性特色的是质性研究。实际上从笛卡尔时代开始,西方就一直有反对计算和量化的声音。生命学和人文社科关乎人性和人世,而人性和人世的非理性,决定了其研究方法根本上有别于自然科学研究。近代以来人文学说(人文科学本身就是科学的思维已深深地影响着我们,人文更多是学说而不是理论,更不是科学理论)与自然科学之争的焦点正在于"量化"。狄尔泰用"理解"与"说明"来区分人文科学与自然科学,试图以此区分来确立人文科学的自主性,维护人类精神生活的意义和尊严。"在今天,

① 陈嘉映:《何为良好生活》,上海:上海文艺出版社,2015年,第165页。
② 陈嘉映:《何为良好生活》,上海:上海文艺出版社,2015年,第167页。

'量化'更成为人文科学的最大魔障,也是人类精神生活的头号敌人。我现在依然认为,人文科学存在的意义之一就在于抵制量化,抵抗技术给我们带来的普遍量化,这也是人文科学的尊严所在。"①

世上没有两片完全相同的叶子,大自然中的植物、动物形态各异,各有各的特点,各有各的美丽。作为"万物之灵"的人,更是复杂丰富而变化无穷。凡是作为生命存在的有机体,都没有也不可能会有统一的成长标准、生长模式。所以对人的教育,只能是因材施教、学有所教,而不是工业化的"批量生产"。

人是生命体,社区学习共同体是由人组成的生命体。生命体不是人为设计出来的产品,不是机械化批量生产的工业制造物。教育的终极目标是让每个人成长为"自己",让每个人的个性得到充分发挥,让每个人的潜能得到充分体现,让每个人做最好的自己,而不是标准化考试、批量化生产。所以,社区学习共同体的培育没有固定的模式模型。如果用模式的思维来解决社区学习共同体的培育问题,就会与社区学习共同体生命成长的本质相冲突,与社区学习共同体的初衷背道而驰。培育社区学习共同体,一定要精心呵护和保持每个学习共同体的不同形态,不要试图找到千篇一律的模式而一劳永逸,力求避免行政思维和模式化思维。没有固定可复制的模式或模型,并不是说没有规律和原则可以遵循。社区学习共同体成长有其"自觉—自主—自给—自评"等内在的规律,社区学习共同体的养护也有其基本的原则,即支持而不包办、扶持而不控制、助推而不目标管理、养护而不拔苗助长。

二、涵养与护持

社区学习共同体,是长在居民群众中的一粒粒"种子",而不是居高临下、自上而下的教育供给。"种子"自身有着自己的生命力,在必要条件具备的基础上就能自己发芽、自己成长,无须太多的干预。因此,政府在"种子"不同的发展阶段,只需要进行必要的养护和提供必要的基础性条件,保障其成长生态形成的基本条件。

（一）建立助力机制

1.纳入公共服务政策,保障居民学习权利。

《国家中长期教育改革和发展规划纲要(2010—2020 年)》指出:"市和区、县

---

① 孙周兴:《江晓原:我们不能再跪拜影响因子了!》,《文汇报》2017 年 2 月 28 日第 12 版"文汇讲堂"。

人民政府应当加强对终身教育工作的领导，将终身教育工作纳入国民经济和社会发展规划，采取扶持鼓励措施，促进终身教育事业的发展。乡镇人民政府、街道办事处应当按照各自职责组织开展终身教育工作。"党的十八大再次提出"积极发展继续教育，完善终身教育体系，建设学习型社会"。2014 年《教育部等七部门关于推进学习型城市建设的意见》指出："培育民间学习共同体。"《教育部等九部门关于进一步推进社区教育发展的意见》明确提出建设学习型组织和学习共同体，这里把学习共同体建设与学习型组织建设并列提出，并突出学习共同体"自我组织、自我教育、自我管理、自我服务"的特点，具有重要的理论与现实意义。省市区相关文件应该充分体现《教育部等九部门关于进一步推进社区教育发展的意见》中关于建设学习共同体的内涵和价值。认识到没有社区学习共同体遍布城乡，建设学习型社会的目标是难以实现的。

单向供给思维，严重阻碍了社区教育的发展。许多人的思想里，教育就是办学或办班，学习就是学习知识和技能。办班遇到困难就把希望建立在数字化平台的建设上，认为只要网上的学习课程足够多，就能实现"时时、处处、人人"学习的目标。实际上，非正规、非正式的教育和非正规、非正式的学习，是社区教育的重要特征，基于城乡居民的共同兴趣和共同需要的团队学习、自主学习、互助学习更符合成人学习规律，居民有更多的获得感和幸福感，杭州的社区学习共同体十多年来的发展，就是一个很好的例证。

成人教育的内容很重要，与内容同等重要甚至更重要的是成人的学习方式，以什么方式学习和与哪些人一起学习，对提升成人学习质量至关重要。山东省、江苏省、河北省、海南省、合肥市等地所出台的关于社区教育的意见，都明确提出要大力发展和培育社区学习共同体。

"推动各类学习型组织和社区学习共同体建设。加强对各类学习型组织建设的引导支持，分类研究制定各类学习型组织的建设标准。鼓励和引导社区居民自发组建形式多样的学习团队、活动小组等学习共同体，让居民在新型的、互动的、开放的学习环境中体验团队成员的共同智慧、学习方法，展示各自学习能力，实现自我组织、自我教育、自我管理、自我服务，不断增强各类组织、团队的凝聚力和创新力。"①

2. 构建部门协作机制。

市级层面，可借力市级推进学习型城市建设指导委员会，将培育社区学习

---

① 《合肥市教育局等九部门关于进一步推进社区教育发展的实施意见》（合教〔2017〕84 号）。

共同体,作为民生工程纳入议事日程,统筹资源,制定社区学习共同体培育的相关规划,明确工作方向与任务目标,出台相关的工作指导意见,推动全市范围的培育工作。

各区社区教育委员会,在区级层面统筹整合各部门资源,为社区学习共同体提供支持。打破不同部门教育培训的壁垒,将教育、文化、科技、民政等各部门和单位的相关教育培训、计划、课程、师资、网络、队伍等,进行整合,统筹安排,形成合力。不仅能为社区学习共同体培育提供各种资源,提高资源的使用效率,而且在阶段性教育培训结束之后,这些培训班很可能成为社区学习共同体核心成员产生的重要来源,不仅可以实现持续学习,同时,还能进一步提高各部门、单位的教育设施等"硬件"资源的利用率。

现有社区教育四级网络可以在社区学习共同体成长中发挥作用。利用现有资源,构建支持服务体系,推进各种平台建设,如核心成员的交流平台、学习成果展示平台、同类型社区学习共同体之间的交流平台等等。培育社区学习共同体成长生态,更好地养护社区学习共同体,使其自由成长。

由市社区大学、区县(市)社区学院、街道社区学校(乡镇成校)、社区(村)市民(村民)学校组成的四级网络,是一个纵向的"阶梯式"管理体系,社区学习共同体则是洒在这个"梯田式"管理体系里的各式各样的"种子"。四级网络可以突破传统的以授课、讲座、培训为主的传统办学方式,工作重心改为为关注每个成员个性需要、兴趣爱好和生命成长的社区学习共同体提供服务与支持,利用自身的资源和条件,为社区学习共同体的发展提供广阔空间。并且,借助对社区学习共同体的服务,与社区、街道等部门更好地协调互动。与此同时,社区学习共同体的发展,还能够为四级网络提供各种人才资源,包括师资、社区教育的宣传员、志愿者等等;通过不断改善居民参与社区教育的学习体验,吸引更多的人参与社区教育;在居民的持续参与中,有效提高社区教育的参与率、知晓度和满意度,从而提高居民对社区的归属感。这对社区建设和社区居民自治具有重要作用。

社区教育四级网络可以在核心成员队伍的培养上发挥作用。

社区学习共同体是从"成核"开始的。以雨滴或雪片比喻,水分子必须有一个可以结合的核心,其重量到达一定程度足以形成雨滴降落,才能扩大成为一个水滴。大而言之,太阳系,也是因为有了太阳作为核心,行星才能构成一个太阳星系。社区学习共同体这一体系的发展变化过程,也从"成核"开始。

词典对"权威"的解释是:"令人信服的力量和威望。"社区学习共同体的核心成员,正是一些用人格魅力和实际行动树立起来的有强大凝聚力的人,他(她)们没有权力,而有威望。权力是体制的产物,一个人的权力来自他在制度体系中所处的位置,而威望则来自他的人格力量。威望在有威望者的身上,权威则在权力者所占的位置上。威望者凝聚人心,敬畏传统,促进实践传统的稳定性,从而促进共同体生活秩序的建立,权力者常常是瓦解传统的先锋。

社区学习共同体是自己长出来的。在自己长出来的时候,它的核心成员也随之长了出来。因为核心成员不是一种行政职务,不是由上级任命的,是由自己的品行能力和影响力自然形成的。自然形成的核心成员队伍,如果经过一定的培训,其行动能力会得到提高。而针对核心成员的培训工作,可以由政府组织或由民间社会组织来承担,也可以由政府相关部门委托民间社会组织培训。瑞典的学习圈,因为它们一般分别隶属于相应的协会、党派等社会团体,所以核心成员的培训一般也由对应的社会团体来负责。在我国终身教育体系中,有政府主办的四级办学网络,核心成员的培训工作,在民间社会力量还不足以承担这项工作之前,可以由四级办学机构来承担。

核心成员本性是自带的,但通过培训,可以提升其行动力。培训的主要内容包括:

(1)对社区学习共同体的理解。社区学习共同体的生命性价值与成长机理,社区学习共同体的成长对于和谐社会建设的影响。

(2)对核心成员地位与作用的理解。既不是领导者,也不是负责人,如何正确定位,如何发挥特殊作用。

(3)提高活用资源能力。如何充分利用社区现有的资源,如何调动和充分发挥其他成员的力量,挖掘成员拥有的资源为社区学习共同体服务。

(4)提高协调组织能力。如何有效地组织各项学习活动;怎样面对矛盾,处理冲突;如何激励其他成员,提高成员学习积极性。

(5)提高交流沟通能力。怎样与其他成员沟通;怎样与社区沟通;怎样与其他社区学习共同体合作,提高交流沟通的有效性。

(6)提高评价调适能力。能运用有效评价的方法,评估每次学习活动的质量,判断社区学习共同体的发展阶段,采取有效办法,调整学习内容、活动节奏等。

街镇层面可以将社区学习共同体的培育作为一项重要的社区服务内容,纳入社区工作服务体系。坚持"找种子,善引领,重服务,不干涉"的原则。即深入基层广泛调研,发现能够成为学习共同体核心成员的"种子",开展社区学习共同体核心成员的培育,帮助其更好地凝聚有共同兴趣、共同需要的人参与到学习中来,提供必要的场地、设施、助学者、展示交流平台等资源和条件;编制街镇市民学习地图,即将社区学习共同体的学习成员、活动时间、活动场地、学习项目或者内容、联系人等相关情况进行调查,登记备案;统筹社区内的各种资源,包括辖区内的机关、学校、企业等,为社区学习共同体的培育和发展提供资源支持。

社区(指居委会)层面可以协调社区学习共同体活动场地和活动时间,正确引导居民的学习活动,尽可能避免"扰民"事件的发生。公布学习信息,营造学习氛围,创设社区学习共同体成果展示平台。充分发挥社区公共服务工作站的服务管理职能,吸引社会机构参与和社会资源加入,共同培育社区学习共同体。社区学习共同体的发展对社区治理、和谐社区建设也会产生反哺功能。

政府和教育机构建好"湿地"、给予"阳光"、提供"雨露"后,静待花开,社区学习共同体的种子自会破土而出、发芽成长,小鸟欢快入林的别样的亮丽风景自然出现。

3. 构建经费助力机制。

养护和培育社区学习共同体,政府在经费资助方面不是无所作为的。以瑞典学习圈为典型代表的经费资助机制可以为我们提供政策参考。瑞典学习圈是瑞典大众成人教育的一部分,到今天已走过一百年的历程。一种全国性的民间自发的教育现象能存在发展一百年,这本身就是一大奇迹。一百年中,情况不断变化,学习形式和学习内容也随之变化,但始终保持强大的吸引力和感召力。学习圈是一种成人团队学习方式,因为具有成本低廉、简单易行、学员之间平等自由表达等特点,受到广大民众的普遍欢迎,其参与度很高。瑞典总人口900多万,时至今日,平均每年参加学习圈和民众高中的人次仍然有近 300 万。由于许多人每年可以参加数个不同的学习圈,因此实际参与者大概在每年 80 万人左右。学习圈促进了瑞典的民主、民生、民富的进程。法西斯政权在意大利和德国发动第二次世界大战是得到民众的支持的。这种事情没有在瑞典发生,民众没有被法西斯主义和极端主义思想控制,学习圈发挥了不可替代的作用。正是因为学习圈对瑞典民主的进步、民众素质的提升、社会事业的发展发生巨大作用,政府才长期高度重视,因为,政府懂得:"与其让民众手里握着枪杆,不如让民众手里捧着书本。"①100多年前,瑞典学习圈的先驱者们很清楚,参加一个学习圈的意义远远大于单纯的主题讨论。例如,奥斯卡·奥尔森,瑞典学习圈的鼻祖,写道:"学习圈并不是学习的另一种组织形式,学习圈的意义不是知识的积累,而是不断探索和质疑的精神与氛围。"经常参加各类学习圈才有可能增强社会资本。研究表明,在瑞典非政府组织中,参加10个以上学习圈的人会比其他人更活跃,他们对社会更有信心。在瑞典,很多人已经参加了10个以上学习圈。很大一部分瑞典人是学习圈的常客,有些人,甚至可以说是学习圈成瘾者。

"将国家资助的学习活动延长到传统学校教育年龄之后,将促进真正的教育平等的实现。"②没有高度发达的非正规成人教育社会,不是教育公平的社会;不重视非正规成人教育的政府,不是以人为本的政府。因为,只有非正规成人教育的高度发展,才能使"人人皆学、处处可学、时时能学"的学习型社会的理想变为现实,才有更大范围、更深意义上的教育公平。政府不能包办非正规教育,但是政府一定是推进非正规教育发展的主体。早在1912年,瑞典政府就决定通过帮助筹资购买民众所用的书籍来支持学习圈的活动。时至今天,瑞典政府一如既往地投巨资支持这种民众教育(平均每年,瑞典中央政府从税收里拿出约32亿克朗用于支持这种民众教育,而这,只是瑞典大众成人教育总投入的三分之一)。

公共资源是否更多地流向弱势群体,是衡量一个地区社会管理水平的重要标志。公共财政服务居民学习力的提升具有重要的现实意义。"让我们生活得更好",让包括弱势群体在内的所有人受到良好教育,是公民"有尊严地工作和生活"的重要基础。教育公平是社会公平的重要基础。教育公平的主要责任在政府,全社会要共同促进教育公平,保障每个人的学习权利。教育公平不仅是起点、过程与结果的公平,还应包括对不公平结果的矫正。社区居民共同学习,实际上已成为教育不公平结果的一种系统性社会矫正渠道。社区居民共同学习,才是真正意义上的全纳、包容、全员、终身的学习,为人的全面自由的发展提供了无限的可能性。

我国投入大众成人教育的经费,与投入未成年人教育的经费相比,几乎到了可以忽略不计的地步。然而在这些极其有限的经费投入中,大量地用于建设

---

① 托瑞·波尔森、高淑婷:《瑞典的学习圈化——一种有效的学习方法和社会变革方式》,《终身教育》2011年第1期。

② 汪国新:《走共同学习之路——北欧大众成人教育考察一得》,《成才与就业》2012年第12期。

网络教学资源库,提供人们的"见闻之知"需求(未必有这样的需求)。成人的学习与成长,更多需求在于"德性之知"上,即学习人与人的关系的实践伦理。传统学校教育的教育方针是指向个体素质的发展,最容易忽略群体性、实践性的德性之知,读书与生活脱节。成人教育的矫正功能,是要补上人之所以为人这最重要的一课。我们可以借鉴瑞典大众成人教育的经费投入机制,建立具有我国特色的支持民众共同学习(基于社区学习共同体)的经费投入与管理机制。社区学习共同体发展,需要政府的投入不多,但从长远角度看,其作用和效果却是显著的。

社区居民有学习需求,但常常找不到可以一起学习的人或适合学习的内容。信息不对称,在信息社会严重地存在着。要在更广的层面上推动社区学习共同体发展,需要在更大的范围内实现学习资源的整合和流动;要满足社区学习共同体每个成员的成长个性化的需求和发展需要,学习信息的快捷、高效与自由交换必不可少。政府有关部门可以建立完善数字学习地图,借助互联网和现代通信技术,帮助居民解决信息不对称的问题。

互联网、大数据极大方便了人们的学习和交流。现实生活中由熟人组建的网上同事交流群(圈)、亲属朋友交流群(圈)等情况十分复杂,有可能是社区学习共同体线下活动的补充。一般不以共同学习为目的的群(圈),大家都不认为是社区学习共同体。那么,那些以学习交流为主要功能的 QQ 群和微信群是不是学习共同体呢?根据社区学习共同体的本质特征来判别,我们认为它也不是社区学习共同体。

具有学习交流功能的线上"社区",不是社区学习共同体。共同体是建立在相关人员本能的中意或者习惯的文化或者共同的记忆之上的。"共同体是一种持久的和真正的共同生活。"[1]社区学习共同体是"生活在社区中的居民由本质意志主导的共同学习而自然结成的能实现生命成长和建立守望相助关系的群体",它是在真实生活场景中,通过人与人的持续平等的交往,自然而然地建立起来的成员之间和谐友爱、守望相助的关系,人和人有真切的情感交流,人对人有共享的思维影响,从而形成一种聚合程度高、亲密平等、互相依存的共同生活方式。网上虚拟环境的群体,大多数人之间仍然是陌生的,相互交流的方式单一,情感联结度弱,学习行为动机、愿望类型大多是选择意志而非本质意志,成员关系更是难以实现相互分享、信任友爱、关心扶持的守望相助。

---

① 斐迪南·滕尼斯:《共同体与社会》,林荣远译,北京:北京大学出版社,2010 年,第 2 页。

社区学习共同体与互联网的关系，就像人与工具的关系，线下的人群是根本，互联网要为人所用。现实生活中的社区学习共同体，只是把互联网作为学习交流的工具，发挥出信息技术和数字化资源在学习交流中的便捷作用，是线下学习共同体的补充和延伸。无论多么逼真的虚拟社区、多么便捷的交流工具，永远都不能取代人面对面的交流，都不能遮蔽人的生命成长的内驱力和建立守望相助关系的情感需要。利用好互联网，可促进社区学习共同体的培育和发展，让线上为线下服务，让资源和工具为人服务。在信息化时代，社区学习共同体离不开有学习功能的线上学习"社区"，但反过来，仅有止于线上交流学习的"社区"人群，不是真正意义上的社区学习共同体。线上只能实现可编码的供需，这一点已被彼得·圣吉的新型 MBA 教育证实，真实有效的师徒关系需要在线下建立，建立守望相助的友情离不开成员间面对面的对话交流。

（二）打造"湿地池塘"

1. 通过丰富公共空间养护社区学习共同体。

社区学习共同体，强调人际心理相容与沟通，重视学习过程中成员之间的互动互助、情感分享、资源共享。因此，在社区学习共同体中，彼此信任、相互支持和无私奉献，是成员关系的常态。社区学习共同体必须要有一定的公共空间，为其成员提供交流互动、情感生成的平台与机会。今天的城市现代气息浓厚，其核心是"商业"，是"物质"，人被挤压在钢筋水泥的森林之中。"虽说巴黎的布置已比伦敦罗马匀调的多了，可是比上北平还差点儿。北平在人为之中显出自然，几乎是什么地方既不挤得慌，又不太僻静：最小的胡同里的房子也有院子与树；最空旷的地方也离买卖街与住宅区不远。这种分配法可以算——在我的经验中——天下第一了。北平的好处不在处处设备得完全，而在它处处有空儿，可以使人自由地喘气；不在有好些美丽的建筑，而在建筑的四围都有空闲的地方，使它们成为美景。每一个城楼，每一个牌楼，都可以从老远就看见。况且在街上还可以看见北山与西山呢！"[①]

城市人日常生活的共同空间的多少，直接影响着城市人的生活质量。把人民的福祉作为唯一追求的政府，必然要重视公共空间的建设。政府必须从整体

---

① 钱理群编：《乡风市声》，北京：人民文学出版社，1992 年，第 17 页。

规划和局部设计落实城市公共空间的建设,着力打造城市"公共客厅"①,让居民区变成他们互相学习交流、拉近彼此心理距离的"家"。

国外一些成功的公共空间建设案例值得借鉴。西班牙的巴塞罗那,享有"公共艺术之都"的美誉。巴塞罗那政府特别重视公共空间的建设,将公共空间的建设认定为永续的工程与永续的政策。巴塞罗那公共空间的建设,是从中小型公共空间下手,并不是在整个城市空间范围内大兴土木、大搞开发,而是针对每一个小型空间,进行单点设计与改善,以点带面,带动整个城市公共空间的复兴。数以百计的小公园、小广场和街道被重新设计与改造,吸引附近的居民进行户外活动,极大地丰富了市民的公共生活,直接改善了城市面貌,市民的生活品质也得到了显著提高。

打造"公共客厅",不一定要花费大笔资金,可以像巴塞罗那那样采用"针灸式"的小改造,用简单的材料,引进艺术设计,引导居民参与,针对一个个小空间,像小穴位一样,定点改造。再配套学习设施设备的建设。在加大机关、企业、事业、社会机构等的相关设施设备、场地向公众开放的基础上,加以设计和更新,盘活闲置资源,使这些资源就像"帐篷"一样,成为社区居民共同学习的场地,相应的学习设施设备成为大家的公共学习工具。充分利用广场、公园、居住区户外场地、体育场地等所有公共空间和配套设施设备,将个体存在的社区居民,引导成为有相互联系的"客厅"主人。

2. 变单向输出资源"供给"思维为营建自然生长环境助力成长的"服务"思维。

我国的社区建设仍然是政府单方主导、政府单驾马车拉动、政府独力推动的单向输出模式。这一模式,已经让社区治理陷入无力自拔的困境。究其原因,就是治理方式的变革没有适应社会管理体制的变革。

计划经济条件下的社会管理方式的核心是单位制度和户籍制度。大部分社会成员的生产生活、日常交往与政治活动均被纳入单位中,各个单位又隶属于国家政府部门或者事业单位,按照行政级别被赋予相应级别的资源分配权,在单位内部设立党组织、行政组织、共青团组织、妇联、工会等完善的机构。这种设置模式为高效率的国家动员提供了组织构架,只要国家发出一个指令,整

---

① "公共客厅",就是将一个家庭内的客厅搬到紧锁的房门外面,放大成一定范围内的社区居民的大客厅,为社区居民创造交往与交流的场所。并且配套相应的学习设施和设备,取代家庭内小客厅的家具,成为公共客厅里的"公共家具",也是公共的学习工具。公共客厅,不仅充分发挥客厅的交际功能,而且引导社区居民逐渐融合成为一个大家庭,甚至能够集聚休闲娱乐、文化交流、主题学习等多种功能于一体。

个社会便可以随之迅速动员起来。单位体制内社会组成人员的教育、养老、医疗、住房等社会需要由政府承担。单位之外的居民,依据户籍将他们划分在不同的街道办事处、居委会中,通过街道办事处、居委会的工作实现对单位体制外的人员管理。

随着社会主义市场经济体制的逐步确立,原有的计划经济体制被破除,我国城乡社会生活发生的变化是巨大的,"单位"的功能改变了,很多人不再是单位人,与社会主义计划经济体制相适应的以单位制度为主的社会管理体制已经失灵,原有体制下街道办事处、居委会组织的职能设置也必须发生根本的转变,建设与治理城乡社区的路径需要适应社会的变革。然而,受国家权力运作模式的历史惯性支配,长期以来存在的社区管理的行政化模式,使社区主体形成依赖心理或客体化,居民的合作意识与自治精神缺乏,公民的自身动员能力薄弱,社会治理水平低下。

社区教育,作为一项重要的民生事业,在我国已有近三十年的发展历程,它对提高城乡居民素质和改善社会治理状态,发挥了重要的作用。然而,就整体而言,社区教育的区域差别明显,内涵发展乏力,社区居民参与率和满意度还较低。随着我国经济社会发展进入全面建成小康社会阶段,城乡社区居民旺盛的学习需求与社区教育的能力水平形成巨大的反差。原因虽然是多方面的,但一个非常重要的原因,是计划经济思维和单向供给模式。教育,在许多人看来就是学校正规教育,而学校教育不仅与升学或就业培训画等号,而且由政府包办一切(民办教育占很小比例)。在这一思维惯性牵引下,社区教育也被许多人理解为由政府举办的培训班或者宣传、教育活动。

池塘与湿地是水生物和植物的生态系统,有了土壤、空气、水分,池塘和湿地里所有动植物都会自由生长。社区学习共同体,也是从地上"长"出来的,它是农业生产而不是工业制造,我们要做的是打造社区学习共同体成长的"池塘"与"湿地"。社区教育不接地气,就没有人气,就没有吸引力,就没有生命力。地气是什么?是老百姓的兴趣与需求。他们的需求千差万别,具有个性化、多样化和品质化的特点,因此,社区学习服务体系也必须是一个生态系统,具有整体性、基础性、开放性和生成性。这样的系统,才能助推市民学习生态的形成。因此,有必要把"社区学院"或"社区教育学院"真正打造成"社区市民学习服务中心",赋予其需求调查、资源整合、协调指导、骨干培训、交流平台搭建等功能,担当起建造"池塘"和"湿地"的具体工作职责。地方政府不能仅仅热衷于挂牌子、建队伍、搞活动、扩大知名度,而是要在营造社区教育的生态上下功夫。只有这样,社区教育才能惠及城乡每一个居民,更多的社区学习共同体才会从地上长出来而呈现出蓬勃的生机。

在许多业内人士看来,社区教育在某些地区发展不好,其原因一是教育资源缺乏,师资不足;二是经费投入太少。这样的归因正确吗? 多少学习资源算是充足的? 多少经费才是够用的呢? 成人学习活动应该得到政府的资助与扶持,但是,如果我们不改变计划经济思维和单向供给行为模式,再多的资源和再多的钱,也是办不好社区教育的,而现实也不可能由政府单方面提供无限的资源和经费。

得出社区教育与成人教育办不好是因为钱不够的结论,有失偏颇但也能理解。因为我们还没有认识到社区教育、成人教育的本质特性,常把它与基础教育、高等教育等学校教育混为一谈。学校教育是正规教育,基础教育特别是义务教育,必须由政府有计划地负责组织实施,由政府提供教育资源。学校教育的对象是未成年人的教育,只占全部人口的一小部分,政府有义务也有能力提供教育资源。而真正意义上的成人教育和社区教育,是非正规教育,成人的学习,主要是非正规学习,与学校教育和学生的学习是有着本质的区别的。教育对象是全部人口的六分之五,政府根本做不到也完全没有必要负责提供全部教育经费与资源。

社区学习共同体,是自然生长的生命体,要使其健康成长,我们能做的是,为它的成长建立良好的生态,打造适合其生长的"池塘"或"湿地",即为社区学习共同体成长提供最基础最基本的条件,而不是也不能通过"管理""输血"以便"控制"。山林田湖是一个生命共同体,生态建设与修复必须遵循自然规律。建造"湿地"和"池塘",营造社区学习共同体成长生态,要遵循人的学习规律和生态营建规律。

3.建设社区学习共同体的成长生态需要社会组织的参与。

社会组织是政府与企业之外的组织,也被称为非营利组织、非政府组织、公益组织或第三部门等。我国社会组织是公共权力回归社会的重要桥梁,是公民实现经济政治利益和满足文化需要的重要渠道,是公民自由自主活动的重要载体。改革开放以来,我国社会组织方式和组织机制发生了并且继续发生着重大变化,在传统计划经济体制下依靠单位组织管理社会生活的模式日益失去存在条件的情况下,需要政府职能转变上有新突破,理顺政府与社会组织的关系。凡是社会组织能够办理和提供的社会事务和社会服务,尽可能以适当方式由各种社会组织承担,打破政府对公共事务大包大揽的格局,降低社会治理成本。

养护和培育社区学习共同体,社会组织具有重要作用。借助民间社会组织的力量,建立国家层面、省级层面和市与区(县、市)级层面等四级联系网络。在各级成人教育协会设立社区学习共同体发展专业委员会。设立全国社区学习共同体研究中心,作为社区学习共同体研究的社会组织,承担起有共同研究兴趣的理论与实践研究者的培训任务,开展理论与行动研究。在全国各省市开展社区学习共同体的培育与养护实验,探索社区学习共同体成长生态建立路径,逐步深化社区共同学习理论。加强国际合作研究,做好理论的传播与应用。广泛宣传社区学习共同体在建设学习化社会、丰富城乡居民的精神生活、促进人的全面发展中的重要意义。探索培育与养护社区学习共同体的实践策略,推广社区学习共同体培育与养护的研究成果,建立和完善成果推介体系。编制学术出版物,开展论坛与研讨会议,建立网络平台,让社区学习共同体遍布城市与乡村。

"社区学习共同体"是草根的,是民间的。养护与培育它的重要力量是民间的社会力量,政府是民间学习体系建设的最佳策划者和推动者。

■ 框架与链接

瑞典的学习圈和为其服务的学习社团①

在瑞典,许多学习圈是由学习社团所组织的,而这些社团又是由许多得到政府补贴的非政府组织(NGO)创办的。经过一百多年的发展,瑞典人有一贯的传统去组成这些大众化的组织。有时候瑞典被称作"组织式的民主制"。它有时也被称作"学习圈式的民主制",我们已故的前总理斯文·奥洛夫·约阿基姆·帕尔梅(Sven Olof Joachim Palme)就曾如此称呼。在瑞典有数以千计的地方性组织。有时分布于全国各地的同一类型的地区性组织会联合起来组成联盟或全国性的组织(联合会或协会),它们通常在各地下设分支机构。

在数百个不同的全国性组织中大约有250个是一个学习联合会的会员组织。许多组织在区域性的学习社团中有着密切的合作。

瑞典如今共有10个不同的学习社团。第一个学习社团设立于1912年,名为"工人教育协会",这一协会仍是现存最大的社团。其他的一些社团有的根植

---

① 托瑞·波尔森、高淑婷:《瑞典的学习圈化——一种有效的学习方法和社会变革方式》,《终身教育》2010年第6期。

于自由派或保守派政党,有的在基督教会社区,有的是自然和环境组织……现在又有两个新的社团:穆斯林研究协会和文化研究协会。

每个学习社团都由一些成员组织构成,另有一个学习社团为瑞典的大学所有。这就意味着,根据不同的行为或组织可以大致反映出学习社团的属性。每个学习社团都有一个全国性的办公机构和遍布瑞典各处的分支机构。

全国性的办公机构负责各地分支机构的总体领导、制定各类政策和导向、进行行政管理和经济调控。它们以学习指导、会议、研讨和培训课程等服务于学习圈中的成员和组织者。如果在某一领域缺少相关书籍,学习社团在有需要的情况下也会印制相应的材料以备使用。

培训课程对于学习圈的组织者是必不可少的,特别是组织者为了能够更好地鼓舞和激励每一个参与者都更积极地提问、表达个人的观点、分享自身的经验等。每个学习社团都有它们的培训课程,但是通常都是短期的,大多为周末授课。

学习圈实际由地区的分支机构组织,它们招聘学习圈的组织者,并提供相应的指导和特别的课程训练。每个地区组织都能得到一定的国家补贴,还有一部分的津贴中的大多数来自市政补贴以及少量的参与者的缴费。

拥有学习社团的组织和地区性的各类分支机构往往都有着密切的合作。通常它们在地区性组织和社区中相互合作,它们精心设计一些学习圈给那些组织会员。例如,学习如何保护生态、研究欧盟各成员国的政党等。

一般地,各地区的分支机构都组织音乐、艺术、语言、计算机培训、历史、哲学等各类学习圈。在民众中保留传统艺术、手工技艺及促进文化的传承等方面学习圈都发挥着重要的作用。学习圈的另一个重要任务就是通过鼓励使民众更多地了解自然,由此来保护生态环境。

(三)建立负面清单

我们既不能无所作为,让民间社区学习共同体自生自灭,更不能不按规律乱作为。叶圣陶在1919年在谈到小学教育时说过:"一朵花,一棵草,它那发荣滋长的可能性,在一粒种子的时候早已具备了。但是有些种子竟不能发芽,便发了芽,竟有苗而不秀、华而不实的。这是什么缘故呢?先天的遗传有什么不完全的地方,遭逢的环境有什么不适宜的可能性,横加摧残,是又一种原因。称职的种植家栽培植物,虽不能增加植物发芽的可能性,却能渐渐改良那遗传性和环境。不称职的种植家非但不能改良遗传性和环境,反而阻遏可能性,那么植物就糟了。"

行政思维和运动式的工作方式，积弊太深，甚至成为顽症。我们既要清楚养护社区学习共同体该做什么，同时，我们更需要明确在社区学习共同体的培育工作中不能做什么。因为乱作为比不作为更不好。养护社区学习共同体必须坚持原则，反对乱作为。不可触碰的底线至少有以下四个方面。

1. 目标管理与人为干预。

下达指令性发展指标，实施目标考核，以此强力推进，这是我们必须避免的。现代社会的文明似乎是与市场这个神奇的"法术"联系在一起的。改革开放的进程，是思想解放的进程，更是政府与市场关系调整的过程。实践表明，在市场的发展过程中，地方政府的角色发生了三个阶段的变化：市场的阻挠者，市场的参与者到市场的协调者。政府应该承担起市场的培育职能，推动市场经济体制的建立和完善，但政府不能替代市场。政府减政放权的力度不断加大，就是"把错装在政府身上的手换成市场的手"。用政府权力的"减法"，换取市场活力的"乘法"。[①] 市场对资源的配置将发挥着决定性的作用，这一论断意义深远，它是经过多年经济体制改革后得出来的，它告诫我们，包办一切的政府是不成立的，行政思维并不适合一切事务的处理，许多事情单靠行政手段，只会把事情办糟。社区学习共同体的培育，最需要避免的是行政思维，采取运动式强力推进，按长官意志下达培育指标，用金钱和荣誉刺激，拔苗助长。郑也夫说："好的教育旨在造就一种淡化目标、听任个体自在发育的教育生态，如此生态自会孕育伟大的创新者。相反，矢志培养创新者的教育，多半是揠苗助长，是坏的教育。"成人教育和终身教育需要的是与基础教育完全不同的思维，它是非正规的和非正式的教育，"大一统"的办学思维和政府强力推进的做法，都是有害的。

社区学习共同体会自然生长，不可用行政思维进行目标管理，按照管理者的意图，设定发展目标，然后按目标进行强力推进。这种拔苗助长的方式是不足取的。老子说："(赤子)终日号而不嗄，和之至也。知和曰常，知常曰明，益生曰祥，心使气曰强。"[②] 刚出生的小孩，整天扯着嗓子啼哭，也不会哭得上气不接下气，那是因为他们的呼吸和谐。懂得和谐才叫正常，懂得正常才叫高明。生不可益，亦不可损，当顺其自然，如果不遵循自然之理，人为拔高，有如揠苗助长，欲益反损。社区里常见的现象是，要么不管，放任自流；要么强力控制，一管

---

① 李克强总理 2015 年政府工作报告。

② 《道德经》第五十五章。

就死。来自成都某社区的真实案例,说明行政思维主导下的干预,会使社区学习共同体夭折。

成都市某社区书记说:"我们社区一度多达 10 余个学习共同体。各种兴趣团体发展蓬勃,甚至还出现不断拆分组合壮大的局面,但随着时间的推移,我们发现大部分社区学习共同体消失了或者脱离社区干部的视野。最初我们以为是社区学习共同体从新生到消亡的自然发展周期所致。但经过不断的深入调查,我们发现,这是一个反常现象。一是短期内消亡太快太多;二是他们还对社区和政府的行为产生反感和抵触情绪。经分析,我们认为社区的功利性目的太强和对社区学习共同体干预过多是主要原因。"

"社区以前组建的一支舞蹈队和书画班,辖区居民的参与热情很高,很认可社区为其提供场地,很珍惜每次聚会及练习的机会,两队的成员也成为社区的文艺骨干,并得到了有关部门的肯定。但随着越来越多的部门多次要求他们作为群众参与政府组织的各类活动,大大打击了两个团体的积极性,他们对社区组建社区学习共同体的目的产生了怀疑和否定。结果是,书画班的成员因不堪忍受越来越多的政府活动,尤其是要求其作为观众去为政府活动凑人数,最终大家主动退出了书画班;舞蹈队虽然没有解散,但成员从此不再参加社区及街道组织的各类活动,并对社区开展的其他活动有抵触,使得社区很多工作开展起来十分被动,并形成了不好的社会影响,这种影响直到目前都未能消除。"

其实,许多社区的共同体都很乐意参加由政府部门搭台的交流展示活动,但他们不愿意作为"工具"参加作秀作假的所谓公益活动。

2.收编包办控制。

社区学习共同体遍布城乡社区,千姿百态,生机勃勃,然而在许多人眼里,既不成规模又不好规范管理。要把游击队变成正规军,就得收编集中管理,既然"收编",是隶属于政府部门或社区,就得按照正规组织的管理办法进行全程管理,场地、师资、经费包括学习内容全由管理部门包办。短期内,看不出对社区学习共同体发展的不良影响,但时间一长将会发现,社区学习共同体的依赖性,促使其自主发展能力弱化,原有的生机与活力不见了。从前面的分析中已经看到,社区学习共同体不同于一般正式组织,它是从"地上"长出来的生命体,政府不能包办代替,就像家长不能代替孩子成长一样。

3.比赛排名。

在今天这样一个追求成功、人人渴望成功、人人拼了命要抓住成功以及人人都把成功当作人生终极目标的时代,比赛和评比已习以为常,不比赛不评比,在许多人看来是不可思议的。其实,比赛与评比,并不适合任何事物和任何场合。在功利场上,或者说由外目标牵引的社会活动,比赛和评比是基本手段。因为只有比赛和评比,才能让极少数人脱颖而出,更多的人成为分母,成为失败者。经过三十多年的改革开放,人们的物质生活已经有了突破性的改善,可是,很多人觉得累且并不快乐,原因就是生活在一个"比"的社会中,用社会通用的标准评价自己和评价别人。这种外评价,对人的伤害,并不为大众所认识,"不识庐山真面目,只缘身在此山中",见怪不怪,习以为常。于是,竞赛和评比,渗透到社会生活的各个角落,也成为人们的习惯性的思维方式。

功利主义即效益主义提倡追求最大快乐并认其为生活目的。追求的都是可感可得的结果,不外乎四种:第一是快感或快乐;第二是财货或金钱;第三是名誉;第四是权利或权力。

社区学习共同体中成员的行为是基于初心、为了初心的完善、由初心导引的,行为本身是目的,并不是通过这个行动达到别的功利性的目的。学习者追求的是内在价值而不是外在价值。康德说"位我上者,灿烂星空;道德律令,在我心中",并告诉我们,道德律令是一种"直接命令我们去做某事,不要把它当作达到另一个目的的条件"的绝对命令。道德律令命令我们采取行动做某事,并非因为它能够给我们带来好处(外在价值),而是因为它本身就是好的(有内在价值)。这个时候,不仅仅是达到其他更高目的的手段,行动本身就是最高目的。一个年轻的科学家跳水救起了一个大字不识几个的老农民,结果,前者牺牲了,后者得救了。围绕这件事值不值得,讨论了很多年。第一,单就科学家与老农民这两条生命简单比较,前者对社会作用大,后者对社会作用小,于是,人们可能会得出这件事不值得肯定的结论;第二,站在人类整体的立场来考虑,科学家牺牲的收益要大于他保存生命却留下见死不救的恶例,于是,人们又可能会得出这件事还是必须给予肯定的结论;第三,排除功利考虑,而将救人视为人之所以为人者,这时候,之所以这样做(救人),是因为必须这样做(救人),于是,人们将毫无疑问地得出这件事值得肯定的结论。第一、第二个答案虽然相反,但都是将救人视为手段,将社会利益或人类整体利益视为目的。这时候,救人与否仅仅是一种达到更高目的的手段,本身并非目的;只有外在价值,本身并无任何价值。第三、第二个答案虽然相同,但推导的原则却不相同,即第二个答案所体现的原则是功利原则,第三个答案所体现的原则是道德律令。救人之为道德律令,就无须再被追问它是要达到其他什么目的,因为它本身就是最高目的;它不是只有外在价值,而是本身就有内在价值。换句话说,之所以要救人,是因为他必须这样做。救人,正是人之所以为人者。

竞赛,用在社区学习共同体的培育与养护上,会将社区学习共同体引入歧途。因为,社区学习共同体是心性相契的共同体,是基于本质意志的共同学习,学习者以实现自身的生命性价值为目的,和实现外目标的学习目的恰好是相反的。社区学习共同体成员都在自我成长与自我成全,它是目前唯一不制造失败者的"共同体"。

社区学习共同体参与交流与展示活动,对其发展是有利的。这样的交流展示,不以获奖为目的。

4.物质激励。

过度的物质激励会适得其反,而在乎、关注、关心、喜爱等这样的精神激励却可以取得更好的效果。社区学习共同体的激励因素可以来源于个人内在兴趣的激发和社会尊重的激励。当我们为人们的兴趣给予报酬时,人们的兴趣不增加反而会下降。杭州拱墅区化纤社区的金琳说:"我在社区从事文体管理工作4年,我感受最深的是,什么时候一个社区学习共同体牵涉到经济利益了,什么时候这个团队的快乐就结束了。一旦这个团队没有了快乐,就失去了活力,团队也就离衰弱不远了。就拿舞蹈队来说,本来社区组织一支舞蹈队只是为了社区搞活动的时候活跃气氛,但是随着上级安排的比赛增加,出现了经济利益,出现了竞争,矛盾就出来了。社区舞蹈队存在3年,多次分分合合,队长辞退也有好几次。"

总之,对社区学习共同体的养护和培育,我们可遵循庄子所主张的顺从天道、摒弃"人为"的思想。在全国社区学习共同体发展处于初级阶段时,政府和民间社会组织都可以有所作为,但切忌乱作为。

第 七 章

走向共同学习

　　本章提要:社区学习共同体的共同学习,不是学校教育环境中的"群"的学习,也不是企业或其他组织机构环境中的"群"的学习,而是温暖的生命成长的"群"的学习。社区学习共同体是富有内生性成长力的生命体,社区就是它们的成长生态位。通过对社区学习共同体"根""干""枝""果"的观察与分析,我们才能得以窥见其生命性内源、生命性机理及生命性价值。社区学习共同体并非一种人为的设计,正是借助于生命成长定义的共同学习,社区学习共同体才呈现出蓬勃的生命力。

终身学习的理念正在日益为人们所接受。然而,终身学习的逻辑起点在哪里,因为知识爆炸式增长,不学习不足以适应社会吗？有了终身学习的理念,本书为什么还要提出"走向共同学习"的新命题？

一、学习的异化

这是一个时代的危机。如今城市无社区,只有取着各种好听名号却无实际文化内涵的居民小区,或者属于行政区划的街道、居委。城市化切断了人与土地的关系。这不仅仅是物理层面的切断,还包括时间原则的破坏,记忆的删除。我们该去哪里寻找诗意栖居的地方？今天的学校教育已然不是人的本真意义学习的场所,而是一个进行择优分等的人才选拔系统。社区成人教育与学习实际上部分地肩负着重建社区、重建诗意栖居的地方、重建体现生命性价值的终身教育的使命。

我们需要重建社区,重建基于地缘、邻里亲情、文化认同的人与人之间直接相互肯定的关系,重建超越择优分等符码意义的、体现生命性价值的终身教育。有关空间(城市、社区)问题、时间(历史共同体、习俗与道德记忆)问题、教育和社会问题,被学科分类切割成孤立的研究对象。而这一切,对于以人为目的的社区成人教育与学习来说,却是难以分割的。

(一)式微的空间

人需要生存的空间,更需要发展的空间。这个空间包括私人的、家庭的空间,也包括公共的、人与人交流的空间。人性与空间的关系犹如鱼水,不仅须臾不能分离,而且水的容积、温度与品质甚至可以决定鱼的品种与生命成长。

在人类远古的共同体时代,空间是天然的,从来就不是问题。但随着人类的社会化进程特别是城市化进程日益加快,空间问题也就日益突出。过去,中国人过年是要过了正月十五才算过完。按习俗,大年夜和正月初一是要合家团团圆圆过的,初二开始便是走亲戚,到了十五就要闹元宵。闹元宵是在什么地方呢？是在社区。赏灯、猜谜、"一夜鱼龙舞"的地方是社区。所谓"村村社社闹元宵",这里的"社"不是后来的人民公社的"社",是"一丘成社"的"社",即一个地方的人祭祀土地神的所在。如今城市无社区,只有取着各种好听名号却无实际文化内涵的居民小区,或者属于行政区划的街道、居委。城市居民逢年过节只能去广场或公园,人多拥挤难免发生踩踏事件,于是多实行管制措施。这就是如今城市的尴尬。

空间的式微带来严重的城市病,即"人际关系冷漠征"。到处都是异质人群,心理危机普遍化,这是在孤独、不信任、无约束,不与邻居接触以及交往的断绝过程中产生的。

如今城市新建的小区楼盘,除了法定的绿化率,缺乏可以使人们建立信任、友谊、睦邻等文化构造的公共空间。绿化固然可以生产新鲜空气,却无法生产人的归属感。你也许可以通过智能手机的"摇一摇"功能找到异性朋友,但他或她是完全彻底的信用难以保证的陌生人,除了一个稀奇古怪的网名与一串冰冷的号码,他(她)没有任何历史、档案、口碑、担保。这若是一桩良缘,则纯属偶然,可悲的或是只满足了"一夜情"。以传统社区为基础的青梅竹马,在这里只是一个遥远的"传说"与"故事"。

(二)被删除的记忆

时间因记忆而存在。时间作为一种存在,是形而上的还是形而下的?如果说时间是看不见摸不着的,那它就是形而上的。如果说时间是可以由记忆来证明的,那么无形的记忆,比如观念、文化、伦理就是形而上的,有形的记忆,比如祠堂、服饰、饮食就是形而下的。滕尼斯认为,人类共同体时代的第一个时期"是由共同生活的新基础的影响造成的,这种新的基础是随着耕作土地才有的,邻里的基础与血缘亲戚的旧的和坚固的基础并存,村庄的基础与望族并存"。"倘若由若干村庄发展为城市,另一个时期就开始了。"这个新时期的特征是"共同生活的空间的原则取代家庭(部落、人民)时间的原则"。①

自从农耕文明开始以后,土地约束了人的野性,形成稳定的群居生活。人们与耕作的农田产生了一种强有力的深刻的联系。社区意味着一族定居的人群与一方水土同属一体,他们必须按照一代代人逐步形成的规则行事。这种规则就是一个地方的习俗。各种各样的习俗,构成了人们五彩斑斓的历史生活的真实场景,所谓"百里不同俗"。共同体的意志的真正实质是它的习俗。

土地犹如母亲,用她身体孕育的果实滋养那里的人们,而习俗犹如有生命的父亲的意志,成为那里的人们共同生活的要素。于是那方被占有、被守卫的区域是一种共同的遗产,这份遗产包含祖先的土地与祖先的意志。在那里共同生活的人们结成了守望相助的关系,他们不仅是该社区空间内的统一体,也是世世代代的统一体。在那里,时间的原则与空间的原则完美融合,有形的记忆

---

① 斐迪南·滕尼斯:《共同体与社会》,林荣远译,北京:北京大学出版社,2010年,第267页。

和无形的记忆绵延不绝。

"羁鸟恋旧林,池鱼思故渊。开荒南野际,守拙归园田。"(陶渊明诗《归园田居·其一》)鸟兽虫鱼都发自本能地眷恋自己的生存环境,用现代生态学的术语讲,都拥有自己的生态位。人也不能例外,对于自己的生命栖息地,对于生于斯长于斯的故土,也拥有一种近乎本能的亲近与怀恋。但是随着工业文明的降临,城市数量迅速增加,城市规模也越来越大。城市化使水泥、沥青等石化物替代了土壤、草地、森林等自然地面,切断了人与土地的关系。这不仅仅是物理层面的切断,还包括时间原则的破坏,情感、意志的切断,记忆的删除。我们该去哪里寻找诗意栖居的地方?

宗族的血脉相连的人与人之间的关系,是直接相互肯定的关系。古代中国的宗族是以族谱、祠堂、义田、族长为标志的。宋元以下"新式宗族是由许多核心家庭、主干家庭或共祖家庭组成的,共财单位很少超出同祖父的成员,但通声气、济有无的范围却可以远过于五服"①。在供奉列祖列宗的祠堂里,死者被视为看不见的圣灵加以崇拜,仿佛还拥有生杀予夺的大权和神奇的庇护力量,因此后人共同的畏惧和崇敬,就更加可靠地维系着共同体内互助式的生活与劳作。是记忆使生者和死者聚合在一起,"如果说家乡从根本上作为亲切回忆的场所抓住了人心,令人魂牵梦萦,离情别绪,难解难分,吸引着远离乡土的游子怀着渴望和思乡之情,重返故里,那么,它作为祖先曾经生活过的地方和现在的葬身之地……还具有一种特殊的和高尚的意义,过世的人们的灵魂还漫步和逗留在这里,在屋顶上和在墙壁下,他们保护和关怀后代,但是也强烈要求要缅怀他们"②。作为这种记忆的载体,族谱、家谱曾经长盛不衰,然而这种能促使后人守望相助的记忆,正在被逐步删除。

我们该去哪里寻找共同体的凝聚力?

当代人的本质意志的时间原则被破坏之后,选择意志便大行其道了。按照滕尼斯的观点,"本质意志是建立在过去基础之上的,而且必须从中解释,形成中的事情如何从它而来;选择意志只能通过与它自己相关的未来本身来解释"。在如今的商品经济社会中,人与人之间的交换关系深入生活的方方面面和各种细节,它无情地替代了宗族共同体中人与人之间的直接相互肯定的关系。在交换中似乎人人为大家,而实际上人人都想着自己。"因此,一个人给另一个人感到愉快的一切东西,他至少会期望甚至要求得到一个等价物的回报;因此,他会

① 黄宽重、刘增贵主编:《家族与社会》,北京:中国大百科全书出版社,2005年,第83页。
② 斐迪南·滕尼斯:《共同体与社会》,林荣远译,北京:北京大学出版社,2010年,第236页。

仔细掂量着他的服务、恭维、礼品等等,考虑它们是否会达到所希望的效果。"①城市化进程使大批外来人口涌入城市,城市新移民是文化上无根的人,在他们眼里,只有经济分层、政治分层及其向上攀缘的动力,至于文化的、道德的影响却不见了。正在艰难建立的个人信用记录,似乎远不及乡村口碑的作用。"在中国农村的民间社会中,当'人缘'作为'缘'还属于两个人和两家之间的互动时,其特点并没有特别彰显——它只是一对当事人或他们的家庭对另一方之为人处世的感知与认识。但等当事人将这种感知与认识变成评价说出去时,它就会与周边人对这种互动的观察和感受结合在一起,变成舆论在社区中流传,成为对某个当事人及其家庭待人处事的评价,通常称之为'口碑'。在某种意义上,可以把'口碑'看作民间话语中的'人缘'。口碑的重要功能是它可以进入村庄的集体记忆。"②杨善华等认为,"在村庄中,政治和经济的分层与道德分层并不相同,甚至会截然相反"。"但笔者也发现这一道德分层反过来会影响政治分层和经济分层。在平山县农村,我们看到一个道德上没有污点的'好人家',其儿女在谈婚论嫁时具有绝对优势:不管是嫁还是娶,他们都可以找到当地最好的人家。对另一方来说,找一个'好人家',也可以给自己和家庭挣足'面子'。"③可见道德分层看重的是口碑,而且往往不是一代人的口碑。但在城市化进程造成的人口流动中,这样的口碑记忆被删除了。在城市,道德并未退役,只不过悄悄换岗,用来针对别人。

(三)教育与学习沦为工具

自唐太宗大兴科举制度,将人才择优标准作为教育和学习的指挥棒,自谓"天下英雄尽入吾彀中",在所谓公平竞争的名义下,使之成为中国文化人趋之若鹜的名利场与竞技场。

以当代成人教育的崛起为标志,终身教育大潮席卷教育世界。曾任联合国教科文组织终身教育局局长的保罗·朗格让说道:"我们也开始感到,对儿童和青少年的教育工作无论多么重要和必须,却仅仅是一种准备,一种真正的教育过程的不甚完备的预示活动。这种教育,只有在我们的同辈人,即成年人中实施时,才呈现其完整意义和全部余地。"④但是如果我们仅仅将终身教育视作教

---

① 斐迪南·滕尼斯:《共同体与社会》,林荣远译,北京:北京大学出版社,2010年,第89页。

② 杨善华、孙飞宇:《"社会底蕴":田野经验与思考》,《社会》2015年第1期。

③ 杨善华、孙飞宇:《"社会底蕴":田野经验与思考》,《社会》2015年第1期。

④ 保罗·朗格让:《终身教育导论》,滕星等译,北京:华夏出版社,1988年,第6—7页。

育的延长,那么终身教育先驱者的期待或许就会彻底落空。朗格让认为,终身教育不是教育的量变,而是质变。作为终身教育组成部分的成人教育,应成为当今和未来教育改革的"实验室"。"通过成人教育,教育的本色得以显露,即成为交流和对话的过程。在这个过程中,对话双方根据各自的身份,特殊的成就和才干参与对话并有所贡献,而不再象以往那样只根据一种特定的方式。不采用择优原则,是因为择优不讨人喜欢,同时又是白费力气的步骤;也不采取考试和发证书的办法,因为考试和发证书扭曲了教育作用,并且引起对失败的恐惧,损毁了个性的正常发展。"①可见朗格让曾经对应时代而生的成人教育充满期待,倘若他如今地下有知,定会对成人教育现状一声长叹。传统教育积弊难改,在新生的成人教育领域反客为主。一时间,成人学历、学分银行、证书教育、终身学习卡制度(核心是学习记录可兑换学分、学历或证书)等等,成了不可或缺的成人学习激励要素与学习目标,它们似乎只为功利主义推波助澜。

在今天的学历社会中,更吸引人们的不是教育应然的为人的生命成长服务的功能,而是某种被制造出来的竞争性的等级符码及意义。这一基础建立于对择优分等考试制度的尊重,竞争优胜者的心安理得和失败者的听天由命。办再多的学校(包括成人学校和培训中心)也没有使大家都获得一致的教育机会,就像发达的消费社会并没有让整个社会趋于平等一样。它甚至加剧了等级区分和工具理性。今天的学校教育已然不是人的本真意义学习的场所,而是一个进行择优分等的人才选拔系统。人被标记为后备的或现役的"建设者",即人才资源或人力资本。"人才"的培养压倒了"人心"的养护。学习的主体不是个人,在学历社会中真实的个人恰恰是被删除了的。这一点,也许只有当你彻底放弃了教育是为了人的个性化的生命成长服务的逻辑,而代之以教育的社会区分逻辑时,才能够弄清楚。

(四)恶性互动

人们是否可以指望依靠一种适切的教育安排或公平的教育制度得以全面发展和终身发展呢?不幸的是,社会现实的回答是否定的。学有所教道出了教育的真谛,为人的学习服务应是教育存在的全部理由。令人遗憾的是,学有所教的政策性诠释仅仅指向义务教育,至多再加上高中阶段教育的普及,还有高等教育的大众化。如果学习的过程自然贯穿于人的一生的话,那么教育的过程

---

① 保罗·朗格让:《终身教育导论》,滕星等译,北京:华夏出版社,1988年,第18页。

也必须贯穿于人的一生。不能认为哪一个年龄阶段适合于或不适合于教育。但传统学校教育制度基于一个传统的时代，这个时代的人的生活被分成两个时期，一个较短的准备时期，它同人的儿童期和青春期重合；另一个较长的实践活动时期，它一直持续到人的生命结束。传统学校教育制度的设计全部针对前者，它是基于这一时期人的空闲时间需要安排、成熟度不足和尚缺乏独立责任能力为主要考量因素的，即主要考量因素是消极的、被动的，而并非积极的、主动的。如果从为人的生命成长服务的角度考量，人最需要学习服务的时期当还包括，人的每一个生命重要标志时期直至临终期的学习服务，每个人人生角色转换时期的学习服务。因此，我们认为现今教育的制度性安排与人的生命成长需求常常是错位的。换言之，人一生中最需要学习的时期常常是缺乏教育服务的。即便是得到了，也并非满足生命成长需求的那种教育服务。

功利的教育被视为满足时代发展的工具。成人教育已在很大程度上被简化为职业培训式的继续教育，被时代的发展绑架。鲍曼把如今这个时代称为"瞬时性"的时代。适宜移动的纤弱的躯体，轻便的衣服和运动鞋，移动式电话，便携式、一次性的东西——这些都是注重瞬时性的时代主要文明的标志。在鲍曼看来，比尔·盖茨打动人的地方是他的从容大方、坦率直言，甚至是他感到自豪的"毁灭自己创造的东西，只满足目前片刻之需"的决断力。[①] "看得懂，学得会，比金子还贵。"这就是"瞬时性"时代推崇的学习力。因为"哪怕你是专业对口的博士生，进了微软，不用三个月，就要重新充电"。于是，"学习的速度必须大于等于变化的速度。"（圣吉原理）"你永远不能休息，否则就永远休息。"（摩尔定律）顺理成章被当代励志学奉为圭臬。"未来唯一持久的优势是比你的竞争对手学得更快。"彼得·圣吉一语中的。于是竞争的恐惧挥之不去，如影随形地从学生期追至成人期。功利主义渗入从业者学习的每一寸时光。成人教育并不具有天生的免疫力，同样深陷功利主义教育的泥淖。

功利的学习亦被视为改变人的命运的工具。学习改变命运，曾使多少人豪情万丈；但倘若学习因此而沦为博取名利的工具，那就不只是学习的悲哀！一个社会，如果流行这样的理念，人的基本快乐和基本生活必须靠"出人头地"来保障，那其实是构造一种由"人上人"和"人下人"组成的社会。它通过社会底层的人对高层的人的认同，而不是对他们同阶层的人的认同，来维持社会权力结构。这种理念不仅摧残普通人的生活乐趣和生命意义，而且为这种剥夺制造社

---

① 齐格蒙特·鲍曼：《短暂的生存》，欧阳景根译，上海：上海三联书店，2002年。

会解释。于是教育的过程成为一个竞争与选拔的过程，教育成为优势地位、稀缺机会分配的代理机制。出人头地的想法或许能够激励极少数人达成目标，却会让更多的人去承受失败的痛苦。出人头地不仅仅是教育梦，更从学校延至职场甚至全部人生。"行行出状元"之于"千军万马过独木桥"无疑是一种进步。但是现实是残酷的。所谓"行行出状元"也好，"条条大路通罗马"也好，如果"状元"只有一个，"罗马"只有一个，这个社会还是失败者居多。

作为功利主义目标的职业成功是同质化的，我们姑且称之为"外目标""外成功"，它强力地删除了异质的、个性化的"内目标""内成功"。教育理应帮助每一个学生找到自己的"内目标"。"内目标"指的是每一个独特个体的内职业生涯目标，由个性、兴趣、特长、内心感受等组成，相对于薪水、福利、工作环境、社会地位等外职业生涯目标而言。"内目标"无高低之分，合适就好，它是安顿身心之所在。人的职业生涯成功也有"内""外"之分。"外成功"的标志是：豪宅、名车、职衔、公众关注；而"内成功"则是指：实现潜能、生命成长、自我完善与独特贡献。"外成功"未必可以自豪，因为有可能通过不正当的手段获取；"内成功"使人拥有充实的生活，真正牵引着幸福的内涵。"外成功""外目标"是共同的，也是单一的，人人都能描述出来；而"内成功""内目标"却是个性的，也是多样的，人与人各不相同。高度趋同的价值目标势必造成过度竞争，多样化的个性发展不见了。

职业伦理正是同质社会最缺失的东西。这个社会中的每一份职业，都不仅是一种个人身份和社会价值的标志，它还有着一套固有的与职业共存亡的伦理要求和道德规范。任何职业工作者的尊严，主要来自对职业伦理的敬畏。职业伦理跟身份、职称、教育程度没有必然联系，更超越了职务、收入、社会地位，因而它被功利的教育弃之如敝屣。一个正常的社会本身就是由大多数普普通通的劳动者所组成的。不苟且、不应付、不模糊地遵循符合自身职业特性的职业伦理，即基于推己及人之人性的、对于职业知识技能具有支配作用的职业传承之道。这是最具有职业纯粹性的、职业天良内化的规则。一个社会失去了这样一种职业伦理，就会陷入无序之阵，张皇失措。

除了职业目标视角之外，观察一个社会的同质程度是否高，还有一个重要视角，即社区文化视角。如今基于空间、时间维度的社区与社区之间的纯粹度、区分度已不复存在。生活在一个没有实质意义社区的社会，即陌生人的社会里，社区被降低为纯粹的住所概念，人就成了孤独的原子。文化意义上的"十里不同风，百里不同俗"不见了。社区成员相互间的个体化发展，使他们忘却了共同的渊源。俗语"在家千般好,出门万事难",原本"在家"是喻指在家乡,"出门"是喻指远游,现在不幸成了完全意义上的写实。其后果是,人出了家门就会变得心理过敏,行为放肆,不再受到具有社区邻里间记忆性的道德口碑的约束。

"任性"成为如今的网络热词。依笔者看,这个"任性"恰恰是需要从反面去理解的。因为它有一个心照不宣的前提"有钱",所谓"有钱就任性"。原来"任性"不是让你由着个性成长、由着性情生活,而是让你先做金钱的奴隶。据中新网 2013 年 12 月 20 日报道:"财经日报市场咨询公司 IPSOS 最近对 20 个国家进行的一项调查,71％的受访中国人表示,会根据自己拥有的财产值衡量个人成功。对这一问题的全球平均值是 34％。"

如果一个社会自身以贫富作为区分度,其他方面的差异会消失殆尽。"衡量贫富的标准是金钱,可正好金钱在社会单位的区分度与纯粹度上是无效的,或者说,金钱是打破社会区分度的最有力的武器。因为当金钱在社会上可以获得一切的时候,也就是社会无法显示其差异性之际。当然,从表面上看,拥有金钱数量的多少似乎可以衡量生活品位和品质的不同,但从深层次上看,这种差异主要体现在同质性内部的差异上,不体现异质性。比如有钱人用高档品,没钱人可以用冒牌货;富人用行货,穷人可以用水货;更不用说当'有钱能使鬼推磨''金钱可以收买一切'成为社会的普遍价值观时,那么人们为了自己的利益就可以出卖良心,或者铤而走险,无所不为。"①

同质社会(价值目标上的)裹挟了教育,使之沦为功利教育;反过来,功利教育又在为同质社会雪上加霜。同质社会抹杀了社会各个方面或层面的区分度和纯粹度,将人纳入一个金钱竞争的、择优分等的框架,而功利教育将人纳入一个分数竞争的、择优分等的框架。表面上看,都是公平竞争,其实,它对人人得各安其所、万物得各遂其生的和谐社会而言是一种反动。

在上述背景下,社区成人教育与学习实际上部分地肩负着重建社区、重建诗意栖居的地方、重建体现生命性价值的终身教育的使命。或者说,上述背景正是对如是社区成人教育与学习的呼唤。重建社区共同生活空间,就是重建人与人之间的关系,重建一个温暖而舒适的场所,一个温馨的家园。与其说这是一个目标,毋宁说这是人的天性使然。它需要社区居民的共同学习去实现。社区学习共同体是"生活在社区中的居民由本质意志主导的,因共同学习而自然结成的能实现生命成长和建立守望相助关系的群体"。社区成人共同学习是基

---

① 翟学伟:《信用危机的社会根源》,《江苏社会科学》2014 年第 1 期。

于地缘的、基于人的本质意志的共同学习,不是为了实现社会外加的某个功利目标,不是比试高低或炫耀于人,共同学习的过程就是目的。在社区学习共同体"春风吹又生"的现象中,我们发现了人类共同体的记忆、文化的记忆、家园的记忆。在某种意义上,它预示着社区成人教育与学习发展的方向。

二、时空坐标上的成人学习价值取向

在横向空间坐标上,当代以城市化为特征的"空间转向""空间生产",是资本逐利的必然结果。它使人在享受都市生活便利的同时付出沉重的代价。在纵向时间坐标上,人类社会在文明进程中克服了区域的、交通的、语言的局限,让"地球村"梦想成真,却不幸地发现,自身离开人的天性愈来愈远。社区学习共同体的成人学习是在社区情境中的体现关爱伦理的共同学习,是一种重建社区的共同的学习。社区学习共同体的复兴,是对当代以城市化为特征的"空间转向""空间生产"的一次反拨,也是对社会化演进历史的一次反拨,反映出人类历史进程螺旋式发展的规律,更是关爱伦理作为人的本原本质的顽强表现。

人的生活须臾离不开空间和时间,人是未完成的动物,实现其潜知潜能的一生的过程即终身学习过程。有关的空间研究、社会化演进研究、学习取向研究,是以人为目的的成人学习研究的三个基本维度。

(一)空间转向的沉重代价

在横向空间坐标上,当代以城市化为特征的"空间转向""空间生产",是资本逐利的必然结果。它使人在享受都市生活便利的同时付出沉重的代价。

英文"community"译成中文可以有两种表述,一是"社区",二是"共同体"。较早使用"共同体"概念的是德国社会学家斐迪南·滕尼斯。是他将"共同体"和"社会"作为一对相对应的概念提出来的。"在较早的那个时代(译者注:共同体的时代)里,家庭生活和家族经济史是基本色调。在稍后的那个时代(译者注:社会化的时代)商业和大城市生活是基本色调。"[1]可见在"共同体"的概念里是时间性与空间性并存的。美国的查尔斯·罗密斯将滕尼斯的代表作 *Gemeinschaft Und Gesellschaft*(中译《共同体与社会》)译成英文,书名为 *Community and Society*,指向人与人之间结合的两种形态。

滕尼斯发现:"血缘的、地缘的、精神的共同体相互之间最密切地相互联系

---

① 斐迪南·滕尼斯:《共同体与社会》,林荣远译,北京:北京大学出版社,2010年,第267页。

着。因此可以观察到这些原始的方式的各种很容易理解的名称相互并存：1.亲属；2.邻里；3.友谊。"①于是，滕尼斯赋予"共同体"的含义，既有区域性，更指明一种人与人之间的关系。这与中国古代的社区概念不谋而合。因此不难理解，原始的真正的共同体是心性相契式的共同体，而现代意义的泛指的共同体则是利益结盟式的；原始的真正的社区是人与人之间相互信任、相互依赖的社区，而现代意义的社区只是纯粹指人居住的一个地方。"共同体"一词与"社区"一词的"根"是高度一致的。

20世纪下半叶以后，国外人文科学兴起了一股被称为"空间转向"的理论思潮。由于整个世界总体进入相对和平的发展时期，世界现代化运动进程加速。地球上一半以上的人口居住在城市，以城市化为特征的"空间生产"无孔不入，于是，高楼、电梯、立体交通、产业升级、电子商务等生产出一个个有形的和无形的新空间，它越来越深刻地影响着当代人的社会日常生活。这就是列斐伏尔所指出的"堪称'第二自然界'的空间性，是业已转换的并在社会得到具体化的空间性，缘起于人类有目的的劳动的应用"。"社会空间生产，本质上无疑是人类现实生活筹划的实际行动，形式则表现为社会关系的重组或再造，而且主要相关于那些具有张力、并存性质的社会关系。"②这一"空间转向"，是资本逐利的必然结果。它使人在享受都市生活便利的同时付出沉重的代价。

代价之一是对物质空间的空前的破坏和毒化。人类最初并没有把物质空间当作自己的身外之物来看待，亦即没有让物质空间对象化。在资本驱动下，人类不断"占有空间""生产空间"，并因此而大大提高了生活生产成本，加速了自然资源损耗，使得这个星球的物理、化学和生物特征迅速改变，如今人类面临的将是人类自己引发的全球性环境动荡，最为显著的表征就是全球气候出现急剧的变化，包括已经开始了的地表温度上升，淡水资源枯竭，极地冰川融化，海平面抬高，土壤沙化，海水酸化，等等。

代价之二是对心理空间的空前的破坏。心理空间对现代生活的影响是无形的、内在的，因而是更可感的、更直接的。人的心理空间是物质空间的投射，更是人与人之间关系的投射。迅速由互联网行业波及其他行业的高频率跳槽现象，以及职业半衰期缩短，自由职业增多，"奶酪精神"强化等人才市场空间"新景象"，使职场中人有机会认识更多同事与客户。而智能化移动终端的普遍应用，更使人们有可能在虚拟世界中结交更多朋友。这些心理空间生产的载体

---

① 斐迪南·滕尼斯：《共同体与社会》，林荣远译，北京：北京大学出版社，2010年，第54页。
② 陈立新：《空间生产的历史唯物主义解读》，《武汉大学学报（人文科学版）》2014年第6期。

和标志,按理可以成为开拓心理空间的新资源。但事实上,它却在无情地解构人的心理空间。

罗宾·邓巴提出的邓巴数理论指出,成员人数不超过 150 人可称之为共同体,因为在小于邓巴数限制的群体规模内,人类的认知能力能够借助记忆完成对他人的个性化认知,从而相互投注感情,取得信任,建立起亲密的关系;在突破邓巴数限制的群体规模以后,人的认知能力就无法依靠记忆实现对他人的个性化认知,人与人之间的情感的、信任的、亲密的关系亦无所依凭。如今,当一个城里人习以为常地拥有了上千张名片、上千位网友的时候,邓巴数内可能建立的亲密关系自然烟消云散,即使对于其中与你相对亲密的 150 个人的关系,也已被大大稀释和弱化了。

在列斐伏尔等人的理论语境中,社会空间拥有对心理空间的统摄性。最发达的社会关系是资本原则主导下的生活图景。这标识了空间生产问题的现代性归属。"共同体的结合是本质意志的主体;社会的结合是选择意志的主体。"①社会的理论构想出一个人的群体,他们像在共同体里一样,以和平的方式相互共处地生活和居住在一起,但是,基本上不是结合在一起,而是分离的。自由主义原子式的个人观及在此基础上建立的自我观,导致当代社会个人主义发展到极致。现代人试图借助法律等工具实现人们更大范围的合作,在自由主义市场经济理论下,似乎只要每个人都遵循法律原则,努力追求个人利益,社会就不用付出矛盾与冲突的代价而实现利益最大化。但是法律只能起到限制性的作用,却无法促进人与人之间的积极关系。涂尔干以"机械团结"和"有机团结"这对概念来分析社会转型的实现,认为传统社会成员共同的生产、生活方式和习俗规则,使他们产生共同的意识,并以此维持这种同质性的"共同体",因此是建立在同质性基础上的机械团结;近代社会以分工为纽带,是基于人们意识上的差异扩大和生产与消费上的相互依赖,因此是建立在社会分工和个人异质性基础上的有机团结。与此相悖,在滕尼斯笔下:共同体是持久的和真正的生活,社会只不过是一种暂时的和表面的共同生活。因此,共同体本身应该被理解为一种生机勃勃的有机体,而社会应该被理解为一种机械的聚合和人工制品。依笔者之见,共同体与社会只是聚合剂不同,前者以分享与情感为聚合剂,后者以分工与交易为聚合剂。正是后者使得现代人将人际交往都理解为一种生意,毒害了人的心理空间。

---

① 斐迪南·滕尼斯:《共同体与社会》,林荣远译,北京:北京大学出版社,2010 年,第 200 页。

（二）社会化演进中的失落

在纵向时间坐标上，人类社会在文明进程中克服了区域的、交通的、语言的局限，让"地球村"梦想成真，却不幸发现，自身离开人的天性愈来愈远。

经济学家赫尔曼·达利倡导生态经济学，提倡以增加社会福祉、和谐健康发展为目标。他认为，最重要的是一切事物之间的关系，即人与人之间、人与地球上其他事物之间的关系。他所指的这种"关系"的演变与人类文明史的演变即社会化进程互为因果。

我们在教科书上学习的历史是记载人类社会化进程的文明史，几乎所有的人都相信，所谓"文明"，所谓"社会化"，都是某些积极、进步的东西。文明的进程是一条不断向前进的道路，虽然我们也承认在某些文明的交替时出现的困顿，但常常都认为，前进的步伐不可阻挡。代表人类生产力进步的时期，大致可划分为：狩猎采集时期→农耕时期→工业时期→后工业时期。代表人类交往扩展的时期，自人类开始出现定居点之后大致可分为：族群时期→部落时期→酋长（土司）管辖时期→国家治理（全球化）时期。与前述两个时期相应，人类以不同方式居住在一起，其外在形态又可分为家族、村庄、城市。这些文明从产生、发展、扩张到最终成为整个地球的主宰。这一过程就是所谓标志人类社会进步的文明史。

在这一过程中，人类致力于消灭对自然供给物的依赖，骄傲地成为大自然的主人，却不无沮丧地发现，人类对于自然环境的影响力已经超越了大自然本身的修复能力。我们正在威胁甚至铲除地球上其他的生命系统，我们正在透支子孙无法偿付的地球宝藏的支票。

在这一过程中，人类克服了区域的、交通的、语言的局限，让"地球村"梦想成真，却不幸发现，自身离开人的天性愈来愈远。保罗·谢帕尔德认为，"文明"即是"驯化"。在文明社会中，我们有教养孩子的义务，使他们能适应社会和他人的认可和需要。也就是说，我们迫使他们采用的行为方式是脱离了孩子的自然本性——"野"的方式。这种教养导致了各种心理的和社会的问题，而这些问题在原始狩猎采集社会里是不存在的，因为那时孩子们以自然的方式成长。[1]人有天性、禀性、习性。天性出自人的灵魂，禀性出自人的植物性生命，"食色，性也"的性即人的禀性。习性出自人的动物性生命，所谓人是社会的动物，正是社会培养了人的习性。社会习性将人的目的与行为分离，体现人的选择意志。

———————————

[1]　约翰·B.科布:《本土文化与"文明社会"》，马莹华译，《求是学刊》2015年第3期。

"倘若幸福被努力争取，被追逐，那么，未来的事件，由于思维，会变得同一件物品一样，它的实现是由事件的原因所制约的，而物品的成因作为自己的可能行为似乎是提供给予使用的。"①人的选择意志将动物性生命的行为视作手段，以实现植物性生命（食、色及虚荣性的外饰）的满足，如此必将扭曲人的灵魂（天性）。反之，在人的本质意志里，行为与目的是合一的，如进行非功利性目的的学习，如投身非锦标性质的跑步、跳远、跳高，实现动物性生命的潜能的过程就是目的。而人的本质意志又恰恰是将植物性生命视作手段加以调适的，如俭养德（对食、色及虚荣性的外饰的节制用以培养自身德尚），其实就是养灵魂。如此必将有利滋养人的灵魂（天性）。消费社会的社会化程度越高，物质越丰富，人的选择意志越张扬，本质意志也就越萎缩。人的选择意志毒化了人际关系，使人变得孤独，即使学会合作，也是为了自身利益在可能条件下的最大化，而非情感上的分享和无关报偿的互助。

人类社会化的进程也表现在人类以不同方式居住在一起的外在形态上，即家族、村庄、城市的共同生活形态演变上。它的整个发展方向是一步一步由共同体时代迈进社会的。不过共同体时代的第一个时期是由共同生活的新基础的影响造成的，这种新的基础是随着耕作土地才有的。倘若由若干村庄发展为城市，另一个时期就开始了。村庄和城市的共同之处在于共同生活的空间原则取代家庭（部落、人民）时间的原则。然而，二者都保留着很多家庭的特征，村庄保留得多一些，城市保留得少一些。只有到了城市发展为大城市时，城市才几乎完全丧失了这些特征，单一化的个人或者家庭相互对立，他们所拥有的共同的地方，只不过作为偶然的和选择的居住场所。②保罗·谢帕尔德所描述的"驯化"，是属于城市发展为大城市时期（即工业及后工业时期）的，而不是狩猎采集时期、农耕时期的家族、村庄生活所具有的特征。

人类社会化的演进始于族群，族群由 5 到 80 人组成，其中大多数或全部是有血缘关系或婚姻关系的近亲。族群的土地为整个族群共同使用；由族群发展为部落，规模达到数百人，部落由不止一个亲属群体的氏族组成，氏族之间相互通婚，土地属于氏族而不属于部落；进而酋长或土司扩大了其管辖范围，管辖地的人口比部落的人口多得多，从几千人到几万人不等，甚至包括地球上一些单独的少数民族整体，规模可以超过 100 万人口。

大城市纯粹由自由的个人组成。这些自由的个人在交往中不断相互接触，

---

① 斐迪南·滕尼斯：《共同体与社会》，林荣远译，北京：北京大学出版社，2010 年，第 141 页。
② 斐迪南·滕尼斯：《共同体与社会》，林荣远译，北京：北京大学出版社，2010 年，第 261、267 页。

相互交换和共同发挥作用,然而在他们之间却没有产生共同体和共同体的意志。在世界城市里,货币和资本是无穷的和无所不能的,世界城市能够为整个地球生产商品和科学。它就是世界市场和世界交往,世界工业和服务业集中在它那里,地球上一切的人都怀着金钱欲和享受欲汇聚到它那里,也怀着求知欲和好奇心汇聚到它那里。科学和艺术虽贵为社会公器,却也常常靠逐利行为来推动。

赫伯特·甘思的《城市村民》一项关于来自乡村的意大利人如何适应波士顿生活的研究表明,在新环境中,大多数人维持着许多原有的社会结构。这种做法使得移民们获得一种认同感,并且保护了他们与其他意大利裔美国人的联系。其他一些下层劳动阶级的街区里,也存在着强烈的社区感情。在当代中国的城市村民中,我们也不难发现类似的现象。无论进城农民是否真的将某种与家族有关的文化带进了城市,宗族由此隐性地维系,构成了城市文化虽边缘却坚硬、不易被消化的部分;似乎可以相信,这只不过是一段未走完的历史。

20世纪末期伦理堤防的溃决,有人归之为由五四运动发起和接下来的革命摧毁"宗法秩序"努力的结果。我们确也注意,某些保留着"宗法制"残余的农村,减缓了伦理崩塌的速度,家族成员间的亲情、信任与责任感尚在,家族伦理、家庭伦理尚能艰难维持,并构成了农村社区稳定的基础。因此也有人呼吁恢复建立在族群血缘基础上的乡绅制度。但是一个不争的事实是,即使在1949年后,尽管"宗族势力"备受打击,却仍在乡村基层长期隐蔽地存在,改革开放后部分乡村基层政权甚至出现了"黑社会化"的现象。基层选举中的贿选者,无不诱之以利挟之以力,亦无不利用同宗同族同姓关系。其实五四新文化运动中的"人的解放",即基于宗法、家族之于个人的桎梏,批判者因之有切肤之痛。我们长期以来关于"封建大家庭"的印象,是诸如《家》《春》《秋》之类的文学作品影响下的历史想象与认知,现今它已成为传统社会"宗法制"的形象教材。

无论是乡村还是城市,社区中人与人之间关系的修复,不是传统社会意义上的恢复而是重建。一方面,是因为近年来由地方政府主导的"修宗祠""续族谱""祭祖"等活动,往往徒具形式,或被用于"开发旅游资源""打造文化品牌"的功利目的。即使为恢复地方传统,可考的部分抑或止于明、清两代,而在我国,商业流通、城镇建设及现代世俗社会人际关系的滥觞恰始于明、清。真实的宗族世界远不似人们想象中那么美好。另一方面,是因为人们多注重社区的政治功能,而忽视其文化社会功能,梁启超说:"乡村之善者,往往与官府不相闻问,肃然自行其政教,其强有力者且能自全于乱世,盗贼污吏,莫敢谁何。"①社会学家费孝通在《乡土中国》提出了著名的中国社会"双轨政治理论":"一方面是自上而下的皇权,另一方面是自下而上的绅权和族权,二者平行运作,互相作用,形成了'皇帝无为而天下治'的乡村治理模式,塑造出一个形象而又独特的描述传统中国政治运作逻辑的'双轨政治'模型。"而笔者以为在城市化进程中的当今中国,社区建设不是一个逆向而行的过程。恢复基于血缘家族关系的共同体,既非福音且无可能。我们所指的社区重建,更接近于滕尼斯笔下的基于人的本质意志的精神的共同体,鲍曼曾经描述的"一个温馨的地方,一个温暖而又舒适的场所"。这是一个诗意栖居的地方,一个可以共同学习且必得通过共同学习去创造的地方。其或有助于基层治理,但更重要的意义还在于社区的社会文化功能重建。这是终极性的目的,体现人的生命性价值的目的。

(三)情景规制下的成人学习价值取向

传统的学校教育和企业教育正不遗余力地催生学习的选择意志,两者相辅相成。而基于本质意志的体现关爱伦理的学习实践是难以在传统的学校与企业生存的,唯有在这个社会人际竞争最间接的地方、在人原始意义的生活最接近的地方即社区,它才得以迸射活力。

社会的富裕和文明进步,有时会产生一些让人迷惑不解的现象,似乎与所谓进步自相矛盾。至少是在笔者观察所及的范围内,我们注意到那种对成年人学习权利和自主发展权利伸张的空间变得狭小的同时,孩子已经变成受到加倍眷顾的主体。这种情形恰恰同半个世纪前的家庭形成鲜明对照。小康起来的人们都把孩子当作最宝贵的、不可轻率对待的命根子,他们生恐在心理上、发展上伤害孩子,待孩子宠爱有加、刻意培养,以竞争之心、以功利之心送孩子去学校及与之相辅的学习场所,恰与择优分等的传统学校教育制度相适配。

在一个功利主义盛行的社会中(成人教育亦不例外),成人通常扮演"售货者"和"享受者"的角色,即用我的知识、技能获取薪资报酬,用我的薪资报酬换取我的享受。他们可能早就为自己的"学习者"角色卸了妆,即使勉力为之,也只是作为换取职业资格与薪资报酬的筹码。"企业被当作苦难,酒吧被视为乐趣",成了许多上班族的"一体两面"。他们已经失落了学习的生命性价值取向。

当学校、职场成为功利角逐地后,关爱伦理的温润空间或就留给了社区。

---

① 梁启超:《梁启超论中国文化》,北京:商务印书馆,2012 年,第 108 页。

但是,伴随挖掘机、推土机的隆隆声,熟人社会及其交流系统土崩瓦解,那个温馨的家园不见了。如今的城市社区,只是指人居住的一个地方。重建社区,就是重建人与人之间的关系。居民既然不能生活于一个现成的社区,只有生活出一个社区。

在中国全面建设小康社会的历史进程中,草根式生长的社区学习共同体展现出不可遏制的生命力,成为社区重建的心理引擎。在社区情境中的体现关爱伦理的学习,属于人的本质意志,关于人的天生的"中意"、"习惯"的文化、"记忆"中的家园。人们很容易联想到邻里、亲属、友谊等这样一些带有温情的词语。关爱伦理是通过人的关系产生的,同样体现关爱伦理的学习也离不开人与人之间的协作,因为一个人只有通过和别人发生交互作用才能成为完整的人。其实,人需要的不仅仅是筑居,而是诗意地栖居。这意味着生命成长需要共同学习、交流知识、分享心得、相长友爱;意味着生命成长需要一方滋养心性的"生态位",一种守望相助的归属感。

一个颇具影响力的典型案例来自于设计师周子书和他的团队,在 2016 年年底,周子书凭借改造北京亚运村安苑北里的地下室这一项目,拿下 DFA 亚洲最具影响力设计奖。起初周子书发现,居住在地下室的"北漂",根本没把这当家。大家都想着扩展自己职业的可能,既然如此,那为什么不搞技能交换呢?他就用地下室随处可见的晾衣绳在房中间做成一道幕帘,两边墙面绘上中国地图,一边是代表地上的故乡,一边代表现在的我。然后挂一张卡片:我是谁,我会做什么,我希望学习什么。如果有人想跟你交换技能,就会拉着晾衣绳固定到你的位置。一根根系着梦想的线,交织成一个屋顶,一个家。你可以用汽车修理技能交换管道安装技能,也可以用艺术摄影技能交换平面设计技能,还可以用厨艺技能交换美发技能……"同自觉、共做主、互为师、自评价"——这是带着关爱伦理"温度"的共同学习,除了交流知识技能,更重要的是同属"北漂"一族的经验教训、思想情感的交互。技能交换的共同学习使居民重拾共同体生活,建立起智力、审美、情感、分享上的联系。用技能交换出来社区感、归属感的居民,帮助周子书完成了地下室改造项目。它的最大特点在于更多的社区公共交流空间的设置。这是真正的"宜人"空间,而非满足物欲和消费的空间。它是对逐利性的以城市化为特征的"空间生产"的一种反拨。

成人学习的主因不再是学校教育与老师,而应是处在学习与生命成长(此过程贯穿人的终身)中的个人。正是他在发展,正是他在改变自己,正是他通过一个独具的、无法替代的过程实现自己的生命潜力。由于成人的生存的复杂性和个性发展种种因素,在这些因素中,有些是照旧可以通过课程和讲演的方法获得知识来满足的,但大多数却要通过源于或基于人的植物性生命、动物性生命与心灵层面的潜滋暗长所需求的学习来实现。在成人学习中,成人的个性、气质和智能的差异完全显露出来。这已被许多性格分析学派的研究结果证明。

相对于儿童来说,成人具有更为丰富的生活经验,这一点几乎被所有的研究者引为成人学习区别于儿童学习的一项关键因素。正如罗比·基德所指出的那样,"成人有着更丰富的经验,成人拥有各种不同种类的经验,同时成人的这些经验具有各种不同的组织形式"。如果说生活经验的积累把成人和孩子区分开来,它们也同时把不同的成人区别开来。一群 60 岁的老人的共同点一定没有一群 20 岁年轻人的多。[①] 由此可见,依照传统教育模式设计的成人教育,远不能满足基于成人多样性的多样化学习需求,或许成人教育永远无法覆盖成人学习,而好的成人教育却可以导致或助力成人学习。

成人学习是一个宽泛且不定型的实践领域,它不像小学、中学的学生对年龄有清晰的划分标准,也不像大学生那样对自身专业发展有明确的界定。成人学习者有着丰富的学习内容、多样化的学习形式与各自的学习动机及目标取向,因此相关的研究亦充满悖论。

成人教育学理论建立在关于成人学习者的五个基本假设上:

1. 随着个体的成熟,他或她的自我概念从一个依赖型人格转向一个自我导向的人。

2. 成人积累了不断增加的经验库,它们是学习的丰富资源。

3. 成人的学习准备度是与他或她自身社会角色的发展任务紧密相关的。

4. 随着个体的成熟,个体的时间观会发生一种变化,从知识的未来应用转向立即应用。因此成人学习更多地就是一种问题中心的学习。

5. 成人更多的是受到内在因素而非外在因素的驱动而学习(此假设是在原来四个假设提出之后增加的)。

从上述的每一个假设中,诺尔斯提出了设计、实施和评估成人学习活动的各种启示及建议。但是,布鲁克菲尔德提出,如果从实践角度来推论的话,其中有三个假设是有问题的。他认为,假设 1 中的自我导向性更多的是一种期望的结果而不是既定的条件,假设 4 中问题中心和知识立即应用的期望会导致狭隘和简陋的学习观。布鲁克菲尔德发现,只有假设 5 才是扎根于实践的。然而,

---

① 雪伦·B.梅里安、罗斯玛丽·S.凯弗瑞拉:《成人学习的综合研究与实践指导》,黄健等译,北京:中国人民大学出版社,2011 年,第 353 页。

即使如此它也受到了质疑。虽然成人期比儿童期要长，而且成人的经验远比儿童丰富，但是这并不意味着它们一定会转化为高质量的经验而成为学习的一种资源。虽然成人学习更多地不是受外在因素而是受内在因素驱使，但是在工作场所和继续职业教育情形下，很多学习都是要求参与的，更不要说政府和社会硬性规定的一些学习。阿斯兰尼和布里克尔的研究结果表明，一方面，83％的成人学习者参与学习活动是因为生活中的某种跃变；另一方面，强制性继续教育的日益流行，可能会被用来反对成人学习是受内在因素驱动参与学习的假设。①

由于诺尔斯对人本主义心理学的理论依赖，对成人教育学理论的一些批判指出了他对个体学习者的盲目关注，却实实在在地忽略了学习所发生的社会历史背景情境。20世纪后30年的一些事实有力地支持这种批判。从1969年开始，美国教育部全国教育统计中心对成人参与教育情况进行了定期的系列调查。瓦伦丁将此调查结果与联合国教科文组织的调查结果进行了比较，显示出一些可以勾勒趋势的数据：在1969年，与工作相关的课程和与工作不相关的课程几乎各占半壁江山。在20世纪70年代后期，与工作相关的课程开始占据优势。到1984年，前者与后者的比例是2：1，这种状况持续到1993年6月。联合国教科文组织的研究报告表明，高达90.6％的成人认为，职业和工作仍然是参与成人教育的理由。这一趋势也可以在同期发展的中国成人教育进程中获得不同视角的印证，1987年2月中华人民共和国国务院批转《国家教育委员会关于改革和发展成人教育的决定》，明确提出"把开展岗位培训作为成人教育的重点"。瓦伦丁认为，显然，在美国就业导向的成人教育正在显著增加，然而，要清楚地认识到，大部分这种数字的比例之间的差距应归因于研究方法的不同。佩兰德运用改进后的概率样本从美国人口中选取了1501名被试者。结果，他发现，78.9％的18岁以上美国成人无论在自我规划的课程中还是在正规的课程中，都将自己视为继续学习者，3/4以上的美国人独立规划一种或多种学习项目。而且在所研究的9种学习领域中，个人发展和家政领域最受欢迎，其次是个人爱好与娱乐等。②

显然，与职业和工作相关的成人学习在20世纪后期渐占上风，工具理性盛

---

① 雪伦·B.梅里安、罗斯玛丽·S.凯弗瑞拉：《成人学习的综合研究与实践指导》，黄健等译，北京：中国人民大学出版社，2011年，第249、251、254页。

② 雪伦·B.梅里安、罗斯玛丽·S.凯弗瑞拉：《成人学习的综合研究与实践指导》，黄健等译，北京：中国人民大学出版社，2011年，第41、42、44页。

行一时,至今未见衰退迹象;但与此同时,草根的关注生活质量和生命成长的成人学习生生不息,虽枯荣有时,依然顽强显示不灭的生命性价值。关于上述并行不悖的两种成人学习的争论由来已久,理论工作者的相关综述大多将其归因于研究方法的不同或观念理念的不同,却忽视研究对象的情境性规定与制约,即工作场所学习与居住社区学习的区分。

彼得·圣吉撰写的《第五项修炼》自1990年问世之后,风靡全球,其中文译本更是一版再版。该著荣获世界企业学会最高荣誉的开拓者奖。圣吉成功地运用学习工具于管理,描述了公司如何通过采用学习型组织的战略和行动对策,来排除威胁组织效率和事业成功的"学习障碍"。圣吉认为,个人修炼必须与组织修炼相结合。"大多数修炼传统都聚焦在个人身上,而建设真正的学习型文化所要求的修炼,除个人方面以外,还必须有集体的方面。""学习型组织之所以可能,是因为我们不仅有学习的天性,而且热爱学习。我们大多数人都曾经是某个优秀团队的一员,在团队中大家以不同寻常的方式共同做事——彼此间相互信任,取长补短;大家有着共同的目标,它比每个人的个人目标更大,并且团队最终取得了优异的成绩。"①因此《第五项修炼》被一些成人教育工作者誉为工作场所的学习圣经。但毋庸置疑的是,圣吉在解释为什么学习型组织的各项修炼至关重要的原因时指出,这是学习型组织与依靠传统权威专制的控制型组织的根本区别。可见"组织"才是出发点与归宿点。由此衍生的"学习型×× "(班组、社团、企业、机关、学校等等)莫不如此。我们不禁要追问的是,学习是人的生命成长过程还是组织取得优异成绩的工具?谁在学习型××中起支配作用?谁来规定学习什么是有价值的,学习什么是无价值的?为什么组织争胜较人的生命成长更占优势,这种局面是如何形成的?为了维护这种局面,学习情境是如何设定的?激励与宣传的语言是如何使用的?这是与成人学习相关的伦理问题。实践上的成人学习伦理困境根植于可能相互冲突的利益主体及不同的价值取向。尽管圣吉也强调《第五项修炼》提供的原理和技术,植根于我们心灵深处的真正愿望,强调尊重个人愿景,并建立共同愿景。但他恐怕永远难以摆脱囿于工作场所学习的组织主宰力,及其形成的学习实践伦理困境,尤其是企业实现赢利目的的市场压力。

斯特雷特提出的关爱伦理,是指注重生活质量的学习,包含"文化丰富""个体性""忠诚""潜能""尊严""赋权""环境"等。吉利根、诺丁斯和贝克都把关爱

---

① 彼得·圣吉:《第五项修炼——学习型组织的艺术与实践》,张成林译,北京:中信出版社,2009年,第4页。

伦理视为教育实践的关键构成甚至是最重要的构成。诺丁斯在她的研究中致力于建立"一种用来维护我们最深厚且十分细腻的人类情感的标准"①。这些情感包括养育和爱。吉利根和莱昂斯发现,"大多数女性会对关爱伦理产生共鸣"②。滕尼斯先是以科学的思维描述男女两性的差异,"正如在男性的体格里,肌肉系统占优势,在女性的体格里,神经系统占优势"。她们"宁愿享受近在咫尺的、当前的、持久性的好东西,而不愿去追求远在天边的、未来的、稀罕的幸福。因此她们的意志对其状况发生令人愉快的和令人不快的变化,反应更加坚定,更加热情昂扬;因此富于感性和感觉细致……"继而滕尼斯换之以哲学的思维论述,"诗人和思想家喜欢颂扬女人的无意识、她的本质和性情的神秘的深邃、她的灵魂的虔诚的淳朴:如果我们变得冷淡和斤斤计较,肤浅和精明的话,有时我们就会感到,我们丧失了什么东西"③。

滕尼斯认为女人更多地表现人的本质意志,男人更多地表现人的选择意志。此说也许并无大数据支撑,但人们却能从经验中得到印证。体现关爱伦理的共同学习实践是人的一种天生的禀赋的实现,是人的固有的生活的一部分。学习者享受的是当前的、令人愉悦的学习过程,而非未来的、社会功利的学习结果。因此,关爱伦理的共同学习实践是基于人的本质意志的。与此形成鲜明对照的是基于选择意志的学习。在选择意志主导下,学习可以理解为一种生意,抱着特定的社会功利目的,把预想中的名利收获作为学习目的,在针对目的的行动时,用尽可能方便的简单的手段,用尽可能少的时间、精力,去获取尽可能高的收益。在这里,学习是受罪,名利是真正的乐趣所在。选择意志的学习适合具备择优分等功能的学校教育,同时也适合推动人力资源升值的企业教育。反之,传统的学校教育和企业教育正不遗余力地催生学习的选择意志,两者相辅相成。而基于本质意志的体现关爱伦理的共同学习实践是难以在传统的学校与企业生存的,唯有在这个社会人际竞争最间接的地方、在人原始意义的生活最接近的地方——社区,它才得以迸射活力。

令梅里安和凯弗瑞拉等成人教育工作者感到十分头疼的是,"作为教育者和课程规划者,通过关爱伦理来发展和维护充满人道的关系是一项十分耗时的工作,尤其是当合作者不愿意接受一种把关爱看作实践基础的文化时。而且,我们

---

① 雪伦·B.梅里安、罗斯玛丽·S.凯弗瑞拉:《成人学习的综合研究与实践指导》,黄健等译,北京:中国人民大学出版社,2011年,第340页。

② 雪伦·B.梅里安、罗斯玛丽·S.凯弗瑞拉:《成人学习的综合研究与实践指导》,黄健等译,北京:中国人民大学出版社,2011年,第341页。

③ 斐迪南·滕尼斯:《共同体与社会》,林荣远译,北京:北京大学出版社,2010年,第172、174页。

正好十分厌倦或受制于现代人类生活条件,以至'难以去关爱'"①。看来梅里安和凯弗瑞拉所理解的体现关爱伦理的学习,只是一种在传统教育场景下的成人学习,而不是自觉自主意义的成人学习。《中国教育报》2015年年度特刊上刊登的《学习共同体中的生命成长》一文,叙述了中国杭州市示范性社区学习共同体表彰会的情景:今年(2015年)是第五年召开表彰会,会上增设了一个环节,请受表彰的32个示范性学习共同体的核心成员交流学习心得。西湖区芸文化工作室的吴芸说,"因为共同学习找到城市社区的归属感";经济技术开发区朗诵合唱队的翟彩琴说,"是学共体给了我精彩人生";拱墅区化纤社区社教干部金琳说,"巧手女人家不仅让一帮妇女活得开心了,更让一大批家庭变得和谐幸福了"。社区学习共同体是生活在社区中的居民因共同学习而结成的、能实现人的生命成长和建立守望相助关系的群体。在这里,学习者关注的不仅仅是学习结果,更重要的是带着人际温暖感的共同学习过程,在平等互助共享的学习过程中建立起强烈的归属感。于是,令梅里安和凯弗瑞拉等成人教育工作者感到十分头疼的问题,在中国杭州市社区学习共同体的实践中却轻而易举地得到了解决。

社区学习共同体的成人学习是在社区情境中的体现关爱伦理的共同学习,是一种重建社区的有温度的共同学习。社区学习共同体的复兴,社区人间交往空间的开拓,是对当代以城市化为特征的逐利性"空间生产"的一种反拨,也是在社会化演进历史进程中体现否定之否定规律的"社区重建"。反映出人类历史进程螺旋式发展的规律,更是关爱伦理作为人的本原本质的顽强表现。

三、共同学习的三个原点

《教育部等九部门关于进一步推进社区教育发展的意见》指出,要"鼓励和引导社区居民自发组建形式多样的学习团队、活动小组等学习共同体,实现自我组织、自我教育、自我管理、自我服务"②。社区学习共同体是一种民间的草根式生长的学习群体,人类历史可考的最早的学习现象可溯源于此。在中国全面建成小康社会的进程中,社区学习共同体重新勃发生机,社区学习共同体不是设计出来的,也不是计划出来的,更不是模仿出来的,而是在小康社会条件下自然而然地成长起来的。为什么我们要将这一"生活在社区中的居民因共同学习

①　雪伦·B.梅里安、罗斯玛丽·S.凯弗瑞拉:《成人学习的综合研究与实践指导》,黄健等译,北京:中国人民大学出版社,2011年,第340页。

②　教育部等九部门:《教育部等九部门关于进一步推进社区教育发展的意见》(教职成〔2016〕4号),2016年7月8日发。

而结成的群体"命名为社区学习共同体？因为社区居民的这种共同学习是基于人的本质意志的共同学习，它深植于人的生命成长、潜知潜能实现和社区归属感、群体归属感的天性之中。滕尼斯认为，"本质意志是建立在过去的基础之上的，而且必须从中解释，形成中的事情如何从它而来"①。由此，我们需要对社区学习共同体的三个原点，即"社区""学习""共同体"三个基本概念的原始定义及相互关系进行深入的探析。正是借助于这样的探析，让我们认识到社区学习共同体深厚的历史渊源和蓬勃的内在生命力。

（一）原点一：不一样的共同体

如今人们使用"共同体"一词，只取其字面的意义，通常指相对的独立体之间的某种利益的结合，在双方或多方约定的范围内，一致发挥其对外和对内的作用。这是利益结盟，恰恰走向了"共同体"原始定义的反面。

在原始的共同体时代，人与人之间的关系不是以契约的方式联系在一起的，而是以直接的相互肯定、相互依赖、相互帮助的方式联系在一起的。因为后者是他们一种具有必然性的生存状态。这就是后人称之为"共同体"的人与人之间的结合形态。原始意义的共同体，恰如鲍曼所形容："是一个'温馨'的地方，一个温暖而又舒适的场所。"②滕尼斯选择"共同理解"（common understanding）、"自然地出现"（coming naturally）作为共同体的特征。罗森伯格（Goran Rosenberg）创造了"温馨圈子"（warm circle）概念，来理解处于人类和睦相处中的天真状态。这种和睦相处，曾经可能是人们的普遍状态，但在今天，越来越只在梦中才有可能。"温馨圈子""不是源于外部的社会逻辑，也不是源于任何经济的成本—收益的分析"，这恰恰是使得这一圈子变得"温馨"的东西。③

哈耶克认为在原始社会人们有一种彼此分享的概念。格雷伯经过历史人类学考察，认为历史上不存在以物易物的历史阶段。以物易物暗含着人与人的两清结算方式，赵汀阳怀疑或许是现代人把自己的心思倒映为古人。"'个人'这种存在方式是现代的一个基本发明。古代社会尚未形成'个人'这种结算单位。个人所以成为一种存在论单位，是因为个人变成了一切利益的基本结算单位，一切利益都以个人为准来结算。""利益的结算单位变了，价值观也就跟着变

---

① 斐迪南·滕尼斯：《共同体与社会》，林荣远译，北京：北京大学出版社，2010年，第118页。
② 齐格蒙特·鲍曼：《共同体》，欧阳景根译，南京：江苏人民出版社，2007年，第2页。
③ 齐格蒙特·鲍曼：《共同体》，欧阳景根译，南京：江苏人民出版社，2007年，第5—6页。

了，现代价值观也以个人作为度量衡。"①家庭、国家、私有制的起源，意味着共同体时代的终结。在希腊文中，"共同体"是"koinonia"，它源自形容词"koinos"，后者意为"共同的(common)"。因此 koinonia 最常见的翻译是"共同体"或"社群、社团"。从词源上看，共同体表示一种具有共同利益诉求和伦理取向的群体生活方式。近代市场经济的兴起造就了古代社会到近代社会"从身份到契约"(梅因语)的运动，从而使契约取代了传统的共同体。桑德尔提出了三种意义上的共同体观念，即工具型、感情型和构成型的共同体，认为较之前两种类型的共同体观念，构成型的共同体"不只描述一种感情，还描述一种自我理解的方式，这种方式成为主体身份的组成部分"。在这种共同体中，个人的自我目的不可能独自实现，而必须在与他人追求共同的理想中实现。滕尼斯在讨论了共同体与社会的概念及其容易产生的误解之后，深刻地揭示了共同体的本质属性，他指出："一切结合——既把关系作为整体，也把关系作为团体——只要他们是基于直接的相互肯定，即本质意志之上的，就此而言，它们是共同体；而只要这种肯定是理想化了的，也就是说，是由选择意志确立的，就此而言，它们是社会。"②按照滕尼斯的定义，我们可以大胆地判断，利益结盟是社会产物，心性相契才是真正意义的共同体。利益结盟体现工具理性，结盟只是手段不是目的；心性相契体现生命性价值，共同体生活的过程即目的。这为我们发掘共同体的现实意义提供了思想依据。我们在中国社区居民共同学习的形态中找到了共同体的幽灵。

共同体时代过去了，但共同体的幽灵尚未消逝。近代以来个人的原子化趋势不断增强，社会正不断变为孤独个体的功利性结合。针对这个时代的难题，20 世纪 80 年代以来西方哲学界在对自由主义的批判中兴起了一股西方共同体主义思潮。西方共同体主义所强调的是对自由的积极理解，是对民主政治存在环境——公共领域建设的倡导，是从共同体观念出发对"权利交互重构"原理的论证。西方共同体主义所致力于追求的"共同体"是一种作为价值理想而存在的和谐有序的政治生活状态。③ 这种共同体就是亚里士多德眼中的所谓的城邦或政治共同体的现实倒映，一种将它理想化了的现实倒映。按照滕尼斯的理论，城邦或政治共同体已经有明显的选择意志作用，体现人的一种政治设计。"选择意志倾向于瓦解本质意志，并使之依附于自己，那么，我们在观察历史上的各民族时，发现了从原始的、共同体的生活形式和意志形态发展为社会和社

---

① 周濂：《赵汀阳谈观念与历史》，《东方早报》2015 年 1 月 25 日第 2 版。
② 斐迪南·滕尼斯：《共同体与社会》，林荣远译，北京：北京大学出版社，2010 年，第 34 页。
③ 韩升：《西方共同体主义的和谐意蕴》，《上海交通大学学报(哲学社会科学版)》2010 年第 6 期。

会的选择意志形态的过程,即从人民的文化到国家的文明。"①显然城邦或政治共同体并非原始意义的共同体,而是共同体向国家演变的过渡形态。同时也应看到,西方共同体主义是一种政治改革的宏大叙事,作为一种哲学思潮,它缺乏全面的操作方案和有效的践行载体。

社区学习共同体是精神共同体,表现为社区居民因共同学习而形成的心灵的生活的相互关系,它是"真正的人的和最高形式的共同体"(滕尼斯语)。当鲍曼感叹,这个世界失去了距离感,共同体失去了保护屏障,信息技术的出现,给予所谓"自然而然性"以致命的打击,信息流已经从依赖交通工具传输中获得解放,并以一种远远超过甚至是最先进的运输方式的速度进行传递,"内部"与"外部"之间的界限再也无法划定,更别说是维持下去了。草根式的社区学习共同体却反其道而行之,社区居民的共同学习行为是基于人的本质意志的"天生的中意、文化的习惯、记忆中的家园"。由这些普普通通的社区居民自发组建的富有平民之乐的社区学习共同体,是当代的共同体,并非基于经济利益或其他功利目的,而是基于人的生命性价值的实现。如何建立这样的共同体,社区居民除却学习以外别无选择,正是他们因共同学习而结成了能实现生命成长和建立守望相助关系的社区学习共同体。

(二)原点二:本真的学习

国人对"悬梁刺股"的故事都耳熟能详,对"学海无涯苦作舟"也都认同,"书中自有千钟粟、书中自有黄金屋、书中自有颜如玉"更被劝学者津津乐道,尽管后人对此的理解早已偏离了这句话的原意。这句话的本义是,你只管读书,不要去想书外的名利,这些东西自然会有的。讽刺的是今人还以名利为目的,学习反倒沦为博取名利的工具。

其实学习是人的天性,学习的过程就是生命成长的过程,具体来说,就是一个人实现潜能的过程,是他(她)学会与自我相处、与他人相处的过程,是心性澄明的过程。简言之,是学习成就了人。不难判断的是,看成就了眼睛,走成就了腿脚,手工劳动成就了手,精神生活成就了灵魂。但这个成就只是一种"接入",即对深植于人天性中的种子的激活。"最高的教育理想,不是在教其人之所不知不能,更要乃在教其人之本所知所能。"(钱穆语)这是假设的理想化的教育目标,而学习则是人的"自为",本真的学习或者说基于人的本质意志的学习,就是

---

① 斐迪南·滕尼斯:《共同体与社会》,林荣远译,北京:北京大学出版社,2010年,第259页。

实现人之本所知所能的潜能。学习的动因深植于人的具有生长期待的植物性生命、具有活动期待的动物性生命和具有精神生活期待的心灵之中,学习是过程也是目的,这是学习的生命性价值。

教育所包含的每个因素,都能够为个人提供智力的、艺术的或精神的食粮,并且成为他生命的组成部分。但从对应角度来看,它仍是外在的。如果它不适合接受者的能力和创造力,那么,所教的任何内容,无论它是多么重要和有价值,从教育的作用看,都可能是微不足道的。因此,提供同样的教育机会,恰恰是不可能平等的,因为人的潜知潜能及其实现过程是个性化的。终身教育提出之初,就是以改革教育为前提的,而不是延长教育。唯有学习与人的生命相始终。因此,重要的是通过教育改革,帮助学生发现他们的才干,并最大限度地激发他们的潜能和今后对学习的持久热情。园丁能从获取种子得到一种植物的品种,他能使深藏于该植物种子里面的生命倾向、它的颜色、形状、花和果生长出来,盛开并凋谢。植物的养护与植物的部分命运,有赖于园丁对寓于植物种子的必然性中的可能性的眼力,但植物存在的基本形态、过程、阶段、方向,却不是园丁力所能及的。人们将教师喻为园丁,暗示着教育只是外力,生命成长力即实现自身潜能的学习力则是内力。

本真的学习是人的一种自觉运动。霍布斯将自觉运动的内在开端通称为激情。"一般来说,所有激情都可以用直叙式的语言来表达。如'我爱''我怕'等等;欲望与嫌恶所用语言是命令式的,如'做这个''不许做那个'等等;但求知的欲望却有特殊的表达方式,称为疑问式,例如'这是什么?''什么时候会?''为什么这样?'等等。"①求知的语言是激情的疑问式的语言,这说明学习的状态发生了,这是人的一种主动性的生命状态,一种开放、投入的状态,一种消化、吐纳的状态,一种变化、向上的状态。对于人的生命状态而言,学习从发生到结束的过程,就是一种始于好奇的"开放—投入—吐纳—变化"的过程;对于人的天性实现而言,学习是一种由内而外和由外而内的过程。本真的学习是学习者的一种自觉行为,一种自然的过程,并不需要人的理性匡正和教育引导。但人的植物性生命中禀性(食、色)和由"经验返先验"(杨国荣语)的社会习性,却需要理性和教育调适,这可能是学习者的非自觉行为,一种人造的过程。

人比动物更善于如何创造并运用工具的学习,这是人与动物重要的区别。人能够制作工具,动物也能制作简单的工具。关键还在于"人能够创造度"(李

---

① 霍布斯:《利维坦》,黎思复等译,北京:商务印书馆,2016年,第44—45页。

泽厚语),即不断地试错、调整、改进,使工具精益求精并更新换代,以至于今天人可以凭借工具上天入地、远程通信。人对于工具的试错、调整和改进的过程就是学习的过程。以上只是人获取与运用知识的素质和特性。但人之所以为人,即人与动物更重要的区别,还在于人更善于如何建构并遵循道德的学习。人的"实际锻炼(引者注:指人的学习实践)的可能性虽然受到素质的制约,而且成功也是迥异的(引者注:指成功的方面与程度)。但是,一种弱的素质通过强有力的实际锻炼至少可以与一种虽然很强然而锻炼得很糟糕的素质并驾齐驱。这适用于掌握某些特殊技艺和劳动效益的素质,也从根本上适用于某些特定的举止、行为和思维素质,人们习惯于——在这一点上叔本华的理论与传统的观点是一致的——区分知识的素质和特性以及道德的素质和特性,它们作为灵魂的素质和特性(即在身体的素质和特性之外)是分化有别的。但是同时,前者(知识的素质和特性)也完全被理解为能力,只有后者(道德的素质和特性)才被理解为好感或反感"①。于是,学习指向是提升人的总体素质,一旦发生素质断裂,或能力受到压抑,或欲望失去约束,后果将是灾难性的。要避免这样的后果,学习仍然是不变的选择。因为学做人才使人成为人。所谓学做人可分为三个层面:一是"做人为己"(这里的"为"读第二声,成为自己的意思),即做自己、实现个性潜能;二是"推己及人",即尊重他人,把人当人;三是"助人自助",即人在群体之中的相处之道,相互支撑方为人。终身学习的过程就是终身学做人的过程。孔子以为,所谓好学,不仅是学知识技能,是"就有道而正焉,可谓好学也已"(《论语·学而》)。学知识技能只能成"器","器"是用来载"道"的,"君子不器",即君子是人不是工具。

学习深植于人的本质意志。滕尼斯发现,人的内心或者本质普遍具有"求生欲望""事业欲望""创造的欲望"。在实现这三种欲望的学习实践中,难度最大的是"创造的欲望"。在这里包含着选择意志的要素,我们可以把本质意志作为天性区别开来,即指人的天性里的"善恶""性情"与"良知"。单纯以人的理性作用的学习,是社会化的结果,基于人的选择意志。一个人倘若受到"坏社会的影响","悟性"既会成为他的学习追求也会支配他的学习。"悟性"为精致的利己主义者所拥有,是对利己与否的一种判断、权衡的能力,并以此支配自身的社会行为。滕尼斯说:"一个人可能怀着拥有和利用关于事物的一般的或可能的进程的认识和看法——不管它们是否可能由他确定——因此也是认识自己和

---

① 斐迪南·滕尼斯:《共同体与社会》,林荣远译,北京:北京大学出版社,2010年,第130页。

外人的相对立的(因此是应该克服的)或有利的(因此是应该争取的)力量或权力,我把这个认识和看法称之为他的悟性……因此,悟性作为自我判断,也同样用他的谴责来对待自己所做的(实际的)蠢事,他会自责,正如良知也责备自己的所谓丑行一样。前者('悟性')是选择意志的最高或者最富有才智的表现,后者('良知')则是本质意志的最高和最富有才智的表现。"①显然,在滕尼斯看来,基于选择意志的学习,得出"悟性";而基于本质意志的学习,则受到"良知"的约束。良知出自人的天性,属于一种"内评价",与"中意""习惯""记忆"相联系;悟性受社会功利左右,需要一种"外评价",与"财富""权位""名气"相结合。如果说良知是不用争的,那么悟性则深谙竞争之道。这场竞争的残酷性在于获得的结果是永不满足,但竞争的对手却是具体的直接的,它就是你身边的每一个人,你的左邻右舍。竞争重构了同辈文化,丛林法则将每个人变成孤寂的原子。这是一场一个人对一切人的战斗——获胜的却只有精致的利己主义和精明的表现主义。(钱理群语)

学习与人的生命成长相始终,并非一种被单独冠以学习的活动的专利。相反,在学龄阶段之外、在正规学校之外的学习,特别是儿童与老人的学习,更接近于生命本真的学习。"智慧将我们带回童年。"这句话的意思是,带我们走出童年的并非智慧。霍布斯认为,人只不过是一架在这个充满诱惑和陷阱的社会中趋利避害的机器。依笔者看,避害尚可视作生命的机械反应,趋利以满足人的野心与欲望,则需要以心灵的自由为代价。如今个体化已成为现代性的标志。个体化承载的内在冲突,即用确定性交换自由。这个确定性就是有约束的、固定性存在的生活现状,这个自由就是满足个体植物性生命与动物性生命欲望的自由。据鲍曼观察,人的野心与欲望是无度的:"表面上文明生活的防御工事,很快变成了解放战争(引者注:具有讽刺意味)的下一个战略目标;变成了要被清除出自由的不可停歇的发展道路上的另一个障碍。"②人所占有的这些满足野心与欲望的东西愈多,反过来也愈被这些东西所奴役,从而失去人最为宝贵的心灵自由。由此可见,所谓表面上带我们走出童年的智慧,恰恰实质上是愚蠢;而表面上无理性的学习,如儿童与老人的没有功利目的、基于心灵自由的学习,恰恰实质上是最理性的。据杭州市成人教育研究室相关调查显示,参加社区学习共同体的50岁以上居民占比达到56.61%。他们选择学习共同体学习的理由:(1)符合自己的兴趣、特长、个性;(2)享受学习过程,没有功利目的;

---

① 斐迪南·滕尼斯:《共同体与社会》,林荣远译,北京:北京大学出版社,2010年,第139、140页。
② 齐格蒙特·鲍曼:《共同体》,欧阳景根译,南京:江苏人民出版社,2007年,第23页。

(3)是一种自觉学习,不需要任何外部压力。

通常以为,学习是做加法,是获得知识技能;其实学习也是减法,用来除去那些因自身植物性生命、动物性生命和社会习染所带来的"毛病",即所谓澄明心性。什么时候"克(好胜)、伐(自吹)、怨(牢骚)、欲(贪心)不行焉,可以为仁矣"(《论语·宪问》)?只有当你上了一定年纪、有了一定阅历的时候。子曰:"有颜回者好学,不迁怒,不贰过。不幸短命死矣。今也则亡,未闻好学者也。"(《论语·雍也》)孔子认为,好学就是善于自省;因为愈善自省,愈多自由。在因学习而发生的生命状态的积极变化过程中,"吐纳"是必须经历的一个阶段性的状态,所谓"吐纳"即既要做加法、也要做减法。老人更善于通过学习做减法,或者说更善于通过做减法回归生命本真的学习。老了,自由了,也从容了,不必再将学习作为外在于生命成长的博取名利的工具了。学习共同体的学习是最符合人性的、最符合生命性价值的学习,因此具有原始的不可遏制的生机。

本真的学习难以发生于企业,因为企业只鼓励有助于企业赢利的学习;本真的学习甚至也难以发生于传统的学校,因为学生难免被学校纳入一个择优分等的排序系统;本真的学习却可能发生于社区,因为唯有社区才是一个可以与功利活动保持距离的诗意地栖居的地方。

(三)原点三:重建社区

古代有"一丘成社"之说,指因自然环境形成的家园即社区。"社"具体即指这个地方祭祀祖宗的所在。先秦时期,老百姓就开始立大众性的"里社"。它代表着一个地方,是"国"与"家"之间的天然纽带。在当今中国大规模的城镇化建设和大规模的人口流动过程中,原有的熟人社会及其交流系统土崩瓦解,城市日益扩容,三级政府四级管理框架未变,却徒留下物理意义的社区。真正的社区何在?成了一个不容我等回避的历史拷问。

汉语的"国家"这个词,是由"国"与"家"两个字组成的。当代有学者将"国"称之为大共同体,将"家"称之为小共同体。马克思并不认为国家是共同体,因为是统治者在代表国家;而在滕尼斯眼中,国家与共同体似乎是矛盾的概念。"国"属于是政治的、领土的性质,"家"属于血缘的、亲情的性质,两者之间的联系需要一个中间环节或谓之过渡地带(居民自治单位),它就是家乡,就是家园,也就是那个你生于斯、长于斯、举目能及的社区之所在。

在小国寡民时代,家乡、家园与国家其实是难以区分的。古希腊的城邦就有独立自主和小国寡民的特点。城邦是由一个城市控制的区域,通常拥有主权。在亚里士多德看来,城邦全体公民有着共同的生活方式和共同的生活目的,因而城邦是一个共同体。它是"不同的人"的合作与共享关系,因而是共同体的完满形式。欧洲历史上有两个重要的城邦时期——古希腊的城邦和文艺复兴时意大利的城邦,现时欧洲的文明都发源自这些时期。然而,这些文明的城邦通常只存活很短时间,因为它们的土地和实力都不足以抵抗周围的外敌。此外,这些小区域组织在松散的地理和文化个体中互存,成为大国建立稳固势力的障碍。故此,它们最终必然融入更大的社会体系即国家。中国古代的春秋时期、战国时期直至秦统一,大致也有过类似的经历。中国早期的国家是宗法制小国,当时人说的"国家"本来叫"邦家",邦改国,是避汉高祖刘邦的讳。《论语·泰伯》有"可以托六尺之孤,可以寄百里之命",百里是方圆百里之地,秦汉之前的小国一般只有这么大。过去是小国大家(因血亲、姻亲关系结成的家族、氏族),现在则正相反。

国家的产生经历了漫长的历史,4万年前所有的人还生活在族群中,直至公元前3700年左右在美索不达米亚才出现了国家。而普天之下莫非"国"土,还是晚近发生的事情,公元1500年,被用边界线划分成由官吏和法律治理的国家所占的土地还不到全世界土地的20%,今天国家则统治着世界上除南极以外的所有地区。

在帝制时代,一国之内的皇权具有不可遏制的控制欲,将皇权结构无限蜂巢式复制的结果,使得自发生长、文化与价值多元的乡村、社区难以存续,它仅仅被视为消解国家主义基础的组织资源或对冲性的力量,而事实上它也可以是善政的一种补充。人们似乎容易健忘,历史上的国家或因政权更迭、战争胜负变化不定,唯故乡才是不变的。中国古代诗词中常有对"游子""乡愁"的苦吟,但故乡只有情感上的意义,却没有价值理性上的意义。所以"修身齐家治国平天下""穷则独善其身,达则兼济天下",被视为读书人之道统。为什么不是"修身齐家'亲乡'治国平天下"呢?为什么不是"穷则独善其身,'通者守望相助',达则兼济天下"呢?那个"亲乡"、那个"通者守望相助"的中间层次一旦被抽去了,个人或家犹如孤独的原子要直接与国或天下这个大词对接,缺失联系的纽带,尤其在秦汉以降更显得空洞无力。要知道家乡是国与家之间的纽带,这纽带才是维系生命生态的根本,是与大自然一样天长地久的。

空间作为人类现实生活的基本元素,自古有之。对于原住民而言,土地是自给自足的,既提供劳动资料,又提供劳动材料。原住民朴素天真地把土地当作天赐的共同财产。在交通不便的情形下,人们对于空间的想象和认知,莫不囿于足下的土地这一天然给定的范围之内。于是十里不同风、百里不同俗，隔山不同音、隔水不同韵。这个本真的空间、自然的空间，就是衍生出当地特定文化的空间。这个时候，人意识到自己属于大自然的一部分，尚无主宰大自然的野心。这个时候，"法自然"成为人最高的准则。人法地，地法天，天法道，道法自然。于是天地位焉，万物育焉。位者安其所也，育者遂其生也。而这一自然形态，为社会化的世俗所遏制。是故诗人陶渊明自谓"少无适俗韵，性本爱丘山"。科学研究表明，地球上的植物链与动物链是如此精妙，各类生命体的自身发展与互利共生并行不悖。地球上的每一个区域空间都是独特的不可复制的有机生命体，而人为的空间难免是单调的可复制的，因而是扼杀个性的。专制集权时期蜂巢式复制等级空间，治理空间与后消费时代标本式复制时尚空间、财富空间的成本是最昂贵的，即一个个具有独立价值的、文化多元的社区天然空间的消失。从人与人之间的关系角度看，是放弃了温情的、舒适的天然人伦空间，而代之以坚硬的、冰冷的权力金钱空间。

中国古人大多习惯于儒家的"差序格局"，重亲疏，别远近，是一种重现实、重人情的爱。除了爱家人之外，就是爱乡亲，所谓"美不美家乡水，亲不亲故乡人"。这与《圣经旧约》训谕"爱你的邻居"，可说是不谋而合。因为无论中西，公共生活与地缘从来就是不可分割的。对于无须说爱家爱乡当应论爱国家爱所有人的高调伦理，儒家是颇有保留的。在这里，让我们来读一读被誉为20世纪末最有影响力的教育报告书《教育——财富蕴藏其中》的一段话："如果我们在自己所属的自然社区：国家、地区、城市、村庄、邻里都无法共同生活，又怎能学会在'地球村'共同生活呢？我们是否愿意、我们是否能参加社区生活，这是民主的中心问题。"[1]在这里，该报告所指的公共生活的空间，为什么是社区而非职场或学校？在当今高度功利化的社会，职场人是组织的资源、是实现组织利益的工具。职场空间固然可以成为你实现事业欲望的舞台，但它绝不为你的善恶、性情、良知所制约，相反往往需要你付出天性屈从的代价。今日学校的全部吸引力，不再是其为人的生命成长服务的功能，而是某种被制造出来的竞争性的等级符码意义，你可能因此而出人头地，但在学校这个空间，你自身就是获取名利的工具。《教育——财富蕴藏其中》报告书所指向的重建社区，重建社区共同生活空间，就是重建人与人之间的关系，重建一个温暖而舒适的场所，一个温馨的家园。与其说这是一个目标，毋宁说这是人的天性使然。它需要社区居民

---

[1]　由雅克·德洛尔任主席的国际21世纪教育委员会向联合国教科文组织提交的报告：《教育——财富蕴藏其中》，联合国教科文组织总部中文科译，北京：教育科学出版社，1996年，第4页。

的共同学习去实现。子曰:"里仁为美。择不处仁,焉得知(智)?"(《论语·里仁》)"里仁"就是"处仁"。里,本来是古代的面积单位,古代计里画方,安置居民,很有传统,里是居民组织的基本单位。里的面积大小和人口多少没有定规,但一般比较小,现在有的小地名,仍以里为名。上海有的里弄即居民社区仍称为××里(如平安里、均益里等)。"择",古书引用或作"宅"。这句话的意思是:邻居重要(得仁),学习相随(得智)。这句话恐怕是最早见于史籍的关于社区学习共同体意义的议论了。

社区共同学习是一种原始生活意义的共同学习,是实现生命成长和守望相助关系的共同学习。社区共同学习是基于地缘加"亲缘"(远亲不如近邻)的、基于人的天性的共同学习,不是为了实现社会外加的某个目标,不是比试高低或炫耀于人,共同学习的过程就是目的。民间的草根式成长的社区学习共同体,在中国全面建成小康社会进程中"春风吹又生"的现象,深刻地揭示了重建社区公共生活空间的内生力来自于人的天性。这是历史发展的必然,是历史选择了社区这个人们可以共同学习和诗意栖居的地方。

"中国青年报社会调查中心"调查发现,80.9%的人感觉邻里关系越来越冷漠,40.6%的人不熟悉邻居,其中12.7%的人根本不认识邻居。① 如何重建社区,不仅仅需要养护与培育社区学习共同体,而且需要重建城市结构,重建居民的空闲时间结构。

人是由血肉和骨格搭造的,是什么样的人却可能由石头决定。"因为正是在房屋、街道和城市的石头中,在这一集合的自身中间,我们所有人才扮演着一个角色,并且通过它(不管愿意与否)表现我们自己,安家立业和得以发展。它承受了大部分关于它的概念和感受乃至来自它存在的物质基础的各种感觉。"② 朗格让眼里的石头会说话、会表达。在中国飞速的城市化进程中,追求容积率与得房率的城市公寓,让公共交流空间几无存身之地,城市中心广场大而无当,真正适宜人际交流的硬件设施,如传统茶馆,已难觅踪影,人们对于如何重建具有精神空间的、可以交流的社区一筹莫展。用什么可以取代人们一起做饭、晾衣、取水、喝茶、闲聊的空间? 人需要的不仅仅是筑居,而是诗意地栖居。诗意地栖居意味着生命成长需要共同学习、交流知识、分享心得、相长友爱;诗意地栖居意味着生命成长需要一方滋养心性的"生态位",一种守望相助的归属感。"如果人们生活在一个有城墙和障碍的世界里,那么,教育人们同他人交往和助人为乐

---

① 韩妹:《80.9%的人感觉邻里关系越来越冷漠》,《中国青年报》2011年11月22日第7版。
② 保罗·朗格让:《终身教育导论》,滕星等译,北京:华夏出版社,1988年,第138页。

又有何益处？如果人们既没有会面的地方，又没有从各方面体现诗的本能的手段，那么，教他们通过戏剧、唱歌、绘画和运动来向他们自己及别人表达和显露自己的益处又在哪里呢？因此，不可理解的是，教育者将发现他们在追求新的教育形式（引者注：指终身教育）时是孤立的。除非一开始他们就同所有在建设城市和房屋中负有责任的人，这就是说，同政治和管理的权威们、城市规划人、建筑师、建筑工人等等，建立一个强有力的，生气勃勃的联盟。否则，他们就没有成功的机会。"①如果我们还在就教育论教育，那就不是真正的终身教育工作者，真正的终身教育与人的生存状态、生活状态、生命状态如影随形。朗格让的忠告并未过时。

血缘共同体、地缘共同体都可以被理解为动物生活的相互关系，而真正的人的共同体可以理解为人的心灵生活的相互关系，即通过共同学习结成的精神共同体。社区学习共同体正是精神共同体与地缘共同体的结合。

至此，我们得以正本清源：本真的社区是指社区居民心灵生活相互关系的"生态位"，并非指单纯的行政区划或有着物理边界的小区空间。

本真的学习是指人的生命成长过程中生命状态的积极变化，并非指单纯地接受知识技能或被视作社会化的获取名利的工具。

本真的共同体是基于本质意志的成员间直接的相互肯定，并非指单纯的利益结盟。社区"生态位"的优化，有赖于社区居民的共同学习行为，而社区居民的共同学习行为有赖于学习共同体的发展。反之，学习共同体的发展将促进社区居民的共同学习行为，而社区居民的共同学习行为将促进社区"生态位"的优化。

四、社区学习共同体的共同学习

社区学习共同体是"生活在社区中的居民由本质意志主导的共同学习而自然结成的能实现生命成长和建立守望相助关系的群体"。在中国全面建设小康社会的历史进程中，草根式生长的社区学习共同体展现出不可遏制的生命力，成为社区成人教育与学习的重要载体。社区学习共同体带来的平民之乐，与人的"天生的中意、文化的习惯、记忆中的家园"相关，属于人的本质意志；社区学习共同体的共同学习，更是具有生命性价值的共同学习。它为我们重建熟人社会及其交流系统的社区，揭示人类走向具有生命成长及其归属感意义的共同学

① 保罗·朗格让：《终身教育导论》，滕星等译，北京：华夏出版社，1988年，第141页。

习,提供了无限丰富的启示。

（一）不同场域的共同学习

共同学习广泛发生于人类社会活动的不同场域,如学校、职场、社区。作为一种形态相对稳定的、持续性的共同学习,又可以从共同学习活动的现状中归类出:学校学习共同体、企业学习社团和社区学习共同体。通过三者的比较与分析,我们将会发现,什么是影响和制约共同学习的"要害"。

社区学习共同体与学校的明显差别在于,社区是人的生活的重要载体,与人的日常生活以及休闲、工作具有天然的联系;而学校是人造的教育环境,对应着特殊的教育场地、设施、学龄及学期,在某些方面甚至是刻意地中断了与校外生活、成人世界的联系。学生是个体化的人,因为其学历与学业是个体化的,至于是否成绩合格准予毕业,当然也是其个体化的学习与考试记录决定的,与学校其他学生的学习表现没有任何关系。在实现素质教育基本使命的教育改革进程中,基础教育学界提出"学校学习共同体"理论并推动其创建活动。作为新型的学习与教学的组织形式,学校学习共同体旨在实现对话性的教育生活方式、以学习者为主体共享生活实践的学习方式,以体现从认知成长走向人格发展的教育目标。[①]"学校学习共同体"虽可助益教育改革,却具有天然的局限性。一是它可以改善传统的师生关系,实现某种特定情境的师生平等对话,但难以根本改变师生的角色定位;二是它可以通过真实的或仿真的实践活动,实现代际的和同辈之间的异质交互,将真实世界中的学习方式带到课堂、带到学校,但难以彻底解构学校世界与真实世界的隔阂;三是它可以创造条件让学生有机会置身于社会各行各业的专家、行家的学习文化中,从而对学生起到某种教化作用,但只能够让学生短期地边缘性地参与这些共同实践活动,其作用毕竟是有限的。总之,"学校学习共同体"为教学活动搭建通向生活世界的桥梁,有利于此岸与彼岸的沟通,有利于实现素质教育,但只是教育语境下的改良措施。它无力摆脱渗透社会功利价值的教育择优分等评价体系的制约,充其量只是一种"仿共同体"。"共同体"内的同学,对于彼此间的竞争关系具有非常清醒的认识,他们将会因为一场升学考试而各奔东西,学习的根本意义在于升学入职排序中的领先优势。因此,无论是班级制的形式上的共同学习,还是"学习共同体"形式的学习,都无法改变其工具性价值取向。

---

① 赵迎:《论学习共同体及其教育意蕴》,《当代教育科学》2012年第5期。

与学校相同的是企业也是社会的产物，但作为社会经济动物的企业，处于市场竞争条件下的个体的企业是有寿命的。"大企业的寿命很少超过人类寿命的一半。依壳牌石油公司的一项调查发现，可以估计大型企业平均寿命不及四十年，约为人类寿命的一半！"彼得·圣吉不无揶揄地在其代表作《第五项修炼——学习型组织的艺术与实务》中敬告各位读者"你将有百分之五十的机会目睹你现在服务的公司关门大吉"①。该书所推荐的学习型组织的艺术与实务，其重要指向就是延长企业的寿命。其后埃蒂纳·温格等在学习型组织的实战研究中提出，培养实践社团才是企业有效实施知识战略的重点。这里的"实践社团"即"企业学习共同体"。"实践社团是这样一群人，他们有着共同的关注点、同样的问题或者对同一个话题的热情，通过在不断发展的基础上互相影响，加深在这一领域的知识和专业技术。"②尽管企业的实践社团有不同的形式，但却具有相同的基本结构。"一个实践社团是三种基本元素的独特组合，即：定义一组问题的知识领域；关心这个领域的人们的社团；以及他们所发展的在这个领域内有效的共同实践。"③企业实践社团与社区学习共同体的重要区分集中于三点。第一点，企业实践社团是围绕知识开展学习实践活动的；而社区学习共同体是围绕实现人的生命成长开展学习实践活动的。第二点，企业实践社团的成员关系形成不具有目的性，真正的目的性体现在增强企业市场竞争力上；社区学习共同体成员之间守望相助关系的形成本身就具有目的性。第三点，企业实践社团的吸引力来自满足其成员的事业欲望和创造欲望，但这种事业欲望和创造欲望的满足以及成员间友好协作关系的促进，是以拯救企业效益低迷的努力而出现的；社区学习共同体成员事业欲望和创造欲望的满足，却是建立在人的本质意志上的，即人的"中意""习惯""记忆"本性基础上的。企业雇主的目标是要把选择意志重新锻造为本质意志，要把明显人为地、抽象地设计出来的行为的理性模式"自然化"。

早在20世纪30年代，艾尔顿·梅约(Elton Mayo)在霍桑企业进行了实验之后，在工业社会学中建立了"人际关系学派"(Human Relations School)。梅约发现，任何工作环境的物质因素，甚至是在泰勒的策略中最为明显的物质刺

---

① 彼得·圣吉：《第五项修炼——学习型组织的艺术与实务》，郭进隆译，上海：上海三联书店，1994年，第18页。

② 埃蒂纳·温格、理查德·麦克德马、威廉姆·M.施奈德：《实践社团：学习型组织和知识管理指南》，边婧译，北京：机械工业出版社，2003年，第4页。

③ 埃蒂纳·温格、理查德·麦克德马、威廉姆·M.施奈德：《实践社团：学习型组织和知识管理指南》，边婧译，北京：机械工业出版社，2003年，第23页。

激,都没有精神因素对生产效率的提高和冲突的消除所产生的影响大,雇主与管理者对雇员精神状态的变化的关注、给予雇员的关心,以及对于雇员在企业生产效率贡献上的意义的关注,都可以用来解释这一精神因素。泰勒和梅约代表了两种不同的管理形式。但总的来说,企业生产与服务的业绩或成效,需要的是雇员被管理,而不是听任他们自身动力的支配,这一假设是毋庸置疑的。梅约计划主导下的霍桑实验之所以几乎一夜成功,是因为它以蜂群模式(swarms)取代了行军纵队(marching columns)。谁要是想把蜂群作为目标,他应该关注草地的鲜花,而不是注意单个蜜蜂飞行的线路。从行军纵队到蜂群,从课堂、学习软件到学分银行,从网购、团购到花样百出的积分制,与电脑游戏从来没有什么本质区别——通过诱惑来实现远程操控。梅约设计的诱惑即他的关于"仿共同体"的建议:"只要雇主能够成功地在雇员中激起'我们所有的人都在同一条船上'的感觉,能成功地促进他们对公司的忠诚,并使他们铭记个人表现对共同努力的意义……"因为"在提高工作效率和防止周期性的工业冲突的威胁上,工作的满足和友好的氛围可能比严厉的规则实施和无所不在的监视更有效果,同时从纯粹的保险精算(actuarial)的意义上讲,它们也比它们所取代的训练方法要更有'经济意义'"。① 这个建议显然充满着人情味,但一不小心"经济意义"却道出了实情。

总之,无论是作为梅约计划的霍桑实验、作为学习型组织艺术与实务的五项修炼,还是作为学习型组织知识管理模式的实践社团,都是一种人为的技术,体现人的工具理性。三者一脉相承,所不同的是五项修炼和实验社团更强调通过共同学习的途径与技术实现"仿共同体"建设。彼得·圣吉直言不讳地指明,学习型组织是一项"工程",而五项修炼则是组装为一体的"技术"。"在工程上,当一个构想从发明演变成创新,必定会经历各种配合技术聚合的阶段。这些关键技术往往都是在个别的范畴中单独发展出来,逐渐聚合、相辅相成,才使得在实验室中被证明行得通的构想,成为实用的创新。""那么我们可以说,学习型组织已经被发明出来,但是还没有达到创新的地步。"②它们是一种人为的"发明",是一种表象接近共同体的"仿真品";与之相反,我们从人们在社区学习共同体的共同学习特性中才真正发现了共同体的幽灵,那是基于人的本质意志的共同学习,它不是通过技术和手段造出来的,也不受某个外加的功利的目的的控制,

① 齐格蒙特·鲍曼:《共同体》,欧阳景根译,南京:江苏人民出版社,2007年,第40页。
② 彼得·圣吉:《第五项修炼——学习型组织的艺术与实务》,郭进隆译,上海:上海三联书店,1994年,第5页。

其共同学习的过程即体现为人的生命性价值。

(二)社区学习共同体的共同学习

社区学习共同体是一个个富有内生性成长力的生命体,社区就是它们的成长"生态位"。通过对社区学习共同体"根""干""枝""果"的观察与分析,我们才能得以窥见其生命性内源、生命性机理及其生命性价值。

1.共同学习之"根"——本质意志。

"共同体的结合是本质意志的主体"(滕尼斯语),社区学习共同体的学习是人的生命状态的一种主动的"开放—投入—吐纳—变化"的过程。对于学习者而言,这个过程就是体现其本质意志的过程。学习的目的就是体验学习过程,而非达成某个学习的结果。树,它必须先有根,尔后才有枝叶;并非找到了枝叶,然后去种根。从社区学习共同体的学习内容上,我们难以发现学习者学习的根本动因,它深植于学习者的本质意志。无论是打铁关桑榆书院还是清凉峰太极拳俱乐部,他们学书法、打太极拳都不是为了一纸证书,也不是为了炫耀于人,而是在体验与分享学习的过程中,实现自身生命状态的积极变化。

麦基罗是成人质变学习理论的主要设计师和代言人,根据麦基罗的观点,成人质变学习过程往往由一种失去方向的两难困境触发。该困境是一种特定生活事件或生活经验,例如爱人去世、工作变更或一场被视为危机的疾病。这一过程包括:(1)困境不能借助原有的问题解决策略消除;(2)学习者会进行自我检验;(3)对假设的批判性评估;(4)认识到其他人有过类似经历;(5)由一些探索性选择组成,这些选择是为了形成新的角色、关系和行动,并导向行动计划的形成。行动计划包含四个步骤:第一,获取知识和技能;第二,尝试新角色;第三,重建关系和建立新关系;第四,形成能力和自信心。[1] 麦基罗的成人质变学习的过程是表征性的,具有严密的逻辑性。但是,知白守黑,是"黑"即人的生命状态变化,决定了"白"即学习的过程。正是基于人的本质意志的生命状态的变化,决定了这一质变学习的过程。成人质变学习在成人生活过程中时时发生,它是由生命成长与新问题引发的张力造成的。于是人的生命状态会出现一种主动的"开放—投入—吐纳—变化"的过程。这就是成人质变学习发生的过程,即生命成长的过程。在这个过程中,凭借获取知识技能带给学习者能力和自信

---

[1] 雪伦•B.梅里安、罗斯玛丽•S.凯弗瑞拉:《成人学习的综合研究与实践指导》,黄健等译,北京:中国人民大学出版社,2011年,第292页。

心是因人而异的,而学习行为本身会给每一位参与共同学习的学习者带来生命的充盈感、成长感和安全感却是相同的。因此,麦基罗的质变学习指向的是学习结果,而生命成长学习指向的是学习过程体验。

2.共同学习之"干"——共同学习。

社区学习共同体的共同学习,是学习者从相同的学习旨趣和学习需求出发,平等自由参与、互为学习资源、共享学习过程,积极转变生命状态的活动。

这是实现人的生命潜能的学习,是生命状态的自然律动,是实现生命成长需求的学习。因此"同自觉"是共同学习的特性之一。

这是一种平等参与的学习,自由选择的学习。自主学习是自觉学习的必然,也是对自觉学习状态的维护。学习自主最贵,学习内容次之,学习结果为轻。因此"共做主"是共同学习的特性之二。

这是一种教学资源自给式的学习,自给式学习为自主学习提供保证,它还原了前学校时期学习的自然状态,学习者互为师生,教学相长。因此"互为师"是共同学习的特性之三。

这是一种自我评价的学习,对于学习进步的评价,没有统一的成败标准,而是各自的标准、各自的评价。吸引成员学习的是学习为生命成长服务的功能,而不是某种被社会制造出来的竞争性的等级符码意义,不会有失败者。因此"自评价"是共同学习的特性之四。

社区学习共同体的共同学习,是享受学习过程而非结果的学习,是各自评价学习收获而非攀比与竞争的学习。因此"同自觉"(学习的起点)能量的输出,成为"共做主"能量的输入;"共做主"能量的输出,成为"互为师"能量的输入;"互为师"能量的输出,成为"自评价"(学习的阶段性终点与新的学习起点)能量的输入;"自评价"能量的输出,又成为"同自觉"能量的输入……如此形成良性循环。

我们无论是从巧手女人家还是姐妹编织社均可发现,她们几乎无人不擅长女红、厨艺,她们从内心的喜欢出发,决定学什么、怎么学,教学相长,姐妹相待。她们将共同学习的地方看作不似"家"胜似"家"的温暖而舒适的场所,因为"同自觉""共做主""互为师""自评价"正是心灵的、超理性的、情感引导的共同学习的必由之路。

如今,一些学习研究专家对于理性的偏执似乎排除了根植于本质意志的学习的可能性,但也有清醒如泰勒者。他(泰勒)指出:"多项研究论及了直觉的意义(布鲁克斯),有效学习(克拉克;斯考特;斯韦南加尔德),超理性影响(沃盖尔桑),以及情感引导力量(亨特;泰勒)。……其他探讨提到了通过情感和直觉(布鲁克菲尔德),'心灵学习'(德克斯),意识层次(布库瓦拉斯),自传学习中的想象(纳尔逊),身体(查普曼;斯拉特纳),以及潜意识(斯考特)进行学习的重要性。"①这些都指向了根植于人的本质意志的学习。泰勒并指出,大多数经验研究的普遍结论是,认识产生于与其他人的联系中,也就是说,学习是通过关系产生的。② 诗人东荡子写道:"我坚信,从自己身上出发,他人身上回来,我将获得真正的光明。"哲学的语言与诗的语言如此惊人一致——人类认知的光明基于人的本质意志并源于共同学习。

3. 共同学习之"枝"——守望相助。

守望相助是原始共同体成员一种朴素的人际关系。它并非来自相互交换利益的契约,而是来自人性。人是群居的动物,其最基本的伦理意蕴即守望相助。共有的归属感及其个体义务是守望相助的一体两面。在如今的契约社会(连家庭也有婚约),社区学习共同体是唯一没有契约的地方,其守望相助的伦理意蕴来自地缘亲情的古老情结。

社区学习共同体成员的守望相助,是对于生命成长的守望相助,是对于实现潜能的守望相助,是对于接近于童心状态的本真学习的一种相互的呼唤与守护。冰心在《寄小读者》一文中就说:"他们知道自己的弱小,常常是守望相助。"这种守望相助或非依赖于力气,而是依赖于心灵的感应。学习基本上就是心灵的活动,守望相助就是心灵活动的一种张力。"相互要求,互为补充,相辅相成"正是这一张力的体现。

鲍曼指出,"功绩而且只有功绩才必须得到奖赏的这种理念,轻易地被加工成了一个自我陶醉的通行证,通过它,有权势的人和成功者能够获得社会资源中的大量好处"。这样的社会"在其中,展现特殊能力的失败,足以成为把这些人(引者注:指失败者)置于一种屈服式生活境地的充分理由",看来成功者并不需要共同体。③ "共同体理想的一个固有部分是成员之间共享好处的'兄弟般的责任',而不管他们是多么聪明和重要。"(邓奇语)"单就这一特征就使得'共同体主义'(Communalism)成了'弱者的哲学'。"④不难见证,参与社区学习共同体

---

① 雪伦·B.梅里安、罗斯玛丽·S.凯弗瑞拉:《成人学习的综合研究与实践指导》,黄健等译,北京:中国人民大学出版社,2011年,第305页。
② 雪伦·B.梅里安、罗斯玛丽·S.凯弗瑞拉:《成人学习的综合研究与实践指导》,黄健等译,北京:中国人民大学出版社,2011年,第305页。
③ 齐格蒙特·鲍曼:《共同体》,欧阳景根译,南京:江苏人民出版社,2007年,第66页。
④ 齐格蒙特·鲍曼:《共同体》,欧阳景根译,南京:江苏人民出版社,2007年,第66页。

学习的社区居民,从中获得的正是一种共同学习、守望相助的平民之乐;同时,这也从一定意义上论证了社区学习共同体之所以会在民间草根式生长的原因。

4.共同学习之"果"——生命成长。

社区学习共同体的共同学习是实现生命成长的学习。学习的内源力来自人的生命成长欲望。学习不是为了获得一个外在的标志性的结果,比如一张证明学历或资格的证书,而是体验与分享学习过程。学习的过程即学习的目的。学习被异化为谋取名利的工具,假设能得到同样的结果,学习过程愈短,则"性价比"显得愈高。而生活在社区的居民,他们所结成的学习共同体却是不讲这种"性价比"式的学习效率的,因为生命成长是无价的。谁想要缩短学习的过程,就是想要缩短生命成长的过程,其荒谬性显然不言而喻。这就是生命性价值主导的学习与工具性价值主导的学习之分水岭。

当代工具理性盛行的最大恶果,是对人类生命成长的学习状态的伤害,也是对人性的最大伤害。这不能简单归咎于教育的失误,而是消费社会尤其是同质化程度高的消费社会造成的。这种将人纳入一个等级框架的、只为炫耀于人而求功利的社会,其社会化程度愈高,人愈失去学习过程的幸福感,尤其是共同学习的那种分享式的幸福感。

学习首先是一个内心的旅程,一个人在什么时候完全终止了他的学习,也就意味着同时开始在等待生命的死亡。事实上学习常常是伴随人的终身的。与人的植物性生命、动物性生命的衰退过程不同,人的内心旅程是可以始终开放的,这是一个内外因互动的过程,也是一个个人化的过程,其学习"发力点"的分布并没有明显的共同规律可循。因为人是"未完成的动物",终其一生都无法实现他与生俱来的全部潜能。与此同时,人还是"群居的动物",人的这种发展从生到死还是一个辩证的过程,一方面需要认识自己、认识并实现自己的潜能,另一方面需要与他人交流、与他人和睦相处并找到归属感。在这里,社区学习共同体恰好可以满足人的这种生命成长的需要,即内心旅程的需要。为什么一些社区重新成为人的生命成长的"生态位"?因为它与人的天生的"中意""习惯"的文化和"记忆"中的家园相关,还因为现代社会已经设计出各级学校、各种培训机构,把人们从原先可以实现生命成长的学习领域驱赶出来。一个人如果处于强迫性的学习环境中,而其学习行为必须服从外界强加于他的准则,就会损害他的生命成长的需要,以及他在潜能实现上和情感归属上的同一性。

（三）共同学习——共同体幽灵的重光

滕尼斯认为，"共同体是一种持久的和真正的共同生活"，是"一种原始的或者天然状态的人的意志的（引者注：符合人的中意、习惯与记忆的）完善统一体。"在人类发展史上，共同体这种结合的类型早于有的放矢建立的、个人结合的"社会"类型。① 原始的共同体经历了血缘共同体—地缘共同体—精神共同体的发展历程。"血缘共同体作为行为的统一体发展为和分离为地缘共同体，地缘共同体直接表现为居住在一起，而地缘共同体又发展为精神共同体，作为在相同方向上和意义上的纯粹的相互作用和支配。"②"亲属""邻里"和"友谊"是我们可以观察到的这些原始生活方式的各种很容易理解的相互并存的名称。鲍曼的表述则具有主观感受的色彩，他说，"'共同体'之所以给人不错的感觉，那是因为这个词所表达出来的含义——它所传递出的所有含义都预示着快乐"；因为它"是一个'温馨'的地方，一个温暖而又舒适的场所"。③ 总之，共同体是这样一个处所，"人们在共同体里与同伴一起，从出生之时起，就休戚与共，同甘共苦。人们走进社会就如同走进他乡异国。青年人被告知别上坏的社会的当；但是，说坏的共同体却是违背语言的含义的"④。

大概是为了回应读者关于如何从经验上区分共同体和社会这两种类型的疑惑，滕尼斯在《共同体与社会》第 6 版和第 7 版前言中说，"共同体和社会是标准类型，真正的社会生活介于这两种类型之间"。事实上，共同体的某些特征，"村庄保留得多一些，城市保留得少一些。只有到了城市发展为大城市时，城市才几乎完全丧失了这些特征，单一化的个人或者家庭相互对立，他们所拥有的共同地方，只不过是作为偶然的和选择的居住场所"⑤。

在 21 世纪刚刚开始的我们生活的这个世界，巨大的城市似乎永无止境、毫不知足地蚕食着乡村，并吞咽着新的年轻的人流。作为过去生活的定位点迅速消失。赖以谋生的职业曾是一个牢靠的定位点，如今工作场所变动不居；职业半衰期转眼即至，"一招鲜"式的技能也成了明日黄花；以辉煌的历史而令人崇敬的公司和工厂，也往往会在一夜之间悄然消失。住房当然是日常生活必不可少的定位点，如今不乏房子在抵押贷款付清之前已经易主的现象，把心存侥幸

---

① 斐迪南·滕尼斯：《共同体与社会》，林荣远译，北京：北京大学出版社，2010 年，第 2 页。
② 斐迪南·滕尼斯：《共同体与社会》，林荣远译，北京：北京大学出版社，2010 年，第 53 页。
③ 齐格蒙特·鲍曼：《共同体》，欧阳景根译，南京：江苏人民出版社，2007 年，第 2 页。
④ 斐迪南·滕尼斯：《共同体与社会》，林荣远译，北京：北京大学出版社，2010 年，第 43 页。
⑤ 斐迪南·滕尼斯：《共同体与社会》，林荣远译，北京：北京大学出版社，2010 年，第 261 页。

的居民推向另一回合的寻找住房的较量之中;居住地附近"打酱油"的友好小商店也不见了,代之以陌生的快递员送货上门。在文化上,曾经千古传唱的英雄幕落花凋,英雄崇拜早已被偶像崇拜所替代,为了达到"吸粉"目的,偶像们必须别具魅力,以使粉丝为之着迷,而且足够光彩夺目,以保证出镜率;但他们又必须转瞬即逝,给那些早已急不可耐的未来之星留下舞台……总之,"大多数被稳定和牢固地挖掘出来的定位点都不见了,这些定位点暗示着一个比个体生命的时间跨度要更为持久、更为安全、更为可靠的社会背景"①。"现在我们大多数人居住的城市成了持久的、流动的、异质人群庞大而密集的地方。"(亨宁·贝奇语)人们在一起生活,却不是生活在一起。鲍曼认为,人们之所以怀念共同体,是因为"法律意义上的个体可能从共同体的幻觉中理解的东西,是一纸确定性、可靠性和安全感的保证——在生活追求中,他们非常怀念这三种品质,而当他们在孤军奋战并只能依赖私人可支配的稀缺资源时,他们自己又不能提供这三种品质"②。在这里,我们想要补充的是,不仅仅是法律意义上的个体,根本上说应是生命成长的个体。现实生活中的人们真正缺乏的是一种生命体验式的归属感。确定性、可靠性和安全感只是人们的生存需要或曰基础条件,而生命成长和归属感才是人性的发展需要或曰应然追求。

沃尔特·本雅明(Walter Benyamin)从保罗·克利(Paul Klee)的画作《历史的天使》吸取灵感,使历史的天使前进的动力,是他对所看到的东西的厌恶和反感,而不是他既看不清楚也不能充分欣赏的未来的魅力。换言之,人类历史的进步只是为了摆脱令人痛苦与厌恶的过去,而并非来自一个具有充分吸引力的精确目标。大城市以其生活丰富、机会集中,而充满冒险、令人兴奋,但是其庞大的异质人群,以及不断变动的背景,又令人缺乏安全感与归属感。"鱼,我所欲也;熊掌,亦我所欲。二者不可得兼。"鲍曼认为,包括西方共同体主义提出的各种各样基于大城市生活的共同体计划,许诺要一蹴而就地实现这两种希望。正因为相互矛盾,是不可能实现的。

然而,在中国全面建成小康社会的历史进程中,我们却发现了实现上述希望的载体。那是共同体的幽灵,那是来自民间的草根式生长的社区学习共同体。血缘共同体远去了,人们可以通过地缘共同体、精神共同体重建社区共同体;亲属关系不再是唯一的共同生活纽带了,人们可以通过邻里、友谊重建不似亲情胜似亲情的社区共同生活;祭祀与信仰古风难续,人们可以通过共同学习

① 齐格蒙特·鲍曼:《共同体》,欧阳景根译,南京:江苏人民出版社,2007 年,第 52 页。
② 齐格蒙特·鲍曼:《共同体》,欧阳景根译,南京:江苏人民出版社,2007 年,第 83 页。

重新张扬人的生命性价值。共同体的幽灵没有消失，相反，它看起来正在我们的世界中所有的邻里情谊形成的每一个街角复活。

过去，人们一直追求经济上的自由与平等，一直将生活富裕与生活幸福画上等号。"我们尚未创造出任何人类的新概念，能为非经济领域中的反应及利益，提供表达人类真实天性的独特性；为新的非经济领域中的自由，提供自由的真谛。我们无法将经济报酬及经济满足替换成非经济的报酬及满足，作为行使自由的最高目标。"①只有当经济上的平等和经济上的富足，不再被视为社会最重要的事情，真正的自由与幸福才可能实现。在这里，我们所说的自由是共同学习的自由，我们所说的幸福是实现生命性价值的幸福。

什么是体现生命性价值的共同学习？它不仅仅是指获取知识与技能。体现生命性价值的共同学习，一方面是指保持心灵的自由和心性的自觉并实现潜能的过程；另一方面是指实现生命安全感与归属感的过程。我们往往以为知识、技能、财富和契约能够给自己带来安全感，事实上是舍本逐末。"在他们的儿童时代，从家庭以及学校的生活中，他们已经习惯于在获得的知识中发现安全感和稳定感，而这一知识的获得是牢固地建立在传统基础上并由他们的父母和他们的知识及精神方面的教师的权威所支持的。未来曾经似乎并不可怕，因为它已基本上由他们的长辈的经验所预示，并且预先为他们探索了进步的道路。突然，他们发现自己处在一个互不相容、充满敌意的世界中，在这个世界中他们无法认识自己。"②正是在这个现实世界的困境中，获得真实安全感的不是习得的知识与技能，而是共同学习的过程；不是契约，而是守望相助的关系；不是财富，而是生命相依的归属感。我们不难在打铁关桑榆书院、姐妹编织社、巧手女人家等社区学习共同体中找到这种生命相依的归属感。通过社区学习共同体重建社区，重建熟人社会及其交流系统，重建守望相助的关系，重新赋予石头（社区民居）生命的意义，正是在这个因加剧流动而将人的情感变得支离破碎的世界里重新拼起守望相助家园图案的现实路径。

国际 21 世纪教育委员会曾经设想："学校应进一步赋予学生学习的兴趣和乐趣、学会学习的能力以及对知识的好奇心。甚至让我们设想一个每人轮流当教员和学员的社会。"③如今在中国的社区学习共同体中已经梦想

---

① 彼得·德鲁克：《经济人的末日》，洪世民等译，上海：上海译文出版社，2016年，第39页。
② 保罗·朗格让：《终身教育导论》，滕星等译，北京：华夏出版社，1988年，第91页。
③ 由雅克·德洛尔任主席的国际 21 世纪教育委员会向联合国教科文组织提交的报告：《教育——财富蕴藏其中》，联合国教科文组织总部中文科译，北京：教育科学出版社，1996年。

成真！成人教育为最终确定一种不受传统教育模式支配的新型教育结构与方法提供了唯一独特的实验室的期待，尽管因被机器及其软件更新捆绑的职业培训式的继续教育大行其道而不幸落空，而这一实验室的作用却在民间草根式自发生长的社区学习共同体中意外实现了！想必我们能够理解为什么成年人不愿意扮演继续"上学"的角色，为什么通常仅仅是迫于薪资收入和职业资格的需要才会做这一意义上的"学生"。本原意义的学习不是从外部施加于生命的附加物，它也不是人们为了获得社会功利的一种工具。它是一种生命状态的积极变化。工具性价值观把一个人变成可以交易的物品，首先需要把他从他的生活环境中抽离出来，也就是说，把他从具有安全感、归属感的人际关系中抽离出来。而正是因为这样的关系，使他成为各种亲情、友情、邻里情、同学情等关系中汇聚而成的独一无二的自己。离开了他具有安全感、归属感的人际关系，他就变成了一个通用的价值符码，可以进行加减，并可以作为一种资源来标价。生命性价值主导下的学习，不处于"占有"的地位，而处于"存在"的地位。我们在哪里建立起了智力、审美、情感、共享上的联系，我们就会在哪里发生学习。正是借助于生命成长定义的共同学习，社区学习共同体才呈现出蓬勃的生命力。终身教育发展的必然趋势是终身学习，终身学习的必然趋势是共同学习。社区学习共同体并非一种人为的设计，而它已经为共同学习做了一个近乎完美的注解。

社区学习共同体解构出生命性价值的学习和工具性价值的学习，同时也解构出基层治理功能的社区和共同学习模式的社区。它为重构文化多元的社区，重构守望相助的社区，提供了现实载体。这是一种留住乡愁的家园重构，是在家与国之间一个可触摸的具有黏性的基础性空间的重构。在人口加速流动的城市化进程中，它更是医治人际关系冷漠征的良药。它能在某种意义上还原熟人社会及其交流系统，使人心理脱敏；重建伦常与口碑，约束根植于人的植物性生命与动物性生命中的贪欲。这是政府不能用同等能量来完成的。

今天我们终于找到了一个属于时间维度的记忆——共同体，找到了一个属于空间维度的地方——社区，找到了一个自发的"群"的学习——社区学习共同体。这是一个保留着温度的"幽灵"，人类共同学习的"幽灵"。它不是学校教育环境中的"群"的学习，也不是企业或其他组织机构环境中的"群"的学习，而是温暖的生命成长的"群"的学习。这是人类一种精神遗产的重光。愈少宣告对这种"精神"抱着一种可以塑造的希望，这种"精神"就会愈得到社区普通居民的喜欢和信赖。"因为精神作为特殊的本质只有在幽灵的信仰中确实存在;为了生存,它必须喜欢有一个有生命和发育能力的原则的躯体。"①这个躯体就是"长出来"的社区学习共同体。

---

① 斐迪南·滕尼斯:《共同体与社会》,林荣远译,北京:北京大学出版社,2010年,第223页。

第八章

重拾共同体生活

本章提要：满足人民日益增长的美好生活需求，有必要探索城市居民重拾共同体生活的新路径。原始自然共同体曾长期存在。经过近40年的经济快速持续的发展，人民的温饱问题基本解决。在全面建成小康社会目标达成后，老百姓更加迫切希望并有能力追求美好生活。人与人之间的冷漠和疏离，是看不见的城市病。重拾共同体生活，重建精神家园，是时代的重大命题。社区学习共同体是一种"微共同体"，具有深厚的历史渊源和蓬勃的内在生命力，具备社会学意义的"共同体"特征。遍布城乡的社区学习共同体是城乡居民重拾共同体生活、提升生命质量的有效路径和现实载体。

一、生存困境：金质的"樊笼"

物质文明社会，是工业文明的社会，它是人们追求幸福生活的产物，同时又成为人们幸福的桎梏。社会性过度发展（共同体式微），使人类征服了世界，却丢失了灵魂；人们追求幸福，有时却走向了反面。

（一）文明病：征服了世界却丢失了灵魂

人越来越多地获得了对外在世界的征服，却失去了内在心灵世界的平衡。物质世界掩盖了生命意义的世界，传统的生命的根基已经被动摇。我们曾经更多地关注人的生存，关注存在者，而不关注存在的本身，失去了对人的存在的一种本原性的观照。关注生存，无可厚非，但人的生存与动物的生存是有本质区别的，当知识不再呵护德性的时候，获得知识的目的，仅仅是为了提高人的工具性价值，成为占有更多的名、权、利的手段，人的生存与动物的生存，又有多大的区别呢？"知识就是力量"的口号，在一切向钱看的社会大环境里，为让人成为"精致的利己主义者"奠定了广泛的社会基础。

技术理性对我们日常生活的控制，核心问题就是现代性的紧逼和心灵的虚无。现代性的紧逼源自技术理性的控制，一个直接的结果就是导致人类生存的空间大大减少，诗意的生存空间不再。生活不再是一种自由的生活，而成了"他控"的生活。这主要是物的控制，习惯了开车的人，突然不能开了，人会焦虑；现在人手一部手机，是中国经济快速发展的象征，而人离开了手机会焦虑。我们在很大程度上依赖的是物，而不是人自身。无处不在的商品广告，先激发人的欲望，然后就会改变你的行为。

我们今天对物的依赖，越来越成为我们的生存方式。表面上我们是自由的，但很多时候却是不自由的。我们生活中拥有的、占有的物越多，心灵拥有的思想空间就越少，对物本身的占有就妨碍了心灵自由空间的绽放。今天，生活正在失去，或者说已经失去核心的基础。现代的儿童失去了大自然，现代的成人失去了好奇心和创造力。而诗意地栖居，才是人类的大梦，实现这一大梦，前提是把自由、把主体的完善建立在内心，建立在个人内在的空间上。

在城市打工的诗人郑小琼说，在她打工的工厂生产流水线上，她失去自己的姓名，被工号替代，变成一串数字，放进机床里刨磨切削，于是她整日神思恍惚、神色黯然，显得失魂落魄。其实，被现代工业社会摄去灵魂的，不只是辗转于流水线上苦苦挣扎的打工者，还有那些沉溺于享乐主义和消费主义滔滔洪水中的大众。人们已经感觉到生存根基的浅薄化，大家都说很忙，却不知道究竟在忙些什么。

以互联网为标志的现代社会，生产力已经发展到了一个阶段性的极端，物质财富快速增长，但人们突然发现，人的幸福感并没有随着物质财富的增长而同等提升。原因其实并不复杂，启蒙运动最卓越的代表人物之一卢梭，早在18世纪就指认，所谓"科学和技术"，看似"社会的花环"，实则也是一具"锁链"，它们"在使人成为文明社会公民的同时，也扼杀了人与生俱来的自由情感"；它们在培养"时尚"的同时，也败坏了传统中的自然淳朴的风俗。"社会越文明，就越是形成一些'整齐划一'的原则，而这些原则的背后往往隐藏着冷淡、欺骗和背叛，成为束缚、戕害人类自然天性的东西。"①人为了适应社会和适应他人而丧失了自我、丧失了自由，尤其是内心的自由。没有哪个社会的人心态如此矛盾。人们一方面为能有一部"时尚的"苹果手机而不惜减衣缩食、欢欣鼓舞，为有大房子、豪车、高档手表、名牌服装而费尽心机、千方百计、处心积虑，甚至将其作为人生的唯一奋斗目标；另一方面对坏的空气、差的水质、转基因食品、垃圾"围城"而恐惧，吃到无污染的有机食品，成为当下社会人们内心的渴望。既向往"现代文明"又惧怕"现代文明"带来的后果，就是这样深刻地、普遍地在人们的心中发生严重的冲突。

改革开放初期，与沈从文齐名的文学家冯至，1989年在《我同情忧天的杞人》中就深情地说："我愿意与忧天的杞人为伍，却要抽掉成语中嘲笑的含义。在天、地、人三者中间，我更多的是忧人、忧地，我们把什么留给我们的后代，是旷古未有的文明，还是砍伐和污染的祸害？科学技术给人们省下了许多时间，难道省下的时间就供人吃喝玩乐？邮电航空缩短了空间的距离，为什么人际间反而像是面对山河？"

站在以互联网为标志的信息时代，反思发展过程，发现我们的代价是巨大的。这一代价不仅是资源的枯竭和环境的破坏，更要紧的是，人类少了诗意地栖居的心向和能力。随着物质文明的进步，我们的智力和能力显著增强，道德的力量和自我约束的力量本该同步增强，而现实的情况是，不仅没有增强，反而每况愈下，由此造成的巨大反差，形成了人类自我毁灭的破坏力。即我们征服了一个物质世界，却实实在在地丢失了一个精神世界。

---

① 叶秀山等编：《西方哲学史》第5卷，南京：江苏人民出版社，2006年，第261页。

（二）看不见的城市病：人与人之间的冷漠和疏离

城市化进程快速推进，城市病显而易见。2015 年 12 月 20 日，中央城市工作会议在北京召开。一组数字见证了我国城市的快速发展：常住人口城镇化率从 1978 年的近 18％上升到 2014 年的近 55％；城市人口从 1.7 亿人增至 7.5 亿人；城市数量从 193 个增加到 653 个。每年城镇新增人口 2100 万人，相当于欧洲一个中等国家的人口。今天的中国，正处在从乡村社会向城市社会转型的关键期。城镇化率从 30％到 70％是城镇化快速发展的阶段，其中超过 50％就意味着从农业社会向城市社会转型。今天的中国，面临城镇化进程中的各种城市病：雾霾污染、交通拥堵、垃圾围城等等已经显现，由此而来的水质污染、土壤污染，已让人对饮水、食品产生恐惧感。

随着社会急剧变革，传统的伦理温情都被大大消解了，人与人之间更多的是基于利益的调节。整个社会的生存基础，面临着传统文化已经缺失、新的文化理念没有树立起来的问题。我们面临一种价值的缺失，现代化的紧迫感、物的挤压，导致人的虚无感，我们很难再回到心灵的家。

一味地追求秩序，反倒造成了个人自由的消解与社会自身的危机，现代社会中的选择意志、社会分工和高度理性化，在推动社会秩序形成之时，也隐藏着一股可怕的秩序破坏力。卢梭认为"自然让人曾经是多么幸福而善良，而社会却使人变得那么堕落而悲惨"[1]，人类的存在是群体性的，我们不可能生活在与"他者"没有接触、对话和相互关注的环境之中。他者是一面镜子，通过它，我们可以看到自己、发现自己和审视自己。个人对家庭与集体的归属感植根于儿时的他和家人之间相互影响的关系之中。绝对的个体的自我充实、自律和自制是做不到的，个体需要在一个群体中成长成熟，完全失去与群体的联系，人们会变得孤独而无助。从人的群体性特征出发，集体中的成员之间必须相互承认和赏识。这种相互承认和赏识使个体找到自己在集体中的位置，同时使个体产生自我发展与人性完善的动机，从而发展个体的独立性。个体与集体或他者总是处于一种补充的关系之中，个体离不开群体，群体由个体结成。社会安全感和群体归属感，是人的幸福感中最重要的因素，人的不安全感和不确定性，取决于内心世界、外部环境以及内部与外部的关系。

城市的居民区，离社会学意义上的社区（共同体）相去甚远，居民小区越高档，居民的陌生程度越高，生活在同一单元的邻居，十年八年也互不认识。人与

---

① 恩斯特·卡西勒：《卢梭问题》，王春华译，南京：译林出版社，2009 年，第 16 页。

人之间的冷漠和疏离，让人的幸福感大打折扣，这是看不见的城市病。

二、回溯、回顾与挑战

（一）回溯：原始自然共同体曾长期存在

在希腊文中，"共同体"是"koinonia"，它源自形容词"koinos"，意为"共同的（common）"。因此，koinonia 最常见的翻译是"共同体（community）"或"社群、社团（association）"，从词源上看，共同体表示一种具有共同利益诉求和伦理取向的群体生活方式。卢梭认为，人类最初处于原始的"自然状态"，在这个时间，不存在私有制和不平等。在亚里士多德看来，城邦不仅是一个共同体，全体公民有着共同的生活方式和共同的生活目的，而且，城邦有别于家庭、村落、部落等其他共同体，它是"不同的人"（即经济上的专门化）的合作与共享关系，因而是共同体的完满形式。

滕尼斯认为，共同体是以血缘、感情和伦理团结为纽带自然生长起来，其基本形式包括：（1）亲属（血缘共同体），（2）邻里（地缘共同体），（3）友谊（精神共同体）。其基本特征是人们之间的关系是建立在纯朴的、亲密的自然感情基础之上，且互帮互助不存在利益关系，是一种有机的结合。滕尼斯认为，社会（与共同体相对的概念）里的每个人都是为己的、孤立的，时时处在与所有他人的紧张对立中。其基本的特征是，人们是建立在相互之间的利益关系、互相算计的基础之上的，是一种机械的结合。

滕尼斯所指的共同体是传统的农村的小群体，人们之间的关系密切、相敬如宾，它就像是人身体里的自然器官一样，既是作为有机体的统一体而存在，又不能同这个有机体分开，在这里，整体的统一是有机的。他认为在共同体中，人们本质上是团结的，尽管也存在种种分立因素；而在社会中，人们本质上却是分裂的，虽然也有种种联合的因素。滕尼斯还把共同体比作是器官，把器官看作是本质意志的形成；把社会比作器械，把器械看作是选择意志的形成。他认为"器官"是活的，它是作为有机体的统一体而存在，它的个性是衍生的或者从属的，但是，对于整个个体（器官）而言，其实质又是唯一的、事实上的个体。而与此相反，"器械"，它是死的，它是通过思维来制造，它的形式只有通过思维才能认识，它不能自我保存生命，不能再生产，只能被用坏。滕尼斯认为，在共同体里，整体的统一是有机的，在社会里，整体的统一是机械的。

在马克思看来，共同体就是人们的群体结合方式。在马克思那里，共同体从形态来看,多种多样;从规模来看,可大可小,大至整个社会,小到一个家庭都可以看作是共同体;从表现形式来看,可以是实体,又可以是关系;从发展阶段(类型)来看,有"自然形成的共同体""抽象共同体""虚幻共同体",还有未来"真正共同体"——自由人联合体,等等。

　　中国早期国家是宗法制小国,即"邦家"(合成词),国以家为基础,当时,国家以血亲、姻亲和拟亲的关系为纽带,以此分衍、连缀和维系。国装在家里面,装在天子的家里面。马克思在研究东方社会之后有一个重要发现,东方世界无论在历史上和现实中都是与西方迥然不同的另一个世界,整个东方社会一个重要特征,是存在着"自然形成的共同体",他认为村社共同体及其关系,长期、普遍和牢固地存在,是东方社会的共同之处。马克思在对以印度为代表的东方社会的考察中发现,从总体上说,东方社会普遍存在着"散处于全国各地,因农业和手工业的家庭结合而聚居的'小单位',它们成为独立的组织,过着闭关自守的生活"。这些小单位被称作村社共同体。马克思眼中的东方社会,是以印度为代表的包括中国、俄国、埃及、波斯、土耳其在内的以亚细亚生产方式为特征、广泛存在农村公社这种"自然形成的共同体"及其关系的国家。在东方社会当中村社这种公社共同体始终普遍而牢固地存在着,并且在社会中居于主导和支配地位。马克思认为在"从印度到俄国"等东方国家不同的发展阶段,村社共同体不仅长期保存,而且还成为东方社会的基本单位。比如古代埃及在进入阶级社会后长期存在着公社;俄国在进入近代时期之初,农村公社还"是广泛地在全国范围内保存下来了"[①];俄国如此,"同样在亚洲,在阿富汗人及其他人中间也有'农村公社'"[②];在中国历史上,西周春秋普遍存在着公社关系。直到新中国成立之前,甚至在中原地区,那种数世同居、共财、家长制公社式的大家庭,和同一自然村落尚有少量牧场、荒地共有的事实,也是不同类型的公社残余的表现。在马克思看来,正是这种村社共同体及其关系的长期、普遍而牢固的存在,使得东方社会呈现出稳固状态。

　　恩格斯亲身实地考察后说:"在爱尔兰住了几天,我重新生动地意识到该地乡村居民还是如何深刻地在氏族时代的观念中过着生活。农民向土地所有者租地耕种,土地占有者在农民眼目中还俨然是一种为一般人利益而管理土地的氏族长;农民以租金方式向他纳贡,但在困难时应得到他的帮助。该地并认为,一切殷实的人,当他的比较贫苦的邻人有急需时,须给予帮助。这种帮助,并不

---

　　①　马克思、恩格斯:《马克思恩格斯选集》第 3 卷,北京:人民出版社,1995 年,第 762 页。

　　②　马克思、恩格斯:《马克思恩格斯全集》第 19 卷,北京:人民出版社,1995 年,第 449 页。

是施舍,而是较富有的同族人或氏族长理应给予较贫苦的同族人的。"①恩格斯的这段话,让我们看到,共同体中的帮助,不是施舍,是自然的情感,是自觉的义务,是与只有权利而无义务的财产概念格格不入的。与《共产党宣言》所指出的资本社会"使人与人之间除了赤条条利害关系之外,除了冷酷无情的现金交易之外,再也找不出什么别的联系了"②形成了鲜明的对比,这是共同体与社会的强烈对比。

以社会变迁的视角,共同体经历了从传统共同体向现代共同体的转变。而现代共同体是"抽象共同体"和"虚幻共同体",其本质是社会。人类发展到今天,社会性日益增强,共同体日益式微。

(二)回顾:共同体生活的温暖

中国人自古以来,故乡的概念深埋心底。中国人所讲的故乡,不仅仅是一个地域的概念,而是共同体生活的记忆,"有根,有历史,有意义,有归属,有稳定的预期,有人生目标,终老之后可魂归故里"那样,"包含着对于运行秩序、社会关系、情感表达、行为习惯等有着共同体认的一个价值共通体。从某种意义上讲,中国人的生命意义就来自于从故乡出发,到回归故乡的旅行"。(贺雪峰)

陶渊明的《桃花源记》里的"土地平旷,屋舍俨然,有良田美池桑竹之属。阡陌交通,鸡犬相闻。其中往来种作,男女衣着,悉如外人。黄发垂髫,并怡然自乐"的桃花源无疑就是共同体,桃花源中人的生活,是千百年来人们向往的共同体生活。陶渊明的《桃花源诗》:

……相命肆农耕,日入从所憩。桑竹垂余荫,菽稷随时艺。
春蚕收长丝,秋熟靡王税。荒路暧交通,鸡犬互鸣吠。
俎豆犹古法,衣裳无新制。童孺纵行歌,斑白欢游诣。
草荣识节和,木衰知风厉。虽无纪历志,四时自成岁。
怡然有余乐,于何劳智慧? ……

诗中写桃花源人互相勉励督促致力农耕,日出而作日落而息。桑树竹林垂下浓荫,豆谷类随着季节种植,春天收取蚕丝,秋天收获了却不用交赋税。荒草阻隔了与外界的交通,鸡和狗互相鸣叫。祭祀还是先秦的礼法,衣服没有新的款式。儿童纵情随意地唱着歌,老人欢快地来往游玩。草木茂盛使人认识到春

---

① 马克思、恩格斯:《马克思恩格斯文选》(两卷集)第 2 卷,北京:人民出版社,1962 年,第 284 页注 2。

② 马克思、恩格斯:《共产党宣言》。

天来临,天气暖和了;树木凋谢使人知道寒风猛烈,秋冬之季到了。虽然没有记载岁时的历书,但四季自然转换,周而成岁。生活欢乐得很,还有什么用得着操心? 我们从中看到的就是诗意浓郁的共同体生活。正如鲁枢元先生所说,应该承认陶渊明田园诗中所描绘的情景,当属于中国传统农业社会的正常境况,"中华文明五千年",实际上就是"农业文明五千年",陶渊明田园诗的情调,很好地体现了这一文明的精神风范。

当代著名作家沈从文的《边城》意境与陶渊明的"桃花源"别无二致,沈从文所记述的他早年的游历过的乡村,他深刻感受到"耳目所及都若有神迹存乎其面",有"生命的单纯与庄严",是 20 世纪的共同体。"若跟随引水道曲折走去,可见到长年活鲜鲜的潺湲流水中,有无数小鱼小虾,随流追逐,悠然自得,各尽其性命之理。水流处多生长一簇簇野生慈姑,三箭形叶片虽比田中培育的较小,开的小白花却很有生气。花朵如水仙,白瓣黄蕊连缀成一小串,抽薹从中心挺起。路旁尚有一丛丛刺蓟属野草,开放出翠蓝色小花,比毋忘我草颜色形体尚清雅脱俗,使人眼目明爽,如对无云碧空,花谢后还结成无数小小刺球果子,便于借重野兽和家犬携带繁殖到另一处……在那两面铺满彩色绚丽花朵细小的田塍上,且随时可看到成对成双躯体异常清洁的鹡鸰,羽毛黑白分明,见人时微带惊诧,一面飞起下面摇颤着小小长尾,在豆麦田中一起一伏,充满了生命自得的快乐。还有那个顶戴大绒冠的戴胜鸟,已过了蹲扰人家茅屋顶上呼朋唤侣的求爱期,披负一身杂毛,睁着一对小眼睛骨碌碌的对人痴看,直到人来近身时,方匆促展翅飞去。本地秧田照习惯不作他用,除三月时种秧,此外长年都浸在一片浅水里。另外几方小田种上慈姑莲藕的,也常是一片水。不问晴雨田中照例有两三只缩肩秃尾白鹭鸶,神情清癯而寂寞,在泥沼中有所等待,有所寻觅。又有种鸥形水鸟,在水田中走动时,肩背羽毛全是一片美丽桃灰色,光滑而带丝绸光泽,有时数百成群在明朗阳光中翻飞游戏,因翅翼下各有一片白,便如一阵光明的星点,在蓝空下动荡。小村子有一道长流水穿过,水面人家土墙边,都用带刺木香花作篱笆,带雨含露成簇成串香味郁馥的小白花,常低垂到人头上,得用手撩拨,方能通过。树下小河沟中,常有小孩子捉鳅拾蚌,或精赤身子相互浇水取乐。村子中老妇人坐在满是土蜂窠的向阳土墙边取暖,屋角隅听到有人用大石杵缓缓的捣米声。将这些景物人事相对照,恰成一稀奇动人景象。……在瘦小而脆弱的本端,开放一朵朵翠蓝色小花,花头略略向下低垂,张着小嘴如铃兰样子,风姿娟秀而明媚,在阳光下如同向小蜂小虫微笑招手,'来吻我,这里有蜜!'"

北京的四合院,又何尝不是地缘共同体呢?一名高中一年级的学生写道:"住在四合院里的人们心眼儿是顶好的,家家都是朋友。今天我们家的家长不在家,小朋友在你们家借住一宿?没问题!明天你们家缺了点盐,管他们家借点做菜?您甭犹豫!一个院子里的人像一家里的人,一个家庭又少不了院子里的人,来来往往,还真就攀上了点亲戚。八姑、七婶儿叫的,真是亲切。俗话说:家家有本难念的经,一起生活的人少不了磕磕碰碰,可就怪了,从来只有自己家里吵架,让邻居们劝的,就没有过两家因为什么事翻过脸。好像把琐事放到院子里,就发现了它们的鸡毛蒜皮,人们就学会了礼让,容忍。……这样的生活在我的记忆里留下了许许多多的印记,整整 10 年,伴随着我长大的院落,如今也将要不复存在。人事已非,难道还能找回当年的感觉么?我只希望,在困倦的时候,永远能在心中找到童年的小院,温习旧时的温馨,捕捉儿时的快乐,思考往日的情谊,忘我地纵情怀念,我的,四合院生活……"

高小良先生说:"如今,四十多年过去了,国强民富,百姓生活改善,虽然家早已住上了宽敞明亮的楼房,但我仍然怀念四合院里的生活,怀念那亲如一家的邻里亲情。忘不掉在寒风呼啸大雪纷飞的夜晚,全家围坐在火炉旁,取暖、聊天、讲故事的平凡生活。有时在火炉上烤几块又香又甜的红薯,或者放一把花生、瓜子,边吃边聊,感到其乐融融和无比温馨幸福。在日益变化的北京城中,如今你已很难找到煤铺,像搪炉子、装风斗这样的往事早已成为历史,只能在梦中重现。但不知为什么,每当回想起四合院中的往事,总觉得心里暖融融、甜丝丝的。"[1]

完整意义的、纯而又纯的共同体是没有的。共同体中有社会,社会中有共同体,滕尼斯的高明之处,在于他留有余地,认为真实社会形态是介于共同体与社会的中间状态。我们这里回顾的共同体生活是温暖的、温情的、温馨的,它是相对于由理性结盟的完全功利化的现代社会的聪明算计、急功近利、真情缺失而言的。

(三)挑战:共同体式微的缘由[2]

从本然的意义上来看,共同体应当成为个人自由发展的条件,但历史已经清楚地表明,当个人通过各种各样的共同体安排了自己的生活之后,也会发现

---

① 高小良:《搪炉子安烟筒装风斗 老北京咋过冬》,中国网,2008 年 11 月 17 日。

② 杭州市成人教育研究室孙艳雷参与共同体式微缘由这一内容的研究并提出富有价值的观点。

自己不同程度地受到这些共同体的束缚，有时甚至被简化为共同体的一个零件。这样，自近代以来，人类社会在处理个体与共同体的关系时又陷入了另一种倾向，即个体不断地从各种共同体中走出来，最后甚至抛弃了由自己亲手构建的共同体。原初共同体的存在与发展，遇上多重挑战，其式微是不可避免的。

1. 因人口增长带来的生存竞争。

农业社会的乡村生活，恐怕并不会如同田园诗描述的那般美好，农业生产力与人口数量需要达成一种平衡，而人口增长是按照几何级数增长的，生存资料是按照算术级数增长的，多增加的人口总是要以某种方式被消灭掉，人口不能超出相应的农业发展水平。这就是"马尔萨斯陷阱"。马尔萨斯陷阱的存在，使得在大多数历史时期，农业劳动者都仅仅能够维持在物质生活极低的生活水平线上，客观的生存环境压力会直接冲击共同体存在的根基，当人们为生活所迫，竞争获取有限资源的时候，共同体生活的和谐原则似乎不再能起作用。

美国社会学家贾雷德·戴蒙德在其名著《枪炮、病菌与钢铁——人类社会的命运》一书中记录了一段族群生活的文字：

> 1970 年代，在新几内亚有一些游牧民，属于一个从未和外界接触过的叫做法尤族的群体。
>
> 原来法尤族人通常都是独家居住，他们散布在整个沼泽地带，每年聚会一两次，谈判交换新娘的事。对法尤族人来说，几十个人的聚会是一个少有的令人心惊肉跳的事件。杀人凶手突然间同死者的亲属狭路相逢。一个法尤族男子认出了杀死他父亲的人。这个做儿子的举起斧头向杀人凶手冲去，但被朋友们摔倒在地；于是，那个杀人凶手也拿起斧头向倒在地上的那个做儿子的人走过来，但也给人摔倒在地上。在聚会的几天中一直都是这样紧张。
>
> 法尤族人过着狩猎采集生活，他们大约有 400 人，分为 4 个族群，在几百平方英里范围内游荡。由于自相残杀，他们的人口大大减少了。他们没有政治和社会机构来和平解决严重的争端。在上一次冰期结束时，世界上很大一部分人口生活在类似今天法尤族的社会中，没有人生活在更为复杂的社会中。公元 1500 年，全世界的土地被用边界线划分成由官员和法律统治的国家的土地还不到全世界土地的 20%。

共同体生活下的温暖会受到生存现实的挑战，因为人不可能总是与亲人交往，更不可能只与亲人交往。在法尤族人的生活中，我们看到不同族群之间的交往是不可避免的，简单的共同体原则也无法协调不同族群之间的纷争，于是暴力成为解决问题的最终途径。共同体下的温暖在非亲情间交往中起不到任何作用。当人类活动范围逐渐扩大,当单位面积内居住的人数日益增多,不同族群之间的碰撞成为不可避免的事情,甚至这已经成为常态。在农业社会中,人口与农业生产力之间的平衡机制一旦被打破,将导致贫富阶层之间关系趋于紧张,也难以建立持久的共同体生活。

2. 城市规模扩张。

古代社会城邦似乎也具有一定的共同体特征,然而,实际情况可能是古代的城市如同现代城市一样,也不同程度地患有"城市病",至少从人口规模上来说,古代城市已经无法维持熟人社会,城市依然是陌生人之间的关系占据着重要地位。

在公元前1100至前800年,希腊半岛城邦制度渐渐发展起来,希腊语"城邦"意指成年自由民组成一个城镇或任何一种居住区。古代雅典是最大也几乎是最强盛的城邦,高峰时期居民达30万人。

我们所知的城市生活的最初发展出现在亚洲西南部,大约在公元前5000年,苏美尔人从东部某个地方来到美索不达米亚,创建了最初一批"城市",其中最大的城市可能容纳多至10万人。一切早期文明都有这样一个先进的中心,从周边、从属于它的农村获取它需要的东西。大多数这样的中心起源于一个地方,那里崇拜和尊奉一个或几个神。神祠的仪式及其祭祀的活动渐渐地加进了商业目标和政府目标,使之成为一个由成熟的灌溉农业支撑的、有劳动分工的、人口不断增长的地方。①

《汉书·地理志》仅记载长安有80800户,人口246200人。但这绝对不能代表长安城的人口,由于长安城郊区属于上林苑,人口稀少,上述人口数字可以代表城区人口数。不过从长安城的范围来看,上述人口数字显然是太少了,就是每户按5口计算,人口数字也应该在40万以上。若再加上皇族、禁军、流动人口,汉代长安城的人口当在60万左右。②

城市的存在意味着人口规模的扩张,也意味着人际交往范围的扩大。当一个人要与超过其记忆能力的人数交往的时候,人并没有能力牢牢记住这些人的品行是否值得信赖,因此,规模的扩张意味着人与人之间只能采取对方是坏人

---

① 菲利普·J.阿德勒、兰德尔·L.波韦尔斯:《世界文明史》,上海:上海社会科学院出版社,2012年,第23页。

② 马正林:《中国城市历史地理》,济南:山东教育出版社,1998年。本书作者认为要大于这个数字,估计人口最多时可以达到80万左右。

的假设才能更加明智地与人交往并保护自己。

3.个体突破束缚的意识增强。

让人能够在一起和平生活形成共同体的第一种选择是亲情,这种亲情可以来自血缘,也可以来自婚姻。人类社会早期的族群生存方式,人们之间的团结就建立在血缘基础之上,它是如此稳固地协调着不同个体之间的关系。

基于亲情的共同体遭到了来自亲情内部的挑战,作为个体的人并不会完全认同亲情所带来的一切选择与安排,个体的自主性要求个体寻求自由,个体寻找突破束缚的解放,正如五四运动中对传统文化的批评那样,正如欧洲启蒙运动对人性的呼唤那样,个体并不希望受到来自亲情过多的束缚,只要一有条件,个体就会冲破层层限制寻找一个自由的空间。工业革命带来的城市化为无数个体提供了这样的机会,于是无数个体离开了充满亲情的乡土,涌入陌生的城市,在那里他们虽然会感觉不安,但是前所未有的自由和更多的物质资料,却让他们无比的满足。

有些演化心理学家认为,古代的采集部落主要并不是由一夫一妻的核心家庭组成,而是一群人共同住在一起,没有私有财产,没有一夫一妻的婚姻关系,甚至没有父亲这种身份的概念。在这样的部落中,女性可以同时和几个男人有性行为,形成亲密关系,而部落里的所有成年男女则是共同养育部落的小孩。正由于男人都没办法确定小孩是不是自己的,对所有孩子的教养也就不会有偏心的问题。①

然而,这种传承方式早在私有制产生之后就被彻底摧毁了,到欧洲文艺复兴时期,宗教改革与启蒙运动,催生了自由、平等、人权、法制等理念,契约关系取代了认同关系。从此,人类愈发地认为基于平等自由原则,签订彼此认可的契约,就可以调节社会关系,实现社会整合凝聚。

经历了数百年社会的发展,彼此认可的契约关系在东西方社会不断蚕食彼此认同的共同体关系,人们开始怀念共同体的温暖,而又觉得无力重建共同体,因为共同的地缘消失,人与人持续相互作用的时间轴变得越来越短了。

4.选择意志主导。

"斐迪南·滕尼斯度过了他生命的最初九年,与他的家庭和村庄共同体有着密切的关系,可能由于乡村生活还处在传统的约束中和安全里,他在这里感

---

① 尤瓦尔·赫拉利:《人类简史:从动物到上帝》,北京:中信出版社,2014 年,第 41 页。

受了亲情的温暖,深受启迪。这些启迪远远地影响到他的基本理论的构思。"①
尽管共同体是造物主在人类基因中编码设定的天然生活方式,如同人本己本知
的良知天然地存在于心中一样。然而,人毕竟从动物而来,人的身上,留有动物
的本能。共同体是本质意志主导的生活,其本质特征是目的与手段的一致。工
具手段与本己本心的关系是,工具手段从属于本己本心。这一关系,总会因为
选择意志主导生活,人的工具性价值上扬,造成心与身的关系颠倒。人的动物
性遮蔽了人的精神性,人不能成为真正的人时,是人类曲折的、阶段性的发展过
程。在人没有成为真正的人的阶段,人对物质的占有与控制,决定了人的自由
与独立的程度。物质对于人,不外乎两个方面的用途,一是人类赖以存活的基
础,二是作为人类一切手脑创造活动的对象。但当人类脱离自然状态而进入一
定的社会组织关系后,谁控制了财物谁就将控制他人,人不能控制财物或不能
自由利用财物,就失去了独立自主。奴隶社会的奴隶、封建社会的农奴和资本
主义社会的劳工,都不能独立自由自主,在没有回复到人类原初自主地对物质
进行活动时,人类对物质的贪欲是不遏制的。基于本质意志的学习和生活的这
类人,总是弱势的,群体总是弱小的,在社会生活中总是属于少数派。因为追求
高境界的灵魂性生活,需要更多地克服人的私欲,需要更多的孤独地向上奋进,
才能让心性得以实现。社会生活催生并助长人的工具性价值,人类的共同体生
活日趋式微。

5. 社会分工和生产方式变化。

共同体生活更加适于采集狩猎等生产方式,到农业社会共同体生活就已经
开始被蚕食,只有那些束缚在土地上的农民们还依然能体会到共同体生活。工
业化的生产方式,必然会致使共同体生活遭受前所未有的挑战。

乡村生活始于人类从采集游牧向农业社会过渡的阶段,定居后才会形成乡
村。乡村生活在不同历史阶段呈现不同的面貌,在不同的地区也存在明显的
差异。

在欧洲中世纪时期,中央集权的统一国家力量薄弱,封建采邑成为主导农
村生活的重要力量。欧洲的共同体在这种背景下一直坚固地延续着。

欧洲进入黑暗的中世纪后,庄园和采邑的建立决定了欧洲中世纪乡村生活

---

① 乌韦·卡斯滕斯:《滕尼斯传——佛里斯兰人与世界公民》,林荣远译,北京:北京大学出版社,2010
年,第6页。

方式。"人们在最小的范围里生活,全部需求变得极其简单,因此贸易活动也很少。"①在那样一个狭小的范围内生活,人们彼此熟悉,关系稳固,共同体生活的维系难度很小。

在农业社会,人类共同体在很大程度上属于家元共同体②的范畴;到了工业社会,由于社会化大生产的作用,家元共同体被打破,而民族国家的出现则使地域性的社会结成了一个个族阈共同体。

族阈共同体主要以民族国家的形式出现,但是,不限于国家,在很多情况下,民族应被看作是族阈共同体。近代以来的国家多数属于正式的族阈共同体(也有一些多民族国家),而民族则可以看作是非正式的族阈共同体。

家元共同体在原生形态中是由血缘、地缘这样的亲族关系,以及与之相随的交往关系所构成的,在农业社会的历史阶段中,其他的共同体形式是完全可以看作为"类家元共同体"的存在形态,或者说,是次生的家元共同体。比如,即使是在被现代学者看作为政治共同体的朝廷或王室中,"以君比父"也是最为流行的做法。所以,在农业社会这个历史阶段中,无论是以什么样的形式出现的共同体,都具有"家"的特征,或者被直接地比喻为家。

工业化大生产以及社会分工,让每个人都得以脱离家的束缚,参与到社会分工之中。这也是法国社会学家涂尔干所赞颂的"有机团结"的社会,差异化的个人通过分工实现协作,差异成为结成人际关系的基础,然而,这种生产中结成的关系并不能进入生活,工业化的生产方式,必然会致使共同体生活遭受前所未有的挑战。

三、由"微共同体"重拾共同体生活

滕尼斯失望而不绝望。1887 年他给亦师亦友的倾诉对象 Paulsen 的信中抱怨,看到日渐增长的专制时势和学术圈的伪善,自己跌入了对整个现代文明的失望之中;而 1898 年在另一封信中,他写到,积极参与保护劳工的活动,使他多少卸下了文明衰落带来的悲观主义情绪。在工会和合作社中去寻找能够养育"共同体播撒的种子"的土壤,使之不至于死去,在悄无声息中等待重新生长并改变世界的机会。滕尼斯怀念共同体,承认历史的发展不可逆转。但他并没

---

①　菲利普・J.阿德勒、兰德尔・L.波韦尔斯:《世界文明史》,林骧华等译,上海:上海社会科学院出版社,2012 年,第 216 页。

②　家元共同体是张康之在《共同体的进化》中为描述农业社会的社会结构而提出的一个概念,它表明农业社会是以家为基本社会单元,并通过家的一层层扩散而形成一个政治共同体的。这个概念可以帮助我们把握农业社会的社会结构与治理形态。

有止于悲叹,而是不懈追求"在社会中重建共同体"。他不仅相信社会中存在重建"共同体"的可能,而且,他以身载道、知行合一,终其一生饥渴地寻找志同道合的友谊,试图建立有学术分工而无权力与经济分化的平等学术同仁圈,并参与到工会组织和合作社运动中。

无论人们是否经历过滕尼斯所指称的共同体,人们还是愿意相信那是一种社会现实,至少是曾经存在的现实。但是,毫无疑问,共同体作为一种社会建构,从智人①产生到当今社会,从来都是一种局部成功整体失败的建构。但是,这种建构过程却一直没有停止,正因为共同体本身所蕴含的意义一直为人所尊重,所以这种建构就愈发不可停止。在每一个时代,建构共同体的行动与互动都在延续,只是,在今天我们应当采取适合今天的方式去继续这种建构。在中国,经过近四十年的经济快速持续的发展,人民的温饱问题基本得到解决,城市化进程快速推进,全面建成小康社会的目标,在不远的明天就能实现,我们比任何一个时期都更加迫切希望生活幸福。在这一历史时期及今后相当长的历史时期,我们该如何建构共同体,是现实给出的课题,笔者从 2007 年起,致力于这一课题和行动,收获了本书所得出的实践路径和理论框架。

(一)回归:现代社会的重大命题

从共同体的视角看,在人类社会的历史进程中,个人只有在各种各样的共同体中,才能获得生活和发展的必要条件,才能实现个体的最完整的价值。脱离了共同体,甚至连能否作为一个"人"而存在也成了疑问。无怪乎亚里士多德感言:"离开城邦者非神即兽。"从本然的意义上来看,共同体应当成为个人自由发展的条件,但历史已经清楚地表明,人不同程度地受到共同体的束缚,人类陷入矛盾之中,人类个体会不断地从各种共同体中逃离出来,抛弃了由自己亲手构建的共同体(当然不是马克思所说的真正共同体)。但应当看到,即使是这样,在今日的时代背景下,从人性出发,我们坚信,个体发展的最终目标和指向也不应是消灭各种共同体,而是要建立一种全新的共同体。这种共同体的最终目标不仅是为了共同体本身,更是为了完善个人,最终实现个人的自由全面发展。

真正的共同体,无疑是最美好的,我们相信共产主义的远大理想定能实现。

---

① 智人,生物学分类中人属中的一个"种",为地球上现今全体人类的一个共有名称。关于智人最早出现在地球上的时期有各种不同的推测,通常认为是在大约 20 万年前。关于起源地点,科学界的观点也不一致。通过分析化石和 DNA(脱氧核糖核酸),比较有说服力的观点是认为人类起源于东非。

以经济地位为尺度把人划分为阶级，以阶段的斗争方式争取全人类的解放的思想，还需要用实践来检验。政治经济学也许不是解决人类根本问题的好方法，或许有更大更高的智慧如中国古老的智慧，能让人类走出困境，走向美好的未来。

人们终将冲破这个以钢筋水泥、橡胶塑料、电子网络建构的"樊笼"，将本真与自然归还人间，返璞归真，归于朴素，归于自然。

老子曰"大曰逝，逝曰远，远曰反"[①]，大道支配万物运动发展，发展下去就会走向极盛，走向极盛之后又要返回到原处。人总是不断地向自己的本性迈进，当本性与后天社会对人的本性遮蔽后的人产生冲突，产生悲哀情绪后，进而会反思、探索、否定之否定。

1. 回归生命本原。

人总是要有点精神支撑的，因为人不仅生活在实体的空间，也需要生活在精神的空间里，古典人在人神共在的空间里获得了心灵的安宁，他们对自然抱有一种神性的尊崇态度。对自然的敬畏使人安居在人神共在的空间里，那些物质生活比较落后的民族，心灵的浮躁、焦虑程度显然要比文明人少得多。卢梭从自己的生命体验出发，相信"人之初，性本善"，认定处于自然状态的"原始人"比现代社会的文明人更简朴、更天真也更善良，因而也更自由、更幸福。[②]卢梭一生都在追求"在一个被人类文明败坏的堕落的社会中如何可能保存天性，过一种符合自然的生活"[③]。他用一生表达的是"人为的人"已经摧毁了人的自然状态，这是人类堕落的根源。

人无论有多么辉煌的事业，多么伟大的成就，最终还是要回归自身。自己的身体和自己的灵魂，是人唯一能够真正拥有的。林语堂先生在一篇题为《中庸的哲学：子思》的文章里写道："我们大家都是天生一半道家主义者和一半儒家主义者……中国思想上最崇高的理想，就是一个不必逃避人类社会和人生，也能够保存原有快乐的本性的人。"真正快乐的人生是不断关注存在的人生，是时时刻刻悉心体会美与爱的人生，是不断回归自我和审视自我的人生。在关注、审视的过程中，体验到生命的愉悦和价值。

拜金心态是资本主义社会的典型特征。但今天的中国，有不少人的心灵被财物异化，金钱甚至成为许多人价值观、信仰、理想、亲情等人生内容的核心载

---

① 《道德经》第二十五章。

② 鲁枢元：《陶渊明的幽灵》，上海：上海文艺出版社，2012年，第114页。

③ 凯利：《卢梭的榜样人生》，黄群等译，北京：华夏出版社，2009年，第1页。

体,成为许多人生命中最重要或唯一的东西。社会使人异化,同质化的社会异化了多数人。有的人活得像一架挣钱机器,他终生高效运转,赚很多用不到的钱,在从穷人变成富人的初始阶段,他还是能够感觉到快乐的,到后来就变成了一种机械运动,完全不能感觉到快乐,只是一种迟钝的麻木感觉,到后来已经停不下来了,只能一直运作到终老。今天,我们离开人的本原,不是近了,而是远了。人终究要实现生命性价值,过上幸福生活,即诗意地栖居于自然之中,然而,这是自然浪漫主义者方能通达的境界。"重返自然状态之简朴与幸福的生活的道路已被封死,而自由之路却敞开着;我们能够,而且必须踏上这条道路。"①

回归生命本原,正如卢梭奉行的人生哲学:"愉快的生活是简单的,几乎随手可得,那不是富有,而是过不单调、不重复的生活",似乎从这样的生活中看到了梭罗懒散放纵、游手好闲的身影。或如陶渊明"未知明日事,余襟良已殚"的洒脱、"闲静少言,不慕功利。好读书,不求甚解"的闲适、"耕织称其用,过此奚所须。去去百年外,身名同翳如"的散淡,或如苏东坡"对一张琴,一壶酒,一溪云"的仙态。他们是真正朝着自身的生命意义回归了。日本的"飞特族"②,在现代化的背景下大有兴盛之势,他们不是富贵人家的生活,却是一种新鲜的、随意的、自由的、完全由自己掌控的生活。他们没有把成功、业绩和改变世界作为目标,更没有为大房子、好车子而奔波,追求的是生活的丰富与闲适。

能回归到生命原点的人,是理解生命真义的人,"然而那又是一个制高点,人性的制高点,许多人拼搏一生也不能企及的制高点"③。沈从文、卢梭、梭罗等人是这样的人,一生都在养护着自己的天真与清纯,所以沈从文生命衰老迟暮

---

① 恩斯特·卡西勒:《卢梭问题》,王春华译,南京:译林出版社,2009年,第28页。

② 飞特族是指以正式职员以外(打工、兼职等)的身份,来维持生计的人。"飞特族"的英文名字叫Freeter,Freeter是一个混合词,来自英语的free(自由,或指自由契约)和德语的arbeiter(德语里意指劳动者,日语里意指非正式的arbeit),指的是那些连续从事兼职工作不满5年的年轻人,英文字尾er(人),出现于20世纪80年代末期。三者结合而成的和制英语freelance arbeiter(フリーランス・アルバイター),即是自由兼职(打工)者。日本官方对"飞特族"的定义就是:年龄在15至34岁之间,没有固定职业,从事非全日临时性工作的年轻人。"飞特族"往往只在需要钱的时候去挣钱,从事的是一些弹性很大的短期工作。钱挣够了,就休息,或出门旅游,或在家赋闲。"飞特族"广泛流行于"朝九晚九"的"工作狂"国家日本。据日本官方统计,日本国内的"飞特族"已经接近400万。频繁更换工作是"飞特族"的常态,工作之后的"飞特族"休息才是更精彩的生活内容。在他们看来,工作和上班并不是一码事儿,不同的短期"上班"仅仅是他们赚取生活成本的途径,而与事业无关。在"飞特族"的字典里,"工作"是为下一份好发展而努力,"上班"则是为下一个好假期而赚钱。

③ 鲁枢元:《陶渊明的幽灵》,上海:上海文艺出版社,2012年,第139页。

时仍然说自己"情绪始终若停留在一种婴儿状态中""永远长不大的孩子"①。孩子是天真的,更多的是本质意志。今天我们时代的主题之一,是回归。这一回归,是复杂向简单的回归,是工具性价值向生命性价值的回归,是异化的人向真正的人的回归,即人性的回归。是对现代性思维颠覆传统价值观念所造成的人类精神生活的无根状态的否定,这一回归,伴随的是生活方式的自然化回归。我们都知道,我们真正需要的一切物质都来自自然,只有这些物质能够回得去,自然才会是真的自然。然而,这样的回归之路尽管是必需的,却是异常艰难的,所谓积重难返,我们已经走得太远了。

2. 重拾共同体生活。

滕尼斯以为文明在衰落,但会被一种崭新的文明所代替,至于这新文明是什么,他并不给出断言。只是暗示社会中存在重建"共同体"的可能,一个最高、无限的"共同体",会使人类通过共同生活统一在一起。滕尼斯拒绝"从国家走向共同体",认定国家与田园牧歌的共同体既不同质也不同源——真正的"共同体"必是同时反国家和反社会的。

共同体与社会的根本差别是:一是目的和手段是否相互包容。共同体的生活是自然而然的,由本质意志主导的,获取满足生活需要的手段与实现初心与个性一致;社会生活是人工设计的,不是自然而然的生活,是由选择意志主导的,以牺牲初心和个性为代价获取物质生活需要的满足。二是两者(共同体与社会)本质上是否同属一体和相互肯定;或者它们相互间是否本质上是敌人,相互排斥与否定。共同体的人是同属一体的,是相互的直接肯定;而社会中的人是分离的,为了个人或组织预期的利益而交易结盟。共同体是持久的和真正的共同生活,社会只不过是一种暂时的和表面的共同生活。滕尼斯认为,大城市和社会的状态,从根本上说是人民的毁灭和死亡。除非共同体的本质和思想重新得到滋养。因此,共同体本身应该被理解为一种生机勃勃的有机体,而社会应该被理解为一种机械的聚合和人工制品。② 鲍曼则更为明确地提出,"生活圈子或社会可能是坏的;但它们都不是'共同体'。我们认为,共同体总是好东西"③。

现代社会建构中,逐渐被消解掉的本质意志和非理性化力量,也许从来就不曾消亡,而只是寂静地隐退,或许它们更是暗含了人类社会迈向共同体的回

---

① 沈从文:《沈从文全集》第 10 卷,太原:北岳文艺出版社,2010 年,第 394 页。

② 斐迪南·滕尼斯:《共同体与社会》,林荣远译,北京:北京大学出版社,2010 年,第 44—49 页。

③ 齐格蒙特·鲍曼:《共同体》,欧阳景根译,南京:江苏人民出版社,2007 年,第 2 页。

归。21世纪初,我们所发现的来自于民间的草根的社区学习共同体,它们是原始共同体的活性存在。在今天社会事业蓬勃发展的语境中,我们所讨论的共同体,不是回到远古时代,不是重建原始共同体,因为历史车轮滚滚向前,过往时空和生命形态一去不复返。然而社会的发展不会是直线形的,它会显现螺旋式否定之否定的方式发展。在相当长的历史时期,我们不能建成"自由人的联合体"——作为社会形态的真正共同体,但是,我们可以重拾共同体生活。这种生活,不是一个人的生活的全部,却使一个人生活质量和生命性价值有重大的提高。这种生活,不是所有人的生活,却是一部分人梦寐以求的生活。社区学习共同体,正是人们重拾共同体生活的现实载体。

鲁迅对民族的劣根性和人的劣根性的认识的深刻程度,当代中国无人能比。面对旧中国这个没有窗口的令人窒息的千年"铁屋子",他要作一次破釜沉舟的决斗。他要与黑暗抗争到底,不惜与黑暗同归于尽。他的"无破坏即无新建设"的名言,影响了中国革命。但不破不立、先破后立的命题,未必具有普世性,未必是普遍的真理,在任何时候都能适用。今天有广泛市场的"后现代主义",其核心是颠覆和解构,却没有建设,没有行动,没有精彩的路线图。社区学习共同体,不是对现有社会的颠覆和解构,而是对现代社会进行有益的补充,是一种建设。或许我们的思路,与鲁迅当年的思路相反,是先建设,后破坏。当社区学习共同体的理论与实践为越来越多的人所运用,到一定时候,学校教育(社会的必然派生物)这一为众人所诟病的大系统将会解构与重构。

柏拉图是伟大的,但他的"理想国"却是荒谬的。柏拉图面对当时城邦所存在的危机,基于对正义的强烈的憧憬与向往,提出了以哲学家为国王的最理想的国家模式。他从人类心灵中理性与感情的矛盾看待诗和诗人,他敏锐察觉到"理想国"这个理性共同体,会瓦解在诗人的手里,因为诗是感情的宣泄,而一个追求大善的人必须克制自己的感情,于是他要把"理想国"的敌人——诗人全部赶出理想国。陶渊明的"桃花源"与柏拉图的理想国正好相反,不仅陶渊明的桃花源是诗性的化身,陶渊明自己正是历史上最优秀的田园诗人。"理想国"等西方"正宗的乌托邦",是柏拉图等人用他们认为正确的学理论证和设计出来的,是机械的设计与制造;是以理性知识为前提,以制度管理为手段,通过开发自然和改造自然而建立人间繁荣昌盛的社会;是向前和向外的设计与逐求。而"桃花源"是自然生活的缩影。它立足于人的天性与天道的相通,人生的真正乐趣是与自然为伴,亲近自然,是农耕桑麻,是田园牧歌,"桃花源"是人性"退隐"的东方乌托邦,是基于本质意志的共同体,代表着人类幸福之路。从本质上说,我们赖以生存的自然是自然演化的,我们的人类社会是自然演进的,是不以人的意志为转移的,任何人为的设计与制造,都是荒谬的。社区学习共同体,是城乡社区里自然形成的,其生生不息的生命力在于学习者的内心,是人的本质意志所主导的。我们今天重拾共同体生活,只是把业已存在的民间的社区学习共同体作为生命体,给予关注和养护,让更多平民享受共同学习之乐、享有共同体生活之趣。

(二)由社区学习共同体重拾共同体生活

人类和睦相处的天真状态,曾经是人们普遍的状态。"但在今天,越来越只在梦中才有可能。"①的确,经历了数千年社会的发展,彼此认可的契约关系在东西方社会不断蚕食彼此认同的共同体关系,人们开始怀念共同体的温暖,而又觉得无力重建共同体,因为共同的地缘消失,共同血缘散落了,人与人持续相互作用的时间轴变得越来越短了。然而,我们发现,并不为人们所看重的分散在城乡角落的社区学习共同体,能让人生活在现代社会里也能重拾起共同体的生活。滕尼斯用"自然地出现"作为共同体区别于激烈争吵、你死我活的竞争和讨价还价、相互吹捧的"社会"的特征。社区学习共同体正是自然而然地出现在中国全面建成小康社会生活过程中的气韵生动的宏大叙事。

1. 心性相契共同体,具有社会学意义共同体的特质。

社区学习共同体是生活在社区中的居民由本质意志主导的因共同学习而自然结成的能实现人的生命成长和建立守望相助关系的群体。社区学习共同体成员在宽松、民主的氛围中互为师生,共同学习、交流,分享学习资源,并形成相互信任、守望相助的人际关系,他们对共同体有很强的认同感和归属感。社区学习共同体是心性相契的共同体,它从本质上区别于契约共同体——理性结盟共同体,它与滕尼斯所说的共同体,有着本质上的相通性。它具有社会学意义上共同体的特质,因此我们称之为"微共同体"。

第一,心性相契而非理性结盟。

心性,是陆九渊的"本原知识",是王阳明的"良知",是康德的"道德律令",也与滕尼斯所说的人的本质意志密切相关。

"位我上者,灿烂星空;道德律令,在我心中",这是康德在《纯理性批判》里的一段话,意思是说:"有两样事物使我心中不断充满惊奇和畏惧:在我头上繁

---

① 齐格蒙特·鲍曼:《共同体》,欧阳景根译,南京:江苏人民出版社,2007年,第5页。

星密布的苍穹和在我心中的道德法则。"在这里,道德法则或道德律令是一种"直接命令我们去做某事,不要把它当作达到另一个目的的条件"的绝对命令。"它不问行动的实质,也不问行动的后果,只问行动所遵循的形式和原则;行动之所以本质上是好的,就在于用心好。"更直接地说,道德法则或道德律令命令我们采取行动做某事,并非因为它能够给我们带来好处(这时候,行动只是达到更高目的的手段,只有外在价值),而是因为它本身就是好的(这时候,行动不是或不仅仅是达到其他更高目的的手段,行动本身就是最高目的,即有内在价值)。当一个行为出自自己对道德律令的尊重、服从和敬畏,才具有道德性。一个人伸手扶起一个摔倒的孩子,是心性,是德性,但如果他只是为了取悦孩子的父母,则此行为虽然有合理性,并无德性。取悦孩子的父母,是理性。

孟子认为"仁义礼智根于心",这里的心,在孟子是指"本心"。孟子哲学的基本观点是道德原理根源于人的本心,人性或人的本心是先验地至善的,内在的至善是一切道德原理的根源和基础。

王阳明说:"至善者心之本体。"在王阳明看来,"万物一体之仁"是人心的本来状态,人的本心如果不受各种私欲的污蔽与外诱的侵扰,是自然地"视人犹己"的。视人犹己包括物质和精神两个方面,一个完整的人既对人类的物质生活境遇的苦难痛切忧患,也对人类的精神生活的堕落痛心疾首。就心的本来面目而言,每个人都是一样的,都是天地万物为一体的,这种一体主要表现为相互之间的诚爱无私。

滕尼斯把人们的关系分成两类,第一类是基于感情、恋念和内心倾向的关系,第二类是为了达到某种目的而建立在占有物的合理交易和交换基础上的关系。社区学习共同体成员的关系是第一类,即富有人情味的、有共同价值观念的亲密关系。这种关系构成的共同体是心性相契的共同体。

心性相契共同体,有一种自然的生长过程。心性相似的人,会很自然地走到一起共同学习。能在一起坚持共同体内学习的人,也一定是心性相似、相契相融的人。正所谓:性相契则学相同,学相同则思相近,思相近则言相和,言相和则行相辅。

理性结盟也能形成共同体。这样的共同体在市场经济社会环境里还会更多更普遍。形成共同体的目的是共同物质利益,形成的机制是"契约",基于选择意志的深思熟虑。这样的共同体对市场经济的发展和人的工具性价值的实现是有所裨益的,因为其目的与手段常常是不一致的,所以,对人本身的成长、对"过一种真正的人的生活"没有直接联系,有时起负面作用。

第二，目的和手段都是包容一致的。

滕尼斯确认共同体与社会的根本差别之一是，目的和手段是否是包容的。共同体，是为了人而不是为了物服务的，是个人出于自愿而不是在异己力量的支配下结成的群体。在"真正的共同体"中，个体自愿联合并通过这种联合获得自由、实现全面发展。现代社会由于隐藏于社会关系背后的物对人的超强控制，最终使人沦为物的奴隶，导致人的本质发生异化，即目的和手段的分离，人的工作与工作的意义相分离、相脱节。在共同体里，意义和工作是包容一致的。"对他们来说，不存在所谓生活的意义这样的问题，很自然的，意义和他们在一起，在他们的作坊里、在田里。每个职业都创造出它特有的精神面貌、它特有的生存方式。一个医生思考的和农夫思考的不同，一位军人的举止也和老师的举止不同。今天，大家都变得很相像，同样都有对工作冷漠的通病。"①杭州江干区的百姓乐坊的李女士、蔡女士和来女士都说："每一次唱歌活动，都要打扮一下的，因为这是我们的'节日'啊！"在这里，学习过程就是生活过程，过程就是目的，意义就在其中，目的与手段完全是包容一致的。

第三，本质上都是同属一体和相互肯定的。

滕尼斯确认共同体与社会的根本差别之二，是本质上是否同属一体和相互肯定；或者它们相互间是否本质上是敌人，相互排斥与否定。社区学习共同体成员间是直接的相互肯定。

从共同的价值取向看本质的相互肯定。共同体从不单单意味着"共同的生活"，而且意味着在共同的生活中已经形成一种特定的伦理关系和共同的价值取向。亚里士多德在《政治学》中明确指出，即便人们居住在很近的地方，受到临时侵害而结成同盟，以防止侵害行为或保证贸易往来，这种同盟仍然不能被称为一个统一的城邦。在他看来，城邦意味着公民间的接触不是流于表层，而是"以完美的、自足的生活为目标"，"婚姻结合、宗族关系、公共祭祀和各种消遣活动"是促进友谊、使生活更加美好的方式。可见，城邦公民有共同的目的，追求城邦的共同幸福，人们共同分享某种有关善或正义的生活方式。滕尼斯在对共同体的阐述中进一步强调，共同体的形成不仅需要有共同的生活地域，更重要的是建立在共同体成员生产、生活、交往等方面高度同质性的基础之上体现共同体意志的"默认一致"。体现出共同体有"共同的记忆""共同的观念""共同的利益"。滕尼斯对共同体和社会的探讨自始至终带有明显的价值评判，共同

① 米兰·昆德拉：《身份》，上海：上海译文出版社，2014年，第90页。

体始终体现着一种向善共生的伦理指向和团结互助的道德逻辑。桑德尔认为，共同体由具有共同的自我认识的参与者组成，拥有共同的认同。他提出三种意义上的共同体观念，即工具型、感情型和构成型的共同体，认为较之前两种类型的共同体观念，构成型的共同体"不只描述一种感情，还描述一种自我理解的方式，这种方式成为主体身份的组成部分"①。在这种共同体中，个人的自我目的不可能独自实现，而必须在与他人追求共同的理想中实现。丹尼尔·贝尔进一步提出了三种构成性共同体，即以地理位置为基础的地区性共同体，共有一种有道德意义的历史的不相识的人的记忆性共同体，和由信任、合作和利他主义意识支配的，面对面的人际交往的心理性共同体。社区学习共同体正好与第三种形式相吻合。

从归属感看本质的相互肯定。罗洛·梅说："我们应该说动物拥有一个环境，而人类拥有一个世界。因为世界包括意义的结构，而这种结构是由在其中的个体之间的相互关系建构的。因此在我看来，群体的意义部分取决于我在多大程度上让自己投入其中。而且我们也因此而不能在一个纯粹的生物学水平上理解爱，而应该依赖于诸如个人决定、对他人的承诺等因素。"② 社区学习共同体作为一种学习群体，其每一个成员都是全身心投入，每个人都在为群体负责，每个人的付出都是自觉自愿的，他们的关系是基于感情、恋念和内心倾向的关系，也是富有人情味的亲密关系。正因为这样，这个群体对其成员有强大的吸引力和感召力，同时能使其成员产生强烈的群体归属感。

从平等观念看本质的相互肯定。社区学习共同体如同滕尼斯所说的共同体，成员是平等的。其核心精神是人格的平等而非经济的平等。企图实现经济上的平等、平均，可能是永远的乌托邦。

大观园里的海棠诗社③，是一个典型的社区学习共同体。一群诗化生命由身份、地位完全不同的人自愿组成。他们打破了经济社会的地位的不平等观念，建立起的是人格尊严的平等观念，其本质是直接的相互肯定。宝玉是贾府里的"主子"，但他无贵族相、主子相、少爷相、公子相，把自己定位为"侍者"，在诗社中，他自愿充当丫鬟、奴婢、戏子的"侍者"。他所作的《芙蓉女儿诔》把晴雯这个奴婢当作天使来歌颂——"其为质则金玉不足喻其贵"。主子和奴仆的区

---

① 迈克尔·J.桑德尔：《自由主义与正义的局限》，万俊人等译，南京：译林出版社，2011年，第181页。
② 罗洛·梅：《存在之发现》，方红、郭本禹译，北京：中国人民大学出版社，2008年，第136—137页。
③ 《红楼梦》中海棠诗社由林黛玉（潇湘妃子）、薛宝钗（蘅芜君）、贾宝玉（怡红公子）、贾探春（蕉下客）、史湘云（枕霞旧友）、李纨（稻香老农）、贾迎春（菱洲）、贾惜春（藕榭）等人组成。

别,是等级社会里最根本的分别,而在共同体中,虽然人的经济地位不同,但人格尊严是完全一样的。社区学习共同体里,没有他们在社会里的角色(或领导或群众,或文化人或文盲),进入社区学习共同体的学习者,都是人格、尊严完全平等的成员,他们平等对话,自主学习,自由发展。

2. 社区学习共同体让平民找到幸福的本原。

幸福的本原,是人过一种"真正人的生活",这种生活是有"爱"的生活。社区学习共同体的共同学习,让平民过真正人的生活成为可能。亚里士多德在《尼各马科伦理学》中判明了三种友爱,因有用性而产生的爱、因快乐而产生的爱以及因善而产生的爱,而只有第三种爱存在于善人之间,是长久的。根据亚里士多德的说法,一切事物的最深处都有渴求神性的冲动,处于低下的灵魂会一直向更高处奋力攀登直达神性的顶点。因此,这里的爱就是无限,也就是人的本质。

人在不同类型的关系中得到滋养,就必定具有相遇的性质。约翰·鲍尔比从他早年对母子关系的研究中得出结论,对生存而言,依恋行为不仅是必需的,而且是重要的、本质的、与生俱来的。成年人之间的友爱关系是一个人生命得以滋养的源泉之一,它需要相知相遇相伴相依,需要面对面的交流与互动,社区学习共同体,能为其成员提供相遇的条件与形成共生共长的状态。

个体生存的紧张感与生俱来。哈贝马斯提出回到生活世界、凸显交往价值的存在理念。在他看来,既然不能回到上帝那里得到精神的安顿,就回到人与人的交往,在交往中安顿心灵。交往只是一种可能的形式,只是缓解当代人生存危机的一个方面。缺少了厚重的基础,这种交往就成了一种空中楼阁,现实中的交往很难达到这样一种理想的境界。回到生活世界,一般意义上的交往本身不足以给人以安顿,还必须走向他者的共存共在。我们今天很难说再把自己简单融化在社会的宏大之中,但我们确实需要真正敞开自我,走向他人,把个人的紧张消解在社区学习共同体中,不仅是必要的,也是可行的。社区学习共同体中的交往,因为有了鲜明且厚重的生命性价值取向,为实现心灵的安顿提供了可能。

基于社区学习共同体的平民之乐是建设性的,是生命成长性的,是与自然宇宙生生不息的大生命一致同向的。不是破坏性的,不是基于暴力的占有。当一种人的快乐是建立在另一种的人痛苦与不幸的基础上时,这种快乐是非人道的,基于暴力占有的"翻身乐"是有缺陷的,在人性和人道原则面前是苍白的,所以也是不可永续的。与斗争胜利之乐不同的是,社区学习共同体之乐,是使自己快乐,它不仅不是建立在其他人的痛苦之上的快乐,而且能使更多的人快乐;学习者的快乐,带来的是家庭的快乐;社区的形成,带来的是城市和乡村的幸福指数的提高。

3. 社区学习共同体让城市乡村更美好。

度量一个社会的发展程度,生活于其中的人们的幸福感觉是最终的指标,而这个指标的高低并不一定与人均 GDP 绝对相关。在温饱线下,二者当然是正相关关系,一旦过了温饱线就不一定了。在全面建成小康社会之后,人们满足美好生活的需要更多地与人们的文化心理结构、价值观、审美情趣和生活方式相关联。

今天,全球处在激烈的竞争之中,世界很不太平,中国倡导的人类命运共同体建设任重道远。我国城市化的进程还在加快,显性和隐性的城市病却不可避免地存在着,而人们追求幸福的诉求又在与日俱增,这样的情形下,我们怎么办?

今天的城市发展使得具有时间原则的血缘共同体不复存在,也回不去了。今天的城市和农村,具有空间原则的地缘共同体也正在消失。但是,"人与人之间相亲相爱,人植根于友爱和团体的联结而不是血缘和土地的束缚之中"[①]。人性还在,人与人之间的相亲相爱还在,人需要也可以植根于有爱的联结。12年的理论与实证研究,让我们认识到,我们可以通过养护和培育社区学习共同体这一路径,让城乡更美好,让人们更幸福。

社区学习共同体,就是在"社会"和"共同体"之间的一种平衡器。通过社区学习共同体,这种与"理性结盟共同体"[②]不一样的共同体,让我们有可能走向"共同体生活"。没有这个平衡器,"城市,让生活更美好"[③]的理想会因为城市居民缺少精神家园而成为空谈。

社区学习共同体"让城乡更美好",看起来是一个野心勃勃的梦想,也的确是一个极大的挑战,然而又是可以马上着手去做的实事。它不是由一个庞大的计划来推动,而是一个一个社区学习共同体自主自在地一步一步成长。不管我们是否承认它、关注它,它已经存在于城乡的各个角落,我们需要做的只是再多一点关注,多一点呵护,多一点养护。这不是一个城市在行动,不是一个部门在行动,而是所有城市和所有部门的联动,特别是民间力量的推动。

---

① 弗洛姆:《健全的社会》,欧阳谦译,北京:中国文联出版公司,1988年,第372页。
② 迈克尔·J.桑德尔:《自由主义与正义的局限》,万俊人等译,南京:译林出版社,2011年,第181页。
③ 2010年上海世界博览会(EXPO2010)的主题。

　　社区学习共同体，一个"微共同体"，小到几个人，多到几十个人。瑞典已存在着一百多年的、有近三分之一国民参加的"学习圈"，其性质是社区学习共同体，但与名目繁多的"理性结盟共同体"是完全不一样的共同体，它是"心性相契共同体"，与社会学意义的共同体，有本质上的相似性。社区学习共同体的广泛兴起，是共同体幽灵的重光，是中国历史发展进程中的必然现象。

　　学习创造了人，共同学习是人的天性，共同体生活是人的美好生活的底色。基于社区学习共同体的学习，是在自由中，为了自由和通向自由所进行的共同学习。城市化乃大势所趋，我们无法回到原始共同体时代，但我们从社区学习共同体这一原始共同体的活性存在中，看到了现代社会的重拾共同体生活的曙光，找到了通过共同学习而生活出一个共同体（社区）的现实载体。

第 九 章

生命性价值及实现

　　本章提要：生命性价值是本书的一个重要概念，也是本书的根本宗旨。生命是诗意的源泉，一个人实现了生命性价值，就是诗意的人生。诗意的人生，是有生命尊严和生命活力、自由精神和创造激情的，它与学历、资历、财富、权位无关。当负载诗意人生的生命主体变得功利心十足时，这样的人生将失去心性的光辉而黯淡。社区学习共同体是实现生命性价值的重要路径，社区学习共同体的学习，让学习回归其本原，成为人追寻生命性价值的过程，而不仅仅是达到社会性功利目的的工具。

一切问题归根到底是人的生命问题。

社会问题的最终解决不可能离开人的生命问题而孤立地进行，必须以个体生命成长为前提。梁漱溟认为中国近现代所出现的民族问题、社会问题，终归是传统的人文价值观念系统遭遇到西方价值观的冲击，从而使传统文化价值体系破裂、人的精神流离失所造成的。因此，问题的关键是确立一种新的价值系统，使人生得以安顿，使精神有所寄托，人生才具有意义。只有中国人自己站立起来，确立一种健康而有生命力的人生观，一切社会问题才能真正得到解决。人与人之差别，有时比人与动物的差别还要大。贾环无端恨妙玉就是例证。妙玉遭劫，他不但幸灾乐祸，还要狠狠地损她几句。贾环在一般人的精神水平之下，是未完成人的进化的"末人"，而妙玉属于"人"——"气质美如兰，才能馥比仙"。这种差别当然是天渊之别。

人区别于动物的一个显著特点就是具有更多形式和更多层次的需要。然而，是什么原因引起了人与动物之间的这种差异？人类的需要层次应该怎样来客观地划分？各个需要层次之间到底有什么内在逻辑关系？许多学者都对此进行过大量研究并得出了许多不同的结论，但几乎所有结论都是凭主观经验和直观感觉得出的，缺乏令人信服的逻辑，因而无法判断和检验其正确性。有些学者甚至认为，这些问题本身就是一个纯主观性问题，不会有任何客观的、统一的答案。

人类的发展过程在本质上是价值的创造与价值的消费过程，人自我世界的一切发展即有价值。价值的核心本质内涵是自由人，人创造自我的存在即为自由人。人本身是价值的根本对象，人也是价值本体，人的行为即价值源泉，人的发展即为价值结果。人的发展是人的内在矛盾与外在矛盾的统一发展，是人的意识与人的生命的整体发展，也是人与自然的整体发展。

价值既有其客观的存在形式，又有其主观的反映形式。主观价值可分为价值观与情感两种具体形式。其中，价值观是人对绝对价值的认识，或者说是人对价值绝对性的认识；情感是人对相对价值的认识，或者说是人对价值相对性的认识。

本书提出了人的两种价值概念，即人的工具性价值和生命性价值。

人的工具性价值，是以实现社会性功利为尺度，符合人的选择意志，向外逐求名、权、利，满足本能私欲从而使人具有更鲜亮的外部"样子"。工具性价值，更多的是由科学与技术来实现，科学让人聪明（诚然，让人聪明的不只科学），聪明靠的是大脑，聪明人往往有更多的技能，而现实中这些技能只要机缘巧合，就能转化为财富或权力。但财富与权力,很多时候与幸福,与人的生命性价值的实现,不是成正比的。

人的生命性价值,是以人的解放、生命成长为尺度,由人的本质意志决定,向内澄明心性,爱己达人,实现真我与心灵自由,从而使人具有属于自己的生命"味道"。生命性价值,由生命学①来实现,生命学让人通达自在,通达自在靠的是心灵的力量。通达自在者知道"舍",知道什么东西该放下,什么时候该放手。如果说拿得起是聪明,那么放得下是通达自在。聪明是一种生存能力,而通达自在则是"真正人"的存在方式,"不以物喜,不以己悲"的超然物外的状态,是通达自在者的一种境界,不是聪明人能抵达的。

人的复杂性、发展性,决定了人内部世界迥然不同的两极情感因素与价值观会相互对比交织,两种不同的力量的逆反运动,使人的内在心理结构常常处于矛盾和变化之中。痛苦和快乐、苦涩和甜蜜、恐惧和温柔,从不同的方向展现出人生的扣人心弦的乐章。正是人的工具性价值与生命性价值在人生的天平上的不平衡性,导致现代人不由自主地产生对人生意义的困惑,如果我们每个人,还很年轻的时候,就开始关注人生意义的大问题,就可能使我们的人生随"心"所欲,更加自觉而有意义。就全社会而言,就是每个人自由全面发展、每个人都有出彩的机会,人类对于德国诗人荷尔德林提出的"如何诗意栖居于大地上"的问题,会有意想不到的而可以用行动回答的答案。

物质化遇上了信息化和全球化,加倍地放大了人的物欲,工具性价值突显,而生命性价值式微。

一、人的工具性价值

我们把人活着并活出个样子来,称之为人的工具性价值。所有动物都有两大基本问题,图存与繁衍。人既然是动物之一,便离不开这两大问题。但人之所以为人,又不仅仅是这两个问题,"吃饭是为了活着,但活着不是为了吃饭"。人类生命本性,在于无止境地向上奋进,在于争取生命力的扩大,在于争取更多的自由。人的工具性价值是由人生的第一种态度——"逐求"(梁漱溟语)决定的。这种态度即人在现实生活中逐求不已,在物质引诱刺激下,颠倒迷离于苦

---

① 生命学也称生命科学,源自于东方数千年的文明文化,是与社会科学、自然科学并列的第三大类科学体系。生命学或生命科学与西方的生命科学不是同一概念。东方的生命学以对内在生命探索为宗旨,而西方生命科学准确而言是生命体科学,是运用自然科学、物理方式把人的身体作为研究对象而产生的一门科学。

乐之中,与其他动物并没有大的区别。西方文化把自然作为自己的对立面在进行探索和研究,寻求征服自然之道,并承认自然规律的不可抗拒。西方文化虽认为上帝创造了世界,却并不相信天命,更相信人的努力和力量,"上帝创造一切,人改造一切"。他们两眼向前看,一切向外用力,逐求物质享受,以征服自然为信条,个人主义价值观和享乐主义人生观是西方文化的内核。西方人认为,个人的生命性价值是独一无二的,不依靠任何人而存在,个人权利任何人不得侵犯。最早的享乐主义者应当是古希腊哲学家亚里斯提卜,他所处的时代约是公元前 4 世纪上半叶。"他说,生活的目的就是最佳地去享受身体上的快乐,幸福就是快乐享受的总和。……在他看来,既然存在着要求,那就有权去满足这种要求,从而实现人生的目的——享乐。"①17、18 世纪西方哲学家们又一次明确提出了享乐主义。这一时期,以霍布斯、拉梅特里、德·萨德、边沁、穆勒为代表。霍布斯认为,幸福不过是一个接着一个的欲望。享乐主义哲学思潮的危害性不可低估。享乐主义者力图使自己成为感官的主人,实际上却成了感官的奴隶。享乐主义者把人看成快乐和痛苦的计算者,这是一种没有方向、没有理想的人生。感官上的享受并没有带来真正的幸福,而是无穷无尽的苦。享乐主义使人们尽情地追求物质上的享受和肉体上的快乐,容易使人们陷入意志消沉、缺乏进取精神的状态之中。人们用一切手段进行享受,用一切办法刺激自己的感官,必然造成人们消耗大量的社会财富,使本来就已经很紧张的自然和社会资源更加紧张。那种以为通过助长享乐,就能刺激消费,搞活市场,拉动经济发展的想法是十分荒谬的,其做法无异于饮鸩止渴。玩物丧志,最终必然葬送已有的文明成果。

中华文化,是肯定人的物质生活的文化,是关注世间幸福、人际和谐的文化。这一文化以追求幸福为基点,其幸福当然包括物质的和精神的两个层面。即使追求独立甚至"超验"的精神幸福,也不排斥、否定、憎恶现实的物质生活。但是,中国道家的内核"天人合一",是一种宇宙论,是具有反馈功能的天人相通而"感应"的有机整体的宇宙图式,这一宇宙论的意义在于,它指出了人只有认识、遵循和顺应天地宇宙,才能获得活动的自由,才能使个体和社会保持其存在、变化与发展的良性循环。

西方带动了当代物质主义和消费主义,但是,当代中国的消费主义比起西方社会,有过之而无不及。文化和教育日益产业化、商业化和市场化,逐渐丧失

---

① 埃里希·弗洛姆:《占有还是生存》,关山译,北京:生活·读书·新知三联书店,1989 年版,第5—6 页。

文化和教育的本性。在市场经济的大潮中,对于当代中国文化和教育构成威胁的,正是虚无主义、技术主义、工具主义和物质主义。

（一）工具性价值的两种层次

1. 动物本能层次:个体图存与种族繁衍。

人和所有动物一样,有两大基本问题,即图存与繁衍。人的工具性价值首先是能够解决好这两大基本问题。人要追求更高层次的生活和生命质量,首先要解决好两大基本问题。人处在动物本能层次,即人按照人的生理的自然要求行事。这一境界中的人,浑浑噩噩地过日子,以近乎本能的状态行动着,生活纯朴而自然。照人之所以为人的标准说,动物本能层次不是人所应该有的唯一存在。处于这一层次的人,其主要矛盾,是如何处理好人与自然的关系,如何取得生活资料。人类的发展与自然的变化,是宇宙大生命行进中矛盾的两个方面的统一体。一方面,人的生存依赖自然,无一刻无一处不被自然所涵养;另一方面,自然力量作用于人类,促进了人的发展,人通过劳动改造自然,在改造自然的过程中学习,使人的天性(潜知潜能和群体属性)得到发展,所以纯粹意义上处于图存与繁衍的动物本能层次的人是很少的。这样的人是未开化的人,因为与宇宙大生命为一体的人类生命,天生地具有无限的发展可能性。所以,这一层次,是完整人生的逻辑起点而绝不是终点。如果一个人终生处于这一层次,就浪费了作为人的宝贵的潜能。

2. 社会性功利层次:如何向外"取得"?

所谓"功利"是为个人的功利。这里的"功利",包括"功名"和"利益"两个方面。从总体上看,这一层次的人的人生目的是个体利益的最大化,核心只有一个"取"字。但是,为实现这一目的,有时必须用"予"这种手段。有的人就是专靠"欲将取之,必先予之"这一套来达到自己的目的的。功利世界的人心态各异,所干的事也不尽相同,求名利的手段更是五花八门。但是,无论是求名的,还是逐利的,或者是求名利双收以成就一番事业的,他们的人生目的都是共同的,即利己。有的人"主观为自己,客观为别人";有的人利己不损人,有的人损人以利己;也有的人表面上损己以利人,骨子里却以利人为更利己之手段。

人实现社会性功利层次的工具性价值,尽管本质上是利己,但从客观上看,有利于社会生产力的发展。在主观上是不可取的,但在客观上并非于社会无益。社会上大多数人都处于功利层次。市场经济高速发展的中国,人们的物质生活水平有了极大的提高,而其社会性功利价值诉求并没有随着物质生活的富裕而减弱。例如,只要能赚钱,不是自己喜欢的专业也去读或毕业后从事自己不喜欢的职业,这就是社会功利层次的工具性价值取向。据了解,出于对本专业由衷的热爱而选择本专业的学生,在中国实在并不多。但在美国出现另一种现象:在美国大学里,大学教职竞争非常激烈。人文学科的助理教职的收入并不高,但就是这样的一个岗位,却往往会有数十个博士或博士后前往应聘。既然获得一个大学文科教职是如此困难,去公司就职既相对容易又能赚大钱,为什么在美国还是会有那么多人选择去读文科学位呢? 原来,在美国人看来,因为哲学、历史、文学与艺术等是自己由衷的爱好,既然爱好,就要选择它作为一生追求的方向,只有把工作与自己的爱好、特长结合起来,才能更好地实现生命性价值。在美国的大学里,还有不少教授愿意提前退休,用全部的精力用在自己选择的研究课题上。

在西方,许多人只关心自己的物质生活,但也确实有为数不少的人在追求物质之外的东西,例如读书、文学、探险、运动、音乐、舞蹈、旅行等,许多亿万富翁,不重视日常物质享受,生活十分朴素,比如他们会始终开一部普通的车子,钱赚得再多也不会想到买什么高级轿车。他们对于别人以何种方式生活,追求什么,物质生活得如何好,更是不在乎。

任何事物发展该有个度。如果一个社会乃至一个世界,都是物质利益至上,物质主义盛行,消费主义大行其道,我们的地球就不堪重负,诗意地栖居在大地上也只能是空想和幻想。

(二)"样子"的同质化:工具性价值的重要特征

工具性价值的多与少,不是由个人自己认定的,它是由社会来认定的,即社会对于人的工具性价值有着普遍一致的标准。这个标准就是所谓成功的标准。成功的含义,已约定俗成,通常就是指经济收入多、权力大、地位高、名望盛,或者颜值高、知名度高等,即人的工具性价值是用"外目标"与"外成功"的到达度来衡量的。评价的主体不是个人,评价的标准一元化、同质化。

人的工具性价值表现的是一个人的"样子"和"面子"。"鲁迅是最伟大的治疗中国的医生,是中国国民性的解剖家,他的手术刀、他的匕首,其力度无人可比。……鲁迅感到悲观和绝望的正是这种长期形成的根深蒂固的精神性格。他觉得中国人正是从'根'上出了问题,从基因上出了问题了。……中国除了制度问题外,还有一个文化问题,一个深层文化心理问题,这就是国民性问题。抓住了中国人爱面子的特点,就抓住了中国人的精神总纲,讲面子,就是虚荣,就是表面功夫,场面功夫,就是媚俗功夫。"①鲁迅所深刻揭露的民族劣根性,我们把它称之为样子文化,近一百年过去了,反思今日社会,鲁迅所批判的面子功夫有增无减,群众深恶痛绝的政绩面子工程、触目惊心的官场腐败案、民间婚嫁消费攀比愈演愈烈……其实,一切问题都出在价值观的倾斜上,人的工具性价值占据明显优势地位,人的生命性价值为物质利益所遮蔽。现在很少人读文史哲等所谓的"无用"书,是没有钱买书吗?是没有时间读书吗?都不是,其主要的原因还是我们普遍具有工具性价值取向,而且一元化、同质化程度严重。常见的现象是,当有非专业人士专注阅读文史哲方面的书籍时,身边的人会感到诧异,投以惊讶的目光。他们会把对纯粹属于人文领域的事物有兴趣的人看成异类,很自然地认为所有的人都理应与他们追求同样的价值,他们无法理解别人追求与其他人不同的人生目标与价值的行为。

有人认为中国人追求物质利益价值观,是由于中国人长期以来太穷了的原因。其实不然,许多已经十分富足的中国人,仍然把"外目标"与"外成功"看得很重,而对于生命性价值的追求看得很轻。

中国人的价值观分化程度低,"样子"的同质化程度高,因为它是可以由外人来做评价的,而评价标准具有普遍一致性。

(三)价值观发生巨大倾斜:输掉的将是整个世界

马克思曾明确指出:"我们看到……技术的胜利,似乎是以道德的败坏为代价换来的。随着人类日益控制自然,个人却似乎愈益成为别人的奴隶或自身卑劣行为的奴隶。甚至科学的纯洁光辉仿佛也只能在愚昧无知的黑暗背景上闪耀。我们的一切发现和进步,似乎结果是使物质力量具有理智生命,而人的生命则化为愚钝的物质力量。"②

1. 人为物役。

在工具价值理性的引导下,人类利用自己的聪明才智制造了机器,进而成为机器的奴隶而无法自拔。机器会产生"机心",即会导致人的异化。从异化劳动概念出发,马克思论述了人同自身、同他人、同自然的异化的思想。马克思认为,劳动在其原始的、非异化的形式中,即是"生命活动本身、生产活动本身",并进而明确指出,"自由的、有意识的活动"就是人类的特性。但是,在异化劳

---

① 刘再复:《人文十三步》,北京:中信出版社,2010年,第208页。
② 马克思、恩格斯:《马克思恩格斯选集》第12卷,北京:人民出版社,1965年,第102页。

动中,人的自由的、有意识的活动被歪曲成了异化的活动,因此,生命活动本身仅仅变成维持自己生存的手段。[①] 马克思不仅注意到了人同自己劳动产品的异化、同劳动的异化,而且还注意到人同自己的生命活动、同自身、同他人的异化。马克思指出:"因此,异化劳动导致如下结果:人的类本质——无论是自然界,还是他的精神的、类的能力——变成与人异类的本质,变成维持他的个人生存的手段。异化劳动把人自己的身体从人那里异化出去,就像把在他之外的自然界,把他的精神本质、他的人的本质异化出去一样。人从自己的劳动产品、自己的生命活动、自己的类的本质异化出去,这一事实所造成的直接结果就是:人从人那里异化。"[②] 21 世纪,经济一体化、技术数字化、人力资源国际化,极端的个人主义、存在主义等对中国文化心理结构产生了极大的冲击,精致的利己主义大行其道。刘再复说,今天的人,一半是机械,一半是动物。他认为 21 世纪"最根本的问题则是'文明与文化'的冲突,即器世界、物世界与情世界、心世界的冲突。因为物质形态的器世界是头脑的产物,而生命形态的情世界是心灵的产物,因此,二十一世纪的根本冲突也将是脑与心的冲突"[③]。

我们有太多的人没有搞清楚也不去想人生的目的是什么,其实,人生的根本,不是金钱财富,不是权力地位,不是功名利禄,更不是仅仅为了谋取一份好的职业。人的根本意义,是让自己的天性得到最大的发展,人生第一等事,就是"致良知",成为有美好心灵、有道德修养、有益于人类大众的人,成为帮助他人比得到他人或社会的帮助更多的人,成为生命性价值得到充分实现的人。

2. 教育成为博取功名的工具。

关于教育的概念众多,学界为弄清它们之间的异同而争论不休。国民教育、终身教育、继续教育、成人教育、社区教育、社会教育、高等教育、老年教育、远程教育、素质教育、职工教育、职业技术教育、学历教育与非学历教育,等等,不一而足。在我们看来,重要的不是搞清这些名词概念之间的差别异同,而是要搞清楚什么是"教育",最要紧的是搞清"教育"与"培训"的区别。

教育之"育"应该从尊重生命开始,使人有"面对一丛野菊花而怦然心动"的情怀,在于发现人的"善根"、发展人的善性。对人的尊重,最基本的是尊重生命的存在,知晓生命的不可重复性。人,不可无端地剥夺他者的生命,即使是非常低级的生命,当一个人对低级的生物或者动物随意践踏时,你能指望他尊重高

[①]　卡尔·马克思:《1844 年经济学哲学手稿》,刘丕坤译,北京:人民出版社,1979 年,第 48 页。

[②]　卡尔·马克思:《1844 年经济学哲学手稿》,刘丕坤译,北京:人民出版社,1979 年,第 54—55 页。

[③]　刘再复:《教育论语》,福州:福建教育出版社,2012 年,第 199 页。

级的生命吗？反之，当一个人充满了对小草、小鱼等弱小生命的关怀，那么对于人的生命，他能不尊重吗？

在暴风雨后的一个早晨，一个男人来到海边散步，他注意到，在沙滩的浅水洼里，有许多被暴风雨卷上来的小鱼。它们被困在浅水洼里，用不了多久，浅水洼里的水就会被沙吸干，被太阳蒸干，这些小鱼就会因干涸而死亡。他慢慢向前走，突然看见一个小男孩，走得很慢并不停地弯下腰，将小鱼从水洼里捡起，吃力地把它们扔进大海。终于，这个男人忍不住走了过去，对小孩说："水洼里有成千上万的鱼，你救不过来的。""我知道。""哦，那你为什么还扔，谁在乎呢？""这条鱼在乎！"小孩子一边说，一边捡起一条小鱼扔进大海。

《中庸》说："修道之谓教。"生命的自然的禀赋本来是干净的、纯洁的、善良的、无私的。但是，人往往不可能达到这一境界，因为后天社会的教育和影响，使人的心思龌龊了、心灵肮脏了、行为扭曲了。要把它纠正过来，就要修行，修正自己的行为，把它改过来，所以"修道之谓教"。这个"教"不是宗教的教，是教育的教。"教"，在古人的解释中，也是"学"和"教化"的意思，人同一切众生、一切禽兽不一样，是因为人有思想。把人经过社会的浸染而形成的恶习修正和改过来，这才是教育的目的。教育存在于人生的全过程，教育离开了人的丰富多样的现实生活就不成其为教育。教育该是人的生活方式，在生活的过程中可以不断修正错误，改正缺点，才能发展教育的潜能。从这个意义上说，教育的过程也是目的。从这个意义上说，为了应付考试的教育，离本真的教育相去甚远。

真善美总是一致地蕴含在人的天性之中。教育的目的，就是使人的人性得以自觉彰显。一位曾在第二次世界大战期间的德国纳粹集中营中遭受过非人折磨的幸存者，战后辗转到美国，做了一所学校的校长。每当新教师来到学校，他都会交给新教师一封信，信中这样写道："亲爱的老师，我是一名纳粹集中营的幸存者，我亲眼看到了人类不应当见到的情境：毒气室由学有专长的工程师建造；儿童被学识渊博的医生毒死；幼儿被训练有素的护士杀害；妇女和婴儿被受到高中或大学教育的士兵枪杀。看到这一切，我疑惑了：教育究竟是为了什么？我的请求是：请你帮助学生成长为具有人性的人。你们的努力决不应当被用于创造学识渊博的怪物，多才多艺的变态狂，受过高等教育的屠夫。只有在使我们的孩子具有人性的情况下，读、写、算的能力才有意义。"①

考察现今教育制度安排，无论教育的名称如何繁多奇异，都有一个共性，那

① 许锡良：《集中营幸存者给老师的信》，《人事天地》2007 年第 1 期。

就是教育与生活脱节,与人的生命成长过程分离。教育被视为改变人的命运的工具,教育的过程成为竞争和选拔的过程,教育成为优势地位和稀缺资源分配的代理机制,其实,教育已经沦为博取名利地位的工具,离教育的真谛很遥远,倒是与技能"培训"无异。

许多培训,其过程与目的是分离的。培训能开发人力资源,培训能让人变得聪明、精明,培训能有高的效率,培训能让人在各种类型的大赛中获奖,培训能增加 GDP,等等。总之,培训能帮助人更多地实现工具性价值,与实现人的生命性价值没有必然联系。一个没有受过"系统教育",但具有开放思维、专注品质的人,往往会悟到事物的真谛和人生的意义。

许多人疑惑不解,成人教育和社区教育为何不受重视?其实原因并不难找到,只是许多人不愿意说出来。一是现行的成人教育与社区教育,并不是真正意义上的成人教育和社区教育;二是即便一些地区和一些人所践行的是"真正的成人教育""真正的社区教育",但是,越是真正的成人教育和社区教育,就越不能实现人的工具性价值,就越能使更多人实现其生命性价值,在一个"工具理性"大行其道的大环境下,不被重视是常态。

3.钢筋水泥森林:精神荒芜化终将导致世界城市的终结。

人具有人性。正常人的本性,可以用"人性善"或"人性清明"来肯定表达。然而,当今之世,人性中的灵性良知、善性良心,迷蒙在物欲横流的烟雨云雾之中而不自明。

当今世界各国都在追逐现代化,然而,由高楼大厦形成的钢筋水泥森林并不等于现代化。如果活动在城市中的人,不是拥有灵魂活力和人格尊严的人,而是被机器和商品所征服的人,人离开"本真的人"越来越远,这样的现代化又有什么意义呢?

看不见的城市病,是人际疏离感增强,归属感缺失,归根感消失,共同体生活被原子化生存状态所取代。也许对人来说,它是隐性的,也是慢性的,却是可怕的。人是自然的一部分,人是不能与土地分离的,人是需要有根的。现代大都市让人变成水上浮萍、空中浮尘,难有心灵的故乡。

看得见的和看不见的城市病,由人的工具性和城市的本质决定。城市,是由无机物无限堆积的过程,石化,意味着有机生长的终结。"此种石料的堆积便是绝对的城市。它的影像,正如同它在人类眼前的光的世界中显出其极尽美丽之能事那样,内中包含了确定性的已成事物(thing-become)的所有崇高的死亡象征。哥特式建筑中渗透着精神的石料,通过一千年风格演化的过程,已经变成了这样一种没有心灵、恶魔性质的石的荒野。"①繁荣的乡村是本身独立的存在,石化的城市是非独立的存在。乡村是城市的血液,城市却贪得无厌,正如斯宾格勒说的:"很久以前,是乡村孕育了乡村市镇,用她自己最好的血液哺育了它。现在,巨大的城市将乡村吸吮得干干净净、毫不知足、永无止境地要求并且吞咽新的人流,直到它在几乎无人居住的乡村的荒地中变得筋疲力尽直到死去时为止。"

从农村来到城市里的农民,不愿意回到乡村,依恋大城市的毛病掩盖了思乡病。他们的内心中已经失去乡村。城市由此变得大而拥挤,许多外来务工人员成为新市民,与原来的城市人一起,坐进追求物质生活丰富的高速行驶的列车。《群众与权力》的作者埃利亚斯·卡内蒂说:"人们喜欢一起逃跑,因为这是最好的逃跑方式。他们感受到同样的兴奋,一些人的活力和另一些人的活力会互相促进,人们推动着彼此朝同一个方向跑,所以当人们一起跑时,他们就会觉得危险被分散了。"这也许就是当今天社会,人类一起沿着人工智能铺好的绚丽的"物质"道路向前飞奔时,竟然会毫无恐惧而满心欢喜的原因。

人的工具性价值的单向无限膨胀,会使世界性城市越来越大,随着有机的、繁荣的、独立的、与自然合一的乡村的消失,必然最终使人类走向终结。我们很多人的确已经认识到,物质主义造成了自然资源的匮乏,会遭到大自然的报复。然而,先知型哲学家斯宾格勒的分析,让我们看到了问题的根本所在,想起先生的这段话时,我们总感到心惊肉跳。他说:"然而这种发展中的不幸、强迫甚至明晰的看得到的疯狂情形全无法抵消这类恶魔性质的创造物的巨大吸引力。宿命的轮子必然要转到它的终点;城市的诞生自始就注定了它的灭亡。开始与终结,一所农民的茅舍与一幢公寓之间的关系及心灵与才智、血与石之间的联系是相同的。"②人,是自然中一分子,人来自于自然,又回归到自然。人是注定不能离开土地的,城市却一定会使人离土地越来越远。离开了土地的人们失去了血统血脉之根。我们的祖先牢牢地抓住土地,以其血统让自己依附在土地上,"他作为祖先的后代与未来后代的祖先,深深地扎根在土地上。其房屋,其财产,在此并非意味着人与物在短暂的若干年内的暂时联系,而是意味着永恒的土地与永恒的血统的一种持久的内在的联系"③。当人们住进城市,远离了土地,真正意义上乡村的消失,城市也必然走向终结:"这便是城市历史的终结,由

---

① 奥斯瓦尔德·斯宾格勒:《西方的没落》,上海:上海三联书店,2015年,第84页。

② 奥斯瓦尔德·斯宾格勒:《西方的没落》,上海:上海三联书店,2015年,第86页。

③ 奥斯瓦尔德·斯宾格勒:《西方的没落》,上海:上海三联书店,2015年,第88页。

原始的以物换物的中心发展为文化城市,最终发展成为世界城市,它首先是为了其壮丽的进化的需要,牺牲了它的创造者的血液与心灵,紧接着为了文明的精神而牺牲了这种生长的最后隆盛时期——如此命中注定地走向最终的自我毁灭。"

为什么星际空间中有众多可能产生生命的星球,其中很多比地球的年龄还大,我们却仍然没有发现人类之外的任何文明?早在 20 世纪 50 年代,牛津大学人类未来研究院院长、哲学家尼克·博斯特罗姆给出了这样的猜测:或许其他的文明并不是没有出现过,而是已经在成熟之后终结,而将那些文明引向成熟并导致其终结的正是科技的发展。

人工智能已经把很多年前的科幻变成了现实。很多年前,美国就有这样的构想,制造工厂里只有一人一狗和一堆干活多快好省的机器,人的任务是喂狗,狗的任务是挡着人不让他去干扰机器,而机器的任务是完成剩下的所有工作。那些不用干活的制造业的工人是不是过上了幸福生活呢?

价值观的倾斜,自然主义式微,物质主义甚嚣尘上,人们通过制造机器来征服自然,当人异化自身成为工具之后,人与机器同义,并与之合作与博弈。在与机器的博弈中,人类赢得的是细枝末节的胜利,输掉的却可能是整个世界。哲学家海德格尔说:地球变成了一颗"迷失的星球",而人则被"从大地上连根拔起",失去了自己的精神家园。阿尔贝特·史怀泽医生说:"我们的灾难在于:它的物质发展过分地超过了它的精神发展……它们之间的平衡被破坏了。""在不可缺少强有力的精神文化的地方,我们则荒废了它。"系统论创始人、生物学家贝塔朗菲说:"简而言之,我们已经征服了世界,但是却在征途中的某个地方失去了灵魂。"[①]

价值观的巨大倾斜,人为物役,人远离了其本真状态,对生命本真本然的回归与守持更难了。

二、人的生命性价值

墨西哥有一则寓言:"一群人急匆匆地赶路,突然,一个人停了下来。旁边的人很奇怪:为什么不走了?停下的人一笑:走得太快了,灵魂落在后面了,我要等等它。"

人生只有一次,生命无法再来。时间在不停地流逝,时间内的事物不可能

---

① 冯·贝塔朗菲、A·拉威奥莱特:《人的系统观》,张志伟译,北京:华夏出版社,1989 年,第 19 页。

长久,必将随着时间的流逝而消亡。在时间内的消亡,是所有事物的宿命。正如俄罗斯一首小诗《短》所说的,人生很短,在时间的长河里,只是一个瞬间:

> 一天很短,
> 短得来不及拥抱清晨,
> 就已经手握黄昏!
>
> 一年很短,
> 短得来不及细品初春的殷红豆绿,
> 就要打点素裹秋霜!
>
> 一生很短,
> 短得来不及享用美好年华,
> 就已经身处迟暮!
>
> 总是经过得太快,
> 领悟得太晚,
> 所以我们要学会珍惜,
> 珍惜人生路上的亲情、友情、爱情;
> 因为一旦擦身而过,也许永不邂逅!
> 且活且感恩,且行且珍惜!

走着走着,我们常常忘记当初为何出发。在一直忙碌的生活中,我们的双眼常常迷茫,我们到底要的是什么样的人生?我们需要的是一双澄澈的眼睛,能看清世界,更能看清自己。纳兰性德说"人生若只如初见",每个人都有其初心。"世界上唯一有价值的东西,便是有活力的灵魂。"(爱默生)生命的本相,不在表层(样子),而有深沉幽远的内里(味道)。

(一)人生的第一要义:生命性价值的实现

人的生命性价值,是由人的本质意志决定的,通过过程与目的相统一的向内用力,以获得生命内在心性的完善、潜能的实现和归属感的提升,从而使人具有属于自己的生命"味道"。

人的生命性价值有三个方面的内涵,即保持心灵的自由和心性的澄明与自觉;潜能的实现;生命安全感与归属感的享有。当这三个方面都能较好地得到实现,人便有了良好的生命性价值。人活出味道来,活出诗意来,我们称之为人的生命性价值的实现。不同的人,因为学习力和现实条件的不同,生命性价值实现的程度各不相同。

第一,人的心性(本原知识)是宇宙间一种形而上的真实存在,它是与天地自然融为一体的,是至尊至贵的人性的构成要素,是人具有活力的生命基质。人的心性澄明,是生命个体的内在需要,心性澄明的过程是个体实现生命性价值的过程。人在理性(基于选择意志的适应社会所形成的意志和观念)之外,具有生命的本原、情绪的冲动和心灵的直觉。这一点,康德的认识论哲学和李泽厚的唯物主义哲学是不同的,他认为,人的精神文化生活是对付外部世界的"理性工具",是"适应"而不是创造。为此,以狄尔森为代表的生命哲学家提出了严正的批评。"理智之网"已经使"人的血管里的鲜血被稀释了",只剩下了"纯粹理性的汁液",它不能把握人类丰富、鲜活的精神文化生活。

第二,人带着无量的潜能来到这个世界,发现并实现人的潜能是实现人的生命性价值的题中应有之义。

生命性价值,即生命的意义,在很大程度上取决于实现人的潜知潜能的可能性上。实现个人的潜在的一切,对人来说是有意义,也是最愉快的事。其前提是发现自己的潜能到底在哪里,然后是尽力地实现这些潜能,只有当自己的潜能得到了充分的实现,我们才算是找到了生命的意义所在。每个人都是伟大与高明的,这是人与生俱来的,是人本来就有的伟大与高明。人的生命的意义,就在于"自觉地尽力去生活",将这种伟大发挥出来,把这种高明表现出来。因为,这种伟大与高明都是潜在的,不会自然而然地伟大与高明,而是"能够伟大"和"能够高明","如果你不去努力做,不去发挥扩充,谁也无可奈何:不过是你自己把自己的可能性落到小处,你湮没自己罢了。"(梁漱溟语)

第三,享有安全感与归属感,是实现人的生命性价值的要义之一。生命成长离不开志同道合的他者的存在,哲学家伊壁鸠鲁揭示快乐的三要素,第一就是"朋友"(还有自由和思想)。当然,这里的朋友,不是利益结盟的对象,而是心灵相契的挚友。

人生的意味最忌的是浅薄,一个活出真我的人生是"有味"的诗意人生。生命是诗意的源泉,一个人实现了生命性价值,就是诗意的人生。一个诗意的人生,是有生命尊严和生命活力、自由精神和创造激情的,它与学历、资历、财富、权位无关。当负载诗意人生的生命主体变得势利心十足、奴性十足、功利心十足时,这样的人生将失去心性的光辉而黯淡。

孔子说："君子不器。"(《论语·为政》)意思是,作为君子,不能囿于一技之长,不能只求学到一两门或多门手艺,不能只求职业发财致富,而当"志于道",从万象纷呈的世界里边,去悟到冥冥天道与人道,从而以不变应万变。在孔子看来,只有悟到天道与本心为一,才有驾驭各种复杂事件的能力,才能担当修身、齐家、治国、平天下的重任。即便讲应用,也是强调以不变应万变!不应该把就业、职业、技术抬到不应有的高度,轻视人文,忽视天道,缺乏信仰。器,即工具,其原意是用来盛放物品的容器。笔者从两个层面上发展了孔子"君子不器"的思想。一是我们认为君子的本质是人,不是工具。孔子的"君子不器"的器,是与"道"相对的概念,是术,是技。当时,他只是反对所谓"有用的"技能性的东西,形而下的"器",他认识到,器尽管有用,但不足取,君子不要做那些具体的小的事情,有比"器"更重要的东西,是形而上的道。但他还没有意识到人会成为名、权、利的工具。我们的主张是,人不应当作为工具来生存,来活着。从生存生命的状态上说,人不能成为工具。要按人的本性所蕴含的可能性去发展,实现人的生命性价值,而不能成为社会工具或个人博取名利的工具,不能仅仅停留在人的工具性价值的层面上。二是我们认为,不仅君子不器,每个人都可以"成己达人",每一个人如果实现"人之为人",就不会成为工具。在我们看来,生活在社区学习共同体中的草根平民,比地位、名望高的人更能成为人而不成为工具。

每一个生活在现实社会中的人,都有吃喝玩乐的需求,正常地满足这些需求,无可厚非。但是,如果我们仅仅满足于这一面,那么,我们过的只不过是高级动物的生活。人,是可以跳出这一面的,跳出物质的牵制,跳出财富、功名、权力、色欲的限制,尽管很难,社会为阻止人们跳出这些牵制和限制,布满了陷阱和障碍,但是,如果想做一个真正的人,一个诗意地栖居在大地上的人,就必须努力克服"本能"中的"恶"和社会生活带来的"习气",澄明心性,努力实现其生命性价值。

我们清楚地看到,现代化加快人的工具性。现代的器,已高度发达了,人们努力地制造"器",想从繁重的体力劳动中解放出来,结果人成为机器。一切都往自动化方向发展,万能的机械人,正有取代人的劳动之势。人被机器代替了,看起来好像解放出来了。但当人离不开机器时,人就被机器奴役了。现在没有电不能生活,没有电脑不能工作,没有手机人将六神无主。现代人,凡是能被机器代替的事,人们都不屑去做,凡是能用电脑、网络去做的,年轻人不会自己去做。由机器解放出来时间,再去与机器对话,沉迷网游的人越来越多了,人的身体变差了。因为机械而节约出来时间，却被机械所绑架，人成为工具。

孔子一生践行"明知不可为而为之"的人生奋斗哲学，要通过"为官"帮助贵族治国安邦。但他作为一个伟大的教育家和思想家，他的终极关怀是人的生命性价值的实现，在他看来，强兵、富国、文明建设都只是手段，人的幸福和人的生命性价值的实现才是目的。

孔子说，平时你们老说，你们有才能，别人没发现，假如真的有人看中了你们，请你们做官，你们打算干点什么呢？子路第一个发言，他脱口就说，我志在治理大国，而且最好是夹处于大国之间，既有强兵压境，又有饥荒困扰，三年之内，教民习战，使他们勇敢，知道怎么对付敌人。孔子嘲笑他。接着问冉有，冉有说，我只配治理小国，三年之内，使老百姓丰衣足食，但礼乐之事，我不行，还得另请高明。然后问公西赤，公西赤年龄最小，说话更谦虚。他说，我可不敢说自己能干什么，只敢说自己想学什么。我想把礼乐学好，将来在宗庙祭祀或诸侯会同的场合，穿戴整齐，当个地位较低的小司仪。

孔子在问了子路、冉有、公西赤三人打算后问正在弹琴的曾皙。曾皙在旁边伴奏，轮到问他，"铿"的一声停下来，把琴一推，站起来回答说，我和前面几位的高见都不一样，我想的是，暮春时节，春暖花开，换上单衣，约上二十岁的小伙子五六个，十几岁的孩子六七个，十几人一块儿，到城南的沂水中洗澡，洗完澡，再到河边的舞雩台上吹风，在和煦的春风中唱歌，兴尽而归。孔子说，他最欣赏曾皙的想法。（《论语·先进》）

孔子强调人各有志，强兵、富国的硬道理要讲，精神文明的软道理也需要，但前三位讲的治国安邦，最后都应该落实到人的幸福上来，落实到人的潜能发展和心性的澄明上来，即落实到人的生命性价值上来。真实的孔子，是伟大的和可爱的人。他的伟大之处在于他永怀高远理想，永远脚踏实地追寻理想，明知不可为而为之；他的可亲可爱之处在于，他是充满矛盾的真实的人，他很苦闷，他是在与自身的内在矛盾冲突与调适中成长发展的。孔子最欣赏曾皙，表明他的内心深处，对人的生命性价值认识得很清楚，也是他的人生终极目标，但是他不能完全做到，于是他"累累若丧家之狗"。

爱因斯坦活出了真正的生命性价值。他的心中永远燃烧着为全人类造福的信念，把全部的智慧用在探索未知世界的秘密，他的成就让整个世界为之倾倒。然而他却把自己看作大自然的一个极微小的部分，看成了"一星半点的尘埃"。他到处逃避崇拜，像逃避瘟疫。他感恩社会，说他不为某个集团献身，他是属于全人类的。社会上的一切贫穷与屈辱，都无穷地折磨着他的灵魂，面对旧中国衣食无着的百姓,他泪流满面。他甚至上台拉着小提琴为贫穷的人们募捐救济款,从他的身上明明看到的是孩子般的天真、纯朴、憨厚。

(二)"味道"的个性化:生命性价值的重要特征

动物之间的差别是巨大的,如虎的猛性、老鼠的怯性、猪的蠢性,但那都是动物本能的差异。人与人之间的差别不在于作为动物的本能的差异,而在于人心与人性——人的生命性价值的实现程度,在于人的可能性的实现程度。许多人在选择职业时,常常首先考虑的是稳定的收入与舒适的环境,而不太愿意去面对那些有挑战性而又符合自身特长发展的环境。缺乏源于"初心"的动力的工作与生活,当然会埋没人的天生的无限的潜能。

近代以来,西方自然科学与社会科学发展迅速,中国的自然科学与社会科学也有长足的发展,然而,生命科学即人学,并没有得到重视和得到发展。其原因,我们认为,是因为研究从问题中来,而人类的核心问题似乎是——作为动物的生存——如何对外求食,对外防敌,如何征服自然,如何抵御或侵略外族。实际上,比自然科学和社会科学更重要的是生命学,即人生问题和人心问题——人为什么活? 怎样的人生才是有意义的?

"世界是微不足道的,人是一切。"在爱默生看来,物质世界虽然庞大,但只有人才是根本。这里的人,不只是"群体的一员",没有真实姓名而只有符号的人。他说:"一个人如果不算作一个单位,不被当作一个特征,没有产生每一个天生应该结出的特殊的果实,而是被大体上、成千论万地以我们所属的党派、地区来看待,以地理的区分来判断我们的意见,把我们称为北方的或南方的,难道这不是天下最大的耻辱吗?"人具有内在领域和外在领域。真实自由的我的内在领域,是独一无二的,是不可被代表的。角色化的外在领域,具有类型化和同质化的特点,不过是社会的一个符号,常常可以被他者所代表,因为它体现的是人的工具性价值部分。

世上有味之事,常常是无用之事,如诗词歌赋、哲学文学、游历观光等,吟无用之诗,读无用之书,写无用之字,钟无用之情,走无用之路,醉无用之酒,终会成无用之人,这样的人却因此活得有滋有味。巴西贫民窟的人,因为有自己喜欢的桑巴和足球而让贫困的生活有滋有味。贫民窟的生活很轻松惬意。居民幸福指数排名全球第 16 位。在巴西,贫民窟已成为外界对其的一项标准认知。然而,与外界对其的"恐怖—恐惧"认知相反,生活在这里的人们并没有因为外界的眼光而自暴自弃,而是更加积极乐观地生活,尽力做自己喜欢做的事情。

在 2016 年 8 月 7 日举办的里约第 31 届奥运会开幕式中专门设计了一个"来自贫民窟的声音"的环节,很多人可能不甚理解,巴西为什么会向全世界展示出这么"负面黑暗"的形象。据巴西政府早前统计,600 多万巴西低收入家庭生活在4000 多个贫民窟中,他们主要集中在巴西的两个大城市——圣保罗和里约热内卢。由于在城里打工的低收入阶层无法承担过高的房价和生活费,大多数选择在贫民窟安家,他们买不起也住不起商品房,所以靠自己动手"多快好省"地建设起这些非法住所,此类现象频繁出现在城市郊区或者城区的公共区域中。据在巴西孔子学院工作的乔建珍介绍,虽然贫民窟是穷苦百姓居住的地方,但其中大多数居民都是普通的善良百姓。在相关媒体的报道中,居住多年的华人也认为贫民窟才是里约最安全的地方。在里约有 200 多万人居住在超过 700 个贫民区里,马拉卡纳体育场旁边几百米就有一个贫民区。尽管生活贫困,但这里的人们丝毫没有失去对生活的热情,对未来也充满着希望。

幸福感很重要,但幸福感既不是富裕,也不是共同的平均的富裕。一个好的社会或者说一个幸福的社会,是一个社会生态良好的社会,这个生态核心,是平等。这个平等,是人格的平等,绝不是经济地位的平等平均。企图通过经济的平等平均来实现幸福,是永远的幻想。原始森林,一个好的自然生态,有大树有小树,有的树木靠阳面,有的背阳面,但它们都各安其位,各得其所。一个好的社会生态,必定也是"天地位焉,万物育焉(天地各得其位,万物自然发育)"(《礼记·中庸》)。一个社会中的每个人都能"各安其所"(安于在生态位上的位置),各遂其生,按照每个人不同的可能性去做最好的发展,这个社会,就不是坏的社会,社会治理的水平也是高的。"夫和实生物,同则不继"(《国语·郑语》),古人认为相异相反才能产生和谐,完全相同就单调了,比如五音和弦才为音乐,同一个音符则使人烦躁。饭菜,五味调和才好吃,天天大鱼大肉或其他任何单一食物,都会让人生厌。孔子也说过"君子和而不同,小人同而不和"的话。一个没有平等观念的社会,人心不平,必然是物质的暴力的社会,当你的"样子"不是最好时,你就浑身难受。你虽然很有钱,但你没有更多的钱(与人比),你也很难受。不平心是最不好的,巴西人的幸福,在于心平。一方面是喜欢桑巴和足球等,另一方面,他们各安其位,各得其所。他们并不忌讳自己来自贫民窟(自不待言的是有基本的生活保障)。把贫困的贫改成平等的平,更能反映大部分贫民区的面貌和特色。这里是很多艺术家的诞生地,很多体育界、艺术界的名人也是从里约的贫民区里走出来的。在这座城市里,有人收入高,有人收入很低。但是有了体育,有了艺术,有了桑巴,他们就拥有了新的平等,"有钱没钱,跳舞过年"。

三、生命性价值与工具性价值的关系及相关问题分析

（一）生命性价值与工具性价值的关系

1. 生命性价值与工具性价值的基本分野：天良、性情和好恶。

人带着各种潜能来到世界上。实现人的潜能是人的天性。生命性价值与工具性价值中都包含着人的潜能的实现，同是发展潜能，对人影响是不一样的。以奥运金牌为例，同样是一块金牌，获得金牌的过程和获得金牌后对人的影响是不同的。有这么一些金牌得主，没有把获得金牌作为运动的目的，完全是基于对于某项运动的热爱，运动的过程是他的目的，获奖只是副产品，获奖后依然爱他的运动。但也有一些运动员，以走上领奖台和获奖后的高回报为目的，运动项目并非他（她）的热爱，获奖前的训练过程是痛苦的，获奖后即结束本项运动。一个是把实现潜能作为目的，一个是把实现潜能作为手段，以此达到为个人谋利的目的。

根据学习目的的不同，我们可以把学习分为两大类，一类学习是为了求生存，求发展，求物，求利，求名，追求的是术和器，而在这个过程中，学习的目的和手段可能是矛盾的，不一致的；还有一类学习，是为了生命成长，是求静，求安，求真，追求生命成长即生命质量的提升，这样的学习，目的与手段是一致的。在社区学习共同体中学习，最大的特点，就是目的与手段、目的与过程是一致的。

在工具理性指导下，人的潜能也是能很好地开发的，也是能创作出许多好的文学作品和取得科学上的发明创造的。但是，最伟大的科学家，一定不是在工具理性优于价值理性的人。同样，真正对人类有价值的伟大的文学作品，都是生长于创作者的无意识心理之中的，是由人的本质意志决定的。此类文学为数不多，是人类文学库藏中稀有的瑰宝。曹雪芹的《红楼梦》、陶渊明的《桃花源记》和沈从文的《边城》当之无愧。因为他们的写作，是本心的透露、真情的流露，实现的是生命性价值。

人具有实现个人和社会的工具性价值的能力，更有实现生命性价值、本质意志和"心性"的可能。身心健康通达之时，是工具手段居于从属地位，而生命本性"良知"居于主导地位。反之，人会出现恶劣行为，做出不道德的事。德性良知等与生俱来，为何道德稀缺或堕落日盛？因为人类的大脑发达聪明，日益成为"精致的利己主义者"。本来人的动物性本能的减损，为生命性价值的实现留

出了空白活动地带，生命成长的可能性更大了，但是，人类常常"搁置"和浪费这种可能性。

人类社会与时俱进，更多的是基于选择意志的"理智"，更多的是工具性价值的体现。章太炎在《俱分进化论》中说，世间乐在进，苦亦在进；善在进，恶亦在进。人的工具性价值与生命性价值同时存在和发展，但两者会显现出此消彼长的势态。人用于发展"理智"，取得自然资源和社会地位等工具性价值上花去的时间和精力愈多，那么，用于向内用力、增进灵魂高度的时间和精力就越少。

现实生活中，我们很难分辨人的行为是否实现了生命性价值，也不能简单地把"绩效""效用"作为判断工具性价值的标准，因为许多行为是以实现生命性价值为目标的，但它会产生社会性功利的效果。这一效果是它的副产品。我们以为，实现生命性价值的行为有其基本的底线，那就是：一是不违背天良，二是不违背人的性情（人的禀性和气质），三是不违背人的好恶（对事物爱憎的情感）。也就是说，如果我们的行为，违背了与天道合一的"本己本质"和个人的本真的性情以及对事物的爱憎情感，尽管有好的动机或好的绩效，并不是实现生命性价值，而只是工具性价值的体现。

2. 有限与无限。

生命性价值和工具性价值不是并列平行的两条线的关系，可以理解为井口与井里的水的关系。工具性价值是大小不一的井口，是可以由他人或社会目测的或丈量的。井口可以大，也可以很美观，但井口的大是有限的。生命性价值是井里的水，可以很浅，也可以很深。

生命性价值不是工具性价值发展到一定程度的必然产物。

人的工具性价值是生存哲学，急功近利是其特征；人的生命性价值是存在哲学，宁静致远是其特征。工具性价值是有限的，对应的"身"的问题，只要是正常人，都会有工具性价值，只是大小不同；个人的生命与宇宙的大生命联系在一起，是无限的。人的心性和生命性价值是宇宙生命本原的大透露。人身有限，而心体无限。宋代儒家学者邵康节说"身在天地后，心在天地先"；明代儒家学者湛甘泉说"心也者，包乎天地外，而贯乎天地万物之中者也"，意思是"身在心中"。心与宇宙生命同义。《论语》说："不怨天，不尤人。下学而上达，知我者其天乎！"人是宇宙生命的唯一承载者，"上达"就是上达宇宙生命本原。工具性价值体现的是人对外的理性逐求，生命性价值体现的是人对内的天性明见，生命性价值实现的是自觉自在状态，达到这一状态，是需要努力尽心的，也并不排斥创造欲、事业欲的满足。人当达到自我实现峰值的时候，其对人类和这个世界的贡献往往也达到峰值。所以,并不是每一个人都能实现生命性价值的。

3. 不同评价主体。

人的工具性价值标准是社会性的,其内容无非是名、权、利等外在东西,评价的主体是他人,是社会权力框架,与世俗的色与相相连。贾宝玉在绝大多数人看来,毫无价值,不走上"致仕"之路,"迂想痴情",必须"浪子回头"。人的生命性价值的标准,是个人的,是千差万别的,评价的主体是"己"。贾宝玉选择了一种与常人不同的生活方式,他拒绝把自己只有一回的生命交付给世俗社会,拒绝让自己的身体、语言、行为、灵魂进入社会评价体系。对于活着时什么才有意义,什么才叫"好",他只交给自己来评判或让女儿国的少女们来评判。贾宝玉选择了一种生命自然状态,一种至真、至柔、至纯、至朴的状态,追求诗意地栖居的境界,选择一条保持少年时的本真本然、拒绝社会名利场的心性澄明之路,按其生命的本真本然与天地万物相容相契。

人的工具性价值用成功程度来衡量(成功本身不是人的目的),人的生命性价值用幸福感来表现(幸福是人的目的)。

4. 实现的环境不同,对人类世界发展的影响不一样。

工具性价值在社会中更能实现,通常市场经济越发达的社会,实现工具性价值的可能性更大。但是经济的全球化和城市化运动,对人类也许是一场不可遏制的灾难,导致强者更强,富者更富,大者更大,弱者更弱,贫富差距更大。市场经济为我国摆脱贫困,走向全面小康,发挥了无法替代的作用,但我们也清楚地看到,人的最重要的素养——人文和艺术等方面的素养,并没有随着人均受教育年限大幅度提高而提高。

生命性价值更适合在共同体中实现,共同体是一种范式(社会是一个标准),纯而又纯的共同体是不存在的,共同体中有社会,社会中有共同体。大城市里很难找到共同体。市场经济发达的社会,为部分人生命性价值的实现提供了较好的物质基础,也因为工具理性大行其道,让许多的人不能实现其生命性价值。

生命性价值的实现,对人类世界是积极正向的影响,每个人的生命成长,使人类的生命世界更精彩,因为个体生命与宇宙大生命是一致的。但是工具性价值的过度实现,对人类世界会产生负面的影响和作用。做了 15 年赔本生意的台湾诚品书店老板吴清友①说："过度精明地取得利益是一种掠夺。商业认为你的 KPI 好，经营效益好，从人文观点来说，实质是在衍生成强弱贫富。"生命性价值观让人的心性得到澄明，人类世界变得更加清明。工具性价值观会导致心性被蒙蔽，世界进入混浊和竞争状态。前一个是人性的回归，后一个是远离人的本真本原，离"诗意地栖居"的人类美好境界越走越远。

人的工具性价值随文明发展、生产力发展而提高，人的生命性价值却随着文化衰落而减弱。

长期的研究表明，活跃在社区学习共同体的居民，"成功人士"并不多，而生活在底层的广大普通民众，更愿意参与社区学习共同体，他们在这里，生命得以成长，生活更幸福，家庭也更和美。我们站在伟人的肩膀上，发现并惊叹于草根之"美"和平民之乐。刘再复对于工具理性的批判和对于价值理性的张扬极其深刻，他发现了物质主义和消费主义对中华传统文化根基的致命伤害，如果他发现小康社会背景下，最普通的民众的生存智慧和生命成长路径，他一定会惊喜不已。在我们看来，所谓"社会不成功者"（许多知识分子、许多职场正直人士）和永远也"长不大"的难改天真状态的平民（有的是知识分子，有的目不识丁），因为更能实现其生命性价值，而对人类世界发展产生更多的正面影响。当然，处于社会底层的"社会不成功者"群体中，也有文野之分、俗雅之别。

（二）妇女常常会有更多的生命性价值

中国的儒家文化中最显著的糟粕是没有把女人当"人"。

武王曰："予有乱臣十人。"孔子曰："才难，不其然乎？唐虞之际，于斯为盛。有妇人焉，九人而已。三分天下有其二，以服事殷。周之德，其可谓至德也已矣。"（《论语·泰伯》）当周武王说他有十位能人时，孔子说："人才难得，不是这样的吗？从尧、舜到这时是最为兴旺的了，十人之中，还有妇女，所以只能算九人。"孔子为轻蔑妇女开了先河，二千年来，中国妇女在男权社会中只能是局外人或多余的人，或根本就不算人。汉初的董仲舒把孔子的思想理论化，把《易经》中的阴阳互补哲学改变为阴阳尊卑哲学，形成了男尊女卑的伦理学，在他的理论体系下，妇女成为男人的附属物是天经地义的。东汉章帝建初四年（公元

---

① 吴清友：患有先天性心血管疾病，曾经历了三次心脏手术。2010 年，到他经营的诚品书店看书的人超过 1 亿人次。2013 年，诚品书店营收 130 亿元台币，会员 98 万。他曾说："诚品书店不是商学院的好案例，却是我对生命的一种创作和探索。我不是一个笨人，但我不想做太容易的事情，而是要做自己认为有兴趣、有意义，或者做一些从来没有人用这种方式做的事情。"

79 年)的《白虎通义·三纲六纪》将"君为臣纲,父为子纲,夫为妻纲",作为妇女必须遵守的规范,到此,女人是准确意义上的男人的奴隶。

胡适高度评价 19 世纪初的《镜花缘》作者李汝珍:

> 三千年的历史上,没有一个人曾大胆地提出妇女问题的各个方面来做公平的讨论。直到十九世纪的初年,才出了这个多才多艺的李汝珍,费了十几年的精力来提出这个极大的问题。……他的女儿国一大段,将来一定要成为世界女权史上一篇永远不朽的大文。他对女子贞操,女子教育,女子选举等等问题的见解,将来一定会在中国女权史上,占一个很光荣的位置。①

康有为的伟大之处,在于他的《大同书》首先是妇女解放的宣言书。他认为宋代儒学对中国妇女的悲惨命运负有不可推卸的责任,对中国数千年压迫妇女的道德专制进行了揭露。

新文化运动的先驱者们能够看穿统治中国二千多年的思想权威的根本缺陷,为中国人民的身心解放打开了第一个缺口。"在五四新文化运动中,胡适、陈独秀、鲁迅、周作人等高举妇女解放的旗帜,把男女平等的启蒙观念发展为启蒙群众运动,这才彻底地打破了男尊女卑的偏见。这种划时代的启蒙,其功劳绝不在大禹治水之下。"②为妇女正名立心的是伟大的曹雪芹,《红楼梦》通过文学的形式为还原女性生命性价值发出了感天动地之声。书中有两个世界:一个是少女构成的净水世界,一个是由男人构成的浊泥世界。《红楼梦》把女性视为天地精英灵秀,精神舞台的中心,连最优秀的男子,其智慧也在她们之下。在历史学家和老百姓眼中不值一提的小丫鬟,曹雪芹却发现其"心比天高"的无穷诗意灵性。男人的眼睛总会被占有的欲望和野心所遮蔽,贾宝玉是男性,他在林黛玉的指引下不断地放下欲望,不断地提升和开阔眼界。林黛玉实际上成了引导贾宝玉的女神。刘再复深刻认识到《红楼梦》的伟大意义,他说:"在空间上,女子是男子相对应的社会的另一极。只有两极,才能构成人类社会。然而,在约伯的天平上,这两极是永远倾斜的。在曹雪芹看来,唯有女子这一极才干净,才是重心。这一极的少女部分,不仅具有造物主赋予的集天地精华的超乎男子的容貌,代表着文学的审美向度,而且她们一直处于争名逐利的社会的彼岸,代表着人间的道德向度。道德是不知算计、拒绝世故的婴儿状态和少女状态,即

---

① 胡适:《胡适文存》第二集,台北:台湾远东图书出版公司,1983 年,第 413 页。
② 刘再复:《双典批判》,北京:生活·读书·新知三联书店,2010 年。

人类的本真本然状态。人类社会一面创造愈来愈多的知识,另一面则被知识所遮蔽而离本真本然愈来愈远。唯有在少女身上,才保存着人类早期的质朴的灵魂。"①2017 年,来自瑞典、中国上海市和杭州市的一项调查结果,耐人寻味。瑞典学习圈里学习的人数每年有 150 万,其中作为圈长的和参与学习的成员,女性占 65%;在 3 万个上海老年学习团队中,作为负责人的和作为学员的,女性占 65%;杭州的 6500 个社区学习共同体核心成员和成员,女性也占 66% 左右。基于社区学习共同体的学习,不是提高人的工具性价值的学习,而是提高人的生命性价值的学习,女性与男性相比,更多地关注生活本身,更多地关注人的内涵丰富与精神生活质量的提高,更少一点关注名、权、利等身外之物。

当然,同样是女性,也有很大的差异。女性常常能更好地实现自己的生命性价值,并非每一个女性都能这样幸运地走进瑞典的"学习圈"和中国的社区学习共同体,并以此为路径,实现人的生命性价值。

(三)老年期是实现生命性价值的黄金期

到 2020 年,我国老龄人口将超过二亿四千三百万,到 2025 年老龄人口将突破三个亿,2035 年老龄人口将突破四个亿。中国教育进入突变期,教育体系必须重构。过去 100 多年,我们所有的教育体系都只有一个对象或者一个主要对象,就是学龄人口,而今后最大的受教育人群将转为老年人。中国的老龄化程度很高,老龄群体数量巨大。时下,我们认为,认识老龄人和理解老龄人很重要。通常我们会用"弱势群体"来定义老年人,"老有所学""老有所乐""老有所为"已是最前沿先进的思想了。我们认为,老年人是社会的财富而不是社会的负担,人在老年阶段其机体发展趋于衰弱时期,但生命的成长却是人生中最旺盛的时期。退出职场的老年人,更加淡定从容,功利心少了,浮躁气少了,宽容心多了,包容力大了,常常更能专注于他所热爱的学习内容,更加关心精神生活质量,更能向内用力澄明心性,更加在意守望相助的人际关系。

一篇来自中新网 2013 年 12 月 20 日的报道,让笔者对熟悉的前辈肃然起敬。报道称:"湖北省黄石市七旬老人毛汉华、汤春发,耗时三年合作编著 118 万字的《诗词同义类聚词典》,填补了中国古典诗词同义类聚工具书的空白。"毛汉华、汤春发先生的《诗词同义类聚词典》是一部专为古典诗词爱好者服务的工具书,收录古诗词中具有借代义、比喻义和来自成语典故的代用语,供写作旧体

---

① 刘再复:《双典批判》,北京:生活·读书·新知三联书店,2010 年。

诗词用词时使用,亦可供阅读旧体诗词时查阅难以理解的代用语义做参考。全书收 13000 余条词语,按意义分为天宇、地舆等 30 大类,每大类下又分若干小部,如"天宇"类下分为"太阳""月亮""星辰""天空"4 部,这 4 部之下所收的词条,都具有同义的性质,可以在一定的语境下代用。词条下又包含注音、平仄、释义、引例、互见等释文,方便读者正确选用这些词语。两个 70 多岁的老人,埋头扎进词典编著中,翻阅藏书,收集词条、目录,编写凡例。每天除了吃饭、睡觉,剩下的时间都在编书。因不会用电脑,他们只能把初稿手写在草稿纸上。三年来,他们写了上百万字,手指磨起茧子,用光 5 盒圆珠笔芯、3 盒捆词条的皮筋。毛汉华说:"觉得编这本书很有意义,所以浑身充满力量。""这本书就像我们的孩子,亲眼看到他萌芽、成形、出生。"毛汉华说,他希望这本词典能真正为诗词爱好者服务,推动中国传统文化不断发展。2015 年夏天,笔者在杭州收到毛汉华先生寄来的诗集《湖水烟波集》,此书中收集了他退休十几年来创作的律诗计 500 余首。后深入了解后才知道,毛汉华先生 60 岁从黄石市教学研究室主任的职位上退休后,应朋友之邀,在深圳市从事中学和高校教学、科研、教材编写等工作 10 年,70 岁后不再担任教学工作,把精力用在读书、诗歌创作和词典的编著上。

已近八旬的毛先生,身体健康,思维活跃,当笔者问及为何能"激情依旧,大器晚成"。他说:"一是退休后不用为生计奔波,不用'应酬',干扰少,有时间做自己想做和能做的事;二是无太多的功利心,心很静,不浮躁,工作效率反而比年轻时高;三是所做工作是自己喜欢的,不是做'命题作文',而是做自己认为有意义的自选动作,因为'乐'所以不知疲倦,即'乐此不疲';四是几十年来形成勤奋、不懒惰的习惯,喜欢读书,勤于思考,思想不僵化,日子过得充实,生活有品质,生命有价值;五是有能常联系交流诗歌创作的'小圈子',彼此互学共进,情感深厚。"

如果社会只用一个尺度即工具性价值的尺度去衡量,那么,退出职场的人,是弱势群体。如果还有第二个尺度,即人的生命性价值,那么,老龄人未必弱势。相反,我们认为,退出职场的老年人,进入了生命性价值实现的最好时期。原因在于以下四点。

第一,克服动物性本能的能力更强。

人类之外的所有动物解决"个体图存和种族繁衍"两大问题后自安自足,它们没有生命性价值。人类是从动物式本能解放出来的动物,但仍然是动物之一,还有许多动物的本能。其中最强烈有三种:(1)男女性欲本能;(2)因嫉妒仇恨愤怒的斗争本能;(3)权力欲望。老年人克服动物性本能的能力更强(包括动物性本能减损),更能专注于有意义的事情上。

第二,更能按内心(初心)的目标行事。

美国拉什大学医学中心一项研究发现,生活有明确目标及计划的老人,死亡率比其他老人低一半。英国科学家在40岁至90岁人群里做了7年的追踪调查,结果与美国的研究具有相似的结论。结果发现,没有明确目标的人,比有明确生活目标的,病死或自杀的人数,足足高了一倍;患心脑血管疾病的人数,也多出了一倍。无论大小目标,只要生活拥有目标,生存优势就更大。如果没有目标,无所事事,百无聊赖,死亡便成了唯一的"目标",那么,隐藏在潜意识里的自毁机制就会悄然启动,让老年人的身体每况愈下。相反,科学家发现,勤于用脑的人脑血管经常处于舒展状态,从而保养了脑细胞,使大脑不过早衰老。一个名叫 Tatsuo Horiuchi 的73岁老人,居然用 Excel 表格(几乎被所有人用来日常办公的软件)创作山水画、人物画,每幅画都色彩鲜明、图案精致、形象逼真、惟妙惟肖,令人叹服。他从最简单的图案开始,长期坚持与专注,后来越画越好,越好越想画。当他人问他为何能做到这样,他说,自己喜欢画画,但想节省画笔染料,为了给退休生活找乐趣,决定学一门新技能,奇思异想之下,想到了用 Excel 作画。用这种方法画画每个人都可以做到,重要的是把心沉下来。正是老年人心无旁骛,才能把小事做到极致,让潜能充分实现,使内心美感充分展现。

第三,向内用力,通达自在,潜能更好地发挥。

"少不看《水浒》,老不看《三国》"是中国老百姓的至理名言,就是说老年人要"复归于婴儿",少一点权术心术。生命的本性是趋向于通达。孔子在总结自己的人生经验时说"六十而耳顺,七十而从心所欲,不逾矩"。60岁的人,阅世既久,毁誉置之度外,别人爱说啥说啥;70岁的人,自己的内心大解放,想说什么就说什么,想干什么就干什么,处处得体,一点不坏规矩。孔子的规矩是礼,他的自由是合乎礼的自由。孔子能达到的境界,其他人未必也能达到。但从人性上分析,孔子的观点可以在其他人身上得到体现。《富春山居图》对中国画具有元典意义,此画的作者,正是赵孟頫之后、人推誉"元四家"(黄公望、王蒙、倪瓒、吴镇)之首的黄公望。一幅旷世大作,民间辗转流传六百多年,让皇家、藏书家奉为至宝。电影《天机·富春山居图》讲述了民间藏宝、鉴宝、焚宝、夺宝的故事,这幅空前绝后的伟大作品,表达出"平淡冲和而超豁浑厚"的精神气象,达到了画家心灵与自然山水相融的意境,它不是黄公望青壮年所作,而是他79岁后历时4年完成的,可谓大器晚成。只有进入了人生自在、宇宙通达之境的人,才能有经典之作，才能有生命性价值的真正实现。

第四，脱离原子化状态，同朋友在一起，有更多的共同学习的机会。

学习是人之天性，学习发生在深刻的相遇之中。这种相遇是深度的对话与交流，是生命意义的建构。相互接受的感觉和互助同学的氛围，让老年人建立起彼此信任的空间与环境。林语堂说："不论在哪一个时代或国度里，不论在什么政体下，一个人所真正爱好的生活绝不和当时的国家或时代同其广泛，而必仅限于他所熟识的人和所做的活动那个较小的范围之内。此即所谓大我。"①离开职场的老年人，有时间和精力参与到他们自己创造的、由志同道合的朋友组成的"社区学习共同体"中，他们把爱投入其中，同时收获来自成员间的爱，收获共同的群体归属感，避免城市相互隔离的"原子状态"。前文毛汉华先生承认诗歌创作的"小圈子"很重要。罗洛·梅说："我们应该说动物拥有一个环境，而人类拥有一个世界。因为这个世界包括意义的结构，而这种结构是由在其中的个体之间的相互关系建构的。因此在我看来，群体的意义部分取决于我在多大程度上让自己投身于其中。"②

会心即默认一致，它常常神奇地发生在由共同兴趣需要自觉形成的社区学习同体中。成员之间的平等对话交流，是真正意义上的共同学习，这一学习过程的核心，是通过同伴这一对象，让自己同未知的我相遇。这种相遇，带来的是自我世界的丰富与完善。与另一个人之间真正的会心，总是会打破我们自我世界的表面的沉寂，"会心一直是一种潜在的创造性体验；通常情况下，继它而来的应该是意识的扩展、自我的丰富"③。老年人因没有职场必须应付的事情，他们常常会有更多时间参与社区学习共同体的学习，有更多的与自我相遇的机会，更能让自己的内心丰富起来，更能建立真正的友情，也更有可能成为"大我"，从而实现其生命性的价值。

总之，老年人，更能做自己，更能听从内心的呼唤，更能实现个人的生命性价值。当然，我们讲老年人是生命性价值实现的黄金期，只是每个老年人有这样的可能，并不是每一个老年人都能做到。

四、在社区学习共同体中实现人的生命性价值

随着物质主义和消费主义的盛行，人自然地成为科技机器和社会机器的附

---

① 林语堂：《生活的艺术》，南京：江苏文艺出版社，2009年，第160页。

② 罗洛·梅：《存在之发现》，方红、郭本禹译，北京：中国人民大学出版社，2008年，第136—137页。

③ 罗洛·梅：《存在之发现》，方红、郭本禹译，北京：中国人民大学出版社，2008年，第11页。

属品。一部分人开始觉醒,正在反抗作为真正的人的异化,他们珍惜只有一次的生命存在,寻找人生的终极价值和存在意义。

刘再复说 21 世纪最大的冲突是器的世界、物的世界与情的世界、心的世界的冲突,我们认为,其实就是人的工具性价值与生命性价值的冲突。在这种冲突中,不是战争的双方一方吃掉另一方的零和游戏,而是必须找到一个平衡点。只要人的欲望在,工具性价值挤压生命性价值就具有历史的合理性,但是,随着工具理性膨胀到高峰时,人类需要反思,如何在器的世界、物的世界的重压下,保持人的本性与人的尊严,在浮华社会生活中,保持内心的强大,保持人的真性情,回归人的本原状态,听到内心的呼唤,做真正的"自己",从而实现人的生命性价值。

(一)实现生命性价值的内在条件

1. 生命自觉。

我是什么? 这个对每个人都十分重要的事,常常被忽视了。"我"是什么,比我拥有什么更重要。实现生命性价值的内在条件,首先是基于本质意志的生命自觉与心灵自由。

今天,我国的现代文明的发展也产生了一种双刃剑的效果,一方面,人类拥有了巨大的物质文明成果;另一方面,现代人的生活缺乏幸福的体验,内心找不到灵魂的寄托。在工具理性盛行、价值观扭曲的情况下,人们的物质生活富裕了,而人的精神世界却近乎荒芜,灵魂无处安放,无缘无故地焦虑,心灵难得宁静。许多人甚感忙碌但无意义而陷入人生困境。更多人深感生命总有一种游离感,人好像成了空空的躯壳,不是按自己灵魂的指引活着,而是按社会给设定的人生目标与生存路径活着。真正拥有独立个性的人不是多了,而是少了。

(1)生命自觉,首先是认识生命的独特性和生命意义的重要性。孔子说"朝闻道,夕死可矣"(《论语·里仁》)。数千年来,仁人志士都在探求人生的真谛。绝大多数人,对宇宙的辽阔和人的渺小感到迷茫,作为万物之灵的人类,我们都能感受到人生的短促,我们万般无奈,顾此失彼。世俗社会总是按照它的尺度来规范人、评价人。其实,每个生命都是独一无二的,人既有"恻隐心、羞恶心、辞让心、是非心"等与生俱来的共性,也有天赋予人的独特性,每一个人都有独一无二的气质、性格、潜能、特长等。早在古希腊,德尔菲(Delphi)阿波罗神庙入口处的上方就有"认识自己"的训谕,说明人自我认识的重要性。生命自觉需要在认识到个体生命的独特性的同时认识到人生的意义。人的生命既有时间性与短暂性，又有创造性。只有在有限的时间里充分发挥人的主观能动性，人生才具有真实的意义。所谓"向死而生"，即在有限的时间内最大限度地实现人的潜知潜能，基于本质意志的生命自觉地绽放，从而使每一个没有预演、彩排和重播的人生大剧都是精彩的。

（2）生命自觉是"做自己"。生命自觉，就是"心思用在自己怎么看待自己"上，不活在别人设计的"台词"里。20世纪初，费孝通先生评价他的老师潘光旦："我们这一代很看重别人怎么看待自己，潘先生比我们深一层，就是把心思用在自己怎么看待自己上。"生活在今天社会的人，我们太在意"样子"所显示的身份、地位等虚名，太看重别人怎么看自己，即在意"外目标"与"外评价"。

每一个人都赤裸裸地来，又赤裸裸地离开，唯一对得起自己生命的是，让自己的生命自由，保持生命本有的创造力与活力，而不是满足贪欲而失去人生的真正价值和真正意义。很多人好像很看重自己，其实看重的是一时一处的名和利，看重的是"身"而不是"心"，看重的是我拥有什么和得到什么，而不是"我是谁"和我做了什么。百岁老人杨绛先生用她一个世纪的不平凡经历道出了人生真谛："我们曾如此渴望命运的波澜，到最后才发现：人生最曼妙的风景，竟是内心的淡定与从容；我们曾如此期盼外界的认可，到最后才知道：世界是自己的，与他人毫无关系。"可惜的是，我们都难有杨先生的智慧，对自己生命的真正意义和价值并不关心也并不负责任，在虚名上用实劲，而在内心的修炼与涵养上不用力，对自己生命潜能的开掘不重视。在自编自导自演的人生戏剧里，为了使戏剧精彩，有太多的面具和伪装，让我们藏得很深，当戏剧谢幕时，我们会猛然醒悟，原来，面具和伪装，让我们失去了"自己"。

顺着灵性良心为人行事的人，才是心灵自由的人。《中庸》说"天命之谓性，率性之谓道"。生命当中自然有这股力量（禀赋）给你，这就是"人性"。人性的来源，自然的禀赋，这个就是"性"。这个性是本来干净的、纯洁的、善良的、无私的，至真、至善、至美；不加上后天的"聪明"算计，不加上后天的习性染污，直道而行，这就合于先天的道，能这样做的人，总是极少数的。

在浊水横流的旧时代，在老气横秋的豪门府第，贾宝玉的出现，给人完全清新纯粹的感觉，他敏感的是别人的痛苦、长处和人间的真性情，对别人的弱点和世界的荣华富贵却很迟钝。他所看轻的正是世俗看重的，他所看重的正是世俗看轻的。世俗的是是非非，进入不了他的话题，更进不了他的灵魂。他与父亲贾政和薛宝钗等人的冲突，是文化的冲突，是人格的冲突，是灵魂自由与"社会秩序"的冲突。贾宝玉不知荣华富贵为何物，不会在八股文章上下功夫，更不能委身成为"经济人"。"算计"二字是他一生最大的阙如，一辈子不知道何为"吃亏"何为"便宜"何为"合算不合算"。他是众人眼里的"傻子""呆子"，其实他保存着生命的本真状态，保持人之初的纯朴的内心，葆有灵魂的丰富和自由。

2016年8月8日，女游泳运动员傅园慧因在里约奥运会上的答记者问，一下子红遍了全国，接受记者采访的视频播放超过3100万次，微博粉丝超过174万人。比赛后，她的微博转发9万，评论12万，点赞67万。当记者告诉她游了58秒95时，她惊呼：我能游得这么快？记者问：有没有为明天的比赛有所保留？她回答：没有保留，我已经用了洪荒之力啦！记者追问：是不是对明天的决赛充满希望？她的回答更令人意外：没有，我已经很满意了，我对半决赛的成绩非常满意！她的所有回答，按照标准答案都错得离谱了，但所有回答发自她的内心与本真，我们活在别人设计的台词里太久了，当傅园慧横空出世时，我们都震惊了，原来话可以这么说。"稀缺"是经济学的重要概念，一切稀缺的资源都有价值，稀缺程度越高，价值就越大。傅园慧出人意料的原汁原味的真话，在中国具有极大的稀缺性。绝大多数中国人的最大问题不是太傻，而是太精明，说真话说实话的"傻子"没有因为物质生活的丰富多起来，相反地少了。

(3)富有自由的思想和独立的精神。子贡问曰："乡人皆好之，何如？""乡人皆恶之，何如？"子曰："未可也，不如乡人之善者好之，其不善者恶之。""众恶之，必察焉；众好之，必察焉。""乡愿，德之贼也。""三军可夺帅也，匹夫不可夺志也。"（《论语》）孔子认为，乡人都说好，未必就好，乡人都说坏，未必就坏。要看看什么人说好，什么人说坏。好人说好就是好，坏人说坏，反而是真的好。不以民主定是非，而以良知定是非，坚持独立的见解，基础是有自由的思想和独立的精神。在正常社会中，心灵自由的人，追求人生的价值与意义，对人生怀有使命感，因而常把精力用在解决与人民大众相关的重要问题上，不以自我为中心，不会单顾自己的事。在非正常社会中，心灵自由的人，不迎合潮流，不屈从权贵。但是，我们看到，追求人生的价值和意义，同追求社会的价值与意义可以同一也可能是分离和不一致的。社会的主流价值判断，即公共的价值判断，在历史某个阶段或某个事件上是正面的和肯定的，但也有可能是非人道的和非正义的。比如纳粹头领希特勒，之所以能发动第二次世界大战，是受到了当时包括众多高级知识分子在内的本国民众的支持的，支持者虽然提高了所属集团的社会价值，却使人的生命性价值无从谈起，突破了天良、性情、善恶等底线。心灵自由的人，不被主流媒体的政治宣传所绑架，在强大的舆论压力下，还能坚持自己的思考，是真正心灵自由的人。

（4）谦卑的姿态和包容一切的胸怀。生命自觉的人，无论在顺境或逆境之中，他们都能处之泰然，能够接纳自己，也接纳别人，能接受所处的环境。区分可以改变的和不能改变的事物，接受这个不完美的现实。不会抱怨为何只有半杯水，而是感恩有杯和杯中的半杯水。在接受不可改变的现实的同时，把可以改变的部分做到极致。他们对名利没有强烈的需求，因而不会戴上面具。头脑里装满了智慧，但常保一颗单纯善良的心。既享受独居的喜悦，也能享受群居的快乐。他们喜欢有独处的时间来面对自己，充实自己。心灵自由而不是自私。他们像是个满溢的福杯，愿意与他人分享自己的思想成果。他们懂得欣赏简单的事物，能从一粒细沙和一片树叶中看到一个世界。他们像天真好奇的孩子一般，能不断地从平常的生活经验中找到新的乐趣，从平凡之中领略人生的美。虽然看到人类有很多丑陋的劣根性，他们却仍然有悲天悯人之心，能从丑陋之中看到别人的善良可爱的一面。他们的朋友或许不是很多，然而他们与朋友之间是淡如水的君子之交，久未谋面，却彼此心仪，灵犀相通。他们懂得尊重不同阶层、不同种族、不同背景的人，平等对待一切人，宽厚包容一切人。他们心思单纯，像天真的孩子具有想象力和创造性，他们活出了"真性情"，活得"有趣、有味"，真情自然流露，与感情麻木、喜欢"权术""控制"的人截然不同。

2. 不忘初心的耕耘。

生命性价值的实现不排斥事业成就，但它一定是由内心初心引导的成功。初心即人与生俱来的仁心、爱心、进取心，不忘初心，即知道从哪里来、将往哪里去。台湾诚品书店创始人吴清友说："人，生不由你，死不由你，但在生死之间总得做点什么。"人生在世，要做事，更要做正确的事。胡适说，生命本没有意义，你要能给它什么意义，它就有什么意义。与其终日冥想人生有何意义，不如试着用此生做点有意义的事。

亨利·大卫·梭罗从哈佛大学毕业多年后，拿着借来的一把斧头，跑到自己家乡马萨诸塞州康科德城无人居住的瓦尔登湖畔，砍树伐枝，为自己盖了一座木屋。在没有工业污染的大自然怀抱中，他上午耕作，中午在树荫下休息，下午读书。他在瓦尔登湖畔过了两年自耕自食的生活，并写下了《瓦尔登湖》一书。该书以春天开始，历经了夏天、秋天和冬天，又以春天结束，这正是一个生命的轮回，终点又是起点，生命开始复苏。这是一本宁静、恬淡、充满智慧的书。对习俗批判，语语惊人，字字闪光；形象描绘优美细致，像湖水的纯洁透明，像山林的茂密翠绿；说理透彻，见解独特，十分精辟，给人启迪，耐人寻味。《瓦尔登湖》的伟大之处就在于梭罗能够通过艺术来实现自己决意要做的事业。通过真实的生活与记述,让自己获得了新生,生命性价值得以实现。梭罗开创了美国文学史上"自然随笔"的范例。他用生命来写作,在生活中体验生命的本真,写作于他不是个人的社会性功利。没有心灵的真正自由,不会产生如此力作。

离开初心的努力耕耘,其生命性价值就大打折扣。这从郭沫若的文学生涯中可以看得很明显。他早期的思想和文学高度一致,以至创造出《女神》等伟大的诗篇。他的诗集《女神》的成就最高,因而被称为他的代表作。然而,再看1949年后的诗作,你绝难把他的名字与伟大诗人联系在一起。一旦选择意志优先于本质意志,他的努力耕耘,必远离其初心,所做的一切工作,其生命性价值将大打折扣,本来有的潜能也挖掘不出来了。

有的人,虽然不开心,所做的一切,并不是自己想做的和能做的,但不敢离开,更突破不了社会的樊篱。实现生命性价值,是比较难的事,但郑柏峪做到了。郑柏峪,毕业于一所著名的中学——北京四中;他在锡林郭勒草原插队了13年;他在中央国家机关工作了18年,曾任处长;1998年,他提前退休,回到曾经插队的草原上开始了志愿环保活动;他曾经目睹了绿洲不到十年就完全变成了沙漠的过程,心急如焚,要以一己之力,把沙漠变回绿洲。52岁的他,义无反顾地回到自己30年前插队的草原做治沙治碱的生态环保志愿者。当桃花源一样的草原绿洲深陷环境恶化的困境时,草原的儿子郑柏峪把自己的后半生再度交给草原。草原的变化让他忧虑,大海一样的查干诺尔湖居然正在干涸。到了2002年,查干诺尔湖的水彻底干涸,白茫茫的盐碱在湖盆中裸露出来。由于原先的植物无法在盐碱地中存活,那里成了死寂的盐碱荒漠。郑柏峪亲眼看到狂风把微小的盐碱粉尘卷到上千米高空,携带着向南方而去。这使他想到:近年来华北平原的沙尘暴带来的严重环境污染。为了固着盐碱粉尘,针对特殊的地质条件,他决定试种吸碱植物——碱蓬。几年后碱蓬成片,形成规模。从那时起,当地再也没有发生过盐碱尘暴。水也来了,湖也出现了。居民居住环境好了,不再受碱尘之苦,生活质量大为提高。郑柏峪不具备专业治沙知识,凭着爱心和良知开始他的治沙之旅,也凭着坚定的意志,良好的人际关系,成为"亚洲治沙"的灵魂人物。多年来他经历过艰辛和失败,很多支出都自费解决。可他觉得即使在那些时候,心里也是愉快的。"常有人问我为了什么又苦又赔钱还要干环保,其实我也很想给他们解释清楚,可是对某些人确实是解释不清的,我只好简单回答说:'我高兴。'"历经多年千辛万苦之后,2010年,63岁的他,因为对查干诺尔干涸盐碱湖盆的治理成绩获得《环球人物》杂志"绿色卓越贡献奖"和公益中国2010年度"最佳民间公益人物奖"。

人常常在超越社会性功利后才会有更大的作为。中国文学和中国文化的最大宝藏是《红楼梦》,这里有最丰富的艺术宝藏,而且有最丰富的思想宝藏、人性宝藏、哲学宝藏。曹雪芹之所以能创造出如此辉煌的功绩,正是他完全没有了功利思想和功利目的。世俗的身外之物,不入他的眼,他才能静下心来,进行最伟大的创造。经典的不朽,是生命的不朽。伟人的作品,是由作者生命深处产生的,是作者在生命的深处创造出来的,既是生命的写照,更是生命的结晶,因而,它不会因为时间的久远而褪色,反而会因为时间的筛选而更加光辉夺目。

人与人的差别之大、人格的差别之大,大得无法估量,无法言说。有的人,人性单纯,极为纯粹,如宝玉,无心机,无心计,无心术,像"傻子"。现代社会,最需要的是这样的"傻子"。我们更多的人是,看不透,悟不到,拿不起,放不下。曹雪芹是看得最透的,又是最努力的。他是看得透之后的奋斗,不为名利,只为生命成长,只为实现生命性价值。

真正好的东西,需要不忘初心的长期耕耘,需要十年磨一剑,甚至付出毕生的精力。对自然科学和社会科学科研成果提出"又快又好"和"多快好省"的要求是不现实的和无理的。十年磨一剑,许多人看来已实属不易,但真正的好的创新创造,十年未必能成,居斯塔夫·福楼拜,为了他的初心,面壁而坐,笔耕 40 年,创作出《包法利夫人》《情感教育》等伟大著作,他也因此被认为是"自然主义之父"、法国"新小说"派鼻祖、西方现代小说的奠基者。

人的潜能不仅是巨大的,也是各不相同的。有的人具有更多的逻辑思维潜质,有的人具有更多的形象思维潜质,有的人具有更多的动觉能力。不管思想家、学者还是其他任何人,只要不忘初心地努力耕耘,就能有所成长。

3. 在"故乡"中存在。

人类生命既有个体的一面,又有群体的一面。人从降生下来很长时期不能离开旁人而独立存活,即使长大成人还是活在许多人事关系之中,人不能长期离群索居。人要实现生命性价值的重要条件是,人具有群体的归属感和故乡的归根感,即人需要精神的家园和心灵的故乡。

在海德格尔看来,"故乡"或"家园"是意指这样一个空间:"它赋予人一个处所,人惟在其中才能有'在家'之感,因而才能在其命运的本己要素中存在。""故乡最本己和最美好的东西就在于:唯一地成为这种与本源的切近——此外无它。所以,这个故乡也就天生有着对于本源的忠诚。"[①]故乡,生我养我,这里有

① 海德格尔:《荷尔德林诗的阐释》,孙周兴译,北京:商务印书馆,2000 年,第 13 页。

熟悉的山山水水,有乡园乡土,有乡音俚语,有属于自己人的庙会、风土人情,这里有血脉相连的亲人,有年终岁末祭祀的祖先坟茔墓碑。故乡就是共同体,它是人们的根本、根源,它是每个人不能没有的精神家园。没有故乡,没有共同体,人就成为浮萍。所以我们认为"修身、齐家、治国、平天下"这些中国传统文化的要素中,无论如何,在"齐家"与"治国"之间得加上"亲乡"。爱护故乡,亲近故乡,走进故乡,立于故乡,因为故乡的大地是人的"保护神"。荷尔德林在他的长诗《返乡》中说:"故乡是灵魂的本源和本根。"灵魂必须在这一本源上栖居,就像树木一定要扎根于土地之中一样。树木的枝叶无论怎样摇曳于大气天光之中,其根注定要深藏于静谧幽暗的地层。大地,就是树木的故乡。故乡是人的归属,人的家园记忆与土地紧紧相连,就像树木之于大地一样。"夫物芸芸,各归其根。归根曰静,静曰复命,复命曰常。"①

然而,在城市化进程中,远离故土的人,从土地上(农村)进入繁华都市,其故乡又在哪里? 尽管爱默生在其《美的透视》中给故乡下了如下定义:"哪里有知识,哪里有美德,哪里有美好的事物,哪里就是他的家。"但生活在城市里的新老居民,多数人在为找不到故乡而心存焦虑。看不见的城市病(人的原子化存在),正严重地影响着人的生命性价值的实现。不管农村如何变,城市如何变,人的本性终究不会变,人们对于地缘共同体和血缘共同体的依恋不会变,在人性本原与现实生活之间的强烈张力面前,较早觉醒的一部分人,在用行动探索精神共同体的可能性。于是,近年来,社区学习共同体广泛地存在于城市和乡村。学习者在社区学习共同体里找到了故乡之感觉。在这里,人是一切,人就是故乡,亲人在,故乡在。这里的人,是如同父母、兄妹一样给予我们温暖与光明的人,是那些具有美德人格、充满正能量的人——朋友和同学。因共同学习而自然结成的精神共同体,作为应对现代社会精神世界荒芜、人的原子化存在焦虑的替代办法,能让在繁华都市生活的人们找到精神家园。

(二)社区学习共同体是实现生命性价值的重要路径

学习创造了人,共同学习是人的生命的本性。社区学习共同体,正如康德所说"无目的的合目的性",所谓无目的,是指无直接的、具有社会性功利目的,即无世俗的政治目的、经济目的和社会目的。但是它又具有合目的性,符合人性向真向善向美的总趋势,符合人类生存、温暖、发展、延续的总目的。

---

① 《老子》第十六章。

"成人教育是在自由中,为了自由和通向自由所进行的教育。"①令人欣喜的是,我们的许多观点与现代终身教育奠基人保罗·朗格让相同,60年前,他发现了问题,也明确了方向,但是没有找到实践其理论的载体。

更令人欣慰的是,我们累积多年的实践与理论探索,我们的研究实践了保罗·朗格让当年的论断并在此基础上有了新的发展。社区学习共同体,在立意和形式上与保罗·朗格让的真正的成人教育相同。不仅如此,我们的研究还发现,社区学习共同体对成员的生命成长、实现人的生命性价值,具有其他载体无法替代的作用。

在市场经济条件下,教育被认为是生产力,与这种教育相对应的"学习",自然也可以理解为生产力。然而,我们以为,真正的学习,是基于本质意志的学习。学习力,就是人的生命力;共同学习力,就是人类的生命力。基于社区学习共同体的学习,是实现生命性价值的有效途径。

1.学习本质:生命学习与生命成长。

生命的本原是共通的,一切有生之物都是生生不息、息息相通的。人类有欣赏美妙音乐的生物共性,动物和植物也能感知音乐,就是一个例证。心与生命同义,所以宇宙大生命与人的生命相通一体。庄子说:"天地与我并生,万物与我为一。"(《庄子·齐物论》)与宇宙生命同一的生命,是与世间万物、与自然融为一体的,不是与自然为敌的。这样的生命,是真正的人的生命的应然,并不是所有人的生命的必然。真正的人的生命,是人类身心进入生命自觉阶段,此阶段是身为心用,而不是身为物役。社区学习共同体所张扬的价值,是与宇宙大生命一体的生命性价值,而不是心为物用的工具性价值。

我们把学习分为两大类。第一类学习,是为了生存,求权、求利、求名,追求的是术和器,而在这个过程中,学习的目的和手段可能是矛盾的;第二类学习,是为了生命的学习,是求静,求安,求生命成长即生命质量的提升,这样的学习,目的与手段是一致的。在社区学习共同体中学习,最大的特点,就是目的与手段、目的与过程是一致的。

社区学习共同体回应了人的生命的内在需求,体现的是人的本质意志。人们不是向外逐求,以得到更多的物质利益和更高的社会地位,而是向内要品质要力量,以便有更淡定的心态,更好地挖掘潜知潜能。当我们享有着物质上的富裕,没有战争和革命的血腥,我们许多人的生活单调无聊,并不知晓生命的意

---

① 保罗·朗格让:《终身教育导论》,滕星等译,北京:华夏出版社,1988年,第18页。

义。社区学习共同体的学习,是"本真的心的学习",为迷茫的人们找到了通往人性完善的道路。《红楼梦》的伟大魅力和美感源泉,不在于它折射了某种社会发展形态,也不在于它的哲学理念,而在于它呈现了一群生命,一群空前精彩的诗意生命。这些生命,充满着儿童的天真和原始的气息,在你争我夺的功利社会里保持一种最质朴、最纯正的心。只有这样的生命,才能"诗意地栖居在大地上"。林黛玉、贾元春、薛宝钗、妙玉、史湘云、贾探春、李纨等站在浊泥世界彼岸的女子,都是诗意的生命。在 21 世纪的中国,在城市化快速进程之中,在全面实现小康社会目标之时,我们惊喜地发现,广泛存在于城乡的社区学习共同体,一样具有无穷的魅力。它的魅力不在于事业的成功,而在于生命成长,带有原始诗意的生命成长;不在于社会和组织,而在于人,一群带有儿童天性、生命本然的人。生活在社区学习共同体的成员,不带社会功利目的地进入其中,让自己回归到本真本然状态,追求精神和灵魂的成长安宁,追求天赋潜能的发展,把物质利益得失抛在脑后。参加社区学习共同体学习的人,是以低姿态生活在人间的草根民众,他们大多数不是诗人,但他们却用自己的行为语言,写出了感动自己的生命诗篇。杭州清凉峰太极拳俱乐部的胡新人,一位曾因重病动过大手术的老校长说:"我退休后的生活更忙碌、更健康、更快乐、更有意义,是因为我能从俱乐部里找到生命的意义。"一起学习已逾 10 年的杭州星火社区书画摄影学习共同体 24 名成员中有 10 位 80 岁以上的老人,82 岁的韩家礼说:"共同学习让我返老还童,不为名利的学习,能力水平的提高超出自己的预期,生活因学习充满了诗意。"

2008 年,笔者就有这样一种理想,让社区学习共同体遍布城乡的每一个角落,让每一位城乡居民都能参与到社区学习共同体中去学习、去生活,这一理想实现之日,我们将创造另一种人类社会的奇观。社区学习共同体思想与实践,代表的是人性的回归、心性的澄明、人生的意义、人类的续长,是生命之学。是向内用力要品质,不是向外用力要资源。因此,它与所谓的"成功学"相悖。我们相信,社区学习共同体的思想与实践,必将在人们遭受物质主义膨胀带来的灾难时,被更多的人所重视。

2.学习方式:多向互动,知行合一,享受过程。

单向思维是非此即彼的思维,而双向思维,则强调对话、协商和共享,是一种和谐哲学。我们所高扬的共同学习思想和行为,把握了人类学习的本真。社区学习共同体的学习是真正意义上的共同学习,契合人的本性,符合人的学习规律,是双向思维的具体体现。学习过程与学习目的在这里得到最好的统一。

学习者享受学习过程、学习时间和学习空间。这一过程,是美的历程,而且是群体共同创造的美的历程,虽然有时是苦的,然而恰是契合人的本性的,也是符合成人的学习规律的。

保罗·朗格让说:"成人教育对作为整体来讲的教育所作的贡献也是有决定意义的,也是不可代替的。……正是在这个领域里,团体工作取代了个人专设的正式讲座、课程和练习。成人教育,除了仅仅作为学校教育辅助和补充等形式以外,避免了分数、名次和奖励的做法,以及那些所有过去时代流行的而且我们的学校仍在运用的杂七杂八的做法。通过成人教育,教育的本色得以显露,即成为交流和对话的过程。在这个过程中,对话双方根据各自的身份,特殊的成就和才干参与对话并有所贡献,而不再象以往那样只根据一种特定的方式。不采用择优原则,是因为择优不讨人喜欢,同时又是白费力气的步骤;也不采取考试和发证书的办法,因为考试和发证书歪曲了教育作用,并且引起对失败的恐惧,损害了个性的正常发展。"①而我们所找到的社区学习共同体学习者正好能承载他的理想。社区学习共同体正是他理想中的成人教育与成人学习。我们一直在探寻"社区学习共同体"理论,看到保罗·朗格让的这一段话,确信社区学习共同体的理论与实践,代表的是方向,如学习方式是交流与对话,不是讲座与课程;不择优,不考试,不发证,不排名;身份平等,每个参与者都是成员之一;自主选择内容方法,出入自由;成员即学习资源并自愿做出贡献;等等。

以形象为特征的艺术生活,在"最后的人"②没有出现之前,一定会在人类反抗"异化"中得到重视。李泽厚认为,寻找历史与伦理的统一,可以"以美启真""以美储善"。社区学习共同体,能够帮助成员实现生命的成长,它是"以美启真""以美储善"的有效载体,人们走进社区学习共同体,就是对于人的异化的积极的反抗。马克思说"劳动创造了人",我们要说是"共同学习"创造了人和发展了人;蔡元培先生说"美育代宗教",他强调的是信仰对人的重要性,而美育对人的发展极其重要且带有本源性特征。其实中国不是宗教社会,中国虽然有许多人从事佛教活动,但未必有佛教信仰。索取是迷信,是信仰的异化。累不觉苦的付出才是信仰。中国人需要信仰,我们以为,学习即信仰,共同学习应该是小康社会实现后

---

① 保罗·朗格让:《终身教育导论》,滕星等译,北京:华夏出版社,1988 年,第 17—18 页。

② 尼采所说的"最后的人"不是指"超人",而是最庸庸碌碌,无所作为,却又似乎在俗世混得最好的人,尼采借查拉图斯特拉之口向人们展示"超人"的热情、活力、智慧与勇敢,而"最后的人"则是"超人"的反面,无所建树,从不思考,安逸于腐烂的所谓的道德与纪律,丧失了作为人的尊严与权利,而更可怕的是这样的人却用所谓的纲常伦理来美化和掩饰自己的无为与平庸,所以当查拉图斯特拉向人们展示"最后的人"的时候,人们非但没有警醒,反而欢呼说:"查拉图斯特拉!把最后的人给我们!"

中国人的共同信仰。

3.学习收效：生命成长，生命状态的积极转变，成员找到了精神的家园，守望相助。

互助，是人的本能或称社会本能。克鲁鲍特金的《互助论》①，从虫、鸟、兽和原始人群同族同类间生活上合群互助的种种事实，证明互助正是一种人的本能。社区学习共同体的人与人的交往，不是一个生命与另一个生命的短暂相遇，而是一些生命对另一些生命的相互的积极影响。"装""假""虚"的东西多了，人们更愿意投入一个能体现真我、表达自我、实现自我的群体生活。社区学习共同体正是这样的群体。当人在这样的群体中找到了归属感，人们会体验到城市社区的归属感，这样，城市方可让人们的生活更美好。

社区学习共同体的每一个人都是幸福的，实现了个体的生命成长。人的生命是自然生命和超自然生命的统一，具有完整性、自主性、超越性、独特性。实现人的生命性价值与人的地位、权力、财富无关。社区学习共同体为最普通的民众实现生命性价值找到了载体。参与学习的每一个人，不一定有事业上的成功，但都会有当下的幸福快乐。这里没有失败者，只有分享和共赢。社区学习共同体是一个生命体，关注成员的生命状态、生命质量。一个民族的文化是否健康，是否诗意尚存，只有一个尺度可以衡量，就是生命的尊严和生命的活力是否存在。社区学习共同体中成员身上展现出来的正是人的尊严和活力，在一个等级框架社会里失去的，恰好是社区学习共同体中能得到的。从本质上讲，社区学习共同体是诗意的存在，是真正社会学意义上的"共同体"的活性存在。从这个意义上说，社区学习共同体的存在与发展状况，标志着一个地区普通老百姓的幸福指数的高低。

广泛存在于我国城乡的社区学习共同体，犹如路边的小草，毫不起眼。然而，正因为它的草根性，决定了它具有极其旺盛的生命活力。十余年来，当我们发现它、走近它、品味它、研究它，其独特的内涵和无穷的奥妙让我们惊奇不已，研究所揭示的"本质意志、共同学习、守望相助、生命成长"四大本质特征，让我们坚信，它确实是原始共同体的活性存在，是满足高度物质化的社会环境下普

---

① 克鲁鲍特金的互助论的思想来源是达尔文的进化论。但是他针对达尔文的生存斗争学说强调指出，人类的互助精神之所以能够得到不断的发展，主要是由于人人都是自由平等的，没有受到强权势力的压制。在互助论中，国家是作为人类互助本能的对立面出现的。国家和私有财产之所以要被废除，因为它们违反了社会进化的自然法则，同时，由于人们具有互助的本能，因此没有国家和任何权力支配的社会不仅完全可能建立，而且更完善，更理想，更富有生命力。克鲁鲍特金指出，建立在自由协议基础上的城乡各自由公社的联合，是符合人的互助本性的一种制度，也是无政府社会的基本结构。

通民众人生价值诉求的"草根心家",是城乡居民从温饱走向幸福的新路径。生活在其中的平民,尽管不能让自己的"样子"更光鲜,却实实在在地能让自己的生命更加精彩,把平凡人生活出"味道"来。

第 十 章

结语：共同学习实现人的生命性价值

　　本章提要：通过本章，读者可以了解本书站在巨人的肩膀上，有哪些超越和发展。当蹲下身子，眼睛朝下向内，我们的发现让自己激动不已：是学习创造了人，共同学习是人类的天性，社区学习共同体犹如沙漠中的仙人掌具有顽强的生命力，为城乡居民开启了一条走向幸福的道路，生命性价值体现得最充分的人是平民。一部为与精致的利己主义者相反的永远也"长不大"的人而写的书应运而生。

本章作为本书的结语，力图用较短的篇幅，让读者了解本书的基本架构和主要创新点。

一、学习即删除

（一）学习创造人

不是劳动创造了人，而是共同学习创造了人。我们不否定劳动在人的进化中起到了基础性的作用，但关键是人在劳动和使用劳动工具的时候会不断地试错和改进。这个"试错—改进"的过程，就是学习的过程。不能设想不用学习，机械重复的劳动就可以完成人的发展。人比动物更善于创造并运用工具进行学习，这是人与动物重要的区别。人能够制作工具，动物也能制作简单的工具。而"人能够创造度"，使工具精益求精并更新换代，因此今天人可以凭借工具上天入地、远程通信。以上只是人获取与运用知识的素质和特性。但人之所以为人，即人与动物更重要的区别，还在于人更善于建构并遵循道德的学习。

（二）学习是人的天性

学习是人的天性，学习的过程就是生命成长的过程，具体来说，就是一个人实现潜知潜能的过程，是他（她）学会与自我相处、与他人相处的过程，是心性澄明的过程。学习是人的"自为"，本真的学习或者说基于人的本质意志[①]的学习，就是实现人的潜能。学习的动因深植于人的具有生长期待的植物性生命、具有活动期待的动物性生命和具有精神生活期待的精神性生命之中，学习是过程也是目的，这是学习的生命性价值。

人是天生的学习者。每一个人都带着良知和各种潜能来到这个世界。这些潜能可能半途流产，也可能在一些有利或不利的生存条件下成熟起来。人的生存是一个无止境的完善过程和学习过程。可以说对应于学习的人性特点是人的未完成性，因为别的动物的生存潜能总是在其生命早期就已经实现了的。人的未完成性创造了人的学习空间。人的生命长度是有限的，但其生命宽度和厚度却拥有难以想象的发展空间，它包含着生命质量的全部密码，通过学习，人可以了解生命的奥秘、实现生命性价值，可以格物致知、为这个世界做出更多有

---

① 指与生命同一的由胚胎带来的愿望类型，作为初心的直接反映，手段与目的相一致，其表现形式为：本性的善好、文化的习惯和记忆中的学习。它是人实现生命性价值的基础。

益的行动。

本真的学习是人的一种自觉运动。人自觉学习行为的深层动机,是为改变自身的生命状态。过去我们一直以为,好的学习是能够改变人的思维的学习;也有人从工具主义、实用主义出发,认为好的学习是能够改变人的行为的学习,学习不是目的,学以致"用"才是目的。其实接近生命本真的学习,是改变人的生命状态的学习。它不排斥并包容改变思维和行为,但它揭示了学习过程与目的相统一的真谛,即属于人的本质意志学习的真谛。这是人的一种主动性的生命状态,一种开放、投入的状态,一种消化、吐纳的状态,一种变化、向上的状态。对于人的生命状态而言,学习从发生到结束的过程,就是一种始于好奇的"开放—投入—吐纳—变化"的过程;对于人的天性实现而言,学习是一种由内而外和由外而内的过程。本真的学习是学习者的一种自觉行为,一种自然的过程,并不需要人的理性匡正。内置于人性的良知、善恶(好善羞恶)、性情,是人学习"理""道"之真的初心,主动学习的过程就是去除人的植物性、动物性生命欲望之蔽和社会习性之蔽的过程。如果将社区学习共同体和传统意义的学校相比较,我们可以发现,社区学习共同体成员的自觉学习是主动的学习,传统学校学生的学习是被动的学习。主动的"学"比之被动的接受"教"更为有效。因此《论语》中有 56 个"学"字,《学记》中有 48 个"学"字,远远超过"教"字出现的频率。自觉学习,只有在心灵完全自由状态下才会发生。孔子喜欢自觉学习,有"学而时习之,不亦乐乎"等自觉学习的愉悦感受。孟子生恐教育可能妨害自觉学习,还有"人之患,在好为人师"等谆谆告诫。

(三)学习成就人

学习成就了人。不难判断的是,观察成就了眼睛,走与跑成就了腿脚,手工劳动成就了双手,精神生活使人"明心见性"。但这个成就只是一种"接入",即对深植于人天性中的种子的激活。最好的教育是为学习而存在的教育,学有所教是假设的理想化的教育目标。

学习就是生命成长,学习就是消灭死亡。也就是说,如果一个人不是忙着学习成长,那他就是在等着走向死亡。

学习并非仅仅指获取知识技能,更重要的是"学为人"。孔子把"学为人"作为学习宗旨,作为学习的第一目的。更厉害的是孔子最早提出了"活到老,学到老"的终身学习思想,为什么在知识增量和信息流动都极其缓慢的 2500 多年前,孔子能够提出这种思想呢?那是因为他讲的学习的立足点是人,人是主动的、发展的、变化的；倒是现代一些终身学习论者把位置搞颠倒了，片面强调学习客体（知识技能）的发展变化，人反而成为被动的适应者，不知所从。

因为学做人才使人成为人。所谓学做人可分为三个层面：一是"做人为己"，即做自己、实现个性潜能；二是"推己达人"，即尊重他人，把人当人；三是"助人自助"，即人在群体之中的相处之道，相互支撑方为人。终身学习的过程就是终身学做人的过程。孔子以为，所谓好学，不仅是学知识技能，是"就有道而正焉，可谓好学也已。"（《论语·学而》）学知识技能只能成"器"，"器"是用来载"道"的，"君子不器"，即君子是人不是工具。

（四）学习是一种信仰

学习就是进入更广大生活领域的护照，也即进入自由地带的护照。人的天然的对自由和空间的向往，就是天然的对学习的向往。

启蒙心灵、解放心灵，不仅要去拥抱真、善、美，而且要去创造真、善、美，活出"真、善、美、学"。遵循内目标（由个性、兴趣、特长和内心感受组成）的生活是真；保持和发扬"共情""利他"的人性是善；符合内在和谐是美；实现潜知（指良知、德性）潜能是学。无真将失去自我，无善将失去情感，无美将失去和谐，无学习将失去实现真、善、美的条件。

学习可以成为每一个人的信仰。信仰与迷信不同，信仰是一种付出，但让你无比充实，让你乐在其中；迷信是一种贪图，却会让你失去平静，让你惴惴不安。学习也是每一个人的权利，在学习面前人人平等。学习跟身份、职称、教育程度没有必然联系，学习更无关乎职务、收入、社会地位。学习能让每个人实现由个性、兴趣、特长和内心感受组成的"内目标"，而不必苦苦追求名、权、利的金字塔尖，不必屈从于世俗社会层级次序的编排。唯有"内目标"才牵引着幸福的内涵。学习的信仰足以使普通人获得精神世界丰富并怡然自乐的生活，获得生命的意义。

（五）学习即删除

通常以为，学习是做加法，是获得知识技能；其实学习也是减法，用来除去那些因自身植物性生命、动物性生命和社会习染所带来的"毛病"，即所谓澄明心性。在因学习而发生的生命状态的积极变化过程中，"吐纳"是必须经历的一个阶段性的状态，所谓"吐纳"即既要做加法也要做减法，而且减法往往比加法重要。因为工具性价值取向的学习，是"复制粘贴"，是以知识技能作为获取虚名浮利的筹码,而生命性价值取向的学习首先是删除,回归赤子之心,明心见性;回归本真学习,享受学习过程。减法也比加法更难,做加法即做个"知道分子";做减法面对的最大的敌人却是自己(自身的贪欲与虚荣)。

本真的学习可能发生于社区,因为唯有社区才是一个可以与功利活动保持距离的诗意地栖居的地方(尽管真正意义上的社区是很少的,这里的社区指区别于职场和校园的时间与空间)。居住在社区的老人和妇女,就更善于通过学习做减法,或者说就善于通过做减法回归生命本真的学习。他们不必再将学习作为外在于生命成长的博取名利的工具了;自由了,也从容了,才能真正享受学习过程的幸福。社区学习共同体的学习是最符合人性的、最符合生命性价值的学习。学习的本原性意义首先是删除,是回归童心,回归原始的好奇心。其次是身心的滋养和审美能力、境界的提升。

二、共同学习:人类的天性

(一)原始的共同学习

学习活动起初是与人的生活密切相关的,并与人的生命成长相始终。那时候人们想学的和要学的高度一致。在原始社会里,如果某个必要的学习任务没有在某个活动过程的预期内完成,就会自然融入稍后的或其他的相关活动并加以完成。这时候一个人是通过共同生活的过程来教育自己的,而不是被别人教育的。"家庭生活或氏族生活、工作或游戏、仪式或典礼等都是每天遇到的学习机会;从家里母亲的照管到狩猎父亲的教导,从观察一年四季的变化到照管家畜到聆听长者讲故事和氏族巫师唱赞美诗,到处都是学习的机会。"[①]这样的学习机会是平等的、共同的,不用你争我夺,也不会厚此薄彼。这样的学习是本质意志的、自然而然的,形式与根本、手段与目的相互统一。因此最早的血缘共同体、地缘共同体也可称之为学习共同体。它契合并滋养着人类共同学习的天性。

(二)学习沦为竞争的工具

当代工具理性盛行的最大恶果,是对人类生命成长及其共同学习生态的伤

---

① 联合国教科文组织国际教育发展委员会:《学会生存——教育世界的今天和明天》(中译本),上海:上海译文出版社,1979年,第28页。

害，也是对人性的最大伤害。这不能简单归咎于教育的失误，而是消费社会尤其是同质化程度高的消费社会造成的。这种将人纳入一个等级框架的、只为炫耀于人而求功利的社会，其社会化程度愈高，人愈失去学习过程的幸福感，尤其是共同学习的那种分享式的幸福感。学习一旦沦为工具，就不仅仅是教育的悲哀，而是全社会的悲哀、全人类的悲哀！

本原意义的学习不是从外部施加于生命的附加物，它也不是人们为了获得社会功利的一种工具。它是一种生命状态的积极变化。工具性价值观把一个人变成可以交易的物品，首先需要把他从他的生活环境中抽离出来，也就是说，把个体从他具有安全感、归属感的人际关系中抽离出来；而正是因为这样的关系，使他成为各种亲情、友情、邻里情、同学情等关系中汇聚而成的独一无二的自己。离开了他具有安全感、归属感的人际关系，他就变成了一个通用的价值符码，可以进行加减，并可以作为一种资源来标价。

作为教育改革举措的"学校学习共同体"建设，旨在为教学活动搭建通向生活世界的桥梁，但只是教育语境下的改良措施。它无力摆脱渗透社会功利价值的教育择优分等评价体系的制约，充其量只是一种"仿共同体"。无论是班级制的形式上的共同学习，还是"学习共同体"形式的学习，都是工具性价值取向的形式上的共同学习，而非生命性价值取向的本真意义的共同学习。

培养实践社团是企业有效实施知识战略的重点。"实践社团"即所谓"企业学习共同体"。企业实践社团的共同学习是选择意志而不是本质意志的共同学习，因此也并非真正的学习共同体的共同学习，而真正的学习共同体成员事业欲望和创造欲望的满足，却是建立在人的本质意志上的，即人的"中意""习惯""记忆"本性基础上的。

（三）共同体幽灵的重光

当学校、职场成为功利角逐地后，体现人际关爱伦理的共同学习的温润空间或就留给了社区。人们能从经验中得到印证，体现关爱伦理的共同学习实践是人的一种天生的禀赋的实现，是人的固有的生活的一部分。学习者享受的是当前的、令人愉悦的学习过程，而非未来的、社会功利的学习结果。因此，关爱伦理的共同学习实践是基于人的本质意志的。与此形成鲜明对照的是基于选择意志的学习。在选择意志主导下，学习可以理解为一种生意，抱着特定的社会功利目的，把预想中的名利收获作为学习目的，在针对目的来行动时，用尽可能方便的简单的手段，尽可能少的时间、精力，去获取尽可能高的收益。在这里,学习是受罪,名利是真正的乐趣所在。选择意志的学习适合具备择优分等功能的学校教育,同时也适合推动人力资源升值的企业教育。反之,传统的学校教育和企业教育正不遗余力地催生学习的选择意志,两者相辅相成。而基于本质意志的体现关爱伦理的共同学习实践是难以在传统的学校与企业生存的,唯有在这个社会人际竞争最间接的地方、在与人的原始意义的生活最接近的地方——即社区,它才得以迸射活力。

我们从人们在社区学习共同体的共同学习特性中才真正发现了共同体的幽灵,那是基于人的本质意志的共同学习,它不是通过技术和手段造出来的,也不受某个外加的功利的目的的控制,其共同学习的过程即体现为人的生命性价值。

共同学习属于人的天性,是具有相同生命性价值取向的学习者"同自觉、共做主、互为师、自评价"实现生命归属感的过程,是走向学习化社会的必然。

这是实现人的生命潜能的学习,是生命状态的自然律动,是实现生命成长需求的学习。因此"同自觉"是共同学习的特性之一。

这是一种平等参与的学习,自由选择的学习。自主学习是自觉学习的必然,也是对自觉学习状态的维护。学习自主最贵,学习内容次之,学习结果为轻。因此"共做主"是共同学习的特性之二。

这是一种教学资源自给式的学习,自给式学习为自主学习提供保证,它还原了前学校时期学习的自然状态,学习者互为师生,教学相长。因此"互为师"是共同学习的特性之三。

这是一种自我评价的学习,对于学习进步的评价,没有统一的成败标准,而是各自的标准、各自的评价。吸引成员学习的是学习为生命成长服务的功能,而不是某种被社会制造出来的竞争性的等级符码意义,不会有失败者。因此"自评价"是共同学习的特性之四。

社区学习共同体的共同学习,是享受学习过程而非结果的学习,是自我评价学习收获而非攀比与竞争的学习。因此"同自觉"(学习的起点)能量的输出,成为"共做主"能量的输入;"共做主"能量的输出,成为"互为师"能量的输入;"互为师"能量的输出,成为"自评价"(学习的阶段性终点与新的学习起点)能量的输入;"自评价"能量的输出又成为"同自觉"能量的输入……如此形成良性循环。

社区学习共同体不是设计出来的,也不是计划出来的,更不是模仿出来的,而是在小康社会条件下自然而然地成长起来的。它深植于人的生命成长和群体归属感的天性之中。正是借助于对社区学习共同体的本质特征的探索，让我们认识到人类共同学习的深厚历史渊源和蓬勃的内在生机。

为什么一些社区重新成为人的生命成长的"生态位"？因为它与人的天生的"中意""习惯"的文化和"记忆"中的家园相关，还因为现代社会已经设计出各级学校、各种培训机构，把人们从原先可以实现生命成长的学习领域驱赶出来。一个人如果处于强迫性的学习环境中，而其学习行为必须服从外界强加于他的准则，就会损害他的生命成长的需要，以及他在潜能实现上、情感归属上和心性澄明上的同一性。

（四）学习化社会①需要社区学习共同体的健康成长

学习化社会既是学习发展的前景，也是人类社会发展的前景，《学会生存》报告书为我们勾勒了一幅理想境界的图画，其主要特征，表现在如下三个方面：

（1）教育权力不再属于一个单独的、垂直的、有等级的机构。所有的组织都必须共同承担教育责任，所有的部门都必须参与教育工作。（即教育的专利不再被学校垄断，必须重归社会）

（2）非职业教育工作者从事教育活动的机会大大增多。随着垂直的行政区划消失，学校领域与其他领域的分界关系，专业教学人员与那些临时担任教学任务的人们之间的区别等等，也都不再具有任何意义。（即学习者常常可以互为师生）

（3）教育的对象变成自己教育自己的主体，受教育的人成为教育他自己的人，别人的教育成为这个人自己的教育。新的教育精神使得每个人都成为他自己文化进步的主人和创造者。（即重新弘扬基于人的本质意志的体现生命性价值的学习）

这三个特征与原始社会的人的最本真的共同学习和教育几乎不谋而合，证明了人类社会否定之否定的螺旋式上升规律。学习化社会将在一个新的阶段和新的高度再现原始社会人类共同学习的特点。本质意志和生命性价值是学习化社会人类共同学习的 DNA，倘若不能承续这一天然基因，而代之以选择意志和工具性价值的异化基因，即使动员再多组织单位介入教育，创办再多教育培训机构，发起再多名目繁多的学习活动，只能引起学习与教育的量变甚或畸

---

① 这里所指的学习化社会，不是现在国内普遍流行的学习型社会的含义，不是学习型机关、学习型企业、学习型社区、学习型家庭、学习型组织相加后的形态。

变,学习化社会将永远可望而不可即。

教育所包含的每个因素,都能够为个人提供智力的、艺术的或精神的食粮,并且成为他生命的组成部分。但从对应角度来看,它仍是外在的。如果它不适合接受者的能力和创造力,那么,所教的任何内容,无论它是多么重要和有价值,从教育的作用看,都可能是微不足道的。因此,提供同样的教育机会,恰恰是不可能平等的,因为人的潜知潜能、生命归属感和心性澄明的实现过程是个性化的,学习共同体的形成过程是主体化的,所以人必须自己教育自己,即成为学习的主人。

生命性价值主导下的学习,不处于"占有"的地位,而处于"存在"的地位。我们在哪里建立起了实现潜知潜能、实现归属感、实现心性澄明的联系,我们就会在哪里发生学习。正是借助于生命成长定义的共同学习,社区学习共同体才呈现出蓬勃的生命力。终身教育发展的必然趋势是终身学习,终身学习的必然趋势是共同学习。社区学习共同体已经为这一共同学习的定义做了一个近乎完美的注解。

三、平民:谦卑的崇高

谁是生活在大都市里最幸福快乐的人们? 我们发现,不是世俗意义上的所谓成功人士,而是活跃在社区学习共同体中的平民。我们要为平民歌唱,当我们重新定义了平民后,平民是谦卑的崇高,没有理由不歌颂平民。

(一)少有角色化标签

平民指生活在城乡社区的平善之人,本质意志体现充分。他们经济、社会地位平凡,感性、自然、质朴,具有乐观自信积极的生活态度,淡泊名、权、利,看重亲情友情与群体归宿感。对于生活在城乡社区的平民来说,他们习惯地倾向于使人类这种本性的东西更好地发挥出来。

重要的是"我是什么",而不是"我拥有什么"。前者的我是个性的我,后者的我才是自私的我。在今天人们差不多已将前者忘掉了。新近出现的当代痛苦就是"自我疏离"。我们甚至对自己都不慈悲,也不懂得欣赏自己的个性。在这个世界上,要活出自己真难。角色化标签无孔不入,我们的生活也日益被格式化——把打扮交给时尚,把座驾交给品牌,把名气交给出镜率,把大会小会的座位交给席卡……显贵无处不显其贵。平民没有那么多角色化的标签,却有着最不可替代的自由和真实性。

每个人都有两个领域,内在领域被视为自由和真实性的领域,外在领域通过个人属于一个或多个组织的成员身份界定个人。显贵们无不逐求名、权、利,注重外在领域的角色生活,即外生活,这是人的选择意志作祟。平民过的是本色的内生活。这是人的本质意志使然。它是人实现生命性价值的基础。内生活的幸福才是人真正的幸福所在。它偏偏惠顾那些弱势的草民,尤其是那些退出职场的老人和妇女,恰可证明"老天爷的公平"。无处不在的广告总是向我们推销年轻的形象有多好,成功者的形象有多潇洒,却刻意忽略了一个事实,即随着年龄增长,智慧和自由也在增长,就像幸福一样,幸福程度达到最高峰往往是在退出追名逐利之后,它属于那些诗意地栖居的老人和妇女。

当代中国城市化进程日新月异,铲车和推土机干净利落地摧毁了人们具有社区感的传统栖居方式,熟人社会及其交流系统土崩瓦解。如今城里的新型小区,只不过是单一化的个人或者家庭作为偶然的和选择的居住场所。平民的智慧在于既然不能生活于一个现成的社区,那么我们就只有生活出一个社区。他们以"同自觉—共做主—互为师—自评价"的方式结成了社区学习共同体。草根式的社区学习共同体一经破土而出,即展现出不可遏制的生命力,因为这是基于人的本质意志的体现生命性价值的共同学习。

什么是体现生命性价值的共同学习?它不仅仅是指获取知识与技能。体现生命性价值的共同学习,一方面是指保持心灵的自由和心性的自觉并实现潜能的过程;另一方面是指实现生命安全感与归属感的过程。我们不难在平民结成的社区学习共同体中找到这种安全感与归属感。通过社区学习共同体重建社区,重建熟人社会及其交流系统,重建守望相助的关系,重新赋予社区居民生命的意义,正是在这个因加剧流动而将人的情感变得支离破碎的世界里,平民用童真的眼睛与人性的力量重新拼起守望相助家园的图案,连接起"国"与"家"的人伦空间。

(二)自主去蔽

自小到大我们参加的学习大多数是有组织的学习,从学校教育的学习到工作场所组织的培训,甚至于到远程教育提供的网络课程学习,无不是类型化的、刻板的。随着信息技术的发达,课程内容、教学手段等等变得更相似,学习者的个性都去哪儿了?对平民中的大多数人来说,以往的教育体验并不是一个幸福的体验,但无论传统学校教育的影响多么强大,学习者想要成为学习的主人的努力从未放弃。于是,许多人在"逃"出学校、"逃"出工作场所后,"逃"进了可以诗意地栖居的社区,"逃"进了社区学习共同体。其实他们是"逃"向内在领域和外在领域统一的"向心的我"。

社区学习共同体最深刻的革命在于让学习者成为自己的主人。以往的文明一方面也许在普及文明的载体上做出了努力,另一方面也许仍在维护一个由少数精神贵族或国家教育机器把持着的学校教育制度。如果每一个学习者能够自主决定学什么、怎样学、和谁一起学,如果每一个学习者都既是学习内容的受益者也是学习内容的组织者,那么传统的学校教育就日薄西山了。

自主学习是精神世界的一次自我去蔽。文明的进步说到底不过是精神世界的一次次去蔽,从口语到文字,从甲骨、竹简上刻字到纸和笔的普及,从毛笔、钢笔到电脑,从师徒、私塾到学校,无不是一次次精神世界从禁锢到自由、从特权到共享的解放。但是,只有待到社区学习共同体的出现,才真正使得每一个学习者都能表达和实现自己。文明不是少数文人的,而是每一个普通人都有权利去自由参与的文明。

人类历史的进步只是为了摆脱令人痛苦与厌恶的过去,而并非来自一个具有充分吸引力的精确目标。因此,历史的天使的前行路线往往曲折盘旋,暂时摆脱那些可厌恶的东西固然值得庆幸,但是变革后新的改善状况很快就暴露出它令人不安的因素。大城市以其生活丰富、机会集中而充满冒险,令人兴奋;但是其庞大的异质人群,以及不断变动的背景,又令人缺乏安全感与归属感。鲍曼认为,包括西方共同体主义提出的各种各样基于大城市生活的共同体计划,许诺要一蹴而就地实现这两种希望。正因为相互矛盾,是不可能实现的。

然而,在中国全面建成小康社会的历史进程中,我们却发现了实现上述希望的载体。那是共同体的幽灵,那是来自民间的草根式生长的社区学习共同体。血缘共同体远去了,居住在社区的平民们可以通过地缘共同体、精神共同体重建社区共同体;亲属关系不再是唯一的共同生活纽带了,他们可以通过邻里、友谊重建不似亲情胜似亲情的社区共同生活;祭祀与信仰古风难续,他们可以通过共同学习重新张扬人的生命性价值。共同体的幽灵没有消失,相反,它看起来倒正在我们的世界中所有的邻里情谊形成的每一个街角复活。

(三)守望相助

参与社区学习共同体学习的社区居民,从中获得的正是一种共同学习、守望相助的平民之乐,这也是社区学习共同体之所以会在民间草根式生长的原因。

在社区学习共同体中我们可以找到一种人际关系的正能量，那就是平等互爱。

在社区学习共同体学习的成员之间不存在高低尊卑之分，他们都是平等交流的学习伙伴，尽管学习者之间年龄、性别不同，收入、身份各异，但是他们一旦基于共同的兴趣爱好、情感归属和生命性价值取向，自觉自主地走进同一个学习共同体，在这里他们就是平等互爱、共同学习的成员。那个起着核心作用的成员，可能就是巧手女人家的叶女士、爱摄生活的王大伯、清凉峰太极拳俱乐部的胡校长。

守望相助是原始共同体成员一种朴素的人际关系。它并非来自相互交换利益的契约，而是来自人性。人是群居的动物，其最基本的伦理意蕴即守望相助。共有的归属感及其个体义务是守望相助的一体两面。在如今的契约社会（连家庭也有婚约），社区学习共同体是唯一没有契约的地方，其守望相助的伦理意蕴来自地缘亲情的古老情结。

社区学习共同体成员的守望相助，是对于生命成长的守望相助，是对于实现潜能的守望相助，是对于接近于童心状态的本真学习的一种相互的呼唤与守护。这种守望相助或非依赖于力气，而是依赖于心灵的感应。学习基本上就是心灵的活动，守望相助就是心灵活动的一种张力。

（四）真实天性

我们正在进入一个基于个人主义之上的无边的消费主义、精致的物质主义、价值的虚无主义的小时代。"在过去 35 年中，美国人的人均收入增加了 70％，人均居住面积也翻番了，但是人均幸福程度并没有丝毫增长。"[①]

在一个被闪烁荧屏包围的世界、一个被不健康的美食和奢侈品诱惑的世界，我们仍在不断寻求刺激、追求高峰体验。关于幸福的逆向界定告诉我们，幸福不是大房子、不是宝马车，幸福不是"外在的快乐"、不是巴胺与内啡肽的混合物。一项世界范围的研究显示，那些获得持久幸福感的人拥有的钱大多只够基本消费。

几乎所有的人都相信，所谓"文明"，所谓"社会化"，都是某些积极进步的东西。文明的进程是一条不断向前进的道路，虽然我们也承认在某些文明的交替时出现的困顿，但常常都认为，前进的步伐不可阻挡。但在这一过程中，人类致

---

① 丹·比特纳：《去最幸福的四国找幸福》，韩亮译，北京：中信出版社，2016 年，第 228—229 页。

力消灭对自然供给物的依赖,骄傲地成为大自然的主人,却不无沮丧地发现,人类对于自然环境的影响力已经超越了大自然本身的修复能力。

小康之后的幸福也许不是直奔"大康"。小康之后,我们就多多少少有条件去做自己爱做的事情了。真说起来,倒不是小康本身让人幸福,而是小康能给我们自身实现内目标的自由,自由地发展自己的兴趣、特长,自由地做符合自己内心感受的事情。小康之后,物质条件对幸福的边际效益就迅速下降,温饱之后,幸福主要来自实现生命成长的共同学习和寻找心灵归属的诗意栖居方面,不在于吃、穿的讲究和住、行的排场,走进社区学习共同体的平民深知这个朴素的道理,他们选择了前者,而不屑于后者。近20年来,商品经济大面积地释放了中国社会的世俗诉求,对物质的贪欲被无节制地放纵。我们却从中发现了社区学习共同体这块"绿洲"。它的顽强存在说明了什么? 是开发这块"绿洲"的平民告诉了我们——人类的真实天性。

过去,人们一直追求经济上的自由与平等,一直将生活富裕与生活幸福画等号。"我们尚未创造出任何人类的新概念,能为非经济领域中的反应及利益,提供表达人类真实天性的独特性;为新的非经济领域中的自由,提供自由的真谛。我们无法将经济报酬及经济满足替换成非经济的报酬及满足,作为行使自由的最高目标。"[①]只有当经济上的平等和经济上的富足不再被视为社会最重要的事情时,真正的自由与幸福才可能实现。在这里,我们所说的自由是共同学习的自由,我们所说的幸福是实现生命性价值的幸福。与追逐欲望的竞争以及由此驱动的经济竞争不同,平民在非经济领域的自由与幸福的新追求没有自我毁灭的倾向。

(五)回归初心

教育的异化在于将教育视作公平竞争的工具,其实公平竞争相对不公平竞争是一种进步,它对人人得各展其能、万物得各遂其生的和谐社会而言,则是一种反动。人与人之间的用一个标准来公平竞争,可能吗? 真的公平吗? 人与人不同,遂成大千世界。居住在社区的平民营造起自在发展的学习生态,就是意味着摒弃了一种不切实际的教育预期,即通过一个单向度的教育安排,可以使任何人在任何地方、任何时候满足教育需求。无论这一教育规模有多么庞大,显然勉为其难。

---

① 彼得·德鲁克:《经济人的末日》,洪世民等译,上海:上海译文出版社,2016年,第39页。

有人相信入学率将创造奇迹，过去仅指普通学校教育的入学率，现在加上了执行成人教育任务的学校。而且这一新的追求在各地迅速传播，带来各类教育机构在数量上的惊人扩张。为了弥补教育资源的不足，依靠互联网的远程教育大显其能，不惜巨资，聘请优质师资，大量录制课程，建设各类教学资源库。人的天资、性情、智能结构和学习需求各不相同，失去了学习者主动性和针对性的教育会成功吗？

事实上办再多的学校（包括成人学校和培训中心）也没有使大家都获得一致的教育机会，就像发达的消费社会并没有让整个社会趋于平等一样。它甚至加剧了等级区分和工具理性。今天的学校教育已然不是人的本真意义学习的场所，而是一个进行择优分等的人才选拔系统。人被标记为后备的或现役的"建设者"，即人才资源或人力资本。"人才"的培养压倒了"人心"的养护。学习的主体不是个人，在学历社会中真实的个人恰恰是被删除了的。

商业化的慕课的运营者的目光犹如知识的盗贼，他们能够一眼就评估出，编码后的知识在培训市场上可以换回多少钱。公益性的慕课提供者，并不会去动赚学习者钞票的心思，但与前者相同的是，他们都将学习需求从每个学习者的背景中割裂开来，变成纯粹的可计时、计量的知识供需。社区的成人学习不仅仅是从判断应当学什么的问题开始的，更重要的原因是从想要与什么样的人物和事情接触开始的。日本电影《深夜食堂》有一位连演职员表上都找不到名字的普通居民，却在"食堂"里说了一句经典台词：在这里"吃什么不重要，和谁一起吃才重要"。同理，社区居民真正的学习动机正是一种积极的情感体验。这种日积月累的情感体验，才是社区学习共同体重要凝聚力之所在。学什么也许会变得不重要，和谁一起学却会变得越来越重要。社区学习共同体对于其成员的凝聚力，不仅仅是一个可以共同学习的地方，更重要的是一个"温暖而舒适的场所，一个温馨的家"（齐格蒙特·鲍曼语）。因此，对于成员来说，主要的评价并非外在的绩效性的评价（相当于"深夜食堂"的美食），而是基于其内心深层的渴望、期待等是否得以满足的评价。

不可误解的是，从根本上说，社区学习共同体不是一个等待居民去归属的地方，而是一个由居民自主地去创造的地方。这是由深植人心的具有古老情结的共同记忆使然，如同世上最美的摇篮曲只属于母亲的歌喉一样，最温暖的社区归属感只属于邻里间的行为。社区学习共同体的学习就是一种邻里间的协作学习，一种带着特定的情绪和感情温度的共同学习。"许多人谈到学习时总认为学习似乎完全只是与头脑有关的事。他们断定学习只是一种理智过程。

根据这种观点,学习并非是一件难以理解的事情。只需以理智的方式选择和组织学科的内容,提供给学生即可。然而,不幸的是人不仅仅具有头脑和理智。我们大多数人日益认识到,人是具有情绪和感情的动物,情绪和感情对学习有重大影响。"[1]

名人、权贵、富豪站在历史的前台,平民是没有名字的,他们每一个人的名字都叫平民,却是他们在创造历史。不是因为他们当兵(战争不是他们发起的)和当农民、工人或其他职业工作者(他们能分享到的经济利润极微小),而是因为他们当了本质意志的人,在实现自身的生命性价值的过程中,不为求名、权、利者所异化的追求社会功利的学习所奴役,却要做学习的主人。在平民身上,我们真正看到了人类社会的前景——学习化社会的曙光。

尽管人的生命性价值在一个有着多元立场和多元利益的社会存在形态的世界里,无不会打上种种社会存在的烙印,但人的本质意志还是不容抹杀的。马克思说:"每个人的自由发展是一切人自由发展的条件。"[2]每个人的自由发展的结果是不一样的(人的个性使然),一切人的自由发展的前提则是一样的,即人与人之间的互为前提和相互包容性;如同未经破坏的生态,拥有天然的生物链和植物链。万物得各遂其生,人人得各展其能。这就是基于人的植物性生命、动物性生命与心灵互动形成的人的本质意志的伸张,体现着最原始也是最高境界的人的生命性价值。平民是谦卑的,每一个平民都是谦卑的,因为每一个平民都是普通人;平民又是崇高的,每一个平民都是崇高的,因为每一个平民都保留着伸张本质意志和取向生命性价值的 DNA。这是学习化社会的 DNA,也是人类社会美妙前景的 DNA,更是人的初心。

四、社区学习共同体:沙漠中的仙人掌

(一)精神世界荒芜

经济是城市发展的引擎,为了更好地发展经济,城市越来越大。城市为更多的人改变命运提供了机会,现代城市的快节奏,让人们的精神世界的丰富程度跟不上物质发展的速度,人们不能停下脚步,回观自己的内心,用人类文化宝库丰富内心世界,用"无用"的知识和"无用"的实践提高灵魂的高度。从总体上

---

① 罗比·基德:《成人怎样学习》(内部资料),蔺延梓译,上海第二教育学院编印,1985 年 4 月,第 9 页。

② 马克思、恩格斯:《马克思恩格斯选集》第 1 卷,中共中央马克思恩格斯列宁斯大林著作编译局译,北京:人民出版社,1995 年,第 294 页。

说,人们的物质生活是温饱有余的,而精神世界则一片荒芜。人的整体性、发展性、成长性,决定了人内部世界迥然不同的两极情感因素与价值观会相互对比交织,两种不同的力量的逆反运动,使人的内在心理结构常常处于矛盾和变化之中。痛苦和快乐、苦涩和甜蜜、恐惧与温柔,从相反的方向展现出人生的矛盾与统一。人的工具性价值与生命性价值在人生的天平上的不平衡性,导致现代人无缘无故、不由自主地产生对人生意义的困惑,物质化遇上了信息化和全球化,加倍地放大了人的物欲,人的工具性价值突显,而人的生命性价值式微。

(二)社区归属感缺失

真正的社区是一种共同体。我们以为,大城市并没有真正意义的社区。城市居民小区中的人,多处于原子化状态,成员缺少社区归属感。

(三)沙漠中的仙人掌

仙人掌大多生长在干旱的环境里。因生存环境恶劣几乎没有物种生存的大沙漠,仙人掌有时成片地生长其中。人们无不为仙人掌惊人的耐旱能力和顽强的生命力而惊叹和赞美。仙人掌那奇妙的结构——肉质组织、蜡质皮肤和尖尖的刺,还有特别的根系,使它们在这种艰苦生态环境下能具备全部的生长优势。仙人掌之外的许多植物不能在沙漠中生存的原因,是因为它们对外界环境的依赖性强,当外部条件恶化,它们就被环境所消灭了。人们对仙人掌的敬意,正是基于它的与众不同。

社区学习共同体,乃是自主生长在精神沙漠上的仙人掌。它对外部环境的依赖极少,因为它自带动力。学习者即为学习资源,根系扎根在社区,不管政府和官员看见或看不见、支持或不支持,社区学习共同体已然遍布城市的各个角落。社区学习共同体学习,解决了普遍认为学习资源严重不足的困境。尽管它也需要从外部借助力量,但动力是内生的,是自带的。每个学习者主动参与互动式学习过程,一改传统学习的单向传输,众成员成为共同学习的资源。成员即资源的观念,既是从学习的本原出发提出的全新的理念,也是社区学习共同体发展规律的体现。文本信息和书本知识,仅是共同学习的载体与手段,活生生的人——成员,则是共同学习的根本。一个灵魂对另一个灵魂的作用,一个生命对另一生命的影响,才是学习的本质。

学校和企业,与社区学习共同体所生存的大环境是一样的,为什么在我们看来,只有社区学习共同体才是沙漠中的仙人掌呢? 学校,本是生命影响生命的生命"绿洲",但是今天的多数学校,更多地成为青年人谋求生存技能的机器,当人物质化和工具化了,自然也就沙漠化了。流水线上的工人的劳动的异化,早就被马克思所揭示,企业中的共同学习,根本宗旨是知识的创新和组织的发展,当人不是目的时,人已经沦为了工具。从精神生活的视角看企业,无疑也沙漠化了。

生长在沙漠中的仙人掌,不是孤立的,而是成片成群的。一丛丛、一簇簇的仙人掌在沙漠中默然地绽放生命的精彩,让人们看到了生的希望。社区学习共同体在一个地区生长出来,也不是孤立的,常常是不同类型的社区学习共同体先后出现,建德市的新安江镇(常住人口约 10 万)有不同类型的社区学习共同体 152 个,其中有 1.2 万居民的罗桐社区有 18 个。杭州市每天有 1.7 万人次在社区学习共同体中学习。

精神世界的荒芜和社区归属感的缺失,一种看不见的巨大的反作用力,让一小部分人走进了社区学习共同体,因为,在这里有生命成长的守望相助,它是人与人友爱关系的集中体现,也是人性光辉的美好表达;它是每个人内心的呼唤,也是人们走向幸福的重要条件。这里所体现的守望相助,让我们回归生命本原,是一种由重建精神共同体走向重建地缘共同体过程中的守望相助,其内涵具有原始共同体所包含的守望相助不尽相同的独特性。置身于社区学习共同体的成员,他们发现自己生命与他人生命的关联,并努力地将自己的生命与他人的生命成长建立内在的联系,把别人的生命成长看成是自己的生命成长,他们知道,通过共同学习,可以让彼此的生命成功地实现嫁接与融通,一起成为生命之树上绽放的花朵。所以,社区学习共同体成员的守望相助,是对于生命成长的守望相助,因为自身弱小和共同的价值取向,依赖于心灵契约,在本真学习的相互呼唤与守护中,缔结友情、互帮互助,共同营建心灵家园。

(四)养护而不人为干预

仙人掌是自己在沙漠中长出来的。它与城市的人工草坪和人工栽植的树木花草是不一样的。前者不需要施肥和灌溉,后者不可离开人工养护,即便精心养护,有时也常常难逃死亡的厄运,因为它是"被生长"的。社区学习共同体,是城市社区和乡村社区里自己"长"出来的,它已经遍布城乡的各个角落,不管你看没有看见,承认不承认,它都实实在在地存在着,只是,有的地方多一些,有的地方少一些,有些是真正意义上的社区学习共同体,有些是"准社区学习共同体"。

社区学习共同体是由人组成的生命体。生命体不是人为设计出来的产品，不是机械化批量生产的工业制造物。共同学习的终极目的是让每个人成长为"自己"，做最好的自己。社区学习共同体的培育没有固定的模式、模型。用模式化的思维来解决社区学习共同体的培育问题，与社区学习共同体生命成长的本质相悖。不要试图找到千篇一律的模式而一劳永逸，应力求避免行政思维和模式化思维。

沙漠中的仙人掌对外界的需求很少，这是它的本性所决定的，当你给予更多的水时，反而导致死亡。能避免外界的干扰就是它的幸事。同样，社区学习共同体最重要的是避免行政干扰和过度的"给予"。当然，"适度养护、静待花开"是必须遵循的基本原则。

仅有仙人掌的沙漠，不是我们的理想，沙漠变成绿洲，才是人类的福音。沙漠变成绿洲后，不可能只有仙人掌，而是各种动物、植物组成的良好生态。沙漠中的仙人掌的深刻寓意在于，每一个生命都是独特的，尊重生命，就需要尊重生命的独特性。人的独特性在于学习，当我们把握了人的这一独特性，真正树立学习的信仰，学习化社会才能真正形成，各美其美、美人之美、美美与共的大同世界，才能真正实现。

总之，生命是活的，是与其赖以生存的环境同一的，与宇宙大生命是一体的。人作为生命体，要与自然保持和谐一致。廓然大公的宇宙境界，是真正的人所该有的境界。社区学习共同体的共同学习，不是学校教育环境中"群"的学习，也不是企业或其他组织机构环境中"群"的学习，而是温暖的生命成长的"群"的学习。社区学习共同体是富有内生性成长力的生命体，社区是它们的成长生态位。通过对社区学习共同体"根""干""叶"和"果"的观察与分析，就能洞见其生命性内源、生命性机理及生命性价值。社区学习共同体并非一种人为的设计，正是借助于生命成长定义的共同学习，社区学习共同体才呈现出蓬勃的生命力。社区学习共同体是生命体，按其成长机理培育养护它，要顺其自然，不可拔苗助长。政府所要做的，是建设适合社区学习共同体自由成长的生态环境。

五、共同学习宣言：走共同学习之路

在中国迈进全面建成小康社会的时代背景下，由当代社会城乡居民生动实践引发的社区学习共同体理论，是基于人性的、基于自然的，基于对廓然大公的宇宙大生命的体认和对生命性价值的探索的一种建构。

停留在矛盾的揭示和现实的批判的层面上是不足取的,重要的是有回应真实诉求的有效建构,可以说"立"比"破"更重要,先"立"而后自然有"破"。我们找到了重构共同体的路径、重拾共同体生活的载体之后,发现社区学习共同体在根治社会病根和人的病根上发挥重要作用。社区学习共同体,让我们在物质化浮躁的社会环境里找到"温馨的家"。政府关注的社会治理问题和满足人民日益增长的对于美好生活的需要的问题,有了解决的方向。

本书定位于诠释我们所建立的基于社区学习共同体的共同学习学说。既有点上的突破与超越,又自成一体,形成由基本假设、主旨思想、核心要素、基本概念、内生规律、外部养护原则等构成的社区学习共同体理论体系。

回归学习本原,以学习为信仰;回归人的本质,确认共同学习是天性;回归生活趣味,重拾共同体生活;回归人生意义,实现人的生命性价值。

我们的研究是开放性的,结论是开放性的,书名也是开放性的。我们以数以亿万计的草根民众的幸福生活为出发点和立足点,用十年完成这本书的写作。我们不愿意迎合这个煽情的时代而放弃情怀和梦想。在一个物质主义和工具理性盛行的时代,我们更愿意与理想主义、自然主义和生命主义的志同道合者携手前行。

(一)成长机理与意义

我们欣喜地发现了"草根之美"和"平民之乐"。本书是在为那些生活在城市和农村里不为"富贵"而奔忙,不为名、权、利而算计的草根平民"立卷"。我们不愿意为社会功利性的成功推波助澜,而为回归内心的安静平静叫好助力;倡导人保持更多的单纯天真,多一点率真,多一点"傻气",反对任由物欲膨胀,心为物役,忙而"心亡",成为精致的利己主义者。

1. 贯穿全书的一条红线,也是本书的根本宗旨,是实现人的生命性价值。

本书指向人:为了人,基于人,发展人,其载体是由人组成的社区学习共同体。社区学习共同体是心性相契共同体,与理性结盟共同体迥然不同,它指向生命成长和生命性价值的实现,它能回应现代社会的学习的困境、人生的困境和城市的困境。

共同体一词,今天被广泛使用在学界和社会生活中,我们把所有的共同体,按其本质分为两大类,即理性结盟共同体与心性相契共同体。这一区分,有利于认清共同体的实质。

2. 社区学习共同体四大核心要素是,本质意志、共同学习、守望相助、生命成长。

四个核心要素既独立存在又相互关联、互为条件,共同构成社区学习共同体的整体架构,共同展现社区学习共同体的本质内涵和成长规律。(见第三章)

社区学习共同体的成长规律:

(1)动力(性):本质意志(树的根系);

(2)运行(行):共同学习(树的主干);

(3)际性(情):相助守望(树的枝叶);

(4)效能(慧):生命成长(树的果实)。

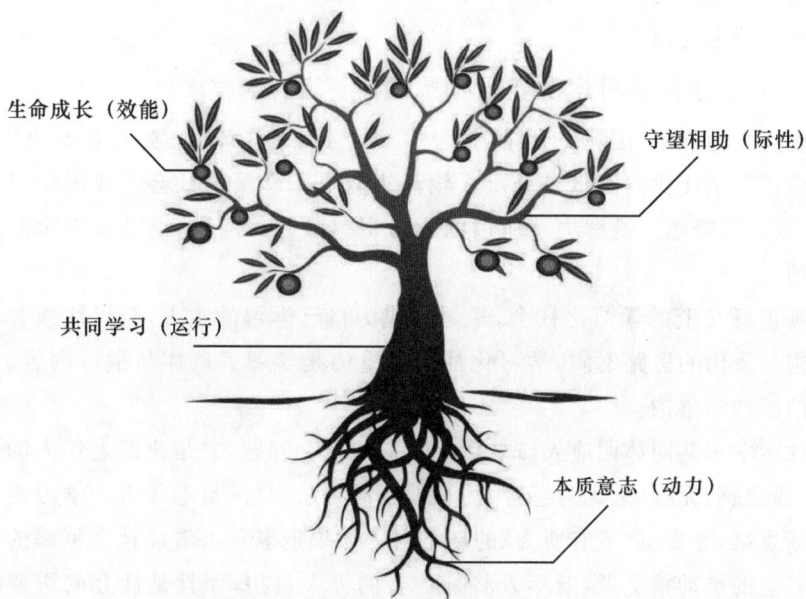

社区学习共同体的学习机理是"同自觉,共做主,互为师,自评价"。(见第四章)

3. 社区学习共同体,对人的意义是让"无用"的学习成为生活方式,更多地体现"为己"之学。

重拾共同体生活,收获纯真友情,改变生活状态,提升生命质量。对于社会的意义:一是提高社会资本;二是提高健康资本;三是传承文化遗产。社会资本和健康资本水平的提高,以及文化遗产的动态传承是社区学习共同体发展的副产品。

4. 人的终身学习的逻辑起点,是人的天性。

学习是为了适应环境,还是人的天性使然,这是关于学习认知的一个根本的分水岭。以结果为目的时,学习是工具和方法,与人的日常生活分离,学习成为最苦的事;不以结果为目的时,学习过程就是目的,与人的生活同一,学习是快乐的事,不用外部激励就会自主学习。社区学习共同体的学习,是基于本质意志的共同学习,是自觉的学习,是快乐的学习,是生命成长的学习。

教育不等于人力资源开发。丰子恺在他的《一个模子做教育》中的话发人深省:"一块模子印泥巴,以为自己是女娲?千个人儿一个样,这样的教育很可怕。"比这样的教育实践更可怕的是,对教育不恰当的功能定位。教育当然有培智、增技等人力资源开发的作用。但由此认为教育就是人力资源开发,教育的唯一功能是人力资源开发,是对教育的最大误解。教育最主要的功能是促进人的解放和助推人的生命性价值的实现。成人教育——成为人的教育,必将最终成为教育的主旋律。

5. 社区学习共同体很好地回应雅克·德洛尔的设想。

雅克·德洛尔(国际21世纪教育委员会主席)在《教育:财富蕴藏其中》序言中说:"甚至让我们设想一个每人轮流当教员和学员的社会。"社区学习共同体的"成员即资源",既解决了所谓的学习资源匮乏的问题,也是解决学习方式的问题。

真正意义上的学习化社会,学习者成为自己学习的主人,与以往教育供给的解构与重构的思路不同,学习化社会注重的是学习者群体与学习内容、学习服务的解构和重构。

社区学习共同体回应人口老龄化带来的社会问题,它是化解老年人的负面感受(孤独感、无聊感、无为感等)的一种新的方法,是满足老年人的学习需求的一种新思维,是提供"老有所为"的新平台。如果把老年人看成社会资源的消费者和养老的被动接受者,老年人将是社会的极大负担,而且是社会的重要的不稳定因素。若从根本上改变老年教育和养老的思维,老年人就是社会进步的积极因素、是社会和谐稳定的积极因素。在社区学习共同体中学习的城乡居民,积极向上、阳光灿烂、生命成长,他们"忙"于学习,"没有生病的时间",更没有"无聊"的时间。把老年教育寄希望于办更多的老年大学,是不现实的,也是不符合老年人学习规律的。社区共学养老,是最现实、最经济、最有品位的养老。

6. 社区学习共同体的共同学习和彼得·圣吉的《第五项修炼》的共同学习不一样。

《第五项修炼》是一部伟大的作品,对现代企业的可持续发展,奠定了人力资源建设的理论基础。然而,企业的共同愿景难以建立,个人与企业的统一只是彼得·圣吉的一个理想,企业的宗旨是物,可以实现的是人的工具性价值,但难以和人的生命性价值相统一。《第五项修炼》也关注到人,但更多关注的只是人的潜能的开发。这里的学习目标化,目标竞争化。学习者不是以享受学习过程为共同愿景。企业强调学习的竞争化,过度开发人的潜能,其实是不人道的。可以说《第五项修炼》所倡导的是典型的基于选择意志的学习(它把人的选择意志包装为人的本质意志),它隐性地把人工具化。如果说彼得·圣吉的理论是关于企业发展的学说,社区共同学习理论则是关于人的发展的学说。社区学习共同体的共同学习学说,一切为了人,为了一切人的幸福力的提高,为了人的生命性价值的实现。立足点始终落实到人的幸福上,而不是组织的人力资源开发与建设。

联合国教科文组织在《财富:教育蕴藏其中》这份报告中提出一个重要命题:要"善于将知识的进步变成促进人类发展的工具,而不是扩大人与人之间优劣差别(作者注:社会地位差别)的工具"。知识成为人的工具,人不能成为工具。要害在于,社会把学校教育作为公平竞争的工具,成为对人择优分等的工具。企业里的学习,知识成为获取效益的工具,学习成为优胜劣汰的工具。丛林法则并不适合于人类。励志学本质是害人的。许多竞争本身不是以人的生命性价值为目的的。许多竞争的最后结果,是伤害多数人。天才的潜能和勤奋,各占50%,两者相互拉动。超越个人潜能的努力,是一种折磨,没有努力去实现的潜能,是一种浪费。一个不好的社会,两种现象并存。社区学习共同体的学习,不再扩大人与人的经济、社会地位的差别,而是让学习者有平等的人格尊严。真正的学习,常常发生在社区,发生在退出职场之后的生命阶段。

7. 社区学习共同体重拾共同体生活。

人是未完成的共同学习的群居动物。现代社会,特别是大城市,找不到真正意义的社区(共同体),农村社区(共同体)也随着城市化的进程加快荡然无存。社区学习共同体作为"微共同体",以小见大,以小成大,当每一个居民区都有一组社区学习共同体,每一个居民都参加至少一个社区学习共同体,就能摆脱城市人原子化生活的困境。当社区学习共同体像天上的星星一样散落在城乡的每一个角落时,这样的城乡才是幸福的城乡。

由微共同体重拾共同体生活,较好地回应了滕尼斯的理想。天才滕尼斯怀念共同体,但他清楚地知道共同体日趋消解,如何重拾共同体生活,他在实践上进行了探索,但终究没有答案。社区学习共同体的发现,很好地回应了滕尼斯的理想,那就是让社区学习共同体遍布城乡每一个角落,在共同学习中重拾人们心中期盼的守望相助的共同体生活。

8.一个真正学习时代的到来,是心灵启蒙的时代的到来,而不是知识更新技能竞争以满足物欲的时代的延续。

学习的要义是删除,而不是复制、粘贴而增加。删除的是心灵的污垢,是对物欲的反抗。社区学习共同体中的平民,虽然有"空乏其身"的艰辛和不太光鲜的样子,却有人间的真味。天赋慧根,人人都有,但在一个人人追求成功的时代,心性被红尘遮蔽,找不到人生的意义,不知道自己是谁,不知道自己要什么,不知道自己将往哪里去。

真正的学习,是轻装回归。

"不忘初心"的初心,是人的出发点和终点,是"家"。我们在远离"家"的方向奔跑着而不自知,我们自觉或不自觉地深深地掉进了工具理性与逻辑的泥潭里,科技和工业得到前所未有的发展,可人的本真的存在不断被抛弃,忘记了自己、丧失了自己、丢失了自己,沦为物质的附庸和科技的工具。

生命是轻,幸福是轻。只有当我们变得越来越轻的时候,我们才能体悟到生命的真谛和幸福的真味。当我们发现自己越来越重时,该警觉是什么地方出了问题。在强烈的占有欲的驱使下和物质社会价值观的引领下,越来越重的我们,到了无法承受之重的临界点时,会发现以更多地向外占有为目的,以名、权、利的最大化为目标的学习,是愚蠢和荒唐的。

社区学习共同体的学习正是不忘初心、轻装回归的学习。

9.人的价值可以分为工具性价值和生命性价值。

我们发现女性和老年人的生命性价值更能实现,因为,老年人和女性的学习更多是基于本质意志的学习。人类要续长发展,必须从工具理性中解放出来,把人的生命性价值的实现作为全人类的追求。

当享乐主义遭遇智商越来越高的人类,自然资源用光的速度越来越快。不节制人的欲望而获得的满足,其实不是快乐和幸福,而是焦虑和恐惧。人作为宇宙生命,与动物的最重要的区别是在灵魂,而不是人们常常看到的或确信的智能上的差别。

10.性别歧视或将出现倒置。

用工具性价值标准衡量,男人有更多成功的机会和能力。以生命性价值的实现来观察人生,这时会发现,男人是很可怜的。伊壁鸠鲁认为财富与权势,不是快乐的要素。功名利禄或许恰好有碍于人的生命成长。时至今日,许多人很自然地认为需要解放的是妇女,其实,最需要解放的是男人,女性平民能更多实现其生命性价值。

11. 不得回避人与自然的关系这个元问题。

用丛林法则主导社会生活,形成恶性竞争,伤害人的生命性价值,与自然关系对立,最终毁灭的是整个地球。人道主义和自然主义,受到物质主义和消费主义的严重挑战。因为重视知识技能的学习,智能越来越高,满足私欲的能力越来越强,破坏环境的本领更大,这时,人类的理性需要同步增强,人的灵魂性生活需要更加丰富。所以,在"向外逐求"大趋势下,人类解放自己欲望的战争与人类坚守宇宙秩序的抵抗,会更加激烈。陶渊明的幽灵和梭罗的幽灵,一定要在大地上重光,不然,不需要来自"外星人"的入侵,人类就会自我终结。社区学习共同体是向内要幸福,而不是向外要资源。在自然主义式微的历史时期,最难能可贵的是,有识之士与城乡平民一道,用自己的行动诠释"做自己的事,懂自己的心"的内涵式幸福。

(二)基本假设与结论

基本假设:社区学习共同体是原始共同体的活性存在,是实现人的生命性价值的载体。

基本结论:是学习创造了人,共同学习是人类的天性,终身学习的必然趋势是共同学习。社区学习共同体的共同学习能实现人的生命性价值。

分结论1:社区学习共同体能让共同体的幽灵重光,社区学习共同体遍布城乡之时就是学习化社会建成之日。

分结论2:平民是社区学习共同体的创造者,他们保留着本质意志和生命性价值取向 DNA。

分结论3:社区学习共同体是实现城乡居民"各美其美、美人之美、美美与共、和而不同"的全面自由发展的有效载体。

(三)前景

从社会文化心理看,不远的将来,社区学习共同体会受到重视。从另外一个意义上说,现在人类到了另一个"危险时刻"。纪录片《地球之盐》①中人被物

---

① 《地球之盐》是由维姆·文德斯执导的纪录片,该片用简单的类似于幻灯片播放的方式展示了巴西纪实摄影师塞巴斯蒂昂·萨尔加多用相机捕捉到的惊人的摄影作品。曾被提名为第87届奥斯卡金像奖最佳纪录长片。

役的真实场景,触目惊心,影片中人类物欲膨胀,对同类的屠杀,凶残至极,超过了任何动物。物极必反。在这样的情况下,定会有一部分人会最先意识到,人为物役,与人的本质相悖,要追求淡泊、朴素、平静、从容的生活。我们所倡导的社区学习共同体生活,为这样一群人打开了生命的另一扇窗。我们确信,社区学习共同体必将成为中国社会草根生活的一种新期待与新走向,具有广阔的发展前景。

人口老龄化社会已经到来。化解老年人的负面情绪需要新方法,满足老年人的学习需求需要新思维,提供"老有所为"的平台需要新路径。社区学习共同体正是这样的新方法、新思维、新路径,具有广阔的发展前景。

满足人民日益增长的美好生活需要,有必要探索城市居民重拾共同体生活的新路径。原始自然共同体曾长期存在。我国近年来经济快速持续地发展,城市化进程快速推进,人民的温饱问题基本解决。在全面建成小康社会目标达成后,中国人民比任何一个时期都更加迫切希望并有能力追求美好生活。人与人之间的冷漠和疏离的"城市病"严重制约着美好生活目标的达成。重拾共同体生活,重建精神家园,重构守望相助的人际关系,在"国"与"家"之间生活出一个人伦空间,是时代的重大命题。持续12年的探索发现,社区学习共同体是一种"微共同体",具有社会学意义的"共同体"特征。遍布城乡的社区学习共同体是城乡居民重拾共同体生活的现实载体和提升生命质量的有效路径,社区学习共同体具有广阔的发展前景。

从政策层面看,2014年《教育部等七部门关于建设学习型城市的意见》和2016年《教育部等九部门关于进一步推进社区教育发展的意见》,推进了社区学习共同体的建设发展,改变了它在两个文件出台前的"名不正"状态,有理想情怀的人只要愿意做,是有政府政策依据的,为此我们相信,在中国大地,会出现极为壮观的局面。这个壮观局面不是指短期内社区学习共同体就会如雨后春笋般出现,而是指社区学习共同体成长的环境与氛围是前所未有的。

笔者相信,产生于中国全面建成小康社会背景的、源于"地上"的社区学习共同体学说,其草根性、生命性,会为"地上"长出来的社区学习共同体的良性发展助力,在推动中国的平民快乐学习与幸福生活的同时,会为处于同样社会发展状态的国家所借鉴。

附　录
社区学习共同体的基本概念和标志(logo)释义

1. 社区学习共同体:是生活在社区中的居民由本质意志主导的因共同学习而自然结成的能实现生命成长和建立守望相助关系的群体。

2. 学习:是人生命状态的积极变化,是学习者知行合一、澄明心性和实现潜能的过程。

3. 共同学习:属于人的天性,是具有相同生命性价值取向的学习者同自觉、共做主、互为师、自评价,实现生命归属感的过程。是走向学习化社会的必然。

4. 生命成长:是人的植物性生命和动物性生命发展同时,精神性生命发生积极变化与心灵启蒙的过程。它们既统一协调又相互制约。生命成长即实现真我,是学习的结果。

5. 生命性价值:是以人的解放、生命成长为尺度,由人的本质意志决定,向内澄明心性,爱己达人,实现真我与心灵自由。

6. 工具性价值:是以实现社会性功利为尺度,符合人的选择意志,向外逐求名、权、利,满足本能私欲。

7. 平民:是指生活在城乡社区的平善之人,体现本质意志,他们经济社会地位平凡低微,感性自然质朴,具有乐观、自信、积极的生活态度,淡泊名、权、利,看重友情亲情与群体归属感。

8. 心性:是指先天具有的人的相同的良知与初心、相近的好恶性向和不同的性情取向。

9. 理性:指人适应社会环境所形成的才智与悟性,是基于选择意志的心机与算计,以趋利避害满足自身利益最大化。

10. 本质意志：是与生命同一的由胚胎带来的意愿类型。作为初心的直接反应，手段与目的相一致，它是人实现生命性价值的基础。

11. 选择意志：在后天社会环境中形成的，与未来利益相关的愿望类型。作为思维本身的产物，其手段与目的对立，以得失权衡为选择依据，实现预想利益。

12. 守望相助：是原始共同体成员朴素的人际关系，共有归属感和个体义务是其一体两面。社区学习共同体成员的守望相助，是对于生命成长的守望相助，因为自身弱小和共同的价值取向，依赖于心灵契约，在本真学习的相互呼唤与守护中，缔结友情、互帮互助，共同营建心灵家园。

13. 共同体：通常指相对独立体之间的利益的理性结盟。它是谈判和妥协的结果，是人工制造的产物。社区学习共同体是心性相契的精神共同体。表现为成员间的直接的相互肯定，是因共同学习自然形成的温暖舒适的"家"。

14. 社区教育：是促进城乡社区中的居民享受终身学习过程、实现自身全面发展和形成生命共同体所开展的服务活动。

15. 社区：由城乡居民的"天生的中意、文化的习惯、记忆中的家园"构成的连接"国"与"家"的人伦空间。

16. 社区学习共同体的标志（logo）：是由深绿色植物仙人掌设计而成的人形图案。以仙人掌为设计主题，表明社区学习共同体是一种生命体，是司空见惯的，但又是生命力极旺盛的。用仙人掌的分枝来表现人的双手和头部。双手表达的内容是：社区学习共同体的基本观点——学习创造人，共同学习创造人类，从而得出重拾共同体生活与走向共同学习的预判。头部表达的内容是社区学习共同体的核心思想——提升人的生命性价值，从而得出生命性价值高于工具性价值的结论。仙人掌下方的黑色线条是仙人掌的根，其内涵是表达社区学习共同体有"四大根基"——本质意志，共同学习，守望相助，生命成长。并以灰色虚线表示该图形的阴影部分，意指社区学习共同体这一生命体是从地上长出来的，不是人工制造出来的工业制品；我们应明白"黑白相生"的道理，从而做到"知白守黑"。质朴、单纯，犹如孩子般真诚、天真、可爱的"人"形设计，表明社区学习共同体是平凡的普通人组建的"草根心家"。

参考文献

Carl R. Rogers：*Client-Centered Therapy*，Boston：Houghton Mifflin Company，1951。

Malcolm Knowles：*Informal Adult Education*，New York：Association Press，1954。

埃蒂纳·温格,理查德·麦克德马,威廉姆·M. 施奈德.实践社团:学习型组织知识管理指南[M].边婧,译.北京:机械工业出版社,2003.

奥斯瓦尔德·斯宾格勒.西方的没落[M].上海:上海三联书店,2015.

保罗·朗格让.终身教育导论[M].滕星,等译.北京:华夏出版社,1988.

彼得·德鲁克.经济人的末日[M].洪世民,等译.上海:上海译文出版社,2016.

彼得·圣吉.学习的真谛[J].IT 经理世界,2009(14).

彼得·圣吉.第五项修炼——学习型组织的艺术与实务[M].郭进隆,译.上海:上海三联书店,1994.

陈嘉映.何为良好生活[M].上海:上海文艺出版社,2015.

陈立新.空间生产的历史唯物主义解读[J].武汉大学学报,2014(6).

达肯沃尔德,梅里安.成人教育——实践的基础[M].刘宪之,等译.北京:教育科学出版社,1986.

戴维·温伯格.知识的边界[M].胡泳,等译.太原:山西人民出版社,2014.

董碧水,等.杭州打造中国式"学习圈"[N].中国青年报,2013-9-20(1).

菲利普·J.阿德勒,兰德尔·L.波韦尔斯.世界文明史[M].上海:上海社会科学院出版社,2012.

斐迪南·滕尼斯.共同体与社会[M].林荣远,译.北京:北京大学出版社,2010.

费尔南多·萨瓦特尔.教育的价值[M].李丽,孙颖屏,译.北京:北京大学出版社,2012.

费孝通.学术自述与反思[M].北京:生活·读书·新知三联书店,1996.

弗洛姆.健全的社会[M].欧阳谦,译.北京:中国文联出版公司,1988.

弗洛姆.占有还是生存[M].北京:生活·读书·新知三联书店,1989.

恩斯特·卡西勒.卢梭问题[M].王春华,译.南京:译林出版社,2009.

格索特·鲍曼.共同体[M].欧阳景根,译.南京:江苏人民出版社,2007.

耿宁.人生第一等事[M].北京:商务印书馆,2014.

海德格尔.荷尔德林诗的阐释[M].北京:商务印书馆,2000.

韩升.西方共同体主义的和谐意蕴[J].上海交通大学学报,2010(6).

胡适.胡适文存.第二集[M].台北:台湾远东图书出版公司,1983.

胡小武.中国小城市的生与死[J].河北学刊,2016(1).

黄宽重,刘增贵主编.家族与社会[M].北京:中国大百科全书出版社,2005.

霍布斯.利维坦[M].黎思复,等译.北京:商务印书馆,2016.

贾雷德·戴蒙德.枪炮、病菌与钢铁:人类社会的命运[M].谢延光,译.上海:上海译文出版社,2016.

课题组.关于建立终身教育体制、提高市民素质调研及对策[J].上海成人教育,1996(12).

钱理群.乡风市声[M].北京:人民文学出版社,1992.

李零.丧家狗——我读《论语》[M].太原:山西人民出版社,2011.

李孟国.此在的在场与海德格尔的存在概念[J].重庆师范大学学报(哲学社会科学版),2005(5).

里查德·道金斯.自私的基因[M].卢允中,等译.长春:吉林人民出版社,1998.

联合国教科文组织国际教育发展委员会.学会生存——教育世界的今天和明天(中译本)[M].上海:上海译文出版社,1979.

梁漱溟.人心与人生[M].上海:上海人民出版社,2011.

林语堂.生活的艺术[M].南京:江苏文艺出版社,2010.

刘再复.红楼梦悟[M].北京:生活·读书·新知三联书店,2010.

刘再复.人文十三步[M].北京:中信出版社,2010.

刘再复.双典批判[M].北京:生活·读书·新知三联书店,2010.

刘再复.新哥伦布的使命[M].北京:华夏出版社,2000.

鲁枢元.陶渊明的幽灵[M].上海:上海文艺出版社,2012.

陆九渊.陆九渊集:卷三十五[M].北京:中华书局,1980.

罗比·基德.成人怎样学习[M].蔺延梓,译.上海第二教育学院编印,1985.

罗伯特·赫钦斯.学习型社会[M].林曾,等译.北京:社会科学文献出版社,2017.

罗洛·梅.存在之发现[M].方红,郭本禹,等译.北京:中国人民大学出版社,2008.

马克·安尼尔斯基.建立福祉经济学[J].上海师范大学学报,2013(1).

马克思.1844年经济学哲学手稿[M].北京:人民出版社,1985.

马正林.中国城市历史地理[M].济南:山东教育出版社,1998.

迈克尔·J.桑德尔.自由主义与正义的局限[M].万俊人,等译.南京:译林出版社,2011.

米兰·昆德拉.身份[M].邱瑞銮,译.上海:上海译文出版社,2014.

莫言.捍卫长篇小说的尊严[J].当代作家评论,2006(1).

莫言.蛙[M].上海:上海文艺出版社,2012.

彭兰.从"大众门户"到"个人门户"——网络传播模式的关键变革[J].国际新闻界,2012(10).

齐格蒙特·鲍曼.共同体[M].南京:江苏人民出版社,2007.

乔布斯.我的三个故事——在斯坦福大学的演讲稿[J].散文选刊,2011(12).

肉唐僧.用脚投票的权利[N].东方早报,2013-10-13(11).

汪国新,孙艳雷.成员即资源:社区学习共同体内生发展规律探析[J].职教论坛,2013(24).

汪国新,余锦霞.社区学习共同体的四大支柱[M].杭州:浙江大学出版社,2016.

汪国新.2015:职教大事有我——10位职教人的10件职教事[N].中国教育报,2015-12-31.

汪国新.学习共同体中的生命成长[N].中国教育报,2015-12-31(10).

汪国新.走共同学习之路——北欧大众成人教育考察一得[J].成才与就业,2012(12).

汪国新,余锦霞.社区学习共同体发展策略研究——以杭州为例[J].当代继续教育,2015(4).

汪国新,项秉健.社区学习共同体:重拾共同体生活的现实载体[J].教育发展研究,2018(9).

王道还.人是唯利是图的动物吗[N].南方周末,2012-10-18(30).

王露璐.共同体:从传统到现代的转变及其伦理意蕴[J].伦理学研究,2014(6).

王民.社会组织概论[M].北京:中国社会出版社,2010.

王守仁.王阳明全集[M].上海:上海古籍出版社,1992.

乌韦·卡斯滕斯.滕尼斯传——佛里斯兰人与世界公民[M].北京:北京大学出版社,2010.

项秉健,汪国新.社区学习共同体探幽[J].教育发展研究,2017(1).

项秉健,叶瑾.光明的使者[N].文汇报,1984-1-11(4).

肖月佳,张燕.组织流动儿童家长开展读书会活动的实践探索——以北京四环游戏小组为例[J].幼儿教育(教育科学),2015(1、2).

休斯顿·史密斯.人的宗教[M].刘安云,译.海口:海南出版社,2013.

徐卫民.西汉未央宫[M].西安:陕西人民出版社,2008.

许锡良.集中营幸存者给老师的信[J].人事天地,2007(1).

许倬云.说中国:一个不断变化的复杂共同体[M].桂林:广西师范大学出版社,2015.

雪伦·B.梅里安,罗斯玛丽·S.凯弗瑞拉.成人学习的综合研究与实践指导[M].黄健,张永,魏光丽,译.北京:中国人民大学出版社,2011.

杨善华,孙飞宇."社会底蕴":田野经验与思考[J].社会,2015(1).

尤瓦尔·赫拉利.人类简史:从动物到上帝[M].北京:中信出版社,2014.

约翰·B.科布.本土文化与"文明社会"[J].马莹华,译.求是学刊,2015(3).

约翰·杜威.学校与社会.明日之学校[M].赵祥麟,等译.北京:人民教育出版社,1994.

翟学伟.信用危机的社会根源[J].江苏社会科学,2014(1).

张永.生活美学[M].上海:华东师范大学出版社,2015.

赵迎.论学习共同体及其教育意蕴[J].当代教育科学,2012(5).

郑也夫.警惕大人对"小人"的贿赂[N].南方周末,2009-10-15.

周濂,赵汀阳.谈观念与历史[N].东方早报,2015-1-25(2).

索　引

致　谢

　　《社区学习共同体》是国家社会科学基金项目"社区学习共同体生命价值与成长机理研究"（课题编号 BKA140033）成果。本书所涵盖的社区学习共同体学说，是汪国新和项秉健用五年的时间共同完成的，呈现在读者面前的这本书，未必让每一位读者满意，但她确实体现我们追求真理的赤诚之心和不倦的学术激情。写作过程之所以拉得么长，是因为我们不只是说出来，更重要的是"做出来"。我们满怀热情和充满信心地写出自己的理论思考，这一理论思考虽然不成熟、不完美，但她确是我们的新体悟和新发现。

　　人与人的相遇、相识、相知是必然中的偶然现象。

　　不期而遇，遇之则友，友之则不离不弃。汪国新和项秉健与其说是共同学习的倡导者，不如说是共同学习的实践者和受益者。

　　汪国新说："2007 年就启动了社区学习共同体的研究，因为有了项秉健先生的携手共进，才结束了长达六年之久的孤独与寂寞。如果不能与具有自由思想、批判精神、悲天悯人情怀的资深教育专家共同追寻和相互勉励，社区学习共同体的研究不可能有现在的深度与高度。"

　　项秉健说："没有 2011 年上海社区教育国际研讨会上汪国新关于社区学习共同体精彩演讲后的首次相遇，就没有六年来的共同学习和相互切磋，我这六年的生命也就不会如此精彩，生活也不会如此有意义。正是社区学习共同体项目的独特性和汪国新先生独具风格的个性（平民性与创造性的统一）吸引着我，让业已决定歇笔的我，焕发出让自己也感到惊讶的创作激情,乐此不疲地开展研究工作。"

是的,写作的过程是漫长的和艰辛的,然而又是激情澎湃和幸福的。对我们来说,写作过程即研究过程,研究过程即生活过程,生活的过程即生命成长的过程。写作的过程是我们共同研读、共同探索、心灵共同成长的过程。写作的过程还是不断自我否定、反复质疑解惑、不断自我超越的过程。性相同、意相通、情相惜的感觉很好,不是亲历者无法体会得到。好几次出现面对同一个问题几乎同时给出相同的答案的情况,显现出我们心灵的默契与思维的同频共振的美妙,这是一种无以言表的人生幸福。

同样的不期而遇再次发生在 2018 年。

中国当代著名教育家、改革家,原武汉大学校长刘道玉先生,在三本书稿需要校对的重要时期,在酷暑难耐的夏天,用近一个月的宝贵时间,硬是用他不灵光的左手,一个字一个字地为我们书写了数千字的序言"开创社区教育的新天地"。以下是刘道玉先生来信的片断:

> 国新:早上好!
>
> 国庆节快到了,谨向你表示节日祝贺!
>
> 我这个月全神贯注在阅读你的资料,思考如何为你们的大作写序言的事。为此,我不得不完全停止了我写书的工作,也谢绝了许多应酬活动。我准备用一个月的时间来写这篇序言,现在总算提前一天完成了。上次信件曾说过,你的序言是最难写的,也是我迄今写的最长的一篇序言,估计有六千字。我通常写序是采用评论式一气呵成,但用这种体裁反映不出本书作者的特质,因为你们的思想闪光点比较多,所以我采用散文体裁,散文的特点是形散而神不散,始终围绕着你们的创造性的个性和"社区学习共同体"。散文段落比较短,一段突出一个问题,让读者一目了然,读起来也不至于太累赘。

我们有何德何能能得到闻名全国的教育大家和前辈(时年 86 岁)的眷顾? 或许这就是上天的恩典。刘道玉先生强烈的忧患意识、伟大的改革精神、崇高的求是作风、无上的人格魅力是我们永远学习的标杆,对刘先生的感谢之情无以言表!

联合国教科文组织终身学习所所长(2010—2017)阿恩·卡尔森①,在他的任期内召开了首届国际学习型城市大会,成立了学习型城市联盟,并于2016年在杭州举办了首届联盟成员大会,他在终身教育领域里的影响力是国际性的和巨大的。2018年11月22日在汪国新的陪同下,他专题实地调研了杭州市的两个社区里的七个社区学习共同体,得知专著《社区学习共同体》即将出版,欣然答应为该书的外文版作序。卡尔森先生的善举,必将为本书向国外传播发挥重要作用,对卡尔森教授的感谢之情无以言表!

浙江省教育厅鲍学军副厅长2007年秋天就提示我们可以从微观上研究成人学习方式,解决多年来社区教育中存的参与率不高的突出问题,正是在鲍厅长及时、精准的指导下才引发了我从2007年下半年起对于社区学习共体的发现与研究。2013年7月,鲍厅长出席由新华社、人民日报、中国青年报等八家中央媒体组成的记者恳谈会并向记者郑重介绍社区学习共同体研究的现实背景和时代意义。鲍学军厅长长期以来的支持与鼓励增添了我们战胜困难的信心和勇气。

教育部职成司成人教育处原处长、东北林业大学党委书记张志坤同志12年来一直关心、关注社区学习共同体研究,2009年他出席由杭州市成人教育研究室承办的全国社区教育青年论坛,对汪国新所作的主旨报告《社区学习共同体培育实践研究》给予充分肯定,并郑重地要求我们冲破思想桎梏,大胆创新,力求突破,揭示成人学习规律,建构起本土原创的成人学习理论。随即推荐汪国新的论文《基于"社区学习共同体"的学习—— 一种新的成人学习方式》到中文核心期刊《中国成人教育》发表。2016年他在收到汪国新和余锦霞主编的《社区学习共同体的四大支柱》一书后说:"社区学习共同体发展为

---

① 阿恩·卡尔森:联合国教科文组织终身学习所前所长(2011—2017年),入选国际成人及继续教育名人堂,现任浙江大学教育学院讲座教授,韩国成均馆大学教育学院讲座教授。

我国终身学习的持续发展带来无限生机。"这是对我们这项造福广大民众的应用研究的极大鼓励。

　　科学研究成果运用到政策中去才会发挥更大的作用，影响有影响力的人是在全国普遍开展社区学习共同体建设的关键。十分荣幸的是，2016 年 8 月，在教育部职成教司刘建同副司长主导下起草通过的《教育部等九部门关于进一步推进社区教育发展的意见》中把培育学习共同体与建设学习型组织并列提出，这无疑是中国成人教育与社区教育发展史上一项重大的创举，对我国建设和谐社会和建设学习型城市将产生重大而深远的影响。《意见》出台后社区学习共同体建设虽并非我们想象的那样——从此受到行政官员、学术精英和实践工作者的普遍重视，而是进入了一个发展需求旺盛而阻力依然强大的艰苦探索阶段，我们却从事物的另一面看到这一创举的超前性和珍贵性。感谢刘建同司长和为此文件出台作出努力的志同道合者。

　　最后，真诚感谢参与本课题研究的同志们以及浙江大学出版社责任编辑胡畔同志。还要特别感谢汪国新的夫人洪俊芬和项秉健的夫人郑巧云长期以来默默的付出和无声的支持。

汪国新　项秉健

2019 年 2 月 6 日

图书在版编目(CIP)数据

社区学习共同体/汪国新,项秉健著.—杭州：
浙江大学出版社,2019.7(2019.11 重印)
ISBN 978-7-308-17754-2

Ⅰ.①社… Ⅱ.①汪…②项… Ⅲ.①社区—社会教
育—研究 Ⅳ.①G77

中国版本图书馆 CIP 数据核字（2018）第 000878 号

社区学习共同体

汪国新　项秉健　著

责任编辑	胡　畔	
责任校对	杨利军　张振华	
封面设计	周　灵	
出版发行	浙江大学出版社	

（杭州市天目山路 148 号　邮政编码 310007）

（网址：http://www.zjupress.com）

排　版	浙江时代出版服务有限公司
印　刷	浙江省良渚印刷厂
开　本	710mm×1000mm　1/16
印　张	21.75
字　数	380 千
版 印 次	2019 年 7 月第 1 版　2019 年 11 月第 3 次印刷
书　号	ISBN 978-7-308-17754-2
定　价	68.00 元